TAX-RELATED BOOK
FOR REAL ESTATE ENTERPRISES

房地产企业涉税一本通

主　编　陈志坚　乔强　乔妍　李彦锋　李国峰
副主编　孙艳明　杨静波　汪杰　张志凯　陈玥霖　蔡莹

十二税种疑难解答
八大环节风险提示及重点业务处理
政策法规 + 案例解析 + 新收入准则
为房地产企业财税人员提供全面的实务操作指南

中国财经出版传媒集团
中国财政经济出版社

图书在版编目（CIP）数据

房地产企业涉税一本通 / 陈志坚等主编. -- 北京：中国财政经济出版社，2021.12
ISBN 978-7-5223-1014-5

Ⅰ.①房… Ⅱ.①陈… Ⅲ.①房地产税－税收政策－研究－中国 Ⅳ.①F812.422

中国版本图书馆 CIP 数据核字（2021）第 264304 号

责任编辑：陈志伟　　　　责任印制：史大鹏
封面设计：卜建辰　　　　责任校对：张　凡

房地产企业涉税一本通
FANGDICHANQIYE SHESHUI YIBENTONG

中国财政经济出版社 出版

URL：http：//www.cfeph.cn
E-mail：cfeph@cfeph.cn

社址：北京市海淀区阜成路甲 28 号　邮政编码：100142
营销中心电话：010-88191522
天猫网店：中国财政经济出版社旗舰店
网址：https：//zgczjjcbs.tmall.com
北京时捷印刷有限公司印刷　各地新华书店经销
成品尺寸：170mm×240mm　16 开　35.5 印张　528 000 字
2022 年 1 月第 1 版　2022 年 1 月北京第 1 次印刷
定价：88.00 元
ISBN 978-7-5223-1014-5
（图书出现印装问题，本社负责调换，电话：010-88190548）
本社质量投诉电话：010-88190744
打击盗版举报热线：010-88191661　QQ：2242791300

编委会

主　编：

陈志坚　乔　强　乔　妍

李彦锋　李国峰

副主编：（按姓氏笔画排序）

孙艳明　杨静波　汪　杰

张志凯　陈玥霖　蔡　莹

目录

MULU

第一章 增值税

1.1 增值税预缴

1.1.1 政策指引

阅读相关政策时，要关注政策适用范围，如纳税人的范围、征收范围的限制，特别是不动产涉及的增值税政策。如《国家税务总局关于发布〈房地产开发企业销售自行开发的房地产项目增值税征收管理暂行办法〉的公告》（国家税务总局公告2016年第18号）不是对所有纳税人适用，只有房地产开发企业销售自行开发的房地产项目适用该办法；《国家税务总局关于发布〈纳税人转让不动产增值税征收管理暂行办法〉的公告》（国家税务总局公告2016年第14号）文件规定，房地产开发企业销售自行开发的房地产项目不适用该办法，再如该文件“纳税人转让其取得的不动产，适用本办法”，也就是包括其他个人（自然人）转让其取得的不动产，适用该办法。

1.1.1.1 房地产开发企业预售自行开发的房地产项目

1. 纳税人应在取得预收款的次月纳税申报期向主管税务机关预缴税款。

【提醒】 房地产企业销售现房，按适用税率直接开具发票申报缴纳增值税，无须预缴增值税。

2. 纳税人向税务机关预缴的增值税税款，可以在当期增值税应纳税额中抵减，抵减不完的，结转下期继续抵减。

【提醒1】 政策规定“预缴的增值税税款在增值税应纳税额中抵减”，

关键词是“增值税应纳税额”，所以预缴增值税税款可以在不同项目间抵减，不需要区分简易计税和一般计税应缴纳的税款。

【例1-1】项目A采用简易计税方法，当月预缴增值税30万元，房地产开发企业当月简易计税自行开发的房地产项目、一般计税自行开发的房地产项目及租赁服务等计算增值税应纳税额220万元，不考虑其他情况，其当月实缴增值税税额为190万元。

【提醒2】房地产项目抵减预缴税款的时间是在该项目发生增值税纳税义务之后。

【例1-2】2021年5月，某适用一般计税方法的房地产开发企业取得不含税销售收入1 000万元，应当预缴增值税30万元，当月该公司留抵税额35万元。此时，该公司应当缴纳预缴增值税30万元，35万元留抵税额继续留抵，而不允许以留抵税额抵减预缴税额。

在税务处理上，当月有留抵税额时，“增值税纳税申报表”主表第24行“应纳税额合计”为0，第28行“分次预缴税额”也为0，可见不能相互抵减。

【提醒3】房地产开发企业的增值税留抵税额不能抵减预缴税款，但增值税进项留抵税额可以抵减增值税欠税。

【涉税安排】房地产开发企业拖欠纳税检查应补缴的增值税税款，如果有进项留抵税额，可按照《国家税务总局关于增值税一般纳税人用进项留抵税额抵减增值税欠税问题的通知》（国税发〔2004〕112号）的规定，用增值税留抵税额抵减查补税款欠税。

为加强增值税管理，及时追缴欠税，解决增值税一般纳税人既欠缴增值税，又有增值税留抵税额的问题，国税发〔2004〕112号文第一条规定，对纳税人因销项税额小于进项税额而产生期末留抵税额的，应以期末留抵税额抵减增值税欠税。

3. 纳税人以预缴税款抵减应纳税额，应以完税凭证作为合法有效凭证。

4. 一般纳税人采取预收款方式销售自行开发的房地产项目，应在收到预收款时按照3%的预征率预缴增值税。

【提醒1】收到认筹金、诚意金不需要预缴增值税。

定金、订金、意向金、诚意金中，只有“定金”具有法律约束力，而订金、意向金、诚意金都不是法律概念，无论当事人是否违约，支付的款项均需返还。因此，房地产开发企业收到购房人的定金，可视同收到预收款；收到订金、意向金、诚意金，不应视同收到预收款，也无须预缴增值税。

实务中还须遵从当地规定，如《河北省国家税务局关于全面推开营改增有关政策问题的解答（之八）》明确，房地产开发企业以订金、意向金、诚意金、认筹金等各种名目向购房人收取的款项不同时符合“收取的款项金额不超过5万元（含5万元）、收取的款项从收取之日起三个月内退还给购房人”两个条件的均属于预收款性质，应按规定预缴增值税。

【提醒2】购房合同中止收取的违约金直接全额确定为营业外收入，不需要缴纳增值税和预缴增值税。

5. 应预缴税款按照以下公式计算：

$$\text{应预缴税款}=\frac{\text{预收款}}{1+\text{适用税率或征收率}}\times 3\%$$

适用一般计税方法计税的，按照9%的适用税率计算；适用简易计税方法计税的，按照5%的征收率计算。

6. 固定业户应当向其机构所在地或者居住地主管税务机关申报纳税。总机构和分支机构不在同一县（市）的，应当分别向各自所在地的主管税务机关申报纳税。除以下情形外，房地产开发企业均应在机构所在地主管税务机关预缴税款和纳税申报：

房地产开发企业中的一般纳税人销售房地产老项目，适用一般计税方法计税的，应以取得的全部价款和价外费用，按照3%的预征率在不动产所在地预缴税款后，向机构所在地主管税务机关进行纳税申报。

7. 销售自行开发的房地产项目预收款使用“未发生销售行为的不征税项目”下设的编码602“销售自行开发的房地产项目预收款”开具发票，其中发票税率栏应填写“不征税”，不得开具增值税专用发票。后续房地产开发企业按照适用税率开具发票（含专用发票）时，不用收回原“不征税”发票，也不需要红字冲减“不征税”发票。

1.1.1.2 纳税人（不含其他个人）转让其取得的不动产

1. 其他个人以外的纳税人转让其取得的不动产向不动产所在地主管税务机关预缴税款，向机构所在地主管税务机关申报纳税。预缴的增值税款，可以在当期增值税应纳税额中抵减，抵减不完的转下期继续抵减。

【提醒】其他个人转让其取得的不动产向不动产所在主管税务机关申报纳税。

2. 纳税人以预缴税款抵减应纳税额，应以完税凭证作为合法有效凭证。

3. 一般纳税人转让其2016年4月30日前取得（不含自建）的不动产，无论采用一般计税方法还是简易计税方法，应以取得的全部价款和价外费用扣除不动产购置原价或者取得不动产时的作价后的余额，按照5%的预征率（或征收率）向不动产所在地主管税务机关预缴税款，向机构所在地主管税务机关申报纳税。

【提醒】纳税人按规定从取得的全部价款和价外费用中扣除不动产购置原价或者取得不动产时的作价的，应当取得符合法律、行政法规和国家税务总局规定的合法有效凭证，否则，不得扣除。

合法有效凭证是指：税务部门监制的发票；法院判决书、裁定书、调解书，以及仲裁裁决书、公证债权文书；国家税务总局规定的其他凭证。

4. 一般纳税人转让其2016年4月30日前自建的不动产，无论采用一般计税方法还是简易计税方法，应以取得的全部价款和价外费用为销售额，按照5%的预征率（或征收率）计算应纳税额。纳税人应按照上述计税方法向不动产所在地主管税务机关预缴税款，向机构所在地主管税务机关申报纳税。

5. 一般纳税人转让其2016年5月1日后取得（不含自建）的不动产，适用一般计税方法，以取得的全部价款和价外费用为销售额计算应纳税额。纳税人应以取得的全部价款和价外费用扣除不动产购置原价或者取得不动产时的作价后的余额，按照5%的预征率向不动产所在地主管税务机关预缴税款，向机构所在地主管税务机关申报纳税。

6. 一般纳税人转让其2016年5月1日后自建的不动产，适用一般计税方法，以取得的全部价款和价外费用为销售额计算应纳税额。纳税人应以取得的全部价款和价外费用，按照5%的预征率向不动产所在地主管税务机关预缴税款，向机构所在地主管税务机关申报纳税。

7. 以上规定适用于纳税人转让自己以直接购买、接受捐赠、接受投资入股、自建以及抵债等各种形式取得的不动产，不包括房地产开发企业销售自行开发的房地产项目。

1.1.1.3　纳税人（不含其他个人）出租与机构所在地不在同一县（市、区）的不动产

1. 不动产所在地与机构所在地不在同一县（市、区）的，纳税人（不含其他个人）应在取得租金的次月纳税申报期或不动产所在地主管税务机关核定的纳税期限向不动产所在地主管税务机关预缴税款，向机构所在主管税务机关申报纳税。

【提醒】纳税人出租不动产所在地与机构所在地在同一县（市、区）的不动产和其他个人出租不动产，均不涉及预缴税款。不动产所在地与机构所在地在同一县（市、区）的，纳税人应向机构所在地主管税务机关申报纳税；其他个人出租不动产则向不动产所在地主管税务机关申报纳税。

《北京市国家税务局关于纳税人跨区提供不动产经营租赁服务增值税纳税地点问题的公告》（北京市国家税务局公告2016年第7号）规定，北京市纳税人（不含其他个人）在本市范围内跨区提供不动产经营租赁服务的，采取统一向机构所在地主管税务机关申报缴纳增值税，不在不动产经营租赁服务发生地主管税务机关预缴增值税的方法。

2. 纳税人提供租赁服务采取预收款方式的，其纳税义务发生时间为收到预收款的当天。

3. 向不动产所在地主管税务机关预缴的增值税款，可以在当期增值税应纳税额中抵减，抵减不完的，结转下期继续抵减。

4. 纳税人以预缴税款抵减应纳税额，应以完税凭证作为合法有效凭证。

5. 预缴税款的计算

（1）纳税人出租不动产适用一般计税方法计税的，按照以下公式计算应预缴税款：

$$应预缴税款 = \frac{含税销售额}{1+9\%} \times 3\%$$

其中9%是出租不动产增值税适用税率，如税率调整按照调整后的计算。

【例1-3】 2021年4月，某一般纳税人企业取得房屋租金含税收入10 900元。该笔租金应预缴增值税税款为10 900÷(1+9%)×3%=300元。

(2) 纳税人出租不动产适用简易计税方法计税的，除个人出租住房外，按照以下公式计算应预缴税款：

$$应预缴税款 = \frac{含税销售额}{1+5\%} \times 5\%$$

其中5%出租不动产增值税适用征收率，如征收率调整按照调整后的计算。

1.1.1.4 增值税预征率

房地产行业相关增值税预征率详见表1-1。

表1-1　增值税预征率表

序号	税目	预征率	
		一般计税	简易计税
1	销售建筑服务	2%	3%
2	销售自行开发的房地产	3%	3%
3	不动产经营租赁（其中个体工商户和其他个人出租住房按照5%征收率减按1.5%计算）	3%	5%
4	销售不动产	5%	5%

1.1.2 预缴申报期限

一般纳税人应在取得预收款的次月纳税申报期向主管税务机关预缴税款。小规模纳税人应在取得预收款的次月纳税申报期或主管税务机关核定的纳税期限向主管税务机关预缴税款。

【提醒】 房地产企业取得预收款预缴增值税的行为不属于纳税义务发生行为，只需填写“增值税及附加税费预缴表”，不作为销售收入进行申报。

1.1.3　预缴申报管理

1.1.3.1　预缴申报准备工作

1. “增值税及附加税费预缴表”填报要求

房地产开发企业销售自行开发的房地产项目，按照规定预缴税款时，应填报“增值税及附加税费预缴表”。“增值税及附加税费预缴表”的各栏目应按规定填写齐全，内容真实准确。未按规定预缴申报，由主管税务机关按照《税收征收管理法》及相关规定进行处理。

“增值税及附加税费预缴表”具体填报要求如下：

（1）基础信息填写说明。

①“税款所属时间”：指纳税人申报的增值税预缴税额的所属时间，应填写具体的起止年、月、日。

②“纳税人识别号（统一社会信用代码）”：填写纳税人的税务登记证件号码；纳税人为未办理过税务登记证的非企业性单位的，填写其组织机构代码证号码。

③“纳税人名称”：填写纳税人名称全称。

④“是否适用一般计税方法”：该项目适用一般计税方法的纳税人在该项目后的“□”中打“√”，适用简易计税方法的纳税人在该项目后的“□”中打“×”。

⑤“项目编号”：房地产开发企业填写“建筑工程施工许可证”上的编号，根据相关规定不需要申请“建筑工程施工许可证”的不动产开发项目，不需要填写。

⑥“项目名称”：填写房地产项目的名称。

⑦“项目地址”：填写房地产项目的具体地址。

（2）具体栏次填表说明。

房地产开发企业预售自行开发的房地产项目，在“预征项目和栏次”部分的第2栏“销售不动产”行次填写相关信息：

①第1列“销售额”：填写本期收取的预收款（含税），包括在取得预收款当月或主管税务机关确定的预缴期取得的全部预收价款和价外费用。

②第2列“扣除金额”：房地产开发企业不需填写。

③第3列“预征率”：房地产开发企业预征率为3%。

④第4列“预征税额”：填写按照规定计算的应预缴税额。

2. 编制“增值税预缴税款统计表”

（1）简易计税方法增值税预缴税款统计表（见表1－2）。

表1－2　　简易计税方法增值税预缴税款统计表

序号	取数科目	取数规则	含税收入	不含税收入	应预缴税额
			（1）	（2）=（1）÷（1+5%）	（3）=（1）÷（1+5%）×3%
1	预收账款或合同负债	贷方发生额			
2	其他应付款	贷方发生额－借方发生额			
	合计				

（2）一般计税方法增值税预缴税款统计表（见表1－3）。

表1－3　　一般计税方法增值税预缴税款统计表

序号	取数科目	取数规则	含税收入	不含税收入	应预缴税额
			（1）	（2）=（1）÷（1+9%）	（3）=（1）÷（1+9%）×3%
1	预收账款或合同负债	贷方发生额			
2	其他应付款	贷方发生额－借方发生额			
	合计				

1.1.3.2　房地产开发企业增值税预缴申报举例

【例1－4】某房地产开发企业2021年6月预售2020年10月开工尚未开发完毕的房地产项目，取得预收款2 180万元。

第一步，计算数据。

预缴税额＝预收款÷（1＋税率）×预征率

＝2 180÷（1＋9%）×3%＝60（万元）

第二步，填写“增值税及附加税费预缴表”。

先填写基础信息，然后在第2栏“销售不动产”的相关栏次分别填写下列数据：

第 1 列“销售额”填写取得的预收款 21 800 000 元，第 2 列“扣除金额”不填，第 3 列“预征率”填写 3%，第 4 列“预征税额”填写按照规定计算的预缴税额 600 000 元，如表 1－4 所示。

表 1－4　　增值税及附加税费预缴表（简表）

预征项目和栏次		销售额	扣除金额	预征率	预征税额
		1	2	3	4
建筑服务	1				
销售不动产	2	21 800 000		3%	600 000
出租不动产	3				
	4				
	5				
合 计	6	21 800 000			600 000

注意，“销售额”填写的是含税预收款。在电子税务局里进行增值税预缴申报，只须填写“项目编号”“项目名称”“项目地址”“销售额”并选择“是否适用一般计税方法”，其他数据（如“附加税费”等）申报系统会自动计算填报。

1.2　增值税申报

1.2.1　政策指引

1.2.1.1　征收范围

房地产企业主要涉及以下税目。

1. 房地产企业销售自行开发的房地产项目属于“销售不动产”税目。转让建筑物有限产权或者永久使用权的，转让在建的建筑物或者构筑物所有权的，以及在转让建筑物或者构筑物时一并转让其所占土地的使用权的，按照“销售不动产”缴纳增值税。

【提醒】纳税人仅转让土地使用权的，应按“销售无形资产——转让土地使用权”缴纳增值税。

2. 房地产企业销售没有独立产权的车位或储藏间属于“销售不动产”税目。

国家税务总局2016年5月6日营改增视频会议政策解答指出，出售车位或储藏间，没有独立产权，按照实质重于形式的原则，如果购买方取得了不动产的占有、使用、收益、分配等权力，仍应按照出售不动产处理。

3. 房地产企业出租自行开发的房地产项目（包括如商铺、写字楼、公寓等），属于租赁服务税目中的不动产经营租赁服务和不动产融资租赁服务（不含不动产售后回租融资租赁）。

【提醒】纳税人“以租代售”出租地下车位或销售不能办理产权的地下车位，即使签订销售合同并一次性收取租金，该“销售”行为也只是转让地下车位几十年使用权（一般大于20年），属于转让建筑物有限产权或者永久使用权，应按照“销售不动产”缴纳增值税。

4. 转售水电（销售货物）、贷款（贷款服务）、物业管理（企业管理服务）等。

1.2.1.2　常见不征收增值税项目

1. 房地产主管部门或者其指定机构、公积金管理中心、开发企业以及物业管理单位代收的住宅专项维修资金。

2. 在资产重组过程中，通过合并、分立、出售、置换等方式，将全部或者部分实物资产以及与其相关联的债权、负债和劳动力一并转让给其他单位和个人，其中涉及的不动产、土地使用权转让行为。

3. 存款利息。

4. 被保险人获得的保险赔付。

5. 取得与销售货物、劳务、服务、无形资产、不动产的收入或者数量不相关的财政补贴收入。

6. 销售自行开发的房地产项目取得预收款时对外开具增值税发票。

7. 建筑服务预收款，根据《营业税改征增值税试点实施办法》（财税〔2016〕36号附件1）第四十五条和《财政部 国家税务总局关于建筑服务等营改增试点政策的通知》（财税〔2017〕58号）第二条关于纳税义务发生时间的规定，提供建筑服务取得预收款时并未发生纳税义务，不征增值税。

1.2.1.3 常见免征增值税项目

1. 统借统还业务中，企业集团或企业集团中的核心企业以及集团所属财务公司按不高于支付给金融机构的借款利率水平或者支付的债券票面利率水平，向企业集团或者集团内下属单位收取的利息。

2. 为了配合国家住房制度改革，企业按房改成本价、标准价出售住房取得的收入。

3. 将土地使用权转让给农业生产者用于农业生产。

4. 土地所有者出让土地使用权和土地使用者将土地使用权归还给土地所有者。

5. 自2020年9月29日起，土地所有者依法征收土地，并向土地使用者支付土地及其相关有形动产、不动产补偿费的行为。

【提醒】非土地所有者支付土地及其相关有形动产、不动产补偿费，按规定缴纳增值税，并可以开具增值税专用发票。

1.2.1.4 税率和征收率

1. 房地产开发企业增值税税率和征收率

（1）自2019年4月1日起，房地产企业销售自行开发的房地产项目、出租不动产适用的税率均为9%。（2016年5月1日至2018年4月30日税率为11%，2018年5月1日至2019年3月31日税率为10%。）

（2）房地产开发企业中的小规模纳税人销售自行开发的房地产项目、出租不动产，以及一般纳税人提供的可选择简易计税方法的销售房地产项目、出租不动产业务，征收率为5%。

（3）境内的购买方为境外单位和个人扣缴增值税的，按照适用税率扣缴增值税。

2. 全行业增值税税率与征收率

从税制适用而言，一般纳税人适用增值税税率，其进项税额可以抵扣，而小规模纳税人适用增值税征收率，其进项税额不可以抵扣。

(1) 增值税税率表（见表1-5）

表1-5　　增值税税率表

序号	税目	税率（%）
1	销售或者进口货物（除9—12项外）	13
2	加工、修理修配劳务	13
3	有形动产租赁服务	13
4	不动产租赁服务	9
5	销售不动产	9
6	建筑服务	9
7	交通运输服务	9
8	转让土地使用权	9
9	饲料、化肥、农药、农机、农膜	9
10	粮食等农产品、食用植物油、食用盐	9
11	自来水、暖气、冷气、热水、煤气、石油液化气、天然气、二甲醚、沼气、居民用煤炭制品	9
12	图书、报纸、杂志、音像制品、电子出版物	9
13	邮政服务	9
14	基础电信服务	9
15	增值电信服务	6
16	金融服务	6
17	现代服务（除租赁服务外）	6
18	生活服务	6
19	销售无形资产（除土地使用权外）	6
20	出口货物	0
21	跨境销售国务院规定范围内的服务、无形资产	0

(2) 增值税征收率（见表1-6）

表1-6　　增值税征收率表

序号	税目	税率（%）
1	销售货物	3
2	加工、修理修配劳务	3
3	销售服务（除另有规定外）	3

续表

序号	税目	税率（%）
4	销售无形资产	3
5	建筑服务	3
6	试点前开工的高速公路车辆通行费	3
7	不动产经营租赁	5
8	销售自行开发房地产	5
9	销售不动产	5

1.2.1.5　计税方法与应纳税额的计算

1. 计税方法

增值税的计税方法，包括一般计税方法和简易计税方法。

一般纳税人发生应税行为适用一般计税方法计税。一般纳税人发生财政部和国家税务总局规定的特定应税行为，可以选择适用简易计税方法计税，但一经选择，36 个月内不得变更。

同一房地产项目只能选择适用一种计税方法。如某房地产开发企业开发的开工日期在 2016 年 4 月 30 日之前的同一“建筑工程施工许可证”下的项目中不同房产类型，如开发项目中既有普通标准住房，又有别墅，不可以分别选择简易征收和一般计税方法，要么全部选择简易征收，要么全部选择一般计税方法。

2. 一般计税方法的应纳税额

一般计税方法的应纳税额按以下公式计算：

$$\text{应纳税额} = \text{当期销项税额} - \text{当期进项税额}$$

$$\text{销项税额} = \frac{\text{含税销售额}}{1 + \text{适用税率}} \times \text{适用税率}$$

当期销项税额小于当期进项税额不足抵扣时，其不足部分可以结转下期继续抵扣。

3. 简易计税方法的应纳税额

（1）简易计税方法的应纳税额，是指按照销售额和增值税征收率计算的增值税额，不得抵扣进项税额。应纳税额计算公式：

$$应纳税额 = 销售额 \times 征收率$$

（2）简易计税方法的销售额不包括其应纳税额，纳税人采用销售额和应纳税额合并定价方法的，按照下列公式计算销售额：

$$不含税销售额 = \frac{含税销售额}{1 + 征收率}$$

1.2.1.6 销售额

1. 基本规定

销售额是指纳税人发生应税行为取得的全部价款和价外费用，财政部和国家税务总局另有规定的除外。

价外费用，是指价外收取的各种性质的收费，但不包括以下项目：

（1）代为收取并符合该办法（《营业税改征增值税试点实施办法》）第十条规定的政府性基金或者行政事业性收费。

（2）以委托方名义开具发票代委托方收取的款项。

【提醒】 房地产企业为不动产买受人办理“不动产权证书”时，代收转付并以不动产买受人名义取得票据的办证等款项，不属于价外费用的范围。

2. 具体规定

（1）房地产开发企业中的一般纳税人销售其自行开发的房地产项目（选择简易计税方法的房地产老项目除外），以取得的全部价款和价外费用，扣除受让土地时向政府部门支付的征地和拆迁补偿费用、土地前期开发费用和土地出让收益等，以及向其他单位或个人支付的拆迁补偿费用后的余额为销售额。销售额的计算公式如下：

$$销售额 = \frac{全部价款和价外费用 - 当期允许扣除的土地价款}{1 + 9\%}$$

当期允许扣除的土地价款按照以下公式计算：

$$\begin{matrix}当期允许扣除\\的土地价款\end{matrix} = \frac{当期销售房地产项目建筑面积}{房地产项目可供销售建筑面积} \times 支付的土地价款$$

“当期销售房地产项目建筑面积”和“房地产项目可供销售建筑面积”都是指计容积率地上建筑面积，不包括地下车位建筑面积。

当期销售房地产项目建筑面积，是指当期进行纳税申报的增值税销售额对应的建筑面积。房地产项目可供销售建筑面积，是指房地产项目可以出售的总建筑面积，不包括销售房地产项目时未单独作价结算的配套公共设施的建筑面积。

纳税人按照规定从全部价款和价外费用中扣除的向政府支付的土地价款，以省级以上（含省级）财政部门监（印）制的财政票据为合法有效凭证。纳税人按规定扣除拆迁补偿费用时，应提供拆迁协议、拆迁双方支付和取得拆迁补偿费用凭证等能够证明拆迁补偿费用真实性的材料。

【例1－5】 某市甲房地产公司从乙国有房地产公司购入在建工程6亿元，并以自己名义继续开发销售，由于该市国土房产部门严格限制企业之间的土地使用权的转让，因而在建工程的土地使用权5亿元通过土地储备中心以招拍挂的方式出让给甲公司，甲公司取得省级财政票据，而在建工程1亿元以乙房地产公司销售在建工程的形式销售给甲公司，甲公司取得销售不动产发票。甲公司销售开发产品发生增值税纳税义务时，可以凭取得的省级财政票据对5亿元的土地价款实行差额扣除，凭乙公司开具的增值税专用发票对1亿元在建工程进行进项税额扣除。

【提醒1】 各项目的可供出售建筑面积按规划、预售、竣工备案等阶段敲定的可供出售建筑面积确定，各阶段可供出售建筑面积存在差异的，应在计算当期允许扣除的土地价款时及时调整，最终以实际测绘面积（即办理不动产证书的产权面积）为准。

【提醒2】 房地产开发企业销售权属登记在自己名下的不动产，应当按照《纳税人转让不动产增值税征收管理暂行办法》（国家税务总局2016年第14号公告）的规定进行税务处理。

【提醒3】 一般纳税人应建立台账登记土地价款的扣除情况，扣除的土地价款不得超过纳税人实际支付的土地价款。土地价款作为销售额的组成部分，在计税时已从销售额中扣除，为保护税基，避免超额扣除计税，对政府部门奖励返还的土地款，应从可扣除的土地价款中扣减。

【提醒4】 只有适用一般计税方法的房地产项目才可以扣除受让土地时向政府部门支付的土地价款。如果是简易计税方法的房地产项目，包括一般纳税人销售房地产老项目选择简易计税以及小规模纳税人适用简易计税方法的，土地价款是不能扣除的。

【提醒5】 一个房地产企业同时有多个项目开发时，一个项目的土地价款不得在其他项目的销售额中扣除。

【提醒6】房地产企业从土地二级市场取得土地使用权再开发房地产项目的，只能凭上游企业开具的增值税专用发票抵扣进项税额，销售额不得扣除对应的土地价款。

【提醒7】房地产企业缴纳的土地契税及须缴纳契税的城市基础设施配套费都不属于向土地所有者支付的价款，不能抵减销售额。

【提醒8】纳税人按规定扣除拆迁补偿费用时，可准备以下资料：拆迁协议、被拆迁人收款收据或收条（由亲属代收的，应有相应的授权书）、被拆迁人身份证复印件、签收花名册、政府部门规定的拆迁补偿费标准、其他能够证明拆迁补偿费用真实性的材料。

需要注意的是，对于安置回迁房视同销售收入确认为房地产开发项目的拆迁补偿费，能否在计算增值税销售额时扣除，没有明确的政策规定，关键还是在于当地口径。

例如，重庆税务12366纳税服务热线2019年8月23日回复：向政府部门支付的土地价款，包括土地受让人向政府部门支付的征地和拆迁补偿费用、土地前期开发费用和土地出让收益等。旧城改造中，房地产开发企业并不向政府部门支付土地价款，而是通过采取产权调换方式偿还被拆迁人。即房地产开发企业拆除被拆迁人旧房，按照标准补偿新房并给予一定现金补偿。房地产开发公司对被拆迁户实行房屋产权调换时，其实质是以不动产所有权为表现形式的经济利益的交换。房地产开发公司将所拥有的不动产所有权转移给了被拆迁户，并获得了相应的经济利益，营改增后，我们认为该业务“以不动产所有权为表现形式的经济利益的交换”的性质并未发生变化。因此，房地产开发企业应按照规定缴纳增值税，同时如能取得被拆迁人开具（代开）的增值税专用发票，可以按照规定抵扣进项税，不应确认为拆迁费用在计算增值税销售额时扣除。

又如，对于房地产开发企业以拆迁还房的形式支付所形成的拆迁补偿费能否抵扣销售额的问题，惠州市12366纳税服务中心2020年8月7日答复：营改增后，该业务“以不动产所有权为表现形式的经济利益的交换”的性质并未发生变化。因此，房地产开发企业应按照规定缴纳增值税，同时如能取得被拆迁人开具（代开）的增值税专用发票，可以按照规定抵扣进项税，不应确认为拆迁费用在计算增值税销售额时扣除。

安徽、山西、福建、湖北、宁波、厦门等省市12366纳税服务平台也都有类似回复。

（2）房地产老项目。房地产老项目是指：

①“建筑工程施工许可证”注明的合同开工日期在 2016 年 4 月 30 日前的房地产项目；

②“建筑工程施工许可证”未注明合同开工日期或者未取得“建筑工程施工许可证”但建筑工程承包合同注明的开工日期在 2016 年 4 月 30 日前的建筑工程项目；

③房地产开发企业中的一般纳税人购入未完工的房地产老项目继续开发后，以自己名义立项销售的不动产。

【提醒】新、老项目的界定标准，对房地产开发企业的不同的经营行为是相同的，按照租、售相同，税收公平原则，房地产开发企业将尚未出售的房屋进行出租，仍按上述标准判定是否属于新老项目。

（3）项目公司土地价款扣除。房地产开发企业（包括多个房地产开发企业组成的联合体）受让土地向政府部门支付土地价款后，设立项目公司对该受让土地进行开发，同时符合下列条件的，可由项目公司按规定扣除房地产开发企业向政府部门支付的土地价款。

①房地产开发企业、项目公司、政府部门三方签订变更协议或补充合同，将土地受让人变更为项目公司；

②政府部门出让土地的用途、规划等条件不变的情况下，签署变更协议或补充合同时，土地价款总额不变；

③项目公司的全部股权由受让土地的房地产开发企业持有。

【涉税安排】无法获得票据抬头是项目公司的土地票据时，应积极与政府沟通换票事宜，换取以项目公司为抬头的发票，或拿到扣除承诺的有关文件。

（4）房地产开发企业中的一般纳税人，销售自行开发的房地产老项目，可以选择适用简易计税方法按照 5% 的征收率计税。

（5）房地产开发企业中的小规模纳税人，销售自行开发的房地产项目，按照 5% 的征收率计税。

（6）房地产开发企业采取预收款方式销售所开发的房地产项目，在收到预收款时按照 3% 的预征率预缴增值税。

（7）房地产开发企业中的一般纳税人销售房地产老项目，适用一般计税方法计税的，应以取得的全部价款和价外费用，按照3%的预征率在不动产所在地预缴税款后，向机构所在地主管税务机关进行纳税申报。

（8）纳税人（含非房地产开发企业）仅转让土地使用权的，应按“销售无形资产——转让土地使用权”缴纳增值税，具体分以下两种情况：

①纳税人转让2016年4月30日前取得（不含自建）的土地使用权，可以选择适用简易计税方法，以取得的全部价款和价外费用减去取得该土地使用权的原价后的余额为销售额，按照5%的征收率计算缴纳增值税。

②纳税人转让2016年5月1日后取得的土地使用权或转让2016年4月30日前取得的土地使用权选择适用一般计税方法的，应以取得的全部价款和价外费用为销售额，以销售额全额按适用税率即9%计算缴纳增值税，小规模纳税人应以销售额全额按3%的征收率计算缴纳增值税。

（9）停车位转让。

①纳税人转让有产权车位，增值税处理与销售商品房一致。

②纳税人转让无产权车位，实际上是转让永久使用权，应按销售不动产缴纳增值税。但无产权车位不属于计容面积，在计算销售额时不能抵减土地价款，应以取得的全部价款和价外费用作为销售额。

3. 建筑面积差异的处理

房地产企业采取预售方式，还会存在按照预售面积开具发票后，在交房时对面积差按规定补开发票或开具红票冲减的情况。

【涉税安排】为便于增值税发票开具管理，建议企业在当地条件允许的情况下，取得实测面积后再确认最终房款，对于即将进行交付的房屋可以选择在交付当月集中统一开具发票，这样可以减少发票管理成本，同时将增值税开具发票时间与实际纳税义务发生时间锁定在同一月，避免后续产生税务稽查风险。

4. 特殊收入判断

在房地产开发企业的日常经营中，部分特殊收入的判断如下：

（1）诚意金。如销售行为成立，诚意金将转为销售款项的一部分，需计入销售额计算缴纳增值税；如销售行为不成立其诚意金退还，则不计入销售额计算缴纳增值税。

（2）违约金。对于销售行为存续时收取的利息、滞纳金等，应作为价外费用计入应税收入，如购房者因为未按合同期限缴纳房款，房地产开发企业向购房者收取的利息等；对于因销售行为中断而收取的违约金，则属于赔偿款，不属于增值税应税范围，如购房者因为放弃购买开发产品，房地产开发企业向购买者收取的违约金。

（3）代收费用。房地产企业可能存在代收水电初装费、电视初装费、煤气初装费等业务。若房地产开发企业只是代收代付，最终由各对应单位开票给购房者，则不须作为价外费用进行征税；若房地产开发企业统一收款后再统一支付给各对应单位，对应单位开票给房地产开发公司，则这部分代收费用须作为价外费用征税。

（4）双合同。房地产企业与购房者签订带装修购房合同时，将不动产销售价格进行拆分，分别签订销售不动产合同与装修补充合同的，无论发票如何开具，应将收取的全部房价和装修款按“销售不动产”计税。

【涉税安排】对于纳税人拟销售精装修房屋的，应结合当地住建部门对商品房装修的规定进行分析，避免销售精装修房屋带来的争议。

如《长沙市新建商品住宅全装修建设实施细则》（长住建发〔2018〕48号）规定，纳入全装修管理范畴的商品住宅项目，应按全装修建设要求办理施工图备案和施工许可（含施工招投标）等相关手续，新供地商品住宅项目还须在土地供应环节明确为全装修。同时全装修商品住宅买卖合同应包括房屋总价、毛坯部分价格和装修部分价格等多项内容，按房屋总价进行网签备案，毛坯与装修部分价格分列、明确标示。

如房地产开发企业只与购房者签订毛坯房合同，而由装修公司与购房者签订装修合同，且符合下列条件的，房地产开发企业和装修公司应分别计算各自应缴增值税：

①装修企业提供装修服务；

②装修企业收取装修款项；

③装修企业承担相关法律责任；

④装修企业向购房者开具装修发票。

1.2.1.7 视同销售

1. 下列情形视同销售服务、无形资产或者不动产：

（1）单位或者个体工商户向其他单位或者个人无偿提供服务，但用于公益事业或者以社会公众为对象的除外。

（2）单位或者个人向其他单位或者个人无偿转让无形资产或者不动产，但用于公益事业或者以社会公众为对象的除外。

（3）财政部和国家税务总局规定的其他情形。

【提醒1】 纳税人出租不动产，租赁合同中约定免租期的，不属于视同销售服务。

【提醒2】 房地产企业销售精装修房，已在《商品房买卖合同》中注明的装修费用（含装饰、设备等费用），已经包含在房价中，不属于税法中所称的无偿赠送，无须视同销售。

房地产企业销售房地产项目时未单独作价结算的公共配套设施（如医院、学校等）应分以下情形处理：

属于非营利性且产权属于全体业主的，或无偿赠与地方政府、公用事业单位的，无须视同销售；

属于营利性的，或产权归房地产开发企业所有的，或未明确产权归属的，或无偿赠与地方政府、公用事业单位以外其他单位的，应视同销售缴纳增值税。

【提醒3】 对以房抵工程款、广告费、贷款本息或以拆迁补偿费抵顶购房款等业务，以及以房换地、以地换房业务等非货币性交易，房地产开发企业虽未取得销售款项，但通过转让房地产开发项目而取得其他经济利益，实质上属于有偿转让房地产开发项目，应视同销售缴纳增值税。

【提醒4】 房地产企业为项目配套建设的学校，相应的进项税额可以抵扣。如将学校无偿移交政府，不需要视同销售，也不用进项税额转出。

2. 纳税人发生应税行为价格明显偏低且不具有合理商业目的的，或者发生单位或者个体工商户向其他单位或者个人无偿转让不动产而无销售额的（用于公益事业或者以社会公众为对象的除外），主管税务机关有权按照下列顺序确定销售额：

（1）按照纳税人最近时期销售同类服务、无形资产或者不动产的平均价格确定。

（2）按照其他纳税人最近时期销售同类服务、无形资产或者不动产的平均价格确定。

（3）按照组成计税价格确定。组成计税价格的公式为：

组成计税价格 = 成本 ×（1 + 成本利润率）

不具有合理商业目的，是指以谋取税收利益为主要目的，通过人为安排，减少、免除、推迟缴纳增值税税款，或者增加退还增值税税款。

1.2.1.8　进项税额抵扣

1. 增值税抵扣和抵扣凭证

只有登记为增值税一般纳税人的房地产开发企业才涉及增值税进项税额抵扣。

纳税人取得的增值税扣税凭证不符合法律、行政法规或者国家税务总局有关规定的，其进项税额不得从销项税额中抵扣。

增值税扣税凭证，是指增值税专用发票（含税控机动车销售统一发票，下同）、海关进口增值税专用缴款书、农产品收购发票、农产品销售发票和完税凭证等。具体包括：

（1）增值税专用发票及增值税电子专用发票。从销售方取得的增值税专用发票上注明的增值税额，允许从销项税额中抵扣。

增值税电子专用发票由各省税务局监制，采用电子签名代替发票专用章，属于增值税专用发票，其法律效力、基本用途、基本使用规定等与增值税纸质专用发票相同。

（2）机动车销售统一发票。从销售方取得的税控机动车销售统一发票上注明的增值税额，准予从销项税额中抵扣。

（3）海关进口增值税专用缴款书。从海关取得的海关进口增值税专用缴款书上注明的增值税额，准予从销项税额中抵扣。

（4）农产品收购发票或销售发票。购进农产品，除取得增值税专用发票或者海关进口增值税专用缴款书外，按照农产品收购发票或者销售发票上注明的农产品买价和扣除率计算进项税额。计算公式：

进项税额 = 买价 × 扣除率

买价，是指纳税人购进农产品在农产品收购发票或者销售发票上注明的价款和按照规定缴纳的烟叶税。

购进农产品，按照《农产品增值税进项税额核定扣除试点实施办法》抵扣进项税额的除外。

（5）解缴税款的完税凭证。从境外单位或者个人购进服务、无形资产或者不动产，自税务机关或者扣缴义务人取得的解缴税款的完税凭证上注明的增值税额。

纳税人凭完税凭证抵扣进项税额的，应当具备书面合同、付款证明和境外单位的对账单或者发票。资料不全的，其进项税额不得从销项税额中抵扣。

（6）道路、桥、闸通行费发票。通行费，是指有关单位依法或者依规设立并收取的过路、过桥和过闸费用。自2018年1月1日起，纳税人支付的道路、桥、闸通行费，按照以下规定抵扣进项税额：

①纳税人支付的道路通行费，按照收费公路通行费增值税电子普通发票上注明的增值税额抵扣进项税额。

2018年1月1日至6月30日，纳税人支付的高速公路通行费，如暂未能取得收费公路通行费增值税电子普通发票，可凭取得的通行费发票（不含财政票据，下同）上注明的收费金额按照下列公式计算可抵扣的进项税额：

$$\text{高速公路通行费可抵扣进项税额}=\frac{\text{高速公路通行费发票上注明的金额}}{1+3\%}\times 3\%$$

2018年1月1日至12月31日，纳税人支付的一级、二级公路通行费，如暂未能取得收费公路通行费增值税电子普通发票，可凭取得的通行费发票上注明的收费金额按照下列公式计算可抵扣进项税额：

$$\text{一级、二级公路通行费可抵扣进项税额}=\frac{\text{一级、二级公路通行费发票上注明的金额}}{1+5\%}\times 5\%$$

②纳税人支付的桥、闸通行费，暂凭取得的通行费发票上注明的收费金额按照下列公式计算可抵扣的进项税额：

$$\text{桥、闸通行费可抵扣进项税额}=\frac{\text{桥、闸通行费发票上注明的金额}}{1+5\%}\times 5\%$$

（7）旅客运输凭证。自2019年4月1日起，一般纳税人购进国内旅客运输服务，其进项税额允许从销项税额中抵扣。

①取得增值税电子普通发票的，为发票上注明的税额；

②取得注明旅客身份信息的航空运输电子客票行程单的，为按照下列公式计算进项税额：

$$航空旅客运输进项税额=\frac{票价+燃油附加费}{1+9\%}\times 9\%$$

③取得注明旅客身份信息的铁路车票的，为按照下列公式计算的进项税额：

$$铁路旅客运输进项税额=\frac{票面金额}{1+9\%}\times 9\%$$

④取得注明旅客身份信息的公路、水路等其他客票的，按照下列公式计算进项税额：

$$公路、水路等其他旅客运输进项税额=\frac{票面金额}{1+3\%}\times 3\%$$

（8）抵扣凭证和确定的进项税额。纳税人购进货物，加工修理修配劳务、服务、无形资产或者不动产的扣税凭证和进行税额金额的确定，详见表1－7。

表1－7　　扣税凭证和确定的进项税额金额

<table>
<tr><th colspan="2">扣税凭证种类</th><th>出具方</th><th>进项税额金额</th></tr>
<tr><td colspan="2">增值税专用发票（除向小规模纳税人购进农产品）</td><td>销售方或通过税务机关代开</td><td>注明的增值税额</td></tr>
<tr><td colspan="2">增值税电子专用发票</td><td>销售方</td><td>注明的增值税额</td></tr>
<tr><td colspan="2">机动车销售统一发票</td><td>销售方</td><td>注明的增值税额</td></tr>
<tr><td colspan="2">海关进口增值税专用缴款书</td><td>海关</td><td>注明的增值税额</td></tr>
<tr><td colspan="2">完税凭证（从境外购进扣税）</td><td>税务机关</td><td>注明的增值税额</td></tr>
<tr><td colspan="2">增值税专用发票（向小规模纳税人购进农产品）</td><td>销售方或通过税务机关代开</td><td>注定的金额×扣除率（9%）</td></tr>
<tr><td colspan="2">农产品销售发票</td><td>销售方</td><td>买价×扣除率（9%）</td></tr>
<tr><td colspan="2">农产品收购发票</td><td>购买方</td><td>买价×扣除率（9%）</td></tr>
<tr><td colspan="2">通行费电子发票</td><td>收费公路经营管理单位</td><td>注明的增值税额</td></tr>
<tr><td colspan="2">通行费发票</td><td>销售方</td><td>注明的金额÷（1+3%）×3%或
注明的金额÷（1+5%）×5%</td></tr>
<tr><td rowspan="4">国内旅客运输服务</td><td>增值税电子普通发票</td><td rowspan="4">国内旅客承运方或票务代理方</td><td>注明的增值税额</td></tr>
<tr><td>注明旅客身份信息的航空运输电子客票行程单</td><td>（票价＋燃油附加费）÷（1＋9%）×9%</td></tr>
<tr><td>注明旅客身份信息的铁路报销凭证</td><td>票面金额÷（1＋9%）×9%</td></tr>
<tr><td>注明旅客身份信息的公路、水路等其他客票</td><td>票面金额÷（1＋3%）×3%</td></tr>
</table>

【提醒】 向小规模纳税人购进农产品取得增值税专用发票，以发票注明的金额和9%的扣除率计算进项税额是指取得小规模纳税人开具的税率为3%的农产品专用发票。如疫情期间取得小规模纳税人开具的税率为1%的农产品专用发票，不可以按9%计算抵扣进项税额。

2. 取消增值税扣税凭证认证确认期限

《国家税务总局关于取消增值税扣税凭证认证确认期限等增值税征管问题的公告》（国家税务总局公告2019年第45号）规定，自2020年3月1日起，增值税一般纳税人取得2017年1月1日及以后开具的增值税专用发票、海关进口增值税专用缴款书、机动车销售统一发票、收费公路通行费增值税电子普通发票，取消认证确认、稽核比对、申报抵扣的期限。纳税人如须用于申报抵扣增值税进项税额或申请出口退税、代办退税，应当登录增值税发票综合服务平台确认发票用途。

3. 进项税额抵扣特殊规定

（1）用于简易计税方法计税项目、免征增值税项目、集体福利或者个人消费的购进货物、劳务、服务、无形资产和不动产的进项税额不得从销项税额中抵扣，其中购入固定资产、无形资产、不动产和租入固定资产、不动产，既用于一般计税方法计税项目，又用于简易计税方法计税项目、免征增值税项目、集体福利或者个人消费的，其进项税额准予从销项税额中全额抵扣。

（2）适用一般计税方法的纳税人，兼营简易计税方法计税项目、免征增值税项目而无法划分不得抵扣的进项税额，按照下列公式计算不得抵扣的进项税额：

不得抵扣的进项税额 = 当期无法划分的全部进项税额 ×（当期简易计税方法计税项目销售额 + 免征增值税项目销售额）÷ 当期全部销售额

特殊情况：一般纳税人销售自行开发的房地产项目，兼有一般计税方法计税、简易计税方法计税、免征增值税的房地产项目而无法划分不得抵扣的进项税额的，应以“建筑工程施工许可证”注明的“建设规模”为依据进行划分。

不得抵扣的进项税额 = 当期无法划分的全部进项税额 ×（简易计税、免税房地产项目建设规模 ÷ 房地产项目总建设规模）

（3）当期无法划分的全部进项税额不包括购进其他权益性无形资产产生

的进项税额，增值税一般纳税人购进其他权益性无形资产，只要取得合规的抵扣凭证，就可全额抵扣进项税额，当期没有销项税额，可作为进项税额留底。

（4）按照《营业税改征增值税试点实施办法》第二十七条第（一）项规定不得抵扣且未抵扣进项税额的固定资产、无形资产、不动产，发生用途改变，用于允许抵扣进项税额的应税项目，可在用途改变的次月按照下列公式计算可以抵扣的进项税额：

$$可以抵扣的进项税额=\frac{固定资产、无形资产、不动产净值}{1+适用税率}\times 适用税率$$

根据《国家税务总局关于深化增值税改革有关事项的公告》（国家税务总局公告2019年第14号）第七条规定，按照规定不得抵扣进项税额的不动产，发生用途改变，用于允许抵扣进项税额项目的，按照下列公式在改变用途的次月计算可抵扣进项税额：

$$可抵扣进项税额=\frac{增值税扣税凭证注明或计算的进项税额}{不动产净值率}$$

上述可以抵扣的进项税额应取得合法有效的增值税扣税凭证。

（5）增值税一般纳税人因住所、经营地点变动，按照相关规定，在工商行政管理部门作变更登记处理，但因涉及改变税务登记机关，需要办理注销税务登记并重新办理税务登记的，在迁达地重新办理税务登记后，其增值税一般纳税人资格予以保留，办理注销税务登记前尚未抵扣的进项税额允许继续抵扣。

4. 不动产进项一次性抵扣

《财政部 国家税务总局 海关总署关于深化增值税改革有关政策的公告》（财政部 税务总局 海关总署公告2019年第39号）规定，自2019年4月1日起，《营业税改征增值税试点有关事项的规定》（财税〔2016〕36号附件2）第一条第（四）项第1点、第二条第（一）项第1点停止执行，纳税人取得不动产或者不动产在建工程的进项税额不再分2年抵扣。此前按照上述规定尚未抵扣完毕的待抵扣进项税额，可自2019年4月税款所属期起从销项税额中抵扣。

【例1-6】2020年8月1日，一般纳税人A公司购入一座厂房，取得增值税专用发票并认证抵扣，发票上注明金额1 000万元，增值税税额90万元。厂房既用于免税项目又用于应税项目，A公司将厂房按照固定资产管理。假设厂房分10年进行计提折旧，无残值。

取得厂房时应在当期抵扣进项税额90万元。

借：固定资产——厂房　　10 000 000

　　应交税费——应交增值税（进项税额）　　900 000

　　贷：银行存款　　10 900 000

5. 进项税额转出

进项税额转出，是指一般纳税人购进货物、加工修理修配劳务、服务、无形资产或不动产等发生非正常损失以及其他原因而不应从销项税额中抵扣、按规定转出的进项税额。

需要注意的是，房地产开发企业的售楼处、样板间等临时建筑物，其进项税额可以一次性抵扣，不管该临时设施最终是否拆除，都不需要作进项税额转出处理。如内蒙古在《内蒙古自治区国家税务局全面推开营改增政策问题解答二（不动产部分）》中明确，房地产开发企业的售楼处、样板间的进项税额如何抵扣，这些设施如果最后拆除已经抵扣的进项税是否要转出问题。售楼处、样板间属于在施工现场修建的临时建筑物、构筑物，其进项税额可一次性抵扣，如果最终拆除，表明售楼部、样板间已经使用完毕，不需要做转出。

1.2.1.9　不得从销项税额中抵扣的情形

1. 用于简易计税方法计税项目、免征增值税项目、集体福利或者个人消费的购进货物、加工修理修配劳务、服务、无形资产和不动产。其中涉及的固定资产、无形资产、不动产，仅指专用于上述项目的固定资产、无形资产（不包括其他权益性无形资产）、不动产。

纳税人的交际应酬消费属于个人消费。

2. 非正常损失的购进货物，以及相关的加工修理修配劳务和交通运输服务。

3. 非正常损失的在产品、产成品所耗用的购进货物（不包括固定资产）、加工修理修配劳务和交通运输服务。

4. 非正常损失的不动产，以及该不动产所耗用的购进货物、设计服务和建筑服务。

5. 非正常损失的不动产在建工程所耗用的购进货物、设计服务和建筑服务。

纳税人新建、改建、扩建、修缮、装饰不动产，均属于不动产在建工程。

6. 购进的贷款服务、餐饮服务、居民日常服务和娱乐服务。

7. 财政部和国家税务总局规定的其他情形。

第4项、第5项所称货物，是指构成不动产实体的材料和设备，包括建筑装饰材料和给排水、采暖、卫生、通风、照明、通信、煤气、消防、中央空调、电梯、电气、智能化楼宇设备及配套设施。

除以上不得从销项税额中抵扣的情形外，还应关注善意取得虚开的增值税专用发票及取得异常增值税扣税凭证的情况，具体详见本章“1.4.3 善意取得虚开增值税专用发票的处理”及“1.4.4 取得异常增值税扣税凭证的处理”。

1.2.1.10 混合销售与兼营销售

1. 基本规定

（1）混合销售。一项销售行为如果既涉及服务又涉及货物，为混合销售。从事货物的生产、批发或者零售的单位和个体工商户的混合销售行为，按照销售货物缴纳增值税；其他单位和个体工商户的混合销售行为，按照销售服务缴纳增值税。

以上所称从事货物的生产、批发或者零售的单位和个体工商户，包括以从事货物的生产、批发或者零售为主，并兼营销售服务的单位和个体工商户在内。

【提醒】判断混合销售的关键在于是否在同一项销售行为中既涉及服务又涉及货物。此处货物是指有形动产，服务则是指提供交通运输服务、邮政服务、电信服务、建筑服务、金融服务、现代服务、生活服务。

（2）兼营销售。纳税人兼营销售货物、劳务、服务、无形资产或者不动产，适用不同税率或者征收率的，应当分别核算适用不同税率或者征收率的销售额；未分别核算的，从高适用税率。

例如，某房地产企业同时提供物业管理服务与房屋租赁业务，可以适用不同税率分别开具发票，也可以在同一张发票上开具不同项目。

纳税人兼营免税、减税项目的，应当分别核算免税、减税项目的销售额；未分别核算的，不得免税、减税。

2. 特殊规定

（1）《国家税务总局关于进一步明确营改增有关征管问题的公告》（国

家税务总局公告2017年第11号）第一条规定，自2017年5月1日起，纳税人销售活动板房、机器设备、钢结构件等自产货物的同时提供建筑、安装服务，不属于《营业税改征增值税试点实施办法》第四十条规定的混合销售，应分别核算货物和建筑服务的销售额，分别适用不同的税率或者征收率。

（2）《国家税务总局关于明确中外合作办学等若干增值税征管问题的公告》（国家税务总局公告2018年第42号）第六条规定，自2018年7月25日起，一般纳税人销售自产机器设备的同时提供安装服务，应分别核算机器设备和安装服务的销售额，安装服务可以按照甲供工程选择适用简易计税方法计税。一般纳税人销售外购机器设备的同时提供安装服务，如果已经按照兼营的有关规定，分别核算机器设备和安装服务的销售额，安装服务可以按照甲供工程选择适用简易计税方法计税。纳税人对安装运行后的机器设备提供的维护保养服务，按照“其他现代服务”缴纳增值税。

1.2.1.11 销售折让、中止或者退回

纳税人适用一般计税方法计税的，因销售折让、中止或者退回而退还给购买方的增值税额，应当从当期的销项税额中扣减；因销售折让、中止或者退回而收回的增值税额，应当从当期的进项税额中扣减。

纳税人适用简易计税方法计税的，因销售折让、中止或者退回而退还给购买方的销售额，应当从当期销售额中扣减。扣减当期销售额后仍有余额造成多缴的税款，可以从以后的应纳税额中扣减。

纳税人发生应税行为，开具增值税专用发票后，发生开票有误或者销售折让、中止、退回等情形的，应当按照国家税务总局的规定开具红字增值税专用发票；未按照规定开具红字增值税专用发票的，不得扣减销项税额或者销售额。

1.2.1.12 折扣销售

纳税人发生应税行为，将价款和折扣额在同一张发票上分别注明的，以折扣后的价款为销售额；未在同一张发票上分别注明的，以价款为销售额，不得扣减折扣额。

销售额和折扣额在同一张发票上分别注明是指销售额和折扣额在同一张发票上的“金额”栏分别注明的，可按折扣后的销售额征收增值税。未

在同一张发票"金额"栏注明折扣额，而仅在发票的"备注"栏注明折扣额的，折扣额不得从销售额中减除。

需要注意的是，房地产开发企业在销售不动产时，一般都是事先洽谈好房屋销售折扣价格，再按折后价格签订《商品房买卖合同》，不同于此处折扣销售的处理。

1.2.1.13 销售自己使用过的固定资产

1. 一般纳税人销售自己使用过的、纳入营改增试点之日前取得的固定资产，按照现行旧货相关增值税政策执行。使用过的固定资产，是指纳税人符合《营业税改征增值税试点实施办法》第二十八条"固定资产，是指使用期限超过12个月的机器、机械、运输工具以及其他与生产经营有关的设备、工具、器具等有形动产"的规定并根据财务会计制度已经计提折旧的固定资产。

一般纳税人销售旧货，自2009年1月1日起按照简易办法依照3%征收率减按2%征收增值税，应开具普通发票，不得自行开具或者由税务机关代开增值税专用发票。

旧货，是指进入二次流通的具有部分使用价值的货物（含旧汽车、旧摩托车和旧游艇），但不包括自己使用过的物品。

2. 一般纳税人销售自己使用过的固定资产，采用一般计税方式的相关规定如下：

（1）纳税人销售自己使用过的固定资产，适用一般计税，公式如下：

$$应纳税额 = \frac{含税销售额}{1+13\%} \times 13\%$$

（2）一般纳税人销售自己使用过的固定资产适用一般计税办法的情形：

①销售自己使用过的2009年1月1日以后购进或自制的固定资产；

②2008年12月31日以前已纳入扩大增值税抵扣范围试点的纳税人销售自己已使用过的在本地区扩大增值税抵扣范围试点后购入或自制的固定资产。

【提醒】一般纳税人出售自己使用过的固定资产，适用一般计税时，税率为13%，并可以开具增值税专用发票。

3. 一般纳税人销售自己使用过的固定资产，采用简易计税方式的相关规定如下：

（1）可选择减按2%征收，应开具普通发票，不得开具增值税专用发票。计算公式如下：

$$应纳税额 = \frac{含税销售额}{1+3\%} \times 2\%$$

（2）选择放弃减税，按3%征收，可开具3%征收率的增值税专用发票。计算公式如下：

$$应纳税额 = \frac{含税销售额}{1+3\%} \times 3\%$$

（3）一般纳税人销售自己使用过的固定资产适用简易办法的情形：

①2008年12月31日以前未纳入扩大增值税抵扣范围试点的纳税人销售自己已使用过的2008年12月31日以前购入或自制的固定资产；

②纳税人购进或者自制固定资产时为小规模纳税人，认定为一般纳税人后销售该固定资产；

③增值税一般纳税人发生按照简易办法征收增值税应税行为，销售其按照规定不得抵扣进项税额的固定资产；

④一般纳税人销售自己使用过的属于不得抵扣且未抵扣进项税额的固定资产。

4. 纳税人发生固定资产视同销售行为，对已使用过的固定资产无法确定销售额的，以固定资产净值为销售额。

5. 小规模纳税人（不含其他个人）销售自己使用过的固定资产，依照3%征收率减按2%征收增值税；小规模纳税人（不含其他个人）销售自己使用过的除固定资产以外的物品，应按3%征收率征收增值税。

6. 自2020年3月1日至2021年3月31日，除湖北省外，其他省、自治区、直辖市的增值税小规模纳税人，适用3%征收率的应税销售收入，减按1%征收率征收增值税。自2021年4月1日至2021年12月31日，增值税小规模纳税人适用3%征收率的应税销售收入，减按1%征收率征收增值税；适用3%预征率的预缴增值税项目，减按1%预征率预缴增值税。因此，符合上述条件的增值税小规模纳税人销售自己使用过的固定资产按规定减按2%征收的，可以享受小规模纳税人复工复业增值税优惠政策，并可开具税率栏为“1%”的增值税专用发票。

需要注意的是，截至本书出版前，开票系统已经提示“自 2022 年 1 月 1 日起，暂继续执行小规模纳税人减征增值税政策……待正式文件出台后，以正式文件为准”。

【例 1－7】北京市某增值税小规模纳税人 2020 年 9 月销售自己使用过的固定资产，含税销售价 100 000 元，按规定享受小规模纳税人复工复业增值税优惠政策，则应纳税额＝含税销售额÷（1＋1%）×1%＝100 000÷（1＋1%）×1%＝990.10 元。

1.2.1.14 税控设备及技术服务费全额抵减

1. 增值税纳税人 2011 年 12 月 1 日以后初次购买增值税税控系统专用设备（包括分开票机）支付的费用，可凭购买增值税税控系统专用设备取得的增值税专用发票，在增值税应纳税额中全额抵减（抵减额为价税合计额），不足抵减的可结转下期继续抵减。增值税纳税人非初次购买增值税税控系统专用设备支付的费用，由其自行负担，不得在增值税应纳税额中抵减。

2. 增值税纳税人 2011 年 12 月 1 日以后缴纳的技术维护费，可凭技术维护服务单位开具的技术维护费发票，在增值税应纳税额中全额抵减，不足抵减的可结转下期继续抵减。

3. 增值税一般纳税人支付的二项费用在增值税应纳税额中全额抵减的，其增值税专用发票不作为增值税抵扣凭证，其进项税额不得从销项税额中抵扣。

1.2.1.15 纳税地点

属于固定业户的纳税人应当向其机构所在地或者居住地的主管税务机关申报纳税。总机构和分支机构不在同一县（市）的，应当分别向各自所在地的主管税务机关申报纳税；经财政部和国家税务总局或者其授权的财政和税务机关批准，可以由总机构汇总向总机构所在地的主管税务机关申报纳税。

扣缴义务人应当向其机构所在地或者居住地主管税务机关申报缴纳扣缴的税款。

房地产开企业销售房地产项目，在不动产所在地税务机关预缴税款后，向机构所在地主管税务机关进行纳税申报。

1.2.1.16 纳税义务发生时间

1.《营业税改征增值税试点实施办法》第四十五条第（一）项规定，增值税纳税义务发生时间为纳税人发生应税行为并收讫销售款项或者取得索取销售款项凭据的当天；先开具发票的，为开具发票的当天。

收讫销售款项，是指纳税人销售、出租不动产过程中或者完成后收到款项。

取得索取销售款项凭据的当天，是指书面合同确定的付款日期；未签订书面合同或者书面合同未确定付款日期的，为不动产权属变更的当天。

其中不动产权属变更的当天，是指具体交房时间，以《商品房买卖合同》上约定的交房时间为准；若实际交房时间早于合同约定时间的，以实际交房时间为准。

2. 纳税人提供租赁服务采取预收款方式的，其纳税义务发生时间为收到预收款的当天。

3. 纳税人发生视同销售不动产行为，其纳税义务发生时间为不动产权属变更的当天。

4. 各地对房地产企业增值税纳税义务发生时间的规定，见表1-8。

表1-8　各地房地产开发企业销售不动产增值税纳税义务发生时间规定

地区	具体规定	相关政策
北京	纳税人销售、出租不动产，为发生应税行为并收讫销售款项或者取得索取销售款项凭据的当天；先开具发票的，为开具发票的当天 收讫销售款项，是指纳税人销售、出租不动产过程中或者完成后收到款项 取得索取销售款项凭据的当天，是指书面合同确定的付款日期；未签订书面合同或者书面合同未确定付款日期的，为不动产权属变更的当天	2016.03.29《房地产业营改增税收指引》
湖南	房地产开发企业销售自行开发的房地产项目，其发生应税行为的时间为销售合同约定的交房时间。若实际交房时间早于销售合同约定交房时间的，以实际交房时间为准；若实际交房时间晚于销售合同约定交房时间的，以销售合同约定的交房时间为准	2016.12.26《营业税改征增值税政策指引之四》

续表

地区	具体规定	相关政策
湖北	房地产公司销售不动产，以房地产公司将不动产交付给买受人的当天作为应税行为发生的时间 在具体交房时间的辨别上，以《商品房买卖合同》上约定的交房时间为准；若实际交房时间早于合同约定时间的，以实际交付时间为准	2016.04.25《营改增政策执行口径第一辑》
河北	房地产公司销售不动产，以房地产公司将不动产交付给买受人的当天作为应税行为发生的时间。交付时间，以《商品房买卖合同》上约定的交房时间为准；若实际交房时间早于合同约定时间的，以实际交付时间为准	2016.04.30《关于全面推开营改增有关政策问题的解答（之二）》
河南	房地产企业销售房地产项目纳税义务发生时间为交付房地产项目并取得索取销售款项凭据的当天 取得索取销售款项凭据的当天，是指书面合同确定的付款日期；未签订书面合同或者书面合同未确定付款日期的，为房地产项目产权属变更的当天	2016.06.08《营改增问题快速处理机制专期十三》
海南	纳税人销售自行开发的房地产，收讫销售款项或者签订书面合同约定付款日期或开具发票，满足此三个条件中任何一个条件即为发生纳税义务，应该按适用税率计算缴纳增值税	2016.11.10 琼国税函〔2016〕625号
安徽	对以买卖方式转让的不动产，应对照《商品房买卖合同》上约定的交房时间，房地产开发企业与购买方在合同约定的最迟交房时间之前完成房屋交付手续的，以实际交付时间作为纳税义务发生时间。因房地产开发企业原因造成延迟交房的，以实际交房时间作为纳税义务发生时间；因购买方原因未按合同约定完成不动产交付手续的，以合同约定的最迟交房时间作为纳税义务发生时间 对以投资、分配利润、捐赠、抵债等方式转让的不动产，房地产开发企业应以不动产权属变更的当天作为纳税义务发生时间	2017.01.03《营改增热点难点问题（房地产）》
广东	房地产开发企业销售自行开发房地产产品的纳税义务时间为发生应税行为并收讫销售款项或者取得销售款项凭据的当天；先开具发票的，为开具发票的当天 由于房地产开发企业在实际交楼时，其销售开发产品的风险已经转移，符合确认收入的条件。因此，对房地产开发企业销售房地产开发项目而言，“发生应税行为”是指房地产开发公司实际交楼的时间；“开具发票”是指房地产开发企业开具应税发票	2018.01.05《营改增试点行业纳税遵从指引（房地产业）》

续表

地区	具体规定	相关政策
山东	纳税人销售、出租不动产，为发生应税行为并收讫销售款项或者取得索取销售款项凭据的当天；先开具发票的，为开具发票的当天 收讫销售款项，是指纳税人销售、出租不动产过程中或者完成后收到款项。取得索取销售款项凭据的当天，是指书面合同确定的付款日期；未签订书面合同或者书面合同未确定付款日期的，为不动产权属变更的当天	2016.04.01《房地产业营改增税收政策指南》
江西	根据房地产项目销售特点，以房地产公司将不动产交付给买受人的当天作为应税行为发生的时间。具体交房时间以《商品房买卖合同》上约定的交房时间为准；若实际交房时间早于合同约定时间的，按实际交房时间为准	2016.12.27 赣国税营改增办发〔2016〕52号
内蒙古	房地产公司销售不动产，以房地产公司将不动产交付给买受人的当天作为应税行为发生的时间。交付时间，以《商品房买卖合同》上约定的交房时间为准；若实际交房时间早于合同约定时间的，以实际交付时间为准	2016.05.30《全面推开营改增政策问题解答二（不动产部分）》
宁夏	房地产开发企业销售自行开发的房地产项目纳税义务发生时间为发生应税行为并收讫销售款项或者取得索取销售款项凭据的当天。房地产开发企业预收房款时纳税义务尚未发生，在总局进一步明确前，暂按《商品房买卖合同》上约定的交房时间为准；若实际交房时间早于合同约定时间的，以实际交房时间为准	2016.06.17《全面推开营改增政策指引（三）》

1.2.2 申报期限

房地产开发企业一般以1个月为增值税的纳税申报期。纳税人应自期满之日起15日内申报纳税，于次月1日起15日内申报纳税并结清上月应纳税款。纳税期限遇最后一日是法定休假日的，以休假日期满的次日为期限的最后一日；在期限内有连续3日以上法定休假日的，按休假日天数顺延。

1.2.3 增值税及附加税费申报表整合

1.2.3.1 政策依据

《国家税务总局关于增值税 消费税与附加税费申报表整合有关事项的

公告》（国家税务总局公告2021年第20号，以下简称《公告》）自2021年8月1日起，增值税、消费税分别与城市维护建设税、教育费附加、地方教育附加申报表整合，启用新版“增值税及附加税费申报表（一般纳税人适用）”“增值税及附加税费申报表（小规模纳税人适用）”“增值税及附加税费预缴表”及其附列资料。

1.2.3.2 整合内容

附加税费指的是城市维护建设税、教育费附加和地方教育附加。增值税与附加税费申报表整合是指将增值税与附征的城市维护建设税、教育费附加、地方教育附加实施合并申报。

具体是指将“增值税纳税申报表（一般纳税人适用）”“增值税纳税申报表（小规模纳税人适用）”及其附列资料、“增值税预缴税款表”分别与“城建税、教育费附加、地方教育附加税（费）申报表”整合，启用“增值税及附加税费申报表（一般纳税人适用）”“增值税及附加税费申报表（小规模纳税人适用）”“增值税及附加税费预缴表”及其附列资料。

1.2.3.3 申报表整合执行时间

自2021年8月1日起施行，即自2021年8月纳税申报期起，申报缴纳增值税及附加税费的纳税人，均应填报新版申报表及其附列资料。

1. 按月度申报缴纳增值税及附加税费的纳税人，申报缴纳税款所属期2021年7月及以后的增值税及附加税费，适用《公告》。

2. 按季度申报缴纳增值税及附加税费的纳税人，申报缴纳税款所属期2021年第3季度及以后的增值税及附加税费，适用《公告》。

3. 纳税人调整以前所属期税费事项的，按照相应所属期的税费申报表相关规则调整。

1.2.3.4 申报流程的变化

新启用的“增值税及附加税费申报表（一般纳税人适用）”“增值税及附加税费申报表（小规模纳税人适用）”“增值税及附加税费预缴表”及其附列资料中，附加税费申报表作为附列资料或附表，纳税人在进行增值税申报的同时完成附加税费申报。

具体为纳税人填写增值税相关申报信息后，自动带入附加税费附列资料（附表）；纳税人填写完附加税费其他申报信息后，回到增值税申报主表，形成纳税人本期应缴纳的增值税和附加税费。上述表内信息预填均由系统自动实现。

1.2.3.5 申报表整合后的主要变化

1. 增值税与附加税费申报表整合

（1）一般纳税人增值税纳税申报内容的变化。一是在原“增值税纳税申报表（一般纳税人适用）”主表增加第 39 栏至第 41 栏“附加税费”栏次，并将表名调整为“增值税及附加税费申报表（一般纳税人适用）”；二是将原“增值税纳税申报表附列资料（二）”（本期进项税额明细）第 23 栏“其他应作进项税额转出的情形”拆分为第 23a 栏“异常凭证转出进项税额”和第 23b 栏“其他应作进项税额转出的情形”，并将表名调整为“增值税及附加税费申报表附列资料（二）”（本期进项税额明细）。其中第 23a 栏专门用于填报异常增值税扣税凭证转出情况，第 23b 栏填报原第 23 栏内容。三是增加“增值税及附加税费申报表附列资料（五）”（附加税费情况表）。

涉及增值税纳税申报内容的变化主要是，纳税人在办理纳税申报时，需要将按照规定本期应当作异常增值税扣税凭证转出处理的进项税额，填写在“增值税及附加税费申报表附列资料（二）”（本期进项税额明细）的第 23a 栏“异常凭证转出进项税额”中。对于前期已经作过异常增值税扣税凭证转出处理，解除异常凭证或经税务机关核实允许继续抵扣的，且纳税人重新确认用于抵扣的进项税额，在本栏次填入负数。

（2）小规模纳税人增值税纳税申报内容的变化。一是在原“增值税纳税申报表（小规模纳税人适用）”主表增加第 23 栏至第 25 栏“附加税费”栏次，并将表名调整为“增值税及附加税费申报表（小规模纳税人适用）”。二是将原“增值税纳税申报表（小规模纳税人适用）”主表中开具增值税专用发票销售额和开具普通发票销售额相关栏次名称调整为更准确的表述，即将第 2、第 5 栏次名称由原“税务机关代开的增值税专用发票不含税销售额”调整为“增值税专用发票不含税销售额”；将第 3、第 6、第8、第14栏次名称，由原“税控器具开具的普通发票不含税销售额”调整为“其他增值税发票不含税销售额”，上述栏次具体填报要求不变。三是增加“增值税及附加税费申报表（小规模纳税人适用）附列资料（二）”（附加税费情况表）。

“增值税及附加税费申报表（小规模纳税人适用）”及其附列资料涉及的增值税纳税申报内容和口径没有变化。

（3）纳税人2021年7月及之后税款所属期收到主管税务机关送达的税务事项通知书并告知其已申报抵扣的增值税专用发票为异常增值税扣税凭证的处理。

按照“增值税及附加税费申报表（一般纳税人适用）”及其附列资料的填写说明，“增值税及附加税费申报表附列资料（二）”第23a栏“异常凭证转出进项税额”栏次，填写本期异常增值税扣税凭证转出的进项税额。

如果纳税人的纳税信用等级不为A级，按照“国家税务总局关于异常增值税扣税凭证管理等有关事项的公告”（国家税务总局公告2019年第38号，以下简称38号公告）第三条第（一）项规定，应当在纳税人办理收到相关税务事项通知书对应税款所属期的增值税及附加税费申报时，按照“增值税及附加税费申报表附列资料（二）”填写说明的要求，将对应专用发票已抵扣税额计入“增值税及附加税费申报表附列资料（二）”第23a栏。

如果纳税人的纳税信用等级为A级，则可以按照38号公告第三条第（四）项的规定，自接到税务机关通知之日起10个工作日内，向主管税务机关提出核实申请，在税务机关出具核实结果之前暂不作进项税额转出处理，也不需要将对应专用发票已抵扣税额计入“增值税及附加税费申报表附列资料（二）”第23a栏。

若纳税人逾期未提出核实申请，或者提出核实申请但经核实确认相关发票不符合现行增值税进项税额抵扣相关规定的，应当继续作进项税额转出处理。

（4）纳税人2021年7月及之后税款所属期收到主管税务机关送达的税务事项通知书并告知其已作进项税额转出的异常增值税扣税凭证解除异常可按照现行规定继续抵扣的处理。

按照“增值税及附加税费申报表（一般纳税人适用）”及其附列资料填写说明，“增值税及附加税费申报表附列资料（二）”第23a栏“异常凭证转出进项税额”栏次，填写本期异常增值税扣税凭证转出的进项税额。异常增值税扣税凭证转出后，经核实允许继续抵扣的，且纳税人重新确认用于抵扣的，在本栏填入负数。

纳税人在2021年7月及之后税款所属期，作进项转出处理的异常凭证，在解除异常凭证后，纳税人应先通过增值税发票综合服务平台对相关发票再次进行抵扣勾选，然后在办理抵扣勾选税款所属期增值税及附加税费申报时，按照“增值税及附加税费申报表附列资料（二）”填写说明的要求，将允许继续抵扣的税额以负数形式计入“增值税及附加税费申报表附列资料（二）”第23a栏。在2021年7月税款所属期之前已作进项转出处理的异常凭证，不需要再次进行抵扣勾选，可以经税务机关核实后，直接将允许继续抵扣的税额以负数形式计入“增值税及附加税费申报表附列资料（二）”第23a栏。

2. 城市维护建设税、教育费附加、地方教育附加申报其他事项

（1）“增值税及附加税费申报表（一般纳税人适用）”附列资料（五）（附加税费情况表）在原“城建税、教育费附加、地方教育附加税（费）申报表”计税（费）依据栏次删除“消费税”及“营业税”，增加“留抵退税本期扣除额”。底部增加产教融合型企业抵免及增值税留抵退税额适用情况。

第8行“当期新增可用于扣除的留抵退税额”：填写上期经税务机关审核通过的增值税留抵退税额。

第9行“上期结存可用于扣除的留抵退税额”：填写上期的“结转下期可用于扣除的留抵退税额”。

第10行“结转下期可用于扣除的留抵退税额”：填写本期扣除后剩余的增值税留抵退税额，结转下期可用于扣除的留抵退税额=当期新增可用于扣除的留抵退税额+上期结存可用于扣除的留抵退税额−留抵退税本期扣除额。

第3列“留抵退税本期扣除额”：填写本期因增值税留抵退税扣除的计税依据。当第8行与第9行之和大于第1列第1行时，第3列第1至3行分别按第1列第1至3行对应填写；当第8行与第9行之和小于或等于第1列第1行时，第3列第1至3行分别按第8行与第9行之和对应填写。

（2）“增值税及附加税费申报表（小规模纳税人适用）”附列资料（二）（附加税费情况表）在原“城建税、教育费附加、地方教育附加税

（费）申报表”计税（费）依据栏次删除“增值税免抵税额”“消费税”“营业税”。

（3）附加税（费）预缴可通过“增值税及附加税费预缴表附列资料”进行申报。

（4）申报表整合后，不仅对申报表进行了改进，而且对支撑申报的信息系统和电子税务局进行了功能的优化和完善，覆盖了增值税、消费税和附加税费申报的所有场景。因此，申报表整合施行后，原“城建税、教育费附加、地方教育附加税（费）申报表”不再使用。

1.3　期末留抵税额退税

1.3.1　政策指引

《财政部 国家税务总局 海关总署关于深化增值税改革有关政策的公告》（财政部 国家税务总局 海关总署公告2019年第39号）第八条规定，自2019年4月1日起，试行增值税期末留抵税额退税制度。

【提醒】增值税退还留抵是将符合条件的以前企业支付或承担的进项税额退还给企业，不是无偿从政府取得货币性资产或非货币性资产，不属于政府补助，也不属于应征企业所得税收入范围。

1.3.1.1　申请留抵退税的条件

同时符合条件的纳税人，可以向主管税务机关申请退还增量留抵税额。房地产开发企业申请留抵退税一共有五个条件，且是同时满足：

1. 自2019年4月税款所属期起，连续六个月增量留抵税额均大于零，且第六个月增量留抵税额不低于50万元；

【提醒1】连续六个月并不一定从2019年4月开始算，可以从4月以后的任何一个月开始计算连续六个月，比如5月到10月、6月到11月等。如果是按季纳税的纳税人，执行口径也一样，只不过计算区间是连续两个季度。

【提醒2】连续六个月计算区间内每个月的增量留抵，都是和2019年3月底的留抵比新增加的留抵税额。

【提醒3】2019年4月1日以后新设立的纳税人，2019年3月底的留抵税额为0，因此其增量留抵税额即当期的期末留抵税额。

2. 纳税信用等级为A级或者B级；

【提醒】根据纳税人申请留抵退税当期的纳税等级来判断是否符合规定条件。

3. 申请退税前36个月未发生骗取留抵退税、出口退税或者虚开增值税专用发票情形的；

4. 申请退税前36个月未因偷税被税务机关处罚两次及以上；

5. 自2019年4月1日起未享受即征即退或先征后返（退）政策的。

增值税一般纳税人取得退还的留抵税额后，又产生新的留抵，要重新按照退税资格条件进行判断。特别要注意的是，“连续六个月增量留抵税额均大于零”的条件中“连续六个月”是不可重复计算的，即此前已申请退税“连续六个月”的计算期间，不能再次计算，也就是纳税人一个会计年度中，申请退税最多两次。

1.3.1.2 退还留抵税额

允许退还的增量留抵税额的计算公式如下：

允许退还的增量留抵税额 = 增量留抵税额 × 进项构成比例 × 60%

增量留抵税额是指与2019年3月底相比新增加的期末留抵税额。也就是说，每个月的增量留抵税额都是和2019年3月31日的期末留抵税额相比的结果。

进项构成比例，为2019年4月至申请退税前一税款所属期内已抵扣的增值税专用发票（含税控机动车销售统一发票）、海关进口增值税专用缴款书、解缴税款完税凭证注明的增值税额占同期全部已抵扣进项税额的比重。

【提醒】取数区间是以2019年4月1日起至申请退税前这一段时间内已抵扣的专用发票、海关进口增值税专用缴款书和完税凭证三种票对应进项占全部进项的比重来计算。

1.3.1.3 与出口退税的衔接

纳税人出口业务适用免抵退税办法的，可以在同一申报期内，既申报免抵退税又申请办理留抵退税。纳税人在同一申报期既申报免抵退税又申请办理留抵退税的，或者在纳税人申请办理留抵退税时存在尚未经税务机关核准的免抵退税应退税额的，应待税务机关核准免抵退税应退税额后，按最近一期“增值税纳税申报表（一般纳税人适用）”期末留抵税额，扣减税务机关核准的免抵退税应退税额后的余额确定允许退还的增量留抵税额。

1.3.1.4 与欠税处理的衔接

纳税人既有增值税欠税，又有期末留抵税额的，按最近一期“增值税纳税申报表（一般纳税人适用）”期末留抵税额，抵减增值税欠税后的余额确定允许退还的增量留抵税额。

1.3.1.5 暂停与终止办理留抵退税

1. 税务机关在办理留抵退税期间，发现符合留抵退税条件的纳税人存在以下情形，暂停为其办理留抵退税：

（1）存在增值税涉税风险疑点的；

（2）被税务稽查立案且未结案的；

（3）增值税申报比对异常未处理的；

（4）取得增值税异常扣税凭证未处理的；

（5）国家税务总局规定的其他情形。

2. 上述列举的增值税涉税风险疑点等情形已排除，且相关事项处理完毕后，纳税人仍符合留抵退税条件的，税务机关继续为其办理留抵退税。纳税人不再符合留抵退税条件的，不予留抵退税。

3. 税务机关对增值税涉税风险疑点进行排查时，发现纳税人涉嫌骗取出口退税、虚开增值税专用发票等增值税重大税收违法行为的，终止为其办理留抵退税。税务机关对纳税人涉嫌增值税重大税收违法行为核查处理完毕后，纳税人仍符合留抵退税条件的，可按照规定重新申请办理留抵退税。

1.3.1.6 准予留抵退税的后续处理

纳税人应在收到税务机关准予留抵退税的《税务事项通知书》当期，以税务机关核准的允许退还的增量留抵税额冲减期末留抵税额，并在办理增值税纳税申报时，相应填写“增值税纳税申报表”附列资料（二）（本期进项税额明细）第22栏“上期留抵税额退税”。按照上述规定再次满足退税条件的，可以继续向主管税务机关申请退还留抵税额，但上述规定的连续期间，不得重复计算。

1.3.1.7 附加税计税依据的扣除

纳税人发生留抵退税的当月会增加增值税应纳税额，如不允许从城建税、教育费附加和地方教育附加的计税（征）依据中扣除退还增值税税额，将造成多交城建税、教育费附加和地方教育附加。因此，《财政部 税务总局关于增值税期末留抵退税有关城市维护建设税教育费附加和地方教育附加政策的通知》（财税〔2018〕80号）规定，对实行增值税期末留抵退税的纳税人，允许其从城市维护建设税、教育费附加和地方教育附加的计税（征）依据中扣除退还的增值税税额。2021年9月1日开始施行的《城市维护建设税法》也明确，城市维护建设税的计税依据应当按照规定扣除期末留抵退税退还的增值税税额。

1.3.2 申报期限

纳税人申请办理留抵退税，应于符合留抵退税条件的次月起，在增值税纳税申报期（以下称申报期）内，完成本期增值税纳税申报后，通过省（自治区、直辖市和计划单列市）税务局或办税服务厅提交“退（抵）税申请表”。

【提醒】留抵税额是个时点数，会随着增值税一般纳税人每一期的申报情况发生变化，因而提交留抵退税申请必须在申报期完成，以免对退税数额计算和后续核算产生影响。

1.3.3 申请留抵退税

1. 留抵税额退税判断和计算（见表1-9）。

表1-9　　留抵税额退税判断和计算表

序号	项目	计算公式	金额
1	2019年3月留抵税额		
2	连续六个月（按季纳税的，连续两个季度）增量留抵税额均大于零		
2-A	____年____月留抵税额		

续表

序号	项目	计算公式	金额
2-B	____年____月留抵税额		
2-C	____年____月留抵税额		
2-D	____年____月留抵税额		
2-E	____年____月留抵税额		
2-F	____年____月留抵税额		
3	增量留抵税额	1-（2-F）	
4	增量留抵税是否符合条件		
5	2019年4月至申请退税前一税款所属期已抵扣的增值税专用发票（含税控机动车销售统一发票）注明的增值税额		
6	2019年4月至申请退税前一税款所属期已抵扣的海关进口增值税专用缴款书注明的增值税额		
7	2019年4月至申请退税前一税款所属期已抵扣的解缴税款完税凭证注明的增值税额		
8	2019年4月至申请退税前一税款所属期全部已抵扣的进项税额		
9	进项构成比例	（5+6+7）÷8	
10	本期申请退还的增量留抵税额	3×9×60%	

备注：增量留抵税是否符合条件是指从2019年4月税款所属期起，连续六个月增量留抵税额均大于零，且第六个月增量留抵税额不低于50万元。

2. 填报“退（抵）税申请表”。

3. 提交“退（抵）税申请表”，申请退税。

（1）提交“退（抵）税申请表”是在符合留抵退税条件的次月起，在增值税纳税申报期内完成。

需要注意的是，提交“退（抵）税申请表”是从符合留抵退税条件的次月起，并不是必须在次月纳税申报期内完成。比如，某房地产一般纳税人企业2020年4月至9月符合留抵退税条件，则可以在2020年10月纳税申报期内完成提交“退（抵）税申请表”，也可以在11月、12月等月份的纳税申报期内完成提交“退（抵）税申请表”。

（2）提交的步骤是先完成本期增值税纳税申报后，再提交申请表。

（3）提交途径：通过电子税务局或办税服务厅提交“退（抵）税申请表”。

1.4 增值税发票管理

1.4.1 增值税发票开具规定

1.4.1.1 基本规定

1. 自2018年1月1日起，纳税人开具增值税发票时，商品和服务税收分类编码对应的简称会自动显示并打印在发票票面“货物或应税劳务、服务名称”或“项目”栏次中。

2. 销售商品、提供服务以及从事其他经营活动的单位和个人，对外发生经营业务收取款项，收款方应当向付款方开具发票。

下列特殊情况下，由付款方向收款方开具发票：

（1）收购单位和扣缴义务人支付个人款项时；

（2）国家税务总局认为其他需要由付款方向收款方开具发票的。

3. 所有单位和从事生产、经营活动的个人在购买商品、接受服务以及从事其他经营活动支付款项，应当向收款方取得发票。取得发票时，不得要求变更品名和金额。

4. 自2017年7月1日起，购买方为企业（包括公司、非公司制企业法人、企业分支机构、个人独资企业、合伙企业和其他企业）的，销售方为其开具增值税普通发票时，应在“购买方纳税人识别号”栏填写购买方的纳税人识别号或统一社会信用代码。

5. 销售方开具增值税发票时，发票内容应按照实际销售情况如实开具，不得根据购买方要求填开与实际交易不符的内容。任何单位和个人不得有下列虚开发票行为：

（1）为他人、为自己开具与实际经营业务情况不符的发票；

（2）让他人为自己开具与实际经营业务情况不符的发票；

（3）介绍他人开具与实际经营业务情况不符的发票。

具有下列行为之一的，属于“虚开增值税专用发票”：

没有货物购销或者没有提供或接受应税劳务而为他人、为自己、让他人为自己、介绍他人开具增值税专用发票；

有货物购销或者提供或接受了应税劳务但为他人、为自己、让他人为自己、介绍他人开具数量或者金额不实的增值税专用发票；

进行了实际经营活动，但让他人为自己代开增值税专用发票。

——摘自《最高人民法院关于适用〈全国人民代表大会常务委员会关于惩治虚开伪造和非法出售增值税专用发票犯罪的决定〉的若干问题的解释》（法发〔1996〕30号）

纳税人对外开具增值税专用发票，是否属于虚开增值税专用发票，需要以事实为依据，准确进行界定。

《国家税务总局关于纳税人对外开具增值税专用发票有关问题的公告》（国家税务总局公告2014年第39号）规定，纳税人通过虚增增值税进项税额偷逃税款，但对外开具增值税专用发票同时符合以下情形的，不属于对外虚开增值税专用发票：

纳税人向受票方纳税人销售了货物，或者提供了增值税应税劳务、应税服务。

纳税人向受票方纳税人收取了所销售货物、所提供应税劳务或者应税服务的款项，或者取得了索取销售款项的凭据。

纳税人按规定向受票方纳税人开具的增值税专用发票相关内容，与所销售货物、所提供应税劳务或者应税服务相符，且该增值税专用发票是纳税人合法取得、并以自己名义开具的。

受票方纳税人取得的符合上述情形的增值税专用发票，可以作为增值税扣税凭证抵扣进项税额。

【提醒1】纳税人对外开具的销售货物的增值税专用发票，纳税人应当拥有货物的所有权，包括以直接购买方式取得货物的所有权，也包括“先卖后买”方式取得货物的所有权。所谓“先卖后买”，是指纳税人将货物销售给下家在前，从上家购买货物在后。

【提醒2】挂靠方以被挂靠方名义，向受票方纳税人销售货物、提供增值税应税劳务或者应税服务，应以被挂靠方为纳税人。被挂靠方作为货物的销售方或者应税劳务、应税服务的提供方，按照相关规定向受票方开具增值税专用发票，不属于虚开增值税专用发票的情形。

【提醒3】挂靠方以自己名义向受票方纳税人销售货物、提供增值税应税劳务或者应税服务，被挂靠方与此项业务无关，则应以挂靠方为纳税人。这种情况下，被挂靠方向受票方纳税人就该项业务开具增值税专用发票，则属于虚开增值税专用发票的情形。

需要注意的是，39号公告仅仅界定了纳税人的某一行为不属于虚开增值税专用发票，并不意味着非此即彼，从该公告并不能反推出不符合三种情形的行为就是虚开。

6. 填开发票的单位和个人应在发生经营业务确认营业收入时开具发票。

单位和个人在开具发票时，必须做到按照号码顺序填开，填写项目齐全，内容真实，字迹清楚，全部联次一次打印，内容完全一致，并在发票联和抵扣联加盖发票专用章。开具发票应当使用中文。民族自治地方可以同时使用当地通用的一种民族文字。

不符合规定的发票，不得作为税收凭证用于办理涉税业务，如计税、退税、抵免等。

7. 增值税专用发票应按下列要求开具：

（1）项目齐全，与实际交易相符；

（2）字迹清楚，不得压线、错格；

（3）发票联和抵扣联加盖发票专用章；

（4）按照增值税纳税义务的发生时间开具。

不符合上列要求的增值税专用发票，购买方有权拒收。

8. 下列情形不得开具增值税专用发票：

（1）向消费者个人销售货物、提供应税劳务或者发生应税行为的；

（2）销售货物、提供应税劳务或者发生应税行为适用增值税免税规定的，法律、法规及国家税务总局另有规定的除外；

（3）部分适用增值税简易征收政策规定的，如纳税人销售旧货，按简易办法依3%征收率减按2%征收增值税的；纳税人销售自己使用过的固定资产，适用简易办法依3%征收率减按2%征收增值税政策的。

【提醒】纳税人销售自己使用过的固定资产，适用简易办法依照3%征收率减按2%征收增值税政策的，可以放弃减税，按照简易办法依照3%征收率缴纳增值税，并可以开具增值税专用发票。

9. 纳税人在开具增值税专用发票当月，发生销货退回、开票有误等情形，收到退回的发票联、抵扣联符合作废条件的，按作废处理；开具时发现有误的，可即时作废。

10. 增值税电子专用发票

（1）增值税电子专用发票（以下简称电子专票）由各省税务局监制，采用电子签名代替发票专用章，属于增值税专用发票，其法律效力、基本用途、基本使用规定等与增值税纸质专用发票相同。

（2）实行专票电子化的纳税人可向税务机关免费领取税务 UKey，通过电子税务局、办税服务厅等渠道申请电子专票票种核定，在国家税务总局增值税发票查验平台（https：//inv－veri. chinatax. gov. cn）上下载并安装增值税发票开票软件（税务 UKey 版）后，开具电子专票。开票完成后，纳税人可以通过电子邮件、二维码等方式，远程交付电子专票给受票方。

（3）电子专票采用可靠的电子签名代替原发票专用章，采用经过税务数字证书签名的电子发票监制章代替原发票监制章，更好地适应了发票电子化改革的需要。

纳税人可以通过全国增值税发票查验平台（https：//inv－veri. chinatax. gov. cn）下载增值税电子发票版式文件阅读器，查阅电子专票并验证电子签名以及电子发票监制章有效性。

验证电子签名具体方法如下：通过增值税电子发票版式文件阅读器打开已下载的电子专票版式文件，鼠标移动到左下角“销售方”相关信息处，点击鼠标右键，再点击提示框中的“验证”按钮，即可弹出验证结果（见图 1－1）。

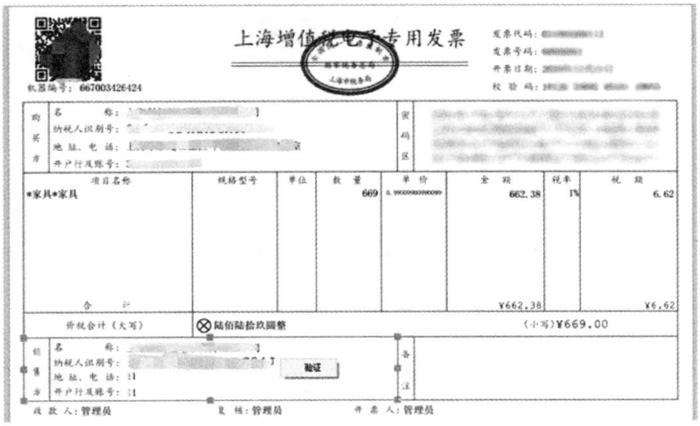

上海增值税电子专用发票
发票代码：
发票号码：
开票日期：
校验码：
机器编号：667003426424
购买方　名称：　纳税人识别号：　地址、电话：　开户行及账号：
密码区

项目名称	规格型号	单位	数量	单价	金额	税率	税额
*家具*家具			669	0.9999999999999	662.38	1%	6.62
合计					¥662.38		¥6.62

价税合计（大写）　⊗陆佰陆拾玖圆整　（小写）¥669.00
销售方　名称：　纳税人识别号：　地址、电话：11　开户行及账号：11
验证
备注
收款人：管理员　复核：管理员　开票人：管理员

图 1－1　电子专票版式文件

如验证结果为“该签章有效！受该签章保护的文档内容未被修改。该签章之后的文档内容无变更”，表明销售方的电子签名有效（见图 1－2）。

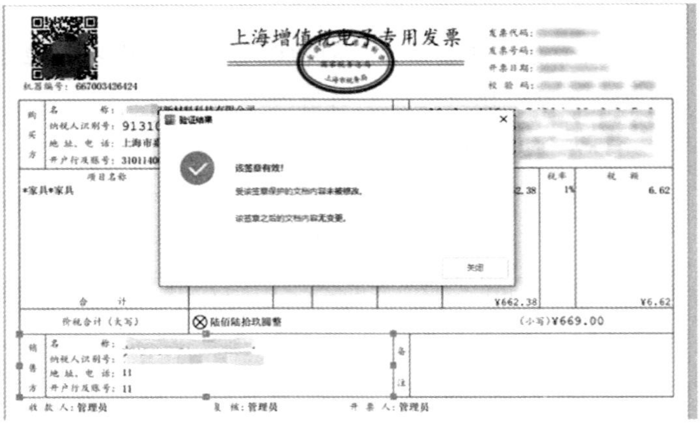

图 1 – 2　签章有效

验证电子发票监制章具体方法如下：通过增值税电子发票版式文件阅读器打开已下载的电子专票版式文件，鼠标右键点击发票上方椭圆形的发票监制章，选择“验证”，即可显示验证结果（见图 1 – 3）。

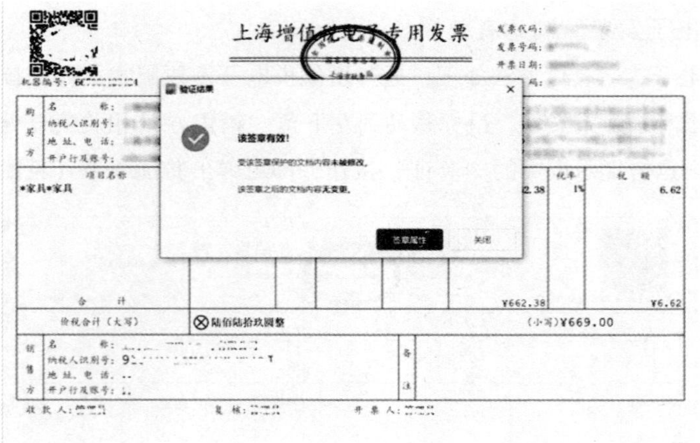

图 1 – 3　电子专票签章有效性验证

此外，纳税人还可以在全国增值税发票查验平台上，通过录入发票代码、发票号码、开票日期、发票校验码等字段，对电子专票信息进行查验。

（4）受票方取得电子专票用于申报抵扣增值税进项税额或申请出口退税、代办退税的，应当登录增值税发票综合服务平台确认发票用途，登录地址由各省税务局确定并公布。

（5）依据《财政部 国家档案局关于规范电子凭证报销归档的通知》

（财会〔2020〕6号）规定，电子专票作为电子会计凭证的一种，同时满足下列条件的，可以仅使用电子专票进行报销入账归档：

①接收的电子会计凭证经查验合法、真实；

②电子会计凭证的传输、存储安全、可靠，对电子会计凭证的任何篡改能够及时被发现；

③使用的会计核算系统能够准确、完整、有效接收和读取电子会计凭证及其元数据，能够按照国家统一的会计制度完成会计核算业务，能够按照国家档案行政管理部门规定格式输出电子会计凭证及其元数据，设定了经办、审核、审批等必要的审签程序，且能有效防止电子会计凭证重复入账；

④电子会计凭证的归档及管理符合《会计档案管理办法》（财政部 国家档案局令第79号）等要求。

采用电子专票进行报销、入账且本单位财务信息系统能导出符合国家档案部门规定的电子归档格式的，应当将电子专票与其他电子会计记账凭证等一起归档保存，电子专票不再需要打印和保存纸质件；不满足上述条件的单位，采用电子专票纸质打印件进行报销、入账的，电子专票应当与其纸质打印件一并交由会计档案人员保存。

（6）电子专票的纸质打印件只是承载电子专票发票信息的载体，不具备物理防伪功能，具有可复制的特点。为避免电子专票的纸质打印件重复报销入账，各单位应建立完善的内控机制，严格按照财会〔2020〕6号文规定。如果以电子专票的纸质打印件作为报销入账归档依据的，必须同时保存打印该纸质件的电子专票。同时建议各单位在报销入账时对发票代码、号码进行查重处理。对于已经使用财务信息系统的单位，可以通过建立发票数据库的方式，升级系统功能，利用系统进行自动比对；对于尚未使用财务软件实行纯手工记账的单位，可以通过电子表格等方式，建立已入账发票手工台账，有效防范重复报销、虚假入账等风险。

（7）电子发票归档保存分以下几种情况进行。已建立电子档案管理系统的单位，实施了会计信息系统，与电子发票相关的记账凭证、报销凭证等已全部实现电子化（不包括纸质凭证扫描，下同），可将电子发票与相关的记账凭证、报销凭证等电子会计凭证通过归档接口或手工导入电子档案管理系统进行整理、归档并长期保存，归档方法可参照《企业电子文件归档和电子档案管理指南》（档办发〔2015〕4号）；如与电子发票相关的记账凭证、报销凭证等未实现电子化，可单独将电子发票通过归档接口或手工导入电子档案管理系统进行整理、归档并长期保存；整理、归档、长期保存方法可参照档办发〔2015〕4号文。

无电子档案管理系统的单位，如实施了会计信息系统，与电子发票相关的记账凭证、报销凭证等已全部实现电子化，可将电子发票与相关的记账凭证、报销凭证等移交会计档案管理人员保存，编制档号，存储结构建议采取图1－4所示方式。

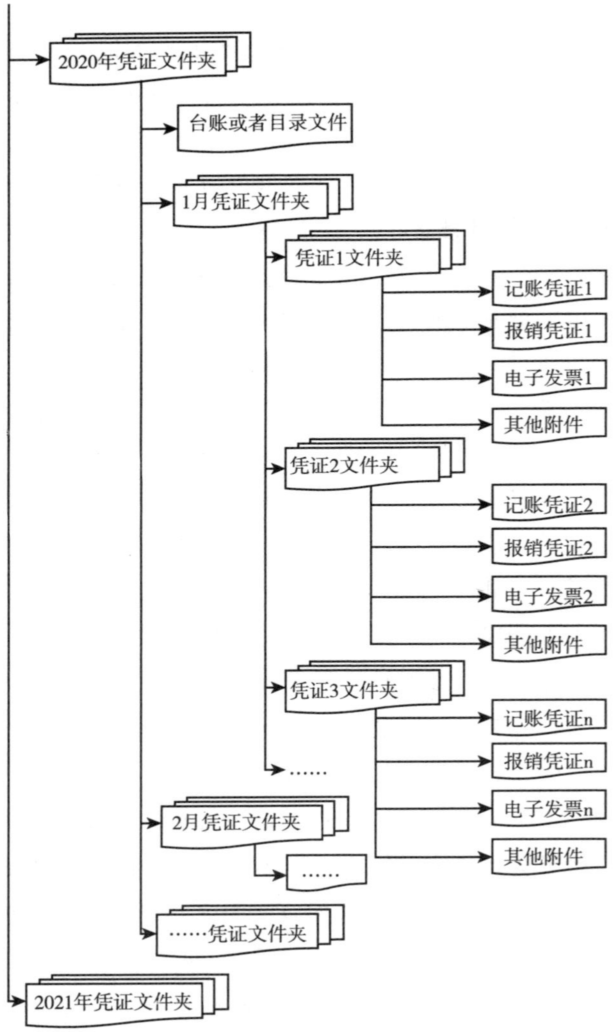

图1－4　实施会计信息系统的电子发票存储结构

同时，建立电子会计档案台账或者目录，台账或者目录的结构建议见表 1－10。

表 1－10　　　　电子会计档案台账（1）

序号	档号	凭证号	摘要	凭证日期	电子凭证件数	备注

如未实施会计信息系统，与电子发票相关的记账凭证、报销凭证未实现电子化，电子发票以电子形式移交会计档案管理人员保存，存储结构建议采取图 1－5 所示方式。

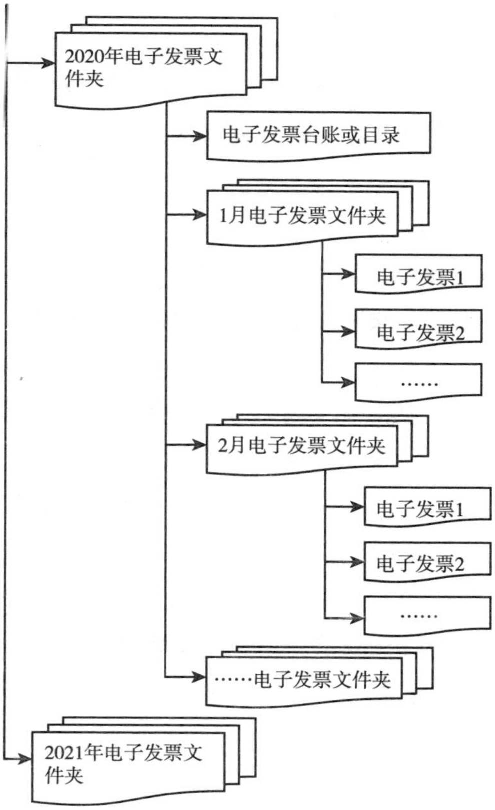

图 1－5　未实施会计信息系统的电子发票存储结构

同时，建立电子发票台账或者目录，台账或者目录的结构建议见表1－11。

表1－11　　电子会计档案台账（2）

序号	纳税人识别号	年度	交易事项	开票方名称	发票号码	开具日期	报销单据号	记账凭证号	文件名	备注

保存电子发票时，应当采用多重备份、定期检测等方法，保证电子发票档案在规定的保管期限内不会丢失并能被读取。

【提醒】接受电子专票的单位，如部分业务的报销、入账仍采用纸质凭证，该部分纸质凭证依然应按传统纸质会计档案的管理方法进行管理。

（8）已开具的增值税电子专用发票不可以作废，只能按规定进行红冲处理。

11. 红字增值税发票开具

（1）纳税人开具增值税专用发票后，发生销货退回、开票有误、应税服务中止等情形但不符合发票作废条件，或者因销货部分退回及发生销售折让，需要开具红字增值税专用发票的，按以下方法处理：

①购买方取得增值税专用发票已用于申报抵扣的，购买方可在增值税发票开票软件中填开并上传“开具红字增值税专用发票信息表”（以下简称“信息表”），在填开“信息表”时不填写相对应的蓝字增值税专用发票信息，应暂依“信息表”所列增值税税额从当期进项税额中转出，待取得销售方开具的红字增值税专用发票后，与“信息表”一并作为记账凭证。

购买方取得增值税专用发票未用于申报抵扣，但发票联或抵扣联无法退回的，购买方填开“信息表”时应填写相对应的蓝字增值税专用发票信息。

销售方开具增值税专用发票尚未交付购买方，以及购买方未用于申报抵扣并将发票联及抵扣联退回的，销售方可在增值税发票开票软件中填开并上传“信息表”。销售方填开“信息表”时应填写相对应的蓝字增值税专用发票信息。

②主管税务机关通过网络接收纳税人上传的“信息表”，系统自动校验通过后，生成带有“红字发票信息表编号”的“信息表”，并将信息同步至纳税人端系统中。

③销售方凭税务机关系统校验通过的“信息表”开具红字增值税专用发票，在增值税发票开票软件中以销项负数开具。红字增值税专用发票应与“信息表”一一对应。

④纳税人也可凭“信息表”电子信息或纸质资料到税务机关对“信息表”内容进行系统校验。

⑤纳税人填报“信息表”错误的，可网上办理撤销。

（2）纳税人开具增值税普通发票后，如发生销货退回、开票有误、应税服务中止等情形但不符合发票作废条件，或者因销货部分退回及发生销售折让，需要开具红字发票的，应收回原发票并注明“作废”字样或取得对方有效证明。

纳税人需要开具红字增值税普通发票的，可以在所对应的蓝字发票金额范围内开具多份红字发票。

1.4.1.2 房地产企业预收房款时发票开具规定

1. 不征收增值税项目发票的开具

《国家税务总局关于营改增试点若干征管问题的公告》（国家税务总局公告 2016 年第 53 号）第九条第（十一）项规定，增加 6“未发生销售行为的不征税项目”，用于纳税人收取款项但未发生销售货物、应税劳务、服务、无形资产或不动产的情形。

“未发生销售行为的不征税项目”下设 601“预付卡销售和充值”、602“销售自行开发的房地产项目预收款”、603“已申报缴纳营业税未开票补开票”。

使用“未发生销售行为的不征税项目”编码，发票税率栏应填写“不征税”，不得开具增值税专用发票。

“商品和服务税收分类编码表”中“未发生销售行为的不征税项目”下设预付卡销售和充值、销售自行开发的房地产项目预收款、已申报缴纳营业税未开票补开票、代收印花税、代收车船使用税、融资性售后回租承租方出售资产、资产重组涉及的不动产、资产重组涉及的土地使用权、代理进口免税货物货款、有奖发票奖金支付、不征税自来水、建筑服务预收款、代收民航发展基金、拍卖行受托拍卖文物艺术品代收货款、与销售行为不挂钩的财政补贴收入、资产重组涉及的货物。

2. 房地产开发企业一般纳税人采取预收款方式销售自行开发的房地产项目，收到预收款时可以开具不征税发票，选择编码为“602 销售自行开发的房地产项目预收款”，开具增值税普通发票。

【提醒 1】 房地产开发企业收到预收款时，应按 3% 的预征率预缴增值税，暂未确认纳税义务发生。当月开具的不征税发票的总金额应与预缴税款的计税依据（预收款）一致。

【例 1－8】 某房地产公司为增值税一般纳税人，2020 年 4 月开发的房地产项目开始预售，当月售罄，并取得项目 25% 预售款 2 亿元，如何确认收入？怎么开票？

该房地产公司在 2020 年 4 月取得的 2 亿元预收售房款，应按规定预缴增值税并开具增值税普通发票。由于 2 亿元预收款未确认纳税义务发生，该公司 4 月的增值税纳税申报表上不需要作为收入申报，但预缴的增值税，需要填报“增值税预缴税款表”。

【提醒 2】 预收款开具的不征税发票相当于收据，在发生增值税纳税义务时，不需要再开红字发票，直接在交付房屋时开具增值税发票（含增值税专用发票）即可。

1.4.1.3 房地产企业实现销售时发票开具规定

1. “货物或应税劳务、服务名称”栏及备注栏填写

销售不动产，纳税人自行开具或者税务机关代开增值税发票时，应在发票“货物或应税劳务、服务名称”栏填写不动产名称及房屋产权证书号码（无房屋产权证书的可不填写），“单位”栏填写面积单位，备注栏注明不动产的详细地址。

【提醒 1】“名称”栏填写购买单位或个人名称，如多个单位或个人购买的，可在购买方“名称”中填写信息，“纳税人识别号”中填写其中一人（或单位）有效证件号码（身份证号码或统一社会信用代码），“备注”栏填写房产信息和另外购买者的有效证件号码。“名称”应与《商品房买

卖合同》的“买受人”一致。

【提醒2】 房地产开发企业采用一般计税，申报时虽然可以扣除对应的土地价款，但必须全额开具发票。

【提醒3】 纳税人销售自行开发房地产项目先开具应税发票的，增值税纳税义务发生时间为开具发票的当天。纳税人把开发产品交付给购房者，才确认其应税行为发生，因此纳税义务发生时间为开发产品实际交付时间。

2. 一般纳税人销售自行开发的房地产项目，自行开具增值税发票。一般纳税人向其他个人销售自行开发的房地产项目，不得开具增值税专用发票。

【提醒】 一般纳税人销售自行开发的房地产项目，其2016年4月30日前收取并已向主管地税机关申报缴纳营业税的预收款，未开具营业税发票的，可以开具增值税普通发票，不得开具增值税专用发票，本条规定并无开具增值税普通发票的时间限制。

3. 小规模纳税人销售自行开发的房地产项目，自行开具增值税普通发票。购买方需要增值税专用发票的，小规模纳税人向主管税务机关申请代开。小规模纳税人向其他个人销售自行开发的房地产项目，不得开具增值税专用发票。

【提醒1】 实务中房地产开发企业基本上是一般纳税人，除营改增以前已销售完毕后续无开发项目，或营改增以前尚未销售完毕且后续销售但不符合一般纳税人认定条件的房地产项目外。

【提醒2】 小规模纳税人销售自行开发的房地产项目，其2016年4月30日前收取并已向主管地税机关申报缴纳营业税的预收款，未开具营业税发票的，可以开具增值税普通发票，不得申请代开增值税专用发票，本条规定并无开具增值税普通发票的时间限制。

【提醒3】 自2020年2月1日起，所有增值税小规模纳税人（其他个人除外）发生增值税应税行为，需要开具增值税专用发票的，均可自愿使用增值税发票开票软件自行开具。选择自行开具增值税专用发票的小规模纳税人，税务机关不再为其代开增值税专用发票。

1.4.1.4 房地产企业出租不动产时发票开具规定

《国家税务总局关于全面推开营业税改征增值税试点有关税收征收管理事项的公告》（国家税务总局公告2016年第23号）第四条第（五）项规定，出租不动产，纳税人自行开具或者税务机关代开增值税发票时，应在备注栏注明不动产的详细地址。

国家税务总局公告2016年第23号第四条第（八）项规定，税务机关为跨县（市、区）提供不动产经营租赁服务、建筑服务的小规模纳税人（不包括其他个人），代开增值税发票时，在发票备注栏中自动打印“YD”字样。

1.4.1.5 房地产企业取得发票注意事项

1. 增值税纳税人购买货物、劳务、服务、无形资产或不动产，索取增值税专用发票时，须向销售方提供购买方名称（不得为自然人）、纳税人识别号或统一社会信用代码、地址电话、开户行及账号信息。

2. 自2017年7月1日起，购买方为企业（包括公司、非公司制企业法人、企业分支机构、个人独资企业、合伙企业和其他企业）的，索取增值税普通发票时，应向销售方提供纳税人识别号或统一社会信用代码。

3. 取得发票时，仔细检查发票内容是否与业务实际情况相符；核对销售方的名称是否与签订业务合同的主体相符，发票的货物名称、规格、数量、金额及税额等内容是否与送货单或签收单或业务合同内容相符。尤其是取得建筑服务发票时应关注备注栏是否注明建筑服务发生地县（市、区）名称和项目名称。

4. 取得异常抵扣凭证时，尚未申报抵扣增值税进项税额的，暂不允许抵扣。已经申报抵扣增值税进项税额的，除另有规定外，一律作进项税额转出处理。

（1）纳税信用A级纳税人取得异常凭证且已经申报抵扣增值税的，可以自接到税务机关通知之日起10个工作日内，向主管税务机关提出核实申请。经税务机关核实，符合现行增值税进项税额抵扣相关规定的，可不作进项税额转出。

（2）纳税人对税务机关认定的异常凭证存有异议，可以向主管税务机关提出核实申请。经税务机关核实，符合现行增值税进项税额抵扣相关规定的，纳税人可继续申报抵扣。

【提醒】为防止异常凭证不能抵扣，房地产开发企业发生相关业务时应签订书面合同或协议；通过银行付款方式支付款项；涉及货物的应有入库单，且该货物应与生产经营相关，同时数量与发票上注明的数量一致；如涉及货物需要运输的，还应当保存运输单据及发票。

5. 如果供应商提供的是增值税电子普通发票，要注意该发票须通过增值税电子发票系统开具；如果提供的是增值税电子专用发票，还要注意电子专票的受票范围。

6. 取得增值税发票时可通过国家税务总局全国增值税发票查验平台（https：//inv－veri. chinatax. gov. cn）对发票信息进行查验。

1. 4. 2 虚开增值税发票相关惩戒规定

1. 4. 2. 1 行政责任

1. 《发票管理办法》第三十五条

违反《发票管理办法》的规定，有下列情形之一的，由税务机关责令改正，可以处1万元以下的罚款；有违法所得的予以没收：

（1）应当开具而未开具发票，或者未按照规定的时限、顺序、栏目，全部联次一次性开具发票，或者未加盖发票专用章的；

（2）使用税控装置开具发票，未按期向主管税务机关报送开具发票的数据的；

（3）扩大发票使用范围的；

（4）以其他凭证代替发票使用的；

（5）跨规定区域开具发票的；

（6）未按照规定缴销发票的；

（7）未按照规定存放和保管发票的。

2. 《发票管理办法》第三十七条

违反《发票管理办法》第二十二条第二款的规定虚开发票的，由税务机关没收违法所得；虚开金额在1万元以下的，可以并处5万元以下的罚款；虚开金额超过 1 万元的，并处 5 万元以上 50 万元以下的罚款；构成犯罪的，依法追究刑事责任。

非法代开发票的，依照前款规定处罚。

3.《发票管理办法》第三十九条

有下列情形之一的，由税务机关处 1 万元以上 5 万元以下的罚款；情节严重的，处 5 万元以上 50 万元以下的罚款；有违法所得的予以没收：

（1）转借、转让、介绍他人转让发票、发票监制章和发票防伪专用品的；

（2）知道或者应当知道是私自印制、伪造、变造、非法取得或者废止的发票而受让、开具、存放、携带、邮寄、运输的。

4.《发票管理办法》第四十条

对违反发票管理规定 2 次以上或者情节严重的单位和个人，税务机关可以向社会公告。

1.4.2.2 刑事责任

1.《刑法》第二百零五条

虚开增值税专用发票或者虚开用于骗取出口退税、抵扣税款的其他发票的，处 3 年以下有期徒刑或者拘役，并处 2 万元以上 20 万元以下罚金；虚开的税款数额较大或者有其他严重情节的，处 3 年以上 10 年以下有期徒刑，并处 5 万元以上 50 万元以下罚金；虚开的税款数额巨大或者有其他特别严重情节的，处 10 年以上有期徒刑或者无期徒刑，并处 5 万元以上 50 万元以下罚金或者没收财产。

单位犯本条规定之罪的，对单位判处罚金，并对其直接负责的主管人员和其他直接责任人员，处 3 年以下有期徒刑或者拘役；虚开的税款数额较大或者有其他严重情节的，处 3 年以上 10 年以下有期徒刑；虚开的税款数额巨大或者有其他特别严重情节的，处 10 年以上有期徒刑或者无期徒刑。

虚开增值税专用发票或者虚开用于骗取出口退税、抵扣税款的其他发票，是指有为他人虚开、为自己虚开、让他人为自己虚开、介绍他人虚开行为之一的。

2.《刑法》第二百零五条之一

虚开本法第二百零五条规定以外的其他发票，情节严重的，处2年以下有期徒刑、拘役或者管制，并处罚金；情节特别严重的，处2年以上7年以下有期徒刑，并处罚金。

单位犯前款罪的，对单位判处罚金，并对其直接负责的主管人员和其他直接责任人员，依照前款的规定处罚。

3. 虚开增值税专用发票定罪量刑标准

《最高人民法院关于虚开增值税专用发票定罪量刑标准有关问题的通知》（法〔2018〕226号）明确，在新的司法解释颁行前，人民法院在审判工作中对虚开增值税专用发票刑事案件定罪量刑的数额标准，可以参用《最高人民法院关于审理骗取出口退税刑事案件具体应用法律若干问题的解释》（法释〔2002〕30号）第三条的规定执行，即虚开的税款数额在5万元以上的，以虚开增值税专用发票罪处3年以下有期徒刑或者拘役，并处2万元以上20万元以下罚金；虚开的税款数额在50万元以上的，认定为刑法第二百零五条规定的“数额较大”；虚开的税款数额在250万元以上的，认定为刑法第二百零五条规定的“数额巨大”。

1.4.2.3 其他惩戒措施

1.《税收征收管理法》第七十二条

从事生产、经营的纳税人、扣缴义务人有税收征管法规定的税收违法行为，拒不接受税务机关处理的，税务机关可以收缴其发票或者停止向其发售发票。

2.《增值税暂行条例实施细则》第三十二条、第三十四条

有下列情形之一者，应按销售额依照增值税税率计算应纳税额，不得抵扣进项税额，也不得使用增值税专用发票：

（1）一般纳税人会计核算不健全，或者不能够提供准确税务资料的；

会计核算健全，是指能够按照国家统一的会计制度规定设置账簿，根据合法、有效凭证核算。

（2）除本细则第二十九条规定外，纳税人销售额超过小规模纳税人标准，未申请办理一般纳税人认定手续的。

3.《国家税务总局关于修订〈增值税专用发票使用规定〉的通知》（国税发〔2006〕156号）第八条

一般纳税人有下列情形之一的，不得领购开具增值税专用发票：

（1）会计核算不健全，不能向税务机关准确提供增值税销项税额、进项税额、应纳税额数据及其他有关增值税税务资料的。上列其他有关增值税税务资料的内容，由省、自治区、直辖市和计划单列市国家税务局确定。

（2）有《税收征收管理法》规定的税收违法行为，拒不接受税务机关处理的。

（3）有下列行为之一，经税务机关责令限期改正而仍未改正的：

①虚开增值税专用发票；

②私自印制增值税专用发票；

③向税务机关以外的单位和个人买取增值税专用发票；

④借用他人增值税专用发票；

⑤未按《增值税专用发票使用规定》第十一条开具增值税专用发票；

⑥未按规定保管增值税专用发票和专用设备；

⑦未按规定申请办理防伪税控系统变更发行；

⑧未按规定接受税务机关检查。

有上列情形的，如已领取增值税专用发票，主管税务机关应暂扣其结存的增值税专用发票和IC卡。

4.《国家税务总局关于发布〈重大税收违法失信案件信息公布办法〉的公告》（国家税务总局公告2018年第54号）、《关于对重大税收违法案件当事人实施联合惩戒措施的合作备忘录（2016年版）》（发改财金〔2016〕2798号）

开具发票有下列情形之一的，属于重大税收违法失信案件。

（1）虚开增值税专用发票或者虚开用于骗取出口退税、抵扣税款的其他发票的；

（2）虚开普通发票100份或者金额40万元以上的；

（3）具有虚开发票等行为，经税务机关检查确认走逃（失联）的；

（4）其他违法情节严重、有较大社会影响的。

对重大税收违法失信案件，税务机关依规向社会公布案件信息，并将信息通报相关部门，共同对当事人实施严格监管和联合惩戒。联合惩戒措施包括：强化税务管理、阻止出境、限制担任相关职务、金融机构融资授信参考、禁止部分高消费行为、向社会公示、限制取得政府供应土地、强化检验检疫监督管理、依法禁止参加政府采购活动、禁止适用海关认证企业管理及限制证券期货市场部分经营行为。

当事人为自然人的，惩戒的对象为当事人本人；当事人为企业的，惩戒的对象为企业及其法定代表人、负有直接责任的财务负责人；当事人为其他经济组织的，惩戒的对象为其他经济组织及其负责人、负有直接责任的财务负责人；当事人为负有直接责任的中介机构及从业人员的，惩戒的对象为中介机构及其法定代表人或负责人，以及相关从业人员。

1.4.3　善意取得虚开增值税专用发票的处理

1.4.3.1　何为善意取得虚开的增值税专用发票

根据《国家税务总局关于纳税人善意取得虚开的增值税专用发票处理问题的通知》（国税发〔2000〕187号）规定，纳税人善意取得虚开的增值税专用发票指购货方与销售方存在真实的交易，销售方使用的是其所在省（自治区、直辖市和计划单列市）的专用发票，专用发票注明的销售方名称、印章、货物数量、金额及税额等全部内容与实际相符，且没有证据表明购货方知道销售方提供的专用发票是以非法手段获得的。

【例1-9】 某建筑企业从A企业购买建筑材料，后A企业找各种原因，与某建筑企业签订三方开具增值税发票协议，由另外一家B企业开具建筑材料增值税专用发票，后证实B企业开具建筑材料增值税专用发票属于虚开的增值税专用发票。虽然建筑企业从A企业购买建筑材料存在真实交易，但是建筑企业明知取得的增值税专用发票是以非法手段获得的，所以不属于“善意取得虚开的增值税专用发票”情形。

1.4.3.2　进项税额处理

1. 纳税人善意取得虚开的增值税专用发票，如能重新取得合法、有效的专用发票，准许其抵扣进项税款；如不能重新取得合法、有效的专用发票，不准其抵扣进项税款或追缴其已抵扣的进项税款。

2.《国家税务总局关于异常增值税扣税凭证管理等有关事项的公告》（国家税务总局2019年第38号）文件第三条第（四）项规定：纳税信用A级纳税人取得异常凭证且已经申报抵扣增值税、办理出口退税或抵扣消费税的，可以自接到税务机关通知之日起10个工作日内，向主管税务机关提出核实申请。经税务机关核实，符合现行增值税进项税额抵扣、出口退税或消费税抵扣相关规定的，可不作进项税额转出、追回已退税款、冲减当期允许抵扣的消费税税款等处理。

1.4.3.3 不征收补缴税款对应的滞纳金

根据《国家税务总局关于纳税人善意取得虚开增值税专用发票已抵扣税款加收滞纳金问题的批复》（国税函〔2007〕1240号）规定，纳税人善意取得虚开的增值税专用发票被依法追缴已抵扣税款的，不属于《税收征收管理法》第三十二条“纳税人未按照规定期限缴纳税款”的情形，不适用该条“税务机关除责令限期缴纳外，从滞纳税款之日起，按日加收滞纳税款万分之五的滞纳金”的规定。因此，对于善意取得增值税专用发票的纳税人，不征收补缴税款对应的滞纳金。

1.4.3.4 满足条件可在企业所得税税前列支

对于善意取得增值税专用发票的纳税人，对应的购进货物成本可以在企业所得税税前列支，但需要提供符合规定的税前扣除凭证。

税前扣除凭证在管理中应当遵循真实性、合法性、关联性原则。真实性是基础，若企业的经济业务及支出不具备真实性，自然就不涉及税前扣除的问题。合法性和关联性是核心，只有当税前扣除凭证的形式、来源符合法律、法规等相关规定，并与支出相关联且有证明力时，才能作为企业支出在税前扣除的证明资料。

《国家税务总局关于发布〈企业所得税税前扣除凭证管理办法〉的公告》（国家税务总局公告2018年第28号）第十三条规定，企业应当取得而未取得发票、其他外部凭证或者取得不合规发票、不合规其他外部凭证的，若支出真实且已实际发生，应当在当年度汇算清缴期结束前，要求对方补开、换开发票、其他外部凭证。补开、换开后的发票、其他外部凭证符合规定的，可以作为税前扣除凭证。

国家税务总局公告2018年第28号第十四条规定，企业在补开、换开发票、其他外部凭证过程中，因对方注销、撤销、依法被吊销营业执照、被税务机关认定为非正常户等特殊原因无法补开、换开发票、其他外部凭证的，可凭以下资料证实支出真实性后，其支出允许税前扣除：

（一）无法补开、换开发票、其他外部凭证原因的证明资料（包括工商注销、机构撤销、列入非正常经营户、破产公告等证明资料）；

（二）相关业务活动的合同或者协议；

（三）采用非现金方式支付的付款凭证；

（四）货物运输的证明资料；

（五）货物入库、出库内部凭证；

（六）企业会计核算记录以及其他资料。

前款第一项至第三项为必备资料。

1.4.3.5 补缴金额较大且资金比较困难的可延期缴纳

《税收征收管理法》第三十一条规定，纳税人、扣缴义务人按照法律、行政法规规定或者税务机关依照法律、行政法规的规定确定的期限，缴纳或者解缴税款。纳税人因有特殊困难，不能按期缴纳税款的，经省、自治区、直辖市税务局批准，可以延期缴纳税款，但是最长不得超过三个月。

1.4.4 取得异常增值税扣税凭证

1. 异常凭证包括

（1）走逃（失联）企业存续经营期间发生下列情形之一的，所对应属期开具的增值税专用发票。

①商贸企业购进、销售货物名称严重背离的。

②生产企业符合以下特征之一的：

A. 生产企业无实际生产加工能力且无委托加工；

B. 生产企业生产能耗与销售情况严重不符；

C. 生产企业购进货物并不能直接生产其销售的货物且无委托加工的。

③直接走逃失踪不纳税申报的。

④虽然申报但通过不实填列增值税纳税申报表相关栏次，规避税务机关审核比对，进行虚假申报的。

（2）纳税人丢失、被盗税控专用设备中未开具或已开具未上传的增值税专用发票。

（3）非正常户纳税人未向税务机关申报或未按规定缴纳税款的增值税专用发票。

（4）增值税发票管理系统稽核比对发现“比对不符”“缺联”“作废”的增值税专用发票。

（5）经税务总局、省税务局大数据分析发现，纳税人开具的增值税专用发票存在涉嫌虚开、未按规定缴纳消费税等违法违规情形的。

（6）增值税一般纳税人申报抵扣异常凭证，同时符合下列情形的，其对应开具的增值税专用发票列入异常凭证范围：

①异常凭证进项税额累计占同期全部增值税专用发票进项税额70%（含）以上的。

②异常凭证进项税额累计超过5万元的。

纳税人尚未申报抵扣、尚未申报出口退税或已作进项税额转出的异常凭证，其涉及的进项税额不计入异常凭证进项税额的计算。

2. 异常凭证的税务处理

（1）尚未申报抵扣增值税进项税额的，暂不允许抵扣。已经申报抵扣增值税进项税额的，除另有规定外，一律在纳税人收到《税务事项通知书》的当期（税款所属期）作进项税额转出，于次月（季）申报期申报。

（2）尚未申报出口退税或者已申报但尚未办理出口退税的，除另有规定外，暂不允许办理出口退税。适用增值税免抵退税办法的纳税人已经办理出口退税的，应根据列入异常凭证范围的增值税专用发票上注明的增值税额作进项税额转出处理；适用增值税免退税办法的纳税人已经办理出口退税的，税务机关应按照现行规定将列入异常凭证范围的增值税专用发票对应的已退税款追回。

纳税人因骗取出口退税停止出口退（免）税期间取得的增值税专用发票列入异常凭证范围的，按照本条第一项规定执行。

（3）纳税信用A级纳税人取得异常凭证且已经申报抵扣增值税、办理出口退税或抵扣消费税的，可以自接到税务机关通知之日起10个工作日内，向主管税务机关提出核实申请。经税务机关核实，符合现行增值税进项税额抵扣、出口退税或消费税抵扣相关规定的，可不作进项税额转出、追回已退税款、冲减当期允许抵扣的消费税税款等处理。纳税人逾期未提出核实申请的，应于期满后按照本条第一项、第二项、第三项规定作相关处理。

（4）纳税人对税务机关认定的异常凭证有异议，可以向主管税务机关提出核实申请。经主管税务机关核实，符合现行增值税进项税额抵扣或出口退税相关规定的，纳税人可继续申报抵扣或者重新申报出口退税；符合消费税抵扣规定且已缴纳消费税税款的，纳税人可继续申报抵扣消费税税款。

3. 接收异常凭证企业的涉税处理

（1）接收异常凭证的纳税人，核实经营业务是否真实；

（2）如所对应的经营业务真实，应自收到《税务事项通知书》之日起10个工作日内向主管税务机关提出核实申请，并提供相关证明材料。

证明材料包括：

①相关业务的详细说明，提供相关业务经办人员的身份信息和联系方式；

②采用非现金方式支付的凭证；

③涉及货物运输、保险、仓储、装卸的，提供货物运输、保险、仓储、装卸的凭证；

④涉及能源消耗的，提供能耗支出凭证；

⑤涉及委托加工的，提供委托加工相关材料；

⑥业务合同、协议等材料；

⑦证明相关业务真实性的其他材料。

主管税务机关应在收到纳税人提出的核实申请后60个工作日内完成核实工作，对纳税人申请核实相关业务的合理性进行判断。

【案例1-1】远大产业控股股份有限公司（股票代码：000626）2019年12月12日发布《关于收到税务事项通知书的公告》，公告称全资子公司远大物产集团有限公司的控股子公司远大生水资源有限公司（以下简称

"远大生水"）于2019年12月10日收到国家税务总局宁波国家高新技术产业开发区税务局《税务事项通知书》（税务通〔2019〕060号）：国家税务总局宁波国家高新技术产业开发区税务局收到国家税务总局上海市普陀区税务局协查通知，因上海政宏国际贸易有限公司开具的增值税专用发票被列入异常凭证范围，从而造成国家税务总局宁波国家高新技术产业开发区税务局认为远大生水取得的、已认证抵扣的、由上海政宏国际贸易有限公司开具的增值税专用发票，其进项税额一律先在申报期内作进项税额转出处理。

涉及远大生水2017年7月至9月取得的增值税专用发票467份，发票金额445 082 407.29元（不含税），涉及增值税75 664 009.38元。远大生水于2017年7月至9月期间与上海政宏国际贸易有限公司共签定了7份铝锭采购合同，共计采购铝锭2 689.53吨，增值税专用发票金额（含税）42 508 111.04元；以及18份电解铜采购合同，共计采购电解铜9 428.66吨，增值税专用发票金额（含税）478 238 305.63元。

经公司自查，远大生水向上海政宏国际贸易有限公司采购的上述货物分别销售给98家下游客户。在交易中，远大生水与上游供应商、下游客户存在真实的议价和资金收付过程，货物的出入库手续完备，并按合同约定向上游供应商收取增值税进项发票，向下游客户开具增值税销项发票，远大生水所获得增值税进项税发票已经认证并进行了抵扣。上述交易是遵循各方基于真实意愿所签订的合同约定履行的，公司目前未发现交易中存在违法、不真实的情况。

2020年4月15日，远大产业控股股份有限公司发布《关于收到税务事项通知书的进展公告》，公告称：远大生水提供了合同、资金、仓储物流等协查资料，国家税务总局宁波国家高新技术产业开发区税务局于2019年12月至2020年3月期间进行了核查。2020年4月14日，远大生水收到国家税务总局宁波国家高新技术产业开发区税务局《税务事项通知书》（高税通〔2020〕1469号），通知主要内容如下。

"事由：异常增值税扣税凭证解除通知。

通知内容：你（单位）收到的异常凭证（发票明细见附件），已被开具增值税发票方主管税务机关解除。"

4. 经税务机关核实后，按不同情况分别处理

（1）未发现异常情形，符合增值税进项抵扣、出口退税或消费税抵扣有关规定的，主管税务机关出具《税务事项通知书》，允许纳税人按照规定继续申报抵扣增值税、办理出口退税或抵扣消费税税款。

（2）发现异常情形，主管税务机关出具《税务事项通知书》，纳税人取得的异常凭证暂不能办理增值税进项税额抵扣、出口退税或消费税抵扣等涉税事项。

（3）纳税人未能提供相关证明材料，主管税务机关无法对申请核实的事项进行合理性判断，主管税务机关出具《税务事项通知书》，纳税人取得的异常凭证暂不能办理增值税进项税额抵扣、出口退税或消费税抵扣等涉税事项。

（4）涉嫌虚开发票、虚抵增值税进项或者消费税税款、骗取出口退税以及其他需要稽查立案的，移交稽查部门查处。

5. 发生税款损失补救措施

原北京市司法局副局长、原最高人民法院民二庭审判长、资深高级法官、法学教授吴庆宝组织全国有影响的专家型法官撰写的《最高人民法院专家法官阐释民商裁判疑难问题》（系列丛书），在“因销售方未给付增值税发票导致购买方不能抵扣进项税款，或销售方给付的增值税发票无效导致购买方被税务机关依法追缴所抵扣进项税款，购买方是否可以要求销售方赔偿”中解答：“销售方未给付增值税发票或给付发票无效，属销售方未全面履行合同义务，购买方可以要求销售方给付有效的增值税发票。由于销售方的原因不能给付增值税发票的，购买方可以此作为损失要求销售方赔偿。”

【案例1-2】 买卖合同中，向买方开具真实有效可供依法抵扣税款的增值税专用发票，是卖方的法定义务。现因飓风公司开具增值税专用发票后未履行申报纳税义务，所开具的发票经主管税务机关列入异常扣税凭证范围，导致海康公司已抵扣的进项税额328 928.44元被税务机关要求转出。海康公司不能依法享受抵扣税款产生的相应损失，是飓风公司未履行约定及法定义务造成的，应由飓风公司承担赔偿责任。海康公司相应诉讼请求应予支持。［摘自《杭州海康威视系统技术有限公司、宁夏飓风网络有限公司买卖合同纠纷二审民事判决书》（浙江省杭州市中级人民法院民事判决书〔2019〕浙01民终6876号）］

1.5　增值税优惠

1.5.1　免税政策

1.5.1.1　个人销售自建自用住房

个人销售自建自用住房免征增值税。

——《营业税改征增值税试点过渡政策的规定》（财税〔2016〕36号附件3）第一条第（十五）项

1.5.1.2　家庭财产分割

涉及家庭财产分割的个人无偿转让不动产、土地使用权免征增值税。

家庭财产分割，包括下列情形：离婚财产分割；无偿赠与配偶、父母、子女、祖父母、外祖父母、孙子女、外孙子女、兄弟姐妹；无偿赠与对其承担直接抚养或者赡养义务的抚养人或者赡养人；房屋产权所有人死亡，法定继承人、遗嘱继承人或者受遗赠人依法取得房屋产权。

——《营业税改征增值税试点过渡政策的规定》（财税〔2016〕36号附件3）第一条第（三十六）项

1.5.1.3　公房

为了配合国家住房制度改革，企业、行政事业单位按房改成本价、标准价出售住房取得的收入免征增值税。

——《营业税改征增值税试点过渡政策的规定》（财税〔2016〕36号附件3）第一条第（三十四）项

1.5.1.4　支持新型冠状病毒感染的肺炎疫情防控捐赠支出

自2020年1月1日至2021年3月31日，单位和个体工商户将自产、委托加工或购买的货物，通过公益性社会组织和县级以上人民政府及其部门等国家机关，或者直接向承担疫情防治任务的医院，无偿捐赠用于应对新型冠状病毒感染的肺炎疫情的，免征增值税。

——《财政部 国家税务总局关于支持新型冠状病毒感染的肺炎疫情防控有关捐赠税收政策的公告》（财政部 国家税务总局公告 2020 年第 9 号）及《财政部 税务总局关于延续实施应对疫情部分税费优惠政策的公告》（财政部 税务总局公告 2021 年第 7 号）第三条

1.5.1.5　归还土地使用权或转让用于农业

1. 土地使用者将土地使用权归还给土地所有者免征增值税。

——《营业税改征增值税试点过渡政策的规定》（财税〔2016〕36 号附件 3）第一条第（三十七）项

土地所有者依法征收土地，并向土地使用者支付土地及其相关有形动产、不动产补偿费的行为，属于《营业税改征增值税试点过渡政策的规定》（财税〔2016〕36 号印发）第一条第（三十七）项规定的土地使用者将土地使用权归还给土地所有者的情形。

——《财政部 税务总局关于明确无偿转让股票等增值税政策的公告》（财政部 税务总局公告 2020 年第 40 号）

2. 将土地使用权转让给农业生产者用于农业生产免征增值税。

——《营业税改征增值税试点过渡政策的规定》（财税〔2016〕36 号附件 3）第一条第（三十五）项

1.5.1.6　运动会

1. 北京冬奥会

自 2017 年 7 月 12 日起，对北京 2022 年冬奥会和冬残奥会组织委员会赛后出让资产取得收入，免征应缴纳的增值税。

——《财政部 国家税务总局 海关总署关于北京 2022 年冬奥会和冬残奥会税收政策的通知》（财税〔2017〕60 号）第一条第（八）项

2. 杭州亚运会

自 2020 年 4 月 9 日起，对杭州 2022 年亚运会和亚残运会及其测试赛组委会赛后出让资产取得的收入，免征增值税。

——《财政部 税务总局 海关总署关于杭州 2022 年亚运会和亚残运会税收政策的公告》（财政部 税务总局 海关总署公告 2020 年第 18 号）第六条

3. 三项国际综合运动会

自2020年1月1日起，对2020年晋江第18届世界中学生运动会、2020年三亚第6届亚洲沙滩运动会、2021年成都第31届世界大学生运动会等三项国际综合运动会组委会赛后出让资产取得的收入，免征增值税。

——《财政部 税务总局 海关总署关于第18届世界中学生运动会等三项国际综合运动会税收政策的公告》（财政部 税务总局 海关总署公告2020年第19号）第六条

1.5.2 过渡期政策

1.5.2.1 个人转让购买的住房

个人将购买不足2年的住房对外销售的，按照5%的征收率全额缴纳增值税；个人将购买2年以上（含2年）的住房对外销售的，免征增值税。上述政策适用于北京市、上海市、广州市和深圳市之外的地区。

个人将购买不足2年的住房对外销售的，按照5%的征收率全额缴纳增值税；个人将购买2年以上（含2年）的非普通住房对外销售的，以销售收入减去购买住房价款后的差额按照5%的征收率缴纳增值税；个人将购买2年以上（含2年）的普通住房对外销售的，免征增值税。上述政策仅适用于北京市、上海市、广州市和深圳市。

——《营业税改征增值税试点过渡政策的规定》（财税〔2016〕36号附件3）第五条

不过，个人将购买不足2年的住房对外销售的还须参考当地是否对个人转让住房增值税征免年限进行调整，详见表1－12。

表1－12　　个人住房转让增值税征免年限调整表

城市	具体规定	实施时间	文件
深圳市	个人住房转让增值税征免年限由2年调整到5年	自2020年7月15日起	《深圳市关于进一步促进我市房地产市场平稳健康发展的通知》（深建字〔2020〕137号）
无锡市	市区（不含棚户区改造重点地区）个人住房转让增值税征免年限由2年调整到5年	自2020年8月30日起	《无锡市政府办公室关于进一步促进我市房地产市场平稳健康发展的通知》

续表

城市	具体规定	实施时间	文件
沈阳市	个人住房转让增值税征免年限由2年调整到5年	自2020年9月6日起	《沈阳市房产局关于进一步促进我市房地产市场稳定健康发展的通知》(沈房发〔2020〕14号)
成都市	个人住房转让增值税征免年限由2年调整到5年	自2020年9月12日起	《成都市人民政府办公厅关于保持我市房地产市场平稳健康发展的通知》(成办发〔2020〕83号)
上海市	个人对外销售住房增值税征免年限从2年提高至5年	自2021年1月22日起	《关于促进本市房地产市场平稳健康发展的意见》(沪建房管联〔2021〕48号)
杭州市	本市限购范围内，个人住房转让增值税征免年限由2年调整为5年	自2021年1月27日起	《关于进一步加强房地产市场调控的通知》
广州市	将越秀区、海珠区、荔湾区、天河区、白云区、黄埔区、番禺区、南沙区、增城区9区个人销售住房增值税征免年限从2年提高至5年	自2021年4月22日起	《广州市人民政府办公厅关于完善我市房地产市场平稳健康发展政策的通知》(穗府办函〔2021〕30号)
东莞市	对本通知发布之日起交易转让(以网签时间为准)的住房，将个人住房转让增值税征免年限由2年调整为5年	自2021年8月2日起	《关于进一步做好房地产市场调控工作的通知》(东建〔2021〕11号)

1.5.2.2 经营公租房

自2019年1月1日至2023年12月31日，对经营公租房所取得的租金收入，免征增值税。

公租房是指纳入省、自治区、直辖市、计划单列市人民政府及新疆生产建设兵团批准的公租房发展规划和年度计划，或者市、县人民政府批准建设(筹集)，并按照《关于加快发展公共租赁住房的指导意见》(建保〔2010〕87号)和市、县人民政府制定的具体管理办法进行管理的公租房。

——《财政部 税务总局关于公共租赁住房税收优惠政策的公告》(财政部 税务总局公告2019年第61号)第七条、第八条及《财政部

税务总局关于延长部分税收优惠政策执行期限的公告》（财政部 税务总局公告 2021 年第 6 号）第一条

1.5.2.3 承包地流转

自 2016 年 5 月 1 日至 2017 年 6 月 30 日，纳税人采取转包、出租、互换、转让、入股等方式将承包地流转给农业生产者用于农业生产，免征增值税。

——《财政部 国家税务总局关于租入固定资产进项税额抵扣等增值税政策的通知》（财税〔2017〕90 号）第四条

自 2017 年 7 月 1 日起，纳税人采取转包、出租、互换、转让、入股等方式将承包地流转给农业生产者用于农业生产，免征增值税。

——《财政部 国家税务总局关于建筑服务等营改增试点政策的通知》（财税〔2017〕58 号）第四条

1.5.2.4 扶贫捐赠

自 2019 年 1 月 1 日至 2022 年 12 月 31 日，对单位或者个体工商户将自产、委托加工或购买的货物通过公益性社会组织、县级及以上人民政府及其组成部门和直属机构，或直接无偿捐赠给目标脱贫地区的单位和个人，免征增值税。在政策执行期限内，目标脱贫地区实现脱贫的，可继续适用上述政策。

在 2015 年 1 月 1 日至 2018 年 12 月 31 日期间已发生的符合上述条件的扶贫货物捐赠，可追溯执行上述增值税政策。

——《财政部 税务总局 国务院扶贫办关于扶贫货物捐赠免征增值税政策的公告》（财政部 税务总局 国务院扶贫办公告 2019 年第 55 号）第一条和第二条

1.5.2.5 住房租赁企业向个人出租住房

自 2021 年 10 月 1 日起，住房租赁企业中的增值税一般纳税人向个人出租住房取得的全部出租收入，可以选择适用简易计税方法，按照 5% 的征收率减按 1.5% 计算缴纳增值税，或适用一般计税方法计算缴纳增值税。住房租赁企业中的增值税小规模纳税人向个人出租住房，按照 5% 的征收率减按1.5%计算缴纳增值税。

住房租赁企业向个人出租住房适用上述简易计税方法并进行预缴的，减按1.5%预征率预缴增值税。

——《财政部 税务总局 住房城乡建设部关于完善住房租赁有关税收政策的公告》（财政部 税务总局 住房城乡建设部公告2021年第24号）第一条

住房租赁企业，是指按规定向住房城乡建设部门进行开业报告或者备案的从事住房租赁经营业务的企业。从事住房租赁活动的住房租赁企业，应当依法办理市场主体登记，企业经营范围应当注明“住房租赁”，并在开展业务前通过住房租赁管理服务平台向所在城市住房和城乡建设部门推送开业信息。

第二章　土地增值税

土地增值税属于财产行为税的一种，房地产开发企业的土地增值税是一个非常重要的税种，特将土地增值税与其他财产行为税分开，单独作为一章介绍。现行土地增值税的基本规范是《中华人民共和国土地增值税暂行条例》。本章主要依据国家土地增值税相关政策法规及地方规定进行编写，包括土地增值税的基本要素与项目报告、从事房地产开发的纳税人预征、清算、清算后尾盘销售、核定征收、旧房转让、税收优惠以及土地增值税法（征求意见稿）等相关内容。

2.1　土地增值税的基本要素与项目报告

2.1.1　土地增值税的基本要素

2.1.1.1　纳税人

土地增值税的纳税人是指在我国境内转让国有土地使用权、地上的建筑物及其附着物（以下简称转让房地产）并取得收入的单位和个人。

单位和个人包括各类企业单位、事业单位、机关、社会团体、个体工商业户以及其他单位和自然人。土地增值税同样适用于涉外企业、单位和个人，外商投资企业、外国企业、外国驻华机构、外国公民、华侨，以及港澳台同胞等，只要在我国境内转让房地产并取得收入，都是土地增值税的纳税人。

【提醒】不论法人还是自然人、何种经济性质、内资还是外资企业、中国公民还是外籍个人、行业与部门，只要在中国境内有偿转让房地产，都是土地增值税的纳税人。

2.1.1.2　征税范围

土地增值税是对转让国有土地使用权及其地上建筑物和附着物的行为征税。判断土地增值税征税范围的标准主要有三个。

1. 转让国有土地使用权

国有土地，是指按国家法律规定属于国家所有的土地。

【提醒1】土地增值税仅对转让国有土地使用权的行为征收，土地使用权的出让和集体土地使用权的转让都不征税。

【提醒2】《中华人民共和国土地增值税法（征求意见稿）》明确，出让集体土地使用权、地上的建筑物及其附着物，或以集体土地使用权、地上的建筑物及其附着物作价出资、入股需要缴纳土地增值税。

2. 地上建筑物和附着物连同国有土地使用权一并转让

地上建筑物，是指建于土地上的一切建筑物，包括地上地下的各种附属设施。附着物，是指附着于土地上的不能移动，一经移动即遭损坏的物品。

【提醒1】土地增值税只对转让的房地产征收土地增值税，不转让的不征税。如房地产的出租没有发生房地产的产权转让，不属于土地增值税的征收范围。

【提醒2】对于房地产的抵押行为，由于房地产在低押期间产权没有发生转移，抵押人虽然取得了一定的抵押贷款，但这种收入是需要连本带利偿还给债权人的，因此对于抵押房地产在抵押期间不征收土地增值税。抵押期满后，视房地产的权属关系是否变更决定是否征收土地增值税，房地产产权没有变更的不予征税。如果将抵押的房地产进行拍卖抵债的，则须缴纳土地增值税。

【提醒3】土地使用者转让、抵押或置换土地，无论其是否取得了该土地的使用权属证书，无论其在转让、抵押或置换土地过程中是否与对方当事人办理了土地使用权属证书变更登记手续，只要土地使用者享有占有、使用、收益或处分该土地的权利，且有合同等证据表明其实质转让、抵押或置换了土地并取得了相应的经济利益，土地使用者及其对方当事人应当依照税法规定缴纳土地增值税。

3. 转让房地产并取得收入

收入，包括转让房地产的全部价款及有关的经济收益。土地增值税是对转让房地产并取得收入的征税，对发生转让行为，而未取得收入的不征税。

通过继承、赠与方式转让房地产的，虽然发生了转让行为，但未取得收入的不征收土地增值税。房地产的继承是指房产的原产权所有人，依照法律规定取得土地使用权的土地使用人死亡以后，由其继承人依法承受死者房产产权和土地使用权的民事法律行为。房地产的赠与是指房产所有人、土地使用权所有人将自己所拥有的房地产无偿地交给其他人的民事法律行为。继承和赠与行为虽然都发生了房地产的权属变更，但作为房产产权、土地使用权的原所有人并没有因为权属变更而取得任何收入。因此，这种房地产的继承与赠与不属于土地增值税的征税范围。

"赠与"行为是指房产所有人、土地使用权所有人将房屋产权、土地使用权赠与直系亲属或承担直接赡养义务人的、或者通过中国境内非营利的社会团体、国家机关将房屋产权、土地使用权赠与教育、民政和其他社会福利、公益事业的。(财税字〔1995〕048号)

2.1.1.3 征税对象

土地增值税的征税对象是转让国有土地使用权、地上的建筑物及其附着物所取得的增值额。增值额为纳税人转让房地产的收入减除《土地增值税暂行条例》规定的扣除项目金额后的余额。

2.1.1.4 税率

土地增值税采用四级超率累进税率，最低税率为30%，最高税率为60%，详见表2-1。超率累进税率是以征税对象数额的相对率为累进依据，按超累方式计算和确定适用税率。在确定适用税率时，首先需要确定征税对象数额的相对率。即以增值额与扣除项目金额的比率（增值率）从低到高划分为4个级次：即增值额未超过扣除项目金额50%的部分；增值额超过扣除项目金额50%，未超过100%的部分；增值额超过扣除项目金额100%，未超过200%的部分；增值额超过扣除项目金额200%的部分，分别适用30%、40%、50%、60%的税率。

上述所列四级超率累进税率，每级“增值额未超过扣除项目金额”的比例，均包括本比例数。如增值额未超过项目金额50%的部分，包括50%在内，均适用30%的税率（见表2－1）。

表2－1　　　　土地增值税四级超率累进税率表

级数	增值额与扣除项目金额的比率	税率（%）	速算扣除系数（%）
1	不超过50%的部分	30	0
2	超过50%至100%的部分	40	5
3	超过100%至200%的部分	50	15
4	超过200%的部分	60	35

2.1.1.5　应纳税额的计算

土地增值税按照纳税人转让房地产所取得的增值额和规定的税率计算征收。

应纳土地增值税税额等于增值额乘以适用税率。如果增值额超过扣除项目金额50%以上，在计算增值额时，需要分别用各级增值额乘以适用税率，得出各级税额，然后再将各级税额相加，得出总税额。

在实务中，为了方便计算，可按增值额乘以适用税率减去扣除项目金额乘以速算扣除系数的简便方法计算土地增值税税额，具体如下：

1. 增值额未超过扣除项目金额50%时，计算公式为：

土地增值税税额 = 增值额×30%

2. 增值额超过扣除项目金额50%，未超过100%时，计算公式为：

土地增值税税额 = 增值额×40% − 扣除项目金额×5%

3. 增值额超过扣除项目金额100%，未超过200%时，计算公式为：

土地增值税税额 = 增值额×50% − 扣除项目金额×15%

4. 增值额超过扣除项目金额200%时，计算公式为：

土地增值税税额 = 增值额×60% − 扣除项目金额×35%

2.1.2　土地增值税项目报告

《国家税务总局关于修订土地增值税纳税申报表的通知》（税总函〔2016〕309号）规定，从事房地产开发的纳税人，应在取得土地使用权并获得房地产开发项目开工许可后，根据税务机关确定的时间，向主管税务机关报送“土地增值税项目登记表”，并在每次转让（预售）房地产时，依次填报表中规定栏目的内容（见表2－2）。

表2－2　土地增值税项目登记表（从事房地产开发的纳税人适用）

纳税人识别号：　　　　纳税人名称：　　　　填表日期：　年　月　日

金额单位：元至角分　　　　面积单位：平方米

项目名称		项目地址		业　别	
经济性质		主管部门			
开户银行		银行账号			
地　址		邮政编码		电　话	
土地使用权受让（行政划拨）合同号			受让（行政划拨）时间		
建设项目起讫时间		总预算成本		单位预算成本	
项目详细座落地点					
开发土地总面积		开发建筑总面积		房地产转让合同名称	
转让次序	转让土地面积（按次填写）	转让建筑面积（按次填写）		转让合同签订日期（按次填写）	
第1次					
第2次					
……					
备注					

【**提醒**】2021年6月简并税费申报后，纳税人须在电子税务局“土地增值税税源信息报告”中“新增项目”处进行土地增值税项目登记。

2.2　土地增值税预征

2.2.1　政策指引

2.2.1.1　预征依据

《财政部 国家税务总局关于土地增值税一些具体问题规定的通知》

（财税字〔1995〕48号）第十四条规定，对纳税人在项目全部竣工结算前转让房地产取得的收入可以预征土地增值税。具体办法由各省、自治区、直辖市地方税务局根据当地情况制定。

因此，对纳税人预售房地产所取得的收入，当地税务机关规定预征土地增值税的，纳税人应当到主管税务机关办理纳税申报，并按规定比例预交，待办理决算后，多退少补；当地税务机关规定不预征土地增值税的，也应在取得收入时先到税务机关登记或备案。

【提醒】 没有竣工决算，成本、费用就不确定，不能取得全部扣除项目的支付凭证，没办法分摊和计算实际应缴的土地增值税税额。简单点讲，就是成本不清楚，算不出来要交多少土地增值税。注意在项目全部竣工结算前转让房地产取得的收入，才需要预征土地增值税，与预缴增值税（只要是采取预收款方式销售自行开发的房地产项目，均须预缴增值税）不一样，所以预征土地增值税的计算基数"预收款"，既包括未完工开发产品的预收款，也包括已完工但不符合清算条件的开发产品对应的房款。

2.2.1.2 预征税额的确定

《国家税务总局关于营改增后土地增值税若干征管规定的公告》（国家税务总局公告2016年第70号）规定，为方便纳税人，简化土地增值税预征税款计算，房地产开发企业采取预收款方式销售自行开发的房地产项目的，可按照以下方法计算土地增值税预征计征依据：

土地增值税预征的计征依据＝预收款－应预缴增值税税款

1. 对于简易计税项目，土地增值税预征的计征依据计算公式如下：

$$\text{土地增值税预征的计征依据} = \text{预收款} - \frac{\text{预收款}}{1+5\%} \times 3\%$$

2. 对于一般计税项目，土地增值税预征的计征依据计算公式如下：

$$\text{土地增值税预征的计征依据} = \text{预收款} - \frac{\text{预收款}}{1+9\%} \times 3\%$$

【提醒1】 预收款须是房地产开发企业销售自行开发的房地产的预收款，包括定金、分期取得的预收款（含首付款、按揭款和尾款）和全款，如房地产企业向购房者收取的诚意金、购房者取消合同的违约金、向新或原购房者收取的转名手续费，都不属于销售自行开发的房地产的预收款，均暂不预缴土地增值税。

地下人防车位（不能办理产权证）的使用权收入，需要按照开具增值税发票税目的情况与当地税务机关的规定确定是否预缴土地增值税，如果按照销售不动产开具增值税发票，有的地方规定需要预缴土地增值税；如果按照不动产租赁开具增值税发票，很多地区不需要预缴土地增值税。

【提醒2】保障房系列项目，如保障房、经济适用房、棚改安置房、廉租房等，大多数省市无须预缴土地增值税，实务中应遵循当地规定。

【提醒3】预收款是含增值税预收款，与增值税预缴方面不一样。另房地产企业已与购房者签约，但因购房者缘故解除合同，企业取得的违约金收入，应冲回以前已预缴的土地增值税。

【例2-1】北京某房地产企业2021年7月销售A项目取得普通住宅预收款10 900万元，开工许可证在2019年5月1日后，适用增值税一般计税方法，该项目的土地增值税预征率为2%。

预缴增值税 = 10 900 ÷ (1 + 9%) × 3% = 300（万元）

预缴土地增值税 = (10 900 - 300) × 2% = 212（万元）

【提醒4】实务中应时刻关注项目的变化，对于盈利能力不佳的项目，项目财税人员应及时关注土地增值税预缴税款与清算税款的差异，与当地税务机关探讨可行的减少预征税额的方法。

国家税务总局公告2016年第70号规定“适用增值税一般计税方法的纳税人，其转让房地产的土地增值税应税收入不含增值税销项税额”的“销项税额”，是由“销售额”乘以“适用税率”。国家税务总局公告2016年第18号规定，房地产开发企业中的一般纳税人销售自行开发的房地产项目，适用一般计税方法计税，按照取得的全部价款和价外费用，扣除当期销售房地产项目对应的土地价款后的余额计算销售额。因此，在当期销售房地产项目对应的土地价款（含拆迁补偿费）确定的情况下，土地增值税预征计征依据也可以按以下公式进行：

土地增值税预征的计征依据

= 全部价款和价外费用 - 销项税额

= 全部价款和价外费用 - 销售额 × 税率

= 全部价款和价外费用 - (全部价款和价外费用 - 当期销售房地产项

目对应的土地价款及拆迁补偿费）÷（1+9%）×9%

该公式与70号公告规定的计征公式相比，有些复杂，当然也存在一定的局限。如商品房分栋建设预售时房屋总可售面积的不确定性，或项目涉及同一地块分期开发等问题，导致在预售阶段难以确定可以扣除的土地价款。

需要特别注意的是，对于适用增值税一般计税方法的房地产纳税人，土地增值税的“不含增值税销项税额”或“不含增值税收入”需要考虑土地价款（含拆迁补偿费）的影响，不能直接套用增值税不含税收入的常规理解［即含税收入÷（1+适用税率）］计算预缴税款。

另外，70号公告的政策原文是“可按照……”，应注意这并不是说房地产企业可以自行选择预征依据。对此，吉林省税务局12366呼叫中心曾做出回复。

问：财税〔2016〕43号和国家税务总局公告2016年第70号规定的土地增值税预缴计算公式不一致，计算结果也不同，请明确告知：企业是按43号计算对还是按70号计算对，或者可以自行选择两个文件中的一个？

吉林省税务局12366呼叫中心2020-04-22答复：根据国家税务总局2016年第70号公告第一条规定，为方便纳税人，简化土地增值税预征计算，房地产开发企业采取预收款方式销售自行开发的房地产项目的，可按照以下方法计算土地增值税预征计征依据：土地增值税预征的计征依据=预收款-应预缴增值税税款。

根据总局解释，纳税人不得随意选择土地增值税计税依据的口径，预收款并未结转收入，不应作为土地增值税的应税收入处理，为确保土地增值税税收收入均衡入库，企业先行预缴，预征土地增值税不得直接参照增值税的预缴口径，客观上存在土地增值税和增值税两者预缴计税依据的不一致。纳税人、主管税务机关要准确理解，按照国家税务总局2016年第70号公告的规定，及时、准确申报土地增值税预征税款。

当然，也有地方明确土地增值税预征的计征依据为不含增值税收入。

《天津市地方税务局关于土地增值税相关政策的公告》（天津市地方税务局公告2016年第22号）第二条规定，从事房地产开发的纳税人应区分普通住宅、非普通住宅和其他类型房地产，分别按每月取得的商品房转让不含增值税收入，乘以我市规定的预征率计算预缴土地增值税。

因此，纳税人在预征土地增值税时，如当地对计征依据有相关规定的，参照当地的规定；如当地对计征依据没有明确规定的，建议还是按照70号公告的要求进行预征。

2.2.1.3 部分地区预征相关规定

1. 北京市

房地产开发企业应当在商品房预售方案和现房销售方案中填报土地成本、建安成本和销售价格等信息，并匡算预计增值额和增值率。市住房城乡建设部门将上述信息审核确认后及时传递至市税务部门。主管税务机关接收信息后，以《税务事项通知书》的形式告知纳税人，要求其在征期内按照规定的预征率计算缴纳土地增值税。

——摘自《北京市地方税务局 北京市住房和城乡建设委员会关于进一步做好房地产市场调控工作有关税收问题的公告》（北京市地方税务局 北京市住房和城乡建设委员会公告2013年第3号）

2. 湖南省

房地产开发项目及单纯转让土地使用权土地增值税实行先预征、后清算的征管方式（经有关部门批准建设的经济适用房、廉租房、公租房等保障性住房不预征土地增值税）。

——摘自《湖南省地方税务局关于加强土地增值税管理的公告》（湖南省地方税务局公告2015年第4号）

3. 山东省

从事房地产开发的纳税人，在项目全部竣工结算前转让房地产取得的收入，应当按照本办法规定预缴土地增值税。

纳税人转让经政府批准建设的保障性住房取得的收入，暂不预征土地增值税，但应当在取得收入时按规定到主管地税机关登记或备案。

——《山东省地方税务局关于修订〈山东省地方税务局土地增值税“三控一促”管理办法〉的公告》（山东省地方税务局公告2017年第5号）

2.2.2 申报期限

1. 纳税人应在转让房地产合同签订后的七日内，到房地产所在地主管税务机关办理纳税申报，并向税务机关提交房屋及建筑物产权、土地使用权证书，土地转让、房产买卖合同，房地产评估报告及其他与转让房地产有关的资料。

纳税人因经常发生房地产转让而难以在每次转让后申报的，经税务机关审核同意后，可以定期进行纳税申报，具体期限由税务机关根据情况确定。

2. 土地增值税预征申报期限目前有按季申报和按月申报两种。

（1）按季申报。

①北京市

《北京市地税局关于简化我市土地增值税办税规程的通知》（京地税二〔1999〕308 号）规定：房地产开发项目纳税申报时间由原“签订房地产转让合同并取得收入后 15 日内”及“如因经常发生房地产转让而难以在每次转让以后申报的，由纳税人提出申请，经地方主管税务机关批准，可于季度终了后 15 日内办理纳税申报手续”，均调整为自取得销售（预售）许可证起每季度终了后 15 日内办理纳税申报手续（含零申报）。

②长三角地区

对于上海、江苏、浙江、宁波、安徽省（市）长江三角洲区域，《国家税务总局关于进一步支持和服务长江三角洲区域一体化发展若干措施的通知》（税总函〔2020〕138 号）第三条规定，进一步简并征期，将城镇土地使用税、房产税、印花税（按次申报的除外）、土地增值税四个税种统一按季申报。

③大连市

《大连市税务局关于调整资源税印花税土地增值税纳税期限的公告》（大连市税务局 2021 年第 4 号）规定，自 2021 年 6 月 1 日起，按期申报资源税、印花税、土地增值税的纳税人，实行按季申报缴纳。纳税人应当自季度终了之日起十五日内向主管税务机关办理纳税申报并缴纳税款。

（2）按月申报。

目前全国大部分地区是按月预征土地增值税，如天津。

《天津市税务局关于土地增值税征管有关事项的公告》（天津市税务局公告 2019 年第 13 号）规定：从事房地产开发的纳税人应分月预缴土地增值税，自月份终了之日起十五日内到主管税务机关申报缴纳税款。

2.2.3 预征率

《国家税务总局关于加强土地增值税征管工作的通知》（国税发〔2010〕53号）第二条规定，为了发挥土地增值税在预征阶段的调节作用，各地须对目前的预征率进行调整。除保障性住房外，东部地区省份预征率不得低于2%，中部和东北地区省份不得低于1.5%，西部地区省份不得低于1%，各地要根据不同类型房地产确定适当的预征率（地区的划分按照国务院有关文件的规定执行），详见表2-3。

表2-3　　　　各省市土地增值税预征率表

地区	预征率规定	文号
北京市	1. 房地产开发企业销售新办理预售许可和现房销售备案的商品房取得的收入，按照预计增值率实行2%至8%的幅度预征率： 预计增值率≤50%，预征率2% 50%＜预计增值率≤100%，预征率3% 100%＜预计增值率≤200%，预征率5% 200%＜预计增值率，预征率8% 预计增值率匡算公式：[（拟售价格×预售面积－项目成本）]÷项目成本×100% 项目成本＝（土地成本＋建安成本）×（1＋间接费用率），间接费用率暂为30% 2. 容积率小于1.0的房地产开发项目，最低按照销售收入的5%预征土地增值税	北京市地方税务局 北京市住房和城乡建设委员会公告2013年第3号
上海市	按不同的销售价格确定土地增值税预征率 除保障性住房外，住宅开发项目销售均价低于项目所在区域（区域按外环内、外环外划分）上一年度新建商品住房平均价格的，预征率为2%；高于但不超过1倍的，预征率为3.5%；超过1倍的，预征率为5% 项目所在区域上一年度新建商品住房平均价格按市房屋主管部门提供的数据为准	上海市地方税务局2010年第1号公告
天津市	坐落于我市和平区、河东区、河西区、南开区、河北区和红桥区行政区域内的房地产开发项目的土地增值税预征率为：普通住宅3%、非普通住宅4%、其他类型房地产5% 坐落于我市上述行政区域外的房地产开发项目土地增值税预征率为：普通住宅2%、非普通住宅3%、其他类型房地产4%	天津市税务局公告2019年第13号

续表

地区	预征率规定	文号
重庆市	独栋商品住宅预征率为5%	重庆市地方税务局通告2011年第2号
	从2015年1月1日（税款所属时间）起，普通标准住宅土地增值税预征率调整为1%	渝财税〔2014〕247号
	自2018年7月1日起，对非普通住宅、商业、车库的土地增值税预征率由2%调整为3.5%	渝财规〔2018〕4号
青岛市	1. 对于普通住宅，每平方米销售价格在20 000元（含增值税）以下的，预征率为2%；每平方米销售价格在20 000元（含增值税）以上的，预征率为2.5% 2. 对于非普通住宅，每平方米销售价格在20 000元（含增值税）以下的，预征率为2.5%；每平方米销售价格在20 000元（含增值税）以上的，预征率为3.5% 3. 对于其他类型房地产，除单独销售车库、车位、阁楼、储藏室等附属设施预征率为2%外，其余房地产预征率为3.5%	青岛市税务局公告2018年第23号
深圳市	普通标准住宅按销售收入2%预征，别墅为4%，其他类型房产为3%	深地税告〔2010〕6号
厦门市	（一）对社会保障性住房不预征土地增值税 （二）普通标准住宅2% （三）非普通标准住宅4% （四）商品工业厂房2% （五）除商品工业厂房以外的其他非住宅类型房地产6%	厦税公告2018年第10号
	一、非普通标准住宅预征率为2% 二、非住宅类型房地产预征率为2% 三、本公告自2020年1月1日（税款所属期）起执行，《国家税务总局厦门市税务局关于土地增值税预征和核定征收有关事项的公告》（国家税务总局厦门市税务局公告2018年第10号）第一条第三、五项同时废止	厦门市税务局公告2019年第2号
宁波市	普通住宅2%，除普通住宅外的其他房产3%	宁波市地方税务局公告2010年第1号
大连市	非普通住宅、商业、车库的土地增值税预征率暂调整到2%，普通住宅土地增值税预征率暂调整到1.5%	国家税务总局大连市税务局12366热点问答2019-12-17（第七十七期）
安徽省	我省保障性住房土地增值税预征率为0；普通标准住宅、全装修住房为1.5%。其他类型房地产预征率不得低于1.5%，由各市税务机关在规定的幅度标准范围内，根据当地实际情况确定	安徽省税务局公告2019年第10号

续表

地区	预征率规定	文号
安徽合肥	(一) 保障性住房预征率为0 (二) 住宅（不含别墅、商住房）预征率为1.5% (三) 其他类型房地产（含别墅、商住房）预征率为2%	合肥市税务局公告2018年第6号
安徽黄山	(一) 保障性住房：预征率为0% (二) 普通标准住房、全装修住房、装配式建筑、绿色建筑、车库、车位、储藏室：预征率为1.5% (三) 非普通标准住房（除全装修住房外）：预征率为2% (四) 营业用房及其他类型用房：预征率为2.5% (五) 别墅（含双拼、排屋）、高级公寓、度假村：预征率为3%	国家税务总局黄山市税务局公告2020年第1号
福建省	除保障性住房实行零预征率外，各地不同类型房地产预征率如下： 1. 普通住房2% 2. 非普通住房，福州市4%，其他设区市3% 3. 非住房，福州市6%，其他设区市5%。其中非住房中的工业厂房2% 房地产开发企业应当对适用不同预征率的不同类型房地产销售收入分别核算并申报预缴；对未分别核算预缴的，从高适用预征率预征土地增值税	福建省税务局公告2018年第21号
福建福州	经测算整个项目土地增值税增值率明显偏低的，可按0.5%级距分档的规则确定预征率；经测算整个项目无增值、明显需要退税的，可适用零预征率；对整个项目土地增值税测算税负率经审核确认后达到或高于2%的，维持按“福建省税务局公告2018年第21号”规定预征	国家税务总局福州市税务局2020年3月27日《关于市十五届人大四次会议第0248号建议的答复》
甘肃省	除保障性住房（各级人民政府或者指定经营单位回购的廉租住房、公共租赁住房，以及按照政策规定向特定对象销售的经济适用住房）暂不预征土地增值税外，其他房地产按以下预征率预征土地增值税： (一) 兰州市城关区、七里河区、西固区，兰州经济技术开发区，天水市秦州区、麦积区，嘉峪关市及其他地级市政府（不包括临夏州、甘南州）所在区的普通住宅为2%，非普通住宅为3%，其他类型房地产为5% (二) 临夏州、甘南州、兰州新区及不属于第（一）款的其他县（市、区）普通住宅为1%，非普通住宅为1.5%，其他类型房地产为4%	甘肃省税务局公告2018年第10号

续表

地区	预征率规定	文号
广东省	除保障性住房项目外，其他房地产项目土地增值税预征率不得低于2%	粤地税发〔2010〕105号
广东广州	(一) 住宅类：普通住宅2%，别墅4%，其他非普通住宅3% (二) 生产经营类：写字楼（办公用房）3%，商业营业用房4% (三) 车位4% (四) 对符合广州市人民政府“廉租住房”“公共租赁住房”及“经济适用住房（含解困房）”规定的房地产开发项目，暂不预征土地增值税	广州市地方税务局公告2017年第7号
广东东莞	普通住房2%，其他类型房产3%，土地5%	东莞市地方税务局公告2014年第1号
广西壮族自治区	一、对房地产开发企业开发的保障性住房，暂不预征土地增值税 二、对房地产开发企业开发的普通住房，按1%的预征率预征土地增值税 三、对房地产开发企业开发的非普通住房，按2%～3%的预征率预征土地增值税 四、对房地产开发企业开发的商铺和其他房产，按3%～5%的预征率预征土地增值税 五、各设区的市税务机关应根据当地的实际情况，在本通知第三至第四条规定的预征率幅度内，确定各县（区、市）具体的预征率，并报广西壮族自治区税务局批准后执行	广西壮族自治区税务局公告2018年第3号
广西南宁	1. 保障性住房暂不预征土地增值税 2. 普通住宅，按1%预征土地增值税 3. 非普通住宅 (1) 南宁市城区和开发区，按3%预征土地增值税 (2) 各县（含武鸣区、广西——东盟经济技术开发区所属范围），按2%预征土地增值税 4. 商铺及其他房产 (1) 南宁市城区和开发区，按4%预征土地增值税 (2) 各县（含武鸣区、广西——东盟经济技术开发区所属范围），按3%预征土地增值税	国家税务总局南宁市税务局公告2018年第7号

续表

地区	预征率规定	文号
广西桂林	一、保障性住房，暂不预征土地增值税 二、普通住房，按1%的预征率预征土地增值税 三、非普通住宅，按2%的预征率预征土地增值税 四、商铺和其他房产，按3%的预征率预征土地增值税	国家税务总局桂林市税务局公告2018年第5号
贵州省	一、普通标准住宅，预征率调整为1% 二、非普通标准住宅，预征率调整为2% 三、营业用房，预征率调整为3% 四、其他房产，预征率调整为1.5% 纳税人在开发项目中既建普通标准住宅又进行其他类型房地产开发的，应分别核算其增值额。纳税人不分别核算或不能分别核算的，从高适用预征率	黔地税发〔2008〕61号
海南省	（一）海口市、三亚市、陵水县：房地产开发项目普通住宅预征率为3%；非普通住宅及非住宅类房产预征率为5% （二）其他市、县、区：房地产开发项目普通住宅预征率为2%；非普通住宅及非住宅类房产预征率为4% （三）对房地产开发项目中的保障性住房（包含限价商品房），暂不预征土地增值税	海南省地方税务局公告2014年第21号、海南省地方税务局公告2015年第5号
河北省	除保障性住房外，房地产开发项目土地增值税预征率统一调整为2%	河北省地方税务局2010年第1号公告
河南省	（一）普通标准住宅1.5% （二）除普通标准住宅以外的其他住宅3.5% （三）除上述（一）、（二）项以外的其他房地产项目4.5%	豫地税发〔2010〕28号
	房地产开发企业转让房地产项目，对价格在20 000元/平方米（含）以上的单套房屋，预征率为6%	河南省地方税务局公告2017年第3号
黑龙江	土地增值税预征率暂定为0.5%～3%，具体预征率由各市（地）地方税务局根据不同开发项目自行确定，并报省局备案	黑地税发〔2005〕94号
黑龙江哈尔滨	（一）市区普通标准住宅预征率调整为4%；除普通标准住宅以外的其他住宅预征率调整为4.5%；除上述以外的其他房地产项目预征率继续按5%执行 （二）县（市）普通标准住宅预征率调整为3%；除普通标准住宅以外的其他住宅预征率调整为3.5%；除上述以外的其他房地产项目预征率继续按5%执行	哈尔滨市地方税务局公告2015年第5号

续表

地区	预征率规定	文号
湖北省	土地增值税预征率，按普通住房、非普通住房及其他类型房地产三种划分，分别为1.5%、4%、6%。各市、州税务机关可在此基础上，根据当地房地产市场实际情况，对所辖县（市、区）非普通住宅、其他类型房地产两类预征率上下浮动0.5%予以确定	湖北省税务局公告2018年第6号
湖北武汉	土地增值税预征率，按普通住房、非普通住房及其他类型房地产三种划分，分别为1.5%、4%、6%	国家税务总局武汉市税务局公告2018年第3号
湖南省	1. 普通标准住宅：1.5% 2. 非普通标准住宅：2% 3. 非住宅：3% 4. 单纯转让土地使用权：5%	湖南省地方税务局公告2015年第4号
江苏省	一、除本公告第二条、第三条规定的情形外，南京市、苏州市市区（含工业园区）普通住宅、非普通住宅、其他类型房产的预征率分别为：2%、3%、4%；其他地区普通住宅、非普通住宅、其他类型房产的预征率均为2% 二、预计增值率大于100%且小于或等于200%的房地产开发项目，预征率为5%；预计增值率大于200%的房地产开发项目，预征率为8% 三、公共租赁住房、廉租住房、经济适用房、城市和国有工矿棚区改造安置住房等保障性住房，仍暂不预征	苏地税规〔2016〕2号
江西省	南昌、九江、萍乡、赣州、宜春、上饶、吉安、抚州等8个设区市范围的土地增值税预征率恢复为：转让普通住宅，按1%；转让非普通住宅，按3%；转让非住宅，按5%预征 景德镇、新余、鹰潭等3个设区市范围的土地增值税预征率保持现有水平不变，即：转让普通住宅，按0.7%；转让非普通住宅，按1.5%；转让非住宅，按3%预征	江西省地方税务局公告2017年第1号
吉林省	调整土地增值税预征率，普通标准住宅按1.5%计征，非普通标准住宅按2%计征，其他类型房产按2.5%计征	吉政办发〔2016〕23号
辽宁省	（一）住宅项目，土地增值税预征率不得低于1.5% （二）非住宅项目，土地增值税预征率不得低于3% 各市局应结合本地实际，在上述规定范围内，科学确定本地区土地增值税预征率的具体执行标准	辽地税函〔2010〕201号
辽宁沈阳	一、住宅项目，土地增值税预征率为2% 二、非住宅项目，土地增值税预征率为4%	沈阳市地方税务局公告2013年第2号

续表

地区	预征率规定	文号
宁夏回族自治区	(一) 普通住宅为1% (二) 非普通住宅为1.5% (三) 其他类型房地产为2% (四) 对按规定列入市、县政府公共租赁住房、廉租住房、经济适用房、城市和国有工矿棚户区改造安置住房等保障性住房暂不实行预征	宁政发〔2015〕43号
青海省	全省：保障性住房0%，普通住宅1%，非普通住宅1% 西宁市（不含湟中县、大通县、湟源县）、西宁经济技术开发区：商铺4%，其他3% 海东市、海西州、海南州、海北州、黄南州及湟中县、大通县、湟源县：其他商品房2% 玉树州、果洛州：其他商品房1.5%	青海省税务局公告2020年第8号
山东省	房地产开发企业在项目全部竣工结算前取得的房地产转让收入，实行土地增值税预征管理，预征率为0.5%～3%	鲁地税发〔2005〕23号
山东济南	普通住房2% 非普通住房3% 地下室、车位（库）等附属设施2% 工业用房、商业用房等其他房地产3%	国家税务总局济南市税务局公告2020年第1号
山西省	土地增值税预征率5%以内各市可根据当地房地产市场的实际情况，在省确定的幅度内制定具体的预征比率	山西省地方税务局公告2012年第3号
山西太原	(一) 普通标准住宅1.5% (二) 除普通标准住宅以外的其他住宅2.5% (三) 除上述（一）、（二）项以外的其他房地产项目3%	太原市地方税务局公告2011年第1号
陕西省	设（区）市的市区：普通住宅1%，非普通住宅（除别墅外）2%，别墅、写字楼、营业用房等3% 其他市（县）：普通住宅1%，非普通住宅（除别墅外）1.5%，别墅、写字楼、营业用房等2.5%	陕西省地方税务局公告2016年第1号
四川省	(一) 对保障性住房暂不预征土地增值税 (二) 普通住宅预征率为1%～1.5% (三) 非普通住宅预征率为1.5%～2.5% (四) 商用房预征率为2.5%～3.5%	四川省地方税务局公告2010年第1号
四川成都	(一) 对保障性住房暂不预征土地增值税 (二) 普通住宅预征率为1% (三) 非普通住宅预征率为2% (四) 其他类型房地产预征率为2.5%	国家税务总局成都市税务局 成都市财政局公告〔2019〕2号

续表

地区	预征率规定	文号
新疆维吾尔自治区	1. 克拉玛依市、昌吉回族自治州、乌鲁木齐市、哈密地区、吐鲁番地区、石河子普通住宅1%，非普通住宅3%，其他类型房地产4% 2. 其他地区普通住宅1%，非普通住宅3%，其他类型房地产3%	新疆维吾尔自治区地方税务局公告2017年第2号
云南省	1. 普通住房预征率为1.5% 2. 除普通住房外的其他类型房地产，昆明市的五华区、盘龙区、西山区、官渡区、呈贡区、晋宁区、高新技术开发区、经济技术开发区、旅游度假区、阳宗海风景名胜区、安宁市、昆明空港经济区预征率为4%，其他县（市、区）预征率为3%；大理州、西双版纳州预征率为3%；其他州（市）预征率为2.5%	云南省税务局公告2020年第7号
浙江省	自2010年7月1日（税款所属期）起，除保障性住房外，其他房地产开发项目的土地增值税预征率一律不得低于2%	浙江省地方税务局公告2010年第2号
浙江杭州	杭州市区（不含萧山、余杭）除保障性住房外，其他房地产开发项目的土地增值税预征率按以下比例执行： 1. 普通住宅2% 2. 非普通住宅（包括排屋、别墅）、商业用房、其他用房3%	杭地税告〔2010〕6号
浙江温州	自2016年9月1日（税款所属期）起，除保障性住房外，房地产开发项目的土地增值税的预征率均为2%	温州市地方税务局公告2016年第7号
浙江舟山	（一）普通住宅预征率为2% （二）非普通住宅预征率为2.5% （三）其他类型房地产预征率为3%（包括非住宅类房产、无产权的车库、车位、储藏室等）	国家税务总局舟山市税务局公告2019年第5号
浙江台州	自2019年1月1日起（税款所属期），除保障性住房外，其他房地产开发项目的土地增值税预征率均为2%	国家税务总局台州市税务局公告2018年第9号
内蒙古自治区	（一）呼和浩特市普通住宅2.5%，非普通住宅3.5%，其他类型房地产4% （二）包头市、鄂尔多斯市、赤峰市普通住宅2%，非普通住宅2.5%，其他类型房地产3.5% （三）我区其他地区普通住宅1.5%，非普通住宅2%，其他类型房地产3%	国家税务总局内蒙古自治区税务局 财政厅 住房和城乡建设厅公告2021年2号

注：保障房系列，如保障房、经济适用房、棚改安置房、廉租房等，大部分地区无须预缴土地增值税，实务中应关注当地相关规定。

2.2.4 预征截止时间

土地增值税预征截止时间，国家层面没有明确规定。土地增值税进入清算程序，一般不须再预征土地增值税。有的地区执行口径是房地产开发企业自收到《土地增值税清算通知书》起可不再预征土地增值税；也有地区明确规定进入土地增值税清算程序的项目可不再预征土地增值税，如海南、重庆；还有地区规定《土地增值税清算结论通知书》前取得的转让房地产收入仍须按规定预缴土地增值税，如大连。

《海南省税务局关于明确土地增值税有关政策问题的通知》（琼税发〔2019〕8号）规定，对已受理进入土地增值税清算程序的清算项目，自送达土地增值税清算受理文书之日起，不再预征土地增值税。

《重庆市财政局 重庆市地方税务局关于印发〈土地增值税等财产行为税政策执行问题处理意见〉的通知》（渝财税〔2015〕93号）明确税务机关受理房地产企业清算申报后至清算结论下达前，企业再转让该清算单位中的普通住宅，暂不预征土地增值税；清算审核结论下达后，应按规定征收税款。

《大连市地方税务局关于进一步明确土地增值税若干问题的通知》（大地税函〔2007〕200号）明确，在土地增值税清算期间，纳税人于主管税务机关出具《房地产开发项目土地增值税清算结论通知书》前取得的转让房地产收入，仍应按规定预缴土地增值税。

【涉税安排】房地产开发企业在启动清算后如再销售房地产，可关注当地土地增值税预征截止口径，积极与主管税务机关协调确认争取有利的方法，即“自《土地增值税清算受理通知书》送达之日起，不再预征土地增值税”。

2.2.5 申报工作

国家税务总局公告2016年第70号文件规定，土地增值税预征的计征依据=预收款-应预缴增值税，申报工作的关键点是统计预收款和应预缴增值税，应该做好计税依据预收款与账面数据复核，按照项目预收账款及其他应付款等往来科目，进行每个月统计（见表2-4）。

【例2-2】以北京市某房地产开发企业为例。统计各项目回款，按房地产类型分不同预征率计算填报，汇总各项目季度回款，分项目扣除各自预缴增值税款后，计算季度应缴纳税款，按季申报。

表2-4　　房地产开发企业项目土地增值税预征归集表

项目名称		项目1			项目2			合计
科目		预收账款	其他应付款	小计	预收账款	其他应付款	小计	
本季度含税收入	(1)							
已预缴增值税	(2)							
不含预缴增值税收入	(3) = (1) - (2)							
2%土增税	(4) = (3) ×2%							
3%土增税	(5) = (3) ×3%							
5%土增税	(6) = (3) ×5%							
合计								

【提醒】同时预征多项目土地增值税时，填写“土地增值税纳税申报表(一)”一定要注意选择对应的项目进行预征，该项目下预征的土地增值税才是项目进行清算时已缴纳的土地增值税税额，同时也要注意房屋类型。

2.3　土地增值税清算

2.3.1　政策指引

2.3.1.1　土地增值税清算含义

土地增值税清算，是指纳税人在符合土地增值税清算条件后，依照税收法律、法规及土地增值税有关政策规定，计算房地产开发项目应缴纳的土地增值税税额，并填写“土地增值税清算申报表”，向主管税务机关提供有关资料，办理土地增值税清算手续，结清该房地产项目应缴纳土地增值税税款的行为。

2.3.1.2 清算单位的确定

土地增值税以纳税人房地产成本核算的最基本的核算项目或核算对象为单位计算。

《国家税务总局关于房地产开发企业土地增值税清算管理有关问题的通知》（国税发〔2006〕187 号，本书以下简称“国税发〔2006〕187 号文”）规定，土地增值税以国家有关部门审批的房地产开发项目为单位进行清算，对于分期开发的项目，以分期项目为单位清算。各地清算单位的确定见表 2－5。

开发时期不同的房地产项目，其开发成本、房屋销售价格都存在较大差别，是否分期清算，计算的增值额和应缴纳的土地增值税税额不一样。如某项目分为两期开发，第一期以普通住宅为主，销售价格比较低，增值额为负数，第二期可能销售价格较高，或以商业用房为主，增值额为正数或比较大，一、二期清算时正负数不能相抵，则第一期应缴土地增值税为 0，第二期应缴数会很大。如果不分期清算，合并计算增值额，则正负数增值额相互抵消，应缴土地增值税会减少，甚至不用缴税，因此会存在少缴土地增值税的风险。

【提醒 1】以国家有关部门审批的房地产开发项目为单位进行清算，如何确定最基本的核算项目或核算对象、国家有关部门是指哪些部门，各地对清算单位的确定标准不一致。有的地区按“建设工程规划许可证”为划分标准，有的地区以发改委下发的立项文件为划分标准，有的地区允许以开工或竣工时间相近的若干“建设工程规划许可证”项下的组合作为一个清算单位。

【提醒 2】对于分期开发的项目，可以结合项目实际情况及相关材料进行判定，以确定的分期建设项目作为清算单位。如查看项目批文、建设工程规划许可证及建筑工程施工许可证、竣工验收备案相关资料等确定清算单位。

【涉税安排】房地产开发企业需参考当地对土地增值税清算单位的具体规定，进行不同清算单位的土地增值税税负测算，在适当时机与税务机关沟通进行土地增值税清算的具体单位，清算单位不一样的选择，土地增值税清算应缴纳税款存在很大差异（见表 2－5）。

表 2－5　　　　各地土地增值税清算单位的相关规定

地区	具体规定	文号
北京市	房地产开发项目应以国家有关部门审批、备案的项目为单位进行日常管理和清算（以下简称清算单位） 对于分期开发的项目，可以结合项目实际情况及相关材料进行判定，以确定的分期建设项目作为清算单位	北京市地方税务局公告 2016 年第 7 号
	对于一个房地产开发项目，在开发过程中分期建设、分期取得施工许可证和销售许可证的，主管税务机关可以根据实际情况要求纳税人分期进行清算	京地税地〔2007〕325 号 （国家税务总局北京市税务局公告 2018 年第 2 号修改）
天津市	土地增值税以纳税人与国土房管部门签订的土地出让合同所列范围内的房地产开发项目为单位进行清算 对于分期开发的项目以区级（含）以上发展改革部门备案的项目为单位进行清算，各期的清算方式和扣除项目金额的计算分摊方法应保持一致	天津市地方税务局公告 2016 年第 24 号
重庆市	房地产开发以规划主管部门审批的用地规划项目为清算单位。用地规划项目实施开发工程规划分期的，可选择以工程规划项目（分期）为清算单位	重庆市地方税务局公告 2014 年第 9 号
安徽省	第十条　本办法所称房地产开发项目是指经国家有关部门审批、备案的项目。对于分期开发的项目，以分期项目为单位清算 上述国家有关部门是指发展改革部门，或者履行项目备案职能的经信委、计经委等部门 上述分期开发的项目，是指规划部门下发的“建设工程规划许可证”中确认的项目。依据“建设工程规划许可证”难以确认分期开发项目的，纳税人应于取得“建设工程规划许可证”之日起 30 日内向主管税务机关报告，主管税务机关应依据“建设用地规划许可证”“建设工程规划许可证”以及相关“建筑工程施工许可证”“预售许可证”及预售资金回笼等情况，经调查核实、集体审议，综合认定分期开发项目。主管税务机关认定分期开发项目，应当于纳税人报送分期项目最后一个“预售许可证”之日起 15 日内书面告知纳税人	安徽省税务局公告 2018 年第 21 号

续表

地区	具体规定	文号
安徽省	第十一条　房地产开发项目中，符合下列情形的，应当认定为同一分期开发项目： （一）取得多个“建设工程规划许可证”，只取得一个“建筑工程施工许可证”的 （二）取得多个“建设工程规划许可证”，且由若干个“建筑工程施工许可证”确定组织施工，经主管税务机关调查核实该多个“建设工程规划许可证”所确定的项目未利用本分期项目回笼资金开工建造的	安徽省税务局公告 2018 年第 21 号
福建省	房地产开发企业应当自取得“建设工程规划许可证”的次月 15 日前，向主管税务机关申报备案“建设工程规划许可证”所载的建设项目名称等基础信息，并以申报备案的建设项目为单位进行土地增值税清算	福建省税务局公告 2018 年第 21 号
广东省	土地增值税以房地产主管部门审批、备案的房地产开发项目为单位进行清算。对于分期开发的项目，以分期项目为单位清算。具体结合项目立项、用地规划、方案设计审查（修建性详细规划）、工程规划、销售（预售）、竣工验收等确定	广东省税务局公告 2019 年第 5 号
广西壮族自治区	清算单位应以县（市、区）级（含）以上发展改革部门下达项目立项（核准、备案）文件或建设规划主管部门下达的“建设用地规划许可证”为依据 纳税人分期分批开发的项目，根据实际情况确定清算单位	广西壮族自治区地方税务局公告 2018 年第 1 号
贵州省	土地增值税以发改部门立项批复确定的房地产开发项目为清算单位。对于分期开发的房地产项目，以房地产开发企业取得的“建设工程规划许可证”确定的分期项目为单位进行清算	贵州省地方税务局公告 2016 年第 13 号
黑龙江省	房地产开发项目土地增值税清算，以国家有关部门（以规划部门为主，结合发改委、建设部门的相关项目资料）审批、备案的房地产开发项目（分期项目）为单位进行清算	黑龙江省地方税务局公告 2016 年第 1 号
湖南省	土地增值税以国家有关部门审批的房地产开发项目为单位进行清算，原则上以“建设工程规划许可证”为依据确认清算单位	湖南省地方税务局公告 2014 年第 7 号
海南省	土地增值税以“建筑工程规划许可证”确认的房地产开发项目为单位进行清算	海南省税务局公告 2021 年第 8 号
吉林省	土地增值税基本清算单位为房地产开发项目；开发项目分期的，为每个分期开发项目。开发项目或分期开发项目的确认以房地产业管理职能部门核发的建设工程规划许可证为主要依据	吉林省地方税务局公告 2014 年第 1 号

续表

地区	具体规定	文号
江苏省	土地增值税以国家有关部门审批、备案的项目为单位进行清算。对于国家有关部门批准分期开发的项目，以分期项目为单位进行清算。对开发周期较长，纳税人自行分期的开发项目，可将自行分期项目确定为清算单位，并报主管税务机关备案	苏地税规〔2015〕8号 江苏省地方税务局公告2016年第7号
江西省	房地产开发项目的土地增值税清算单位应依据发展和改革委员会审批或核准的项目文件确定	江西省税务局公告2018年第16号
辽宁省	确定土地增值税清算单位时，地方税务机关应以发改委审批、备案确定的房地产开发项目作为清算单位；对于分期开发的项目，地方税务机关应以住建部门或国土规划部门下发的“建设工程规划许可证”确定的分期建设项目作为清算单位	辽地税函〔2012〕92号
内蒙古自治区	土地增值税清算以国家有关部门审批的房地产开发项目为单位进行清算，对于分期开发的项目，以分期项目为清算单位，原则上以“建设工程规划许可证”为依据确认清算单位。如果企业的分期与“建设工程规划许可证”不一致的，以企业的分期项目为清算单位	内地税字〔2014〕159号
山东省	土地增值税以国家有关部门审批、备案的房地产开发项目为单位进行清算，对于分期开发的项目，以分期项目为单位进行清算。具体清算单位由主管地税机关结合“建设用地规划许可证”“建设工程规划许可证”确定	山东省地方税务局公告2017年第5号
山西省	土地增值税清算以纳税人初始填报的“土地增值税项目登记表”中房地产开发项目为清算单位。分期开发的项目以分期项目为清算单位	山西省地方税务局公告2014年第3号
四川省	土地增值税以城市规划行政主管部门颁发的“建设工程规划许可证”所确认的房地产开发项目为清算单位	四川省税务局公告2020年第13号
浙江省	土地增值税以国家有关部门审批的房地产开发项目为单位进行清算，对于分期开发的项目，一般以城市建设规划部门颁发的“建设工程规划许可证”所审批确认的分期项目为清算单位	浙江省地方税务局公告2014年第16号
宁波市	清算项目以规划部门审批的建设工程规划许可证中所列建设项目为准	甬地税二〔2009〕104号
大连市	土地增值税应以国家有关部门审批、备案的房地产开发项目为单位进行清算。对于分期开发的项目，应以住建部门或国土规划部门下发的“建设工程规划许可证”确定的分期建设项目作为清算单位	大连市地方税务局公告2014年第1号

续表

地区	具体规定	文号
深圳市	纳税人进行房地产开发，以规划部门审批的建设用地规划许可证中的项目名称办理项目登记。城市更新项目可结合城市更新项目批复、社会投资项目备案证等情况办理项目登记 对于分期开发的项目，主管税务机关可结合建设工程规划许可证、建筑工程施工许可证、预售许可证以及纳税人会计核算情况，经集体合议后，确认按分期建设的项目进行项目登记 房地产开发项目以在主管税务机关登记的项目为单位进行清算	深圳市税务局公告2019年第8号
云南省	房地产开发企业在取得房地产开发项目开工许可后30日内，应当向主管税务机关申报办理项目登记，并以“建设工程规划许可证”确认的房地产开发项目为清算单位进行土地增值税清算。按照以上方法难以确定的，经项目所在地主管税务机关确认后，可按实际分期项目确定清算单位	云南省税务局公告2020年第7号
湖北省	土地增值税以国家有关部门审批的房地产开发项目为单位进行清算	鄂地税发〔2008〕207号
湖北省	纳税人在自行清算时，按照规划行政主管部门批准的建设工程规划许可证确定开发项目，作为土地增值税的最小清算单位。对连续开发、滚动开发的房地产项目，经向主管税务机关申报后，允许纳税人在同一房地产开发项目内选择相关的建设工程规划许可证，作为一个清算单位合并清算	鄂税财行便函〔2021〕9号

2.3.1.3 清算类型的确定

开发项目中同时包含普通住宅和非普通住宅的，应分别计算增值额。

【提醒】土地增值税申报表单明确地将清算房产类型分为3种，即普通住宅、非普通住宅、其他类型房地产。目前全国大部分地区都是分三种类型进行清算，但也存在允许放弃“纳税人建筑普通标准住宅出售，增值额未超过扣除项目金额的20%的”免税优惠而不分别核算增值额的情况。

《安徽省税务局关于修改〈安徽省土地增值税清算管理办法〉的公告》（安徽省税务局公告2018年第21号）第五十三条规定，对同一开发项目或同一分期项目中既建有普通标准住宅又建有非普通标准住宅（其他类型房地产）的，如纳税人在清算报告中就其普通标准住宅申请免征土地增值税，应分别计算增值额、增值率以及应缴的土地增值税；如纳税人在清算报告提出放弃申请免征普通标准住宅土地增值税权利的，应以整个开发项目为对象，统一计算增值额、增值率以及应缴的土地增值税。纳税人在清算申报时未明确是否就其普通标准住宅申请免征土地增值税的，主管税务机关应告知纳税人相关政策，并将清算报告退还纳税人，待纳税人明确后予以受理。

《深圳市税务局关于发布〈土地增值税征管工作规程〉的公告》（深圳市税务局公告2019年第8号）第二十一条规定，纳税人办理清算申报时，对同一开发项目或同一分期项目中既建有普通标准住宅又建有非普通标准住宅、其他类型房地产的，如纳税人申请享受免征普通标准住宅的土地增值税优惠政策，应分别计算增值额、增值率以及应缴的土地增值税。

言外之意，根据深圳的规定，如果不享受优惠，那应该是可以不用分开计算增值额的。在实际工作中，建议房地产开发企业还是需要关注当地规定，避免税企争议。

各地关于清算类型相关规定见表2－6。

表2－6　　　　各地土地增值税清算类型的相关规定

地区	具体规定	文号
天津市	房地产开发项目中同时包含普通住宅、非普通住宅或其他类型房地产的，应分别进行土地增值税清算	天津市地方税务局公告2016年第24号
重庆市	清算单位中建造多类房产的，应按普通住宅、非普通住宅、非住宅，确认计税收入、扣除项目金额，分别计算增值额和土地增值税	重庆市地方税务局公告2014年第9号
广东省	同一个项目既建造普通住宅，又建造其他类型房地产的，应分别计算增值额、增值率，分别清算土地增值税	广东省税务局公告2019年第5号
广西壮族自治区	项目同时涉及多种房产类型的，应按照国家税务总局的规定，统一划分普通住宅、非普通住宅和其他类型房地产三大类别 纳税人转让的配套设施按照其他类型房地产进行预征和清算 配套设施是指有偿转让产权的车库、车位、杂物房、储藏室、阁楼等不动产	广西壮族自治区地方税务局公告2018年第1号
贵州省	房地产开发企业在房地产开发项目中既建造普通住宅，又建造其他类型房地产的，在土地增值税清算时，应当按“普通住宅”和“其他类型房地产”分别计算增值额、增值率，缴纳土地增值税	贵州省地方税务局公告2016年第13号
湖南省	清算应按照普通标准住宅、非普通标准住宅、非住宅类型分类，分别计算增值额、增值率，据此申报土地增值税	湖南省税务局公告2018年第7号

续表

地区	具体规定	文号
吉林省	土地增值税清算要按普通标准住宅、非普通标准住宅和其他类型房产分别计算土地增值税	吉林省地方税务局公告2014年第1号
江苏省	同一清算单位中包含普通住宅、非普通住宅、其他类型房产的，应分别计算收入、扣除项目金额、增值额、增值率和应纳税额	苏地税规〔2015〕8号
江西省	对房地产开发项目，应区分普通住宅、非普通住宅、其他类型房地产等三种产品类型分别核算其转让收入、扣除项目、增值额、增值率和土地增值税的应纳税额	江西省税务局公告2018年第16号
辽宁省	对一个清算项目中同时包含普通住宅和非普通住宅的，应分别核算增值额；未分别核算增值额或者分别核算增值额不准确的，地方税务机关一律按照普通住宅和非普通住宅的可售面积占清算项目可售面积的比例计算扣除项目金额后，分别按照普通住宅和非普通住宅的销售收入和计算的扣除项目金额计算增值额	辽地税函〔2012〕92号
内蒙古自治区	清算单位应按照普通标准住宅、非普通标准住宅、非住宅类型分类，实行查账清算或核定征收清算土地增值税	内地税字〔2014〕159号
山东省	各市地方税务局应当按照普通住房、非普通住房和其他房地产三种类型，科学合理地确定预征率进行预征，并按规定进行清算 转让的地下室（储藏室）、停车位（车库）等附属设施按照其他房地产类型进行清算	山东省地方税务局公告2017年第5号
山西省	同一清算单位中既有普通标准住宅又有非普通住宅及其他房地产开发项目的，应当分别核算增值额，计征土地增值税	山西省地方税务局公告2014年第3号
四川省	同一清算单位中同时包含多种房地产类型的，应按普通标准住宅、非普通标准住宅、非住宅三种类型分别计算增值额、增值率，并据此申报土地增值税	四川省税务局公告2020年第13号
海南省	同一房地产开发项目中同时包含普通住宅、非普通住宅和其他类型房地产的，在预征时应分别适用预征率，计算缴纳土地增值税；在清算及尾盘销售时应分别计算增值额、增值率，缴纳土地增值税	海南省税务局公告2021年第8号
宁波市	房地产清算项目按以下三种房地产类型分别计算增值额和增值率：第一类，普通住宅；第二类，非普通住宅；第三类，其他类型房地产	宁波市地方税务局公告2015年第1号

续表

地区	具体规定	文号
深圳市	对同一开发项目或同一分期项目中既建有普通标准住宅又建有非普通标准住宅、其他类型房地产的，如纳税人申请享受免征普通标准住宅的土地增值税优惠政策，应分别计算增值额、增值率以及应缴的土地增值税	深圳市税务局公告2019年第8号
湖北省	同一清算单位中包含普通住宅、非普通住宅、其他类型开发产品的，应分别计算收入、扣除项目金额、增值额、增值率和应纳税额	鄂税财行便函〔2021〕9号

【涉税安排】 土地增值税清算时，应单独对普通标准住宅增值额和扣除项目的比例进行评估。如增值率略超过20%的，可对扣除分配方法进行综合评估，进一步合理确定普通住宅与非普通住宅应分配的金额，确认可否利用税收优惠。如果普通标准住宅的增值率显著低于20%甚至为负数，则争取将普通标准住宅纳入非普通标准住宅的范围，与非普通标准住宅合并测算，例如收集资料证明价格不满足普通标准住宅的要求。

2.3.1.4　房地产项目面积的确定

1. 用地面积的确定

（1）净用地面积以自然资源局颁发的不动产权证上或土地出让合同上注明的使用权面积确定。

（2）分期开发的，各期土地面积，以建设用地规划许可证上标明的用地面积为依据确认；如建设用地规划许可证未标注用地面积的，可以具有相关测绘资质的单位的测绘面积为当期土地面积。

2. 建筑面积的确定

房地产开发企业应根据普通标准住宅、非普通标准住宅、其他类型房地产、公共配套设施、其他不可售（无产权）类型房地产等类型统计总建筑面积的情况，并且区分可售与不可售面积。建筑面积的确定，可依据以下方法：

（1）有房屋实测报告的，以房产测绘部门勘测成果表的数据确认建筑面积，有房屋分层分户面积对照表的，以分户建筑面积为准。注意与商品房预售许可证上的建筑面积进行比对。

（2）无房屋测绘报告的，以建设工程竣工验收备案表的建筑面积确定。

（3）既无房屋测绘报告的，又无竣工验收备案表的，以建设工程规划许可证上的建筑面积确定；建设工程规划许可证没有注明面积的，可以建筑施工设计图面积确定。

（4）人防工程的建筑面积以人防部门验收确认的面积为依据。

（5）物业用房的建筑面积以房屋实测报告上注明的物业用途的面积为依据；如实测报告未注明的，可以住建部门批准确认的面积为依据。

（6）其他无法确认的面积可参考项目规划总平面图上的技术经济指标。

2.3.1.5 普通标准住宅的认定标准

《土地增值税暂行条例》第八条中“普通标准住宅”和《财政部 国家税务总局关于调整房地产市场若干税收政策的通知》（财税字〔1999〕210号）第三条中“普通住宅”的认定，一律按各省、自治区、直辖市人民政府根据《国务院办公厅转发建设部等部门关于做好稳定住房价格工作意见的通知》（国办发〔2005〕26号）制定并对社会公布的“中小套型、中低价位普通住房”的标准执行。

为了合理引导住房建设与消费，大力发展省地型住房，在规划审批、土地供应以及信贷、税收等方面，对中小套型、中低价位普通住房给予优惠政策支持。享受优惠政策的住房原则上应同时满足以下条件：

1. 住宅小区建筑容积率在1.0以上。

对于容积率的确定，海南规定得比较明确。

《海南省税务局关于明确土地增值税有关政策问题的通知》（琼税发〔2019〕8号）第三条规定，土地增值税清算项目的容积率按以下顺序依次确定：

（一）按国家主管部门对清算项目核发的建设工程规划许可证上标明的容积率确认；

（二）国家主管部门对清算项目核发的建设工程规划许可证上未标明容积率的，按整体立项的建设工程规划许可证上标明的容积率确认；

（三）按国家有关部门核发的建设用地规划许可证上标明的容积率

确认；

（四）按其他合理的方式确认。

2. 单套建筑面积在120平方米以下。

3. 实际成交价格低于同级别土地上住房平均交易价格1.2倍以下。

各省、自治区、直辖市要根据实际情况，制定本地区享受优惠政策普通住房的具体标准。允许单套建筑面积和价格标准适当浮动，但向上浮动的比例不得超过上述标准的20%。

例如，湖南省明确享受优惠政策的住房原则上应同时满足三个条件。

《湖南省人民政府办公厅关于做好稳定住房价格工作的通知》（湘政办发〔2005〕23号）规定，享受优惠政策的普通住房原则上应同时满足以下条件：住宅小区建筑容积率在1.0以上、单套建筑面积在144平方米或套内建筑面积在120平方米以下、实际成交价格低于同级别土地上住房平均交易价格1.2倍以下。

而海南则是同时符合两个条件即可。

《海南省人民政府关于明确普通住宅认定标准的通知》（琼府〔2019〕40号）规定，我省享受税收优惠政策普通住宅标准为：同时具备住宅小区容积率1.0以上（含本数），单套建筑面积144平方米以下（含本数）两个条件。

【提醒1】高级公寓、别墅、度假村等不属于普通住宅。公寓在产权上的用地性质如果为商业用地，也不能作为普通住宅。普通标准住宅认定的三个标准缺一不可，尤其是实际成交价格，需要注意比较同级别土地上住房平均交易价格。

【提醒2】如改变原房地产开发项目的类型、用途的，如“住宅”改为“公建”，“商业”改为“车库”等，须向主管税务机关提供政府部门准予其改变类型、用途的批准文件或文书或其他证据材料方可适用相关土地增值税政策；若不能够提供批准文件或文书或其他证据材料的，仍应按原批准类型、用途适用相关土地增值税政策。

2.3.1.6　应当清算的情形

1. 全部竣工并销售完毕的房地产开发项目。

2. 整体转让未竣工的房地产开发项目。

【提醒】“整体转让未竣工决算房地产开发项目”是指同时符合“已办理‘建筑工程施工许可证’、形成建筑物初级形态，且已完成开发投资总额的25%以上、转让时须办理项目变更登记手续”三个条件的项目。不符合上述条件的，应作为直接转让土地使用权处理。

3. 直接转让土地使用权的项目。

【提醒1】竣工是指除土地开发之外，房地产开发项目竣工证明材料已报房地产管理部门备案，或已开始投入使用，或已取得了初始产权证明。开发产品开始投入使用是指房地产开发企业开始办理开发产品交付手续（包括入住手续）或已开始实际投入使用。

【提醒2】对于符合应当进行土地增值税清算的项目，纳税人应当在满足条件之日起90日内向主管税务机关办理清算手续。

2.3.1.7 要求清算的情形

1. 纳税人开发的房地产开发项目已竣工，且已转让的房地产建筑面积（含视同销售房地产）占整个项目可售建筑面积在85%以上的，或该比例虽未超过85%，但剩余的可售建筑面积已经出租或自用的。

【提醒1】85%是指已转让的可售建筑面积与出租或自用可售建筑面积之和占总可售建筑面积的比例。

【提醒2】房地产开发企业在自用或出租房产时应注意当地对使用期限的相关规定。如北京、深圳、安徽、辽宁等地规定已自用或出租使用年限在一年以上再出售的，应按照转让旧房及建筑物的政策规定缴纳土地增值税，不再列入土地增值税清算的范围。

2. 取得销售（预售）许可证满三年仍未销售完毕的。

【提醒】取得销售（预售）许可证满三年仍未销售完毕的情形，海南、深圳、山东、重庆、山西、黑龙江等地均明确为取得最后一个销售（预售）许可证满三年仍未销售完毕的情形。

3. 纳税人申请注销税务登记但未办理土地增值税清算手续的，应在办理注销登记前进行土地增值税清算。

注意，对于确定需要进行清算的项目，主管税务机关下达清算通知后，纳税人应当在收到清算通知之日起90日内办理清算手续。可选择合适的税务中介机构对清算项目进行审核鉴证，测算土地增值税和出具《土地增值税清算税款鉴证报告》。

【涉税安排】 对达到“要求清算”条件的项目，房地产开发企业应根据项目开发销售进度及结算和发票取得情况，考虑对企业所得税影响后与税务机关沟通落实“要求清算”项目的具体清算时间节点。

2.3.1.8　土地增值税的计算过程

土地增值税应按清算单位及房地产类型分别计算。

1. 确定清算收入（转让房地产收入总额）：

涉及货币收入、实物收入及其他收入、视同销售收入。

2. 确定扣除项目金额合计：

（1）取得土地使用权所支付的金额；

（2）房地产开发成本：土地征用及拆迁补偿费、前期工程费、建筑安装工程费、基础设施费、公共配套设施费、开发间接费用；

（3）房地产开发费用：利息支出、其他房地产开发费用；

（4）与转让房地产有关的税金等；

（5）财政部规定的其他扣除项目；

（6）代收费用。

3. 计算增值额：

增值额 = 转让房地产收入总额 − 扣除项目金额合计

4. 计算增值率：

增值率 = 增值额 ÷ 扣除项目金额合计

5. 选择适用税率与速算扣除系数。

6. 计算应缴税额：

应缴土地增值税税额 = 增值额 × 适用税率 − 扣除项目金额 × 速算扣除系数

7. 减免税额（普通标准住宅，减免性质代码：11011704）。

8. 已缴土地增值税税额（以完税凭证为准）。

9. 计算应补（退）土地增值税税额。

2.3.1.9　清算收入确定

纳税人转让房地产的收入（清算收入）包括转让房地产的全部价款及

有关的经济收益。转让房地产所取得的收入为外国货币的，以取得收入当天或当月 1 日国家公布的市场汇价折合成人民币，据以计算应纳土地增值税税额。

土地增值税纳税人转让房地产取得的收入为不含增值税收入。主管税务机关应根据纳税人报送的清算资料，结合发票、普通住宅明细表和其他类型房地产明细表、商品房预售（销售）许可证、测绘成果资料，核实房地产转让收入。具体确认方式如下：

1. 土地增值税清算时，已全额开具发票的，按照发票所载金额确认收入；未开具发票或未全额开具发票的，以交易双方签订的销售合同所载的售房金额及其他收益确认收入。销售合同所载商品房面积与有关部门实际测量面积不一致，在清算前已发生补、退房款的，应在计算土地增值税时予以调整。

【提醒】 实务中，有些房地产开发企业按合同金额全额开具发票，此时发票上注明的商品房销售面积可以存在与不动产登记面积不一致。此种情况下即使已全额开具发票，也应当根据销售合同约定单价与实际产权面积计算房价来调整清算收入，如销售合同中注明的计价方式为套（单元）的情形除外。

2. 纳税人将开发的房地产用于职工福利、奖励、对外投资、分配给股东或投资人、抵偿债务、换取其他单位和个人的非货币性资产等，发生所有权转移时应视同销售房地产，其视同销售收入按下列方法和顺序确认：

（1）纳税人按本企业在同一地区、同一年度销售的同类房地产的平均价格确定；

（2）由主管税务机关参照当地当年、同类房地产的市场价格或评估价值确定。

【提醒】《土地增值税清算鉴证业务准则》规定有视同销售房地产情形的，应当先按本企业当月销售的同类房地产的平均价格核定，再按上述方法的顺序确定。

3. 纳税人安置回迁户，其拆迁安置用房应税收入的确认，应按照以下规定执行：

（1）房地产企业用建造的本项目房地产安置回迁户的，安置用房视同销售处理，并按照国税发〔2006〕187 号文第三条第（一）项规定确认收入。

（2）开发企业采取异地安置，异地安置的房屋属于自行开发建造的，房屋价值按国税发〔2006〕187号文第三条第（一）项的规定计算。

4. 对于纳税人转让房地产的成交价格明显偏低的，税务机关应要求纳税人提供书面说明。若成交价格明显偏低又无正当理由的，税务机关参照视同销售房地产的方法或房地产评估价值确定。

《最高人民法院关于印发〈全国法院贯彻实施民法典工作会议纪要〉的通知》（法〔2021〕94号）中明确，对于民法典第五百三十九条规定的明显不合理的低价或者高价，人民法院应当以交易当地一般经营者的判断，并参考交易当时交易地的物价部门指导价或者市场交易价，结合其他相关因素综合考虑予以认定。转让价格达不到交易时交易地的指导价或者市场交易价百分之七十的，一般可以视为明显不合理的低价；对转让价格高于当地指导价或者市场交易价百分之三十的，一般可以视为明显不合理的高价。当事人对其所主张的交易时交易地的指导价或者市场交易价承担举证责任。

【涉税安排】房地产开发企业对于方位差、有质量瑕疵、楼层低、团购、清尾盘以及其他正常促销而产生的、符合经营常规的低价销售，应及时取得相应书面材料，事前向税务机关进行沟通，规避事后清算审核纳税调整风险。

5. 纳税人将房地产转为企业自用或用于出租时，如果产权未发生转移，不征收土地增值税，在税款清算时不列收入，不扣除相应的成本和费用。

【涉税安排】房地产转为企业自用或用于出租的，应及时关注当地“旧房”的标准，测算按“新房”清算方案与按“旧房”清算方案的土地增值税税负，在“旧房”条件成就前，择优向税务机关进行土地增值税清算。

6. 转让房地产的有关经济利益的确认。

（1）纳税人因转让房地产收取的违约金、滞纳金、赔偿金、分期付款（延期付款）利息以及其他各种性质的经济收益，应当确认为房地产转让收入。

（2）因房地产购买方违约，导致房地产未能转让，转让方收取的该项违约金不作为与转让房地产有关的经济利益，不确认为房地产转让收入。

（3）纳税人在转让房地产时，因代相关企业（单位）收取各种费用如天然气管道安装费、有线电视初装费、办证费而取得的差价、劳务费、手续费等收益应按规定计入土地增值税应税收入。

【提醒】关键看双方交易的经济实质。

2.3.1.10 营改增后土地增值税的应税收入

1. 营改增后，纳税人转让房地产的土地增值税应税收入不含增值税。适用增值税一般计税方法的纳税人，其转让房地产的土地增值税应税收入不含增值税销项税额；适用简易计税方法的纳税人，其转让房地产的土地增值税应税收入不含增值税应纳税额。

【例2－3】 A房地产开发企业对B开发项目进行土地增值税清算，B项目取得的收入总额为10 900万元，土地价款为4 000万元，适用9%税率。

销项税额＝(10 900－4 000)÷(1＋9%)×9%＝569.72（万元）

土地增值税应税收入＝10 900－569.72＝10 330.28（万元）

若该项目为老项目，选择简易计税方式，则：

土地增值税应税收入＝10 900÷(1＋5%)＝10 380.95（万元）

2. 房地产开发企业在营改增后进行土地增值税清算时，按下列方法确定应税收入：

土地增值税应税收入＝营改增前转让房地产的收入＋营改增后转让房地产取得的不含增值税收入

2.3.1.11 增值税差额对土地增值税清算影响

房地产开发企业中的一般纳税人销售其开发的房地产项目（选择简易计税方法的房地产老项目除外），以取得的全部价款和价外费用，扣除受让土地时向政府部门支付的土地价款后的余额为销售额。

《国家税务总局关于营改增后土地增值税若干征管规定的公告》（国家税务总局公告2016年第70号）规定，适用简易计税方法的房地产开发企业纳税人，其转让房地产的土地增值税清算收入不含增值税应纳税额。

采用一般计税方法计税的房地产开发企业纳税人，其转让房地产的土地增值税清算收入不含增值税销项税额，即：

土地增值税清算收入＝含增值税销售收入－销项税额

＝含税销售收入－销售额×税率

＝含税销售收入－(全部价款和价外费用

－土地价款以及拆迁补偿费用)÷(1＋9%)×9%

根据上述分析，按规定允许土地价款扣减销售额而减少的销项税额，应调增土地增值税清算收入，不是调减纳税人在土地增值税清算时确认的土地成本。

采用一般计税方法，计算缴纳土地增值税的影响分析如下：

1. 按照《土地增值税暂行条例实施细则》规定，对从事房地产开发的纳税人，可按取得土地使用权所支付的金额与房地产开发成本之和加计20%扣除。按规定选择“允许以本项目土地价款扣减销售额而减少的销项税额，应调增土地增值税清算收入”，而不是选择“调减纳税人在土地增值税清算时确认的土地成本”，虽收入调增和土地成本调减数额大小一样，但是计算“其他扣除项目”时，土地成本可以加计20%扣除，进而放大土地成本调减数额为原数额的120%。

2. 根据《国家税务总局关于土地增值税清算有关问题的通知》（国税函〔2010〕220号）第三条第（一）项规定，财务费用中的利息支出，凡能够按转让房地产项目计算分摊并提供金融机构证明的，允许据实扣除，但最高不能超过按商业银行同类同期贷款利率计算的金额。其他房地产开发费用，在按照“取得土地使用权所支付的金额”与“房地产开发成本”金额之和的5%以内计算扣除。

第（二）项规定，凡不能按转让房地产项目计算分摊利息支出或不能提供金融机构证明的，房地产开发费用在按“取得土地使用权所支付的金额”与“房地产开发成本”金额之和的10%以内计算扣除。

因此，按规定允许以本项目土地价款扣减销售额而减少的销项税额，应调增土地增值税的清算收入，而不是选择调减纳税人在土地增值税清算时确认的土地成本，进而影响“房地产开发费用”或“其他房地产开发费用”的计算基数，选择“调增土地增值税清算收入”比选择“调减纳税人在土地增值税清算时确认的土地成本”在计算土地增值税时，“房地产开发费用”或“其他房地产开发费用”扣除金额大。

3. 通过上述两项分析，按规定允许以本项目土地价款扣减销售额而减少的销项税额，应调增土地增值税的清算收入，而不是选择调减纳税人在土地增值税清算时确认的土地成本，既影响了房地产开发企业一般计税方法计税项目在计算土地增值税的可扣除成本，又影响了土地增值税计算的增值额。

同时考虑到土地增值税实行四级超率累进税率，以增值额与扣除项目金额的比例确定企业适用的税率，所以上述因素还影响了土地增值税清算适用的税率。

对于这个问题，《广州市地方税务局关于印发2016年土地增值税清算工作有关问题处理指引的通知》（穗地税函〔2016〕188号）中明确，纳税人选用增值税一般计税方法计税的，土地增值税清算收入按“（含税销售收入＋本项目土地价款×11%）÷（1＋11%）”确认，即：纳税人按规定允许以本项目土地价款扣减销售额而减少的销项税金，应调增土地增值税清算收入（该文件下发时销售不动产税率为11%）。

又如，《海南省税务局关于发布〈海南省税务局土地增值税清算审核管理办法〉的公告》（海南省税务局公告2021年第7号）第四条规定，适用增值税一般计税方法的纳税人，转让房地产取得的不含增值税收入＝转让收入－应缴纳增值税销项税额。其中，“应缴纳增值税销项税额”是指纳税人按国家税务总局公告2016年第18号第四条和《营业税改征增值税试点实施办法》第二十二条规定计算的应缴纳增值税销项税额。也就是说，应缴纳增值税销项税额＝（全部价款和价外费用－当期允许扣除的土地价款）÷（1＋适用税率）×适用税率。

【例2－4】 甲房地产开发企业为增值税一般纳税人，开发的A项目是按一般计税方法计税，土地增值税清算时，取得项目销售收入（含增值税）87.2亿元。假设增值税允许扣除的土地价款和拆迁补偿费用为27.25亿元，房地产开发成本15亿元，甲企业不能按转让房地产项目计算分摊利息支出或不能提供金融机构证明，房地产开发费用按“取得土地使用权所支付的金额”与“房地产开发成本”金额之和的10%以内计算扣除，增值税税率为9%，不考虑其他情况，则：

土地增值税清算收入＝87.2－（87.2－27.25）÷（1＋9%）×9%

＝87.2－4.95＝82.25（亿元）

计入取得土地使用权所支付的金额和房地产开发成本（开发土地和新建房及配套设施的成本）中土地价款和拆迁补偿费用为27.25亿元，不是25[27.25－（27.25÷1.09×9%）]亿元，则：

其他扣除项目＝（取得土地使用权所支付的金额＋开发成本）×20%＝（27.25＋15）×20%＝8.45（亿元），并不是8[（25＋15）×20%]亿元。

房地产开发费用＝（27.25＋15）×10%＝4.225（亿元）

【提醒1】在计算土地增值税清算收入（不含税销售额）时，含税销售额减除的不是销售发票上注明的增值税额，而是根据含税销售额减去上述差额计税办法计算出的销项税额，换算为不含税销售额。

【提醒2】《财政部关于印发〈增值税会计处理规定〉的通知》（财会〔2016〕22号）明确，增值税差额纳税的，按照规定土地价款等允许抵扣的税额，冲减房地产企业存货成本（即土地成本），实务中需要注意土地增值税清算时的税务处理和会计处理的差异。

【例2－5】A房地产开发企业对B开发项目进行土地增值税清算，B项目取得的收入总额为10 900万元，土地价款为4 000万元，适用9%税率。

销项税额＝（10 900－4 000）÷（1＋9%）×9%＝569.72（万元）

土地增值税应税收入＝10 900－569.72＝10 330.28（万元）

该项目企业所得税收入＝10 900÷（1＋9%）＝10 000（万元）

选用一般计税方式的会计处理为：

借：银行存款/预收账款　　109 000 000

　贷：主营业务收入　　100 000 000

　　　应交税费——应交增值税（销项税额）　　9 000 000

因扣除土地价款抵减的销项税额：

借：应交税费——应交增值税（销项税额抵减）　　3 302 800

　贷：主营业务成本　　3 302 800

2.3.1.12　扣除项目的范围

房地产开发企业土地增值税清算扣除项目包括：

1. 取得土地使用权所支付的金额。

包括纳税人为取得土地使用权所支付的地价款和按国家统一规定交纳的有关费用。

2. 房地产开发成本，包括：土地征用及拆迁补偿费、前期工程费、建筑安装工程费、基础设施费、公共配套设施费、开发间接费用。

3. 房地产开发费用。

4. 与转让房地产有关的税金。

5. 财政部规定的其他扣除项目。

2.3.1.13 扣除项目的分摊

《土地增值税暂行条例实施细则》规定，“纳税人成片受让土地使用权后，分期分批开发、转让房地产的，其扣除项目金额的确定，可按转让土地使用权的面积占总面积的比例计算分摊，或按建筑面积计算分摊，也可按税务机关确认的其他方式计算分摊”。

“总面积”是指可转让土地使用权的土地总面积。在土地开发中，因道路、绿化等公共设施用地是不能转让的，这些不能有偿转让的公共配套设施的费用是计算增值额的扣除项目。因此，在计算转让土地的增值额时，按实际转让土地的面积占可转让土地总面积来计算分摊，即：可转让土地面积为开发土地总面积减除不能转让的公共设施用地面积后的剩余面积。

【提醒】扣除项目的分摊，全国性土地增值税法规里面，对扣除项目的分摊并未做明细、限制性的约束，仅列举了占地面积法和建筑面积法，并没有明确规定必须采用哪一种方法，给予税务机关较大的自由裁量权。目前大部分地区要求采用建筑面积法分摊，也有参考企业所得税相关的成本分摊口径。如果是分期开发项目或者同时开发多个项目的，或者同一项目中建造不同类型房地产的，应按照受益对象，采用合理的分配方法，分摊共同的成本费用。

1. 占地面积法

占地面积法指按已动工开发成本对象占地面积占开发用地总面积的比例进行分配。

一次性开发的，按某一成本对象占地面积占全部成本对象占地总面积的比例进行分配。分期开发的，首先按本期全部成本对象占地面积占开发用地总面积的比例进行分配，然后再按某一成本对象占地面积占期内全部成本对象占地总面积的比例进行分配。

期内全部成本对象应负担的占地面积为期内开发用地占地面积减除应由各期成本对象共同负担的占地面积。

占地面积法主要用于分摊取得土地使用权所支付的金额和土地征用及拆迁补偿费。对于占地面积法，以下几个省市有明确规定：

（1）广东省

《广东省税务局关于发布〈国家税务总局广东省税务局土地增值税清算管理规程〉的公告》（广东省税务局公告2019年第5号）第二十八条第（三）项规定：

对占地相对独立的不同类型房地产，可按占地面积法计算分摊取得土地使用权所支付的金额、土地征用及拆迁补偿费。

（2）北京市

《北京市地方税务局关于发布〈北京市地方税务局土地增值税清算管理规程〉的公告》（北京市地方税务局公告2016年第7号）第三十一条规定：

同一清算单位中部分转让国有土地使用权或在建工程，其共同受益的项目成本，无法按照建筑面积法分摊计算的，可按照占地面积法或税务机关确认的其他合理方法进行分摊。

（3）浙江省

《浙江省地方税务局关于土地增值税若干政策问题的公告》（浙江省地方税务局公告2014年第16号）第二条规定：

对属于多个清算单位共同发生的扣除项目，其中：取得土地使用权所支付的金额按照占地面积法（即其转让土地使用权的面积占可转让土地使用权总面积的比例）在多个清算单位之间进行分摊。

不同类型房地产开发产品中有排屋、别墅类型的，对清算单位取得土地使用权所支付的金额，可按照占地面积法进行分摊。

（4）湖南省

《湖南省地方税务局关于进一步规范土地增值税管理的公告》（湖南省地方税务局公告2014年第7号）第四条规定：

对于成片受让土地使用权后，分期分批开发、转让房地产的，应按分期开发项目占地面积占该成片受让土地总占地面积的比例计算分摊取得土地使用权所支付的金额和土地征用及拆迁补偿费（以下简称“土地成本”）。同一项目中建造不同类型房地产开发产品的，按不同类型房地产开发产品的建筑面积占该项目总建筑面积的比例计算分摊土地成本。但对占地相对独立的不同类型房地产，应按该类型房地产占地面积占该项目房地产总占地面积的比例计算分摊土地成本。

（5）四川省

《四川省税务局关于土地增值税清算单位等有关问题的公告》（四川省税务局公告2020年第13号）第三条第一款规定：

纳税人分期分批开发房地产项目或同时开发多个房地产项目，各清算项目取得土地使用权所支付的金额，按照占地面积法（即转让土地使用权的面积占可转让土地使用权总面积的比例）进行分摊；其他共同发生的成本费用，按照建筑面积法（即转让的建筑面积占可转让总建筑面积的比例）进行分摊。

（6）云南省

《云南省税务局关于土地增值税征管若干事项的公告》（云南省税务局公告2020年第7号）第三条规定：

纳税人分期分批开发房地产项目或者同时开发多个房地产项目，不同清算项目取得土地使用权所支付的金额，按照占地面积法（即转让土地使用权的面积占可转让土地使用权总面积的比例）进行分摊。

2. 建筑面积法

建筑面积法是房地产开发企业成本最基本的分摊方法，是指按已动工开发成本对象建筑面积占开发用地总建筑面积的比例进行分配。

一次性开发的，按某一成本对象建筑面积占全部成本对象建筑面积的比例进行分配。

分期开发的，首先按期内成本对象建筑面积占开发用地计划建筑面积的比例进行分配，然后再按某一成本对象建筑面积占期内成本对象总建筑面积的比例进行分配。

3. 直接成本法

直接成本法是指按期内某一成本对象的直接开发成本占期内全部成本对象直接开发成本的比例进行分配。

根据《财政部关于印发〈企业产品成本核算制度（试行）〉的通知》（财会〔2013〕17号）第三十四条“企业所发生的费用，能确定由某一成本核算对象负担的，应当按照所对应的产品成本项目类别，直接计入产品成本核算对象的生产成本”与第四十三条“房地产企业发生的有关费用，由某一成本核算对象负担的，应当直接计入成本核算对象成本”的规定，房地产开发企业可以按照受益对象（即清算单位或同一清算单位内的不同类型房地产）直接归集的，按照直接成本法计算分摊扣除项目。

比如商业幕墙成本，一般只有商业部分才有石材干挂，原则上可以直接归属于商业。同样还有商场中用的扶梯、商铺卷闸门等一些商业专属成本原则上也可以归属于商业类型。

对于直接成本法，各地规定如下：

（1）北京市

《北京市地方税务局关于发布〈北京市地方税务局土地增值税清算管理规程〉的公告》（北京市地方税务局公告2016年第7号）第三十一条规定：

同一清算单位发生的扣除项目金额，原则上应按建筑面积法分摊。对于纳税人能够提供相关证明材料，单独签订合同并独立结算的成本，可按直接成本法归集。

（2）广东省

《广东省税务局关于发布〈国家税务总局广东省税务局土地增值税清算管理规程〉的公告》（广东省税务局公告2019年第5号）第二十八条第（三）项规定：

同一清算单位内发生的成本、费用，能按照受益对象直接归集的，按照直接成本法计入相应房地产类型扣除；不能按照受益对象直接归集的成本、费用，原则上按照不同类型房地产可售建筑面积比例计算分摊。

（3）浙江省

《浙江省地方税务局关于土地增值税若干政策问题的公告》（浙江省地方税务局公告2014年第16号）第二条规定：

房地产开发企业应按照清算单位或开发产品类型，采用受益和配比的分配原则，计算分摊扣除项目。对按照税收规定属于可直接计入的扣除项目，应直接计入清算单位或开发产品类型的扣除项目。

（4）湖南省

《湖南省地方税务局财产和行为税处〈湖南省地方税务局关于进一步规范土地增值税管理的公告〉的解读》：

开发商建造综合楼时仅对商业用房部分进行精装修的，如果纳税人在财务核算上能单独确定为成本核算对象，准确归集并核算装修成本，其装修成本属于成本核算对象的直接成本，在计算商业用房的增值额时可以单独扣除，不必分摊。

（5）海南省

《国家税务总局海南省税务局关于发布〈国家税务总局海南省税务局土地增值税清算审核管理办法〉的公告》（海南省税务局公告2021年第7号）第十条第（一）项规定，能够明确受益对象的成本费用，直接计入该清算项目或该类型房地产。

（6）湖北省

《国家税务总局湖北省税务局财产和行为税处关于印发〈土地增值税征管工作指引（试行）〉的通知》（鄂税财行便函〔2021〕9号）第二十五条第（五）项规定，房地产开发项目中发生的成本、费用，能够直接归集到具体受益对象的，直接计入相应的房地产类型扣除。

4. 预算造价法

预算造价法是指按期内某一成本对象预算造价占期内全部成本对象预算造价的比例进行分配。

预算造价法可以应用于共同成本的分摊，比如借款费用。

【例2－6】甲房地产开发企业对某项目两栋楼的建筑工程进行招标，乙建筑企业中标，中标总价为4 000万元，A栋预算造价为2 500万元，B栋预算造价为2 000万元。工程完工结算后，甲乙两栋楼实际建筑工程费用如下：

A栋建筑工程费用＝4 000×2 500÷(2 500＋2 000)＝2 222.22（万元）

B栋建筑工程费用＝4 000×2 000÷(2 500＋2 000)＝1 777.78（万元）

5. 层高系数法

层高系数法是指利用层高系数在不同层高的房屋类型（主要是商业与住宅）之间分摊成本的方法。

层高系数法如何应用，先看下面这个例题。

【例2－7】某房地产公司开发一栋总楼层为17层的商居综合楼，总建筑面积15 000m^2，其中1～2层为商业用房，第一层建筑面积1 800m^2，层高5.4米，第二层建筑面积1 200m^2，层高3.6米；3～17层均为住宅，建筑面积合计12 000m^2，层高均为3米。该栋综合楼总建筑安装工程费为1 800万元。

第一步，求商业用房、住宅加权平均层高。

商业用房平均层高＝(第一层商业用房建筑面积×第一层层高＋第二层商业用房建筑面积×第二层层高)÷(第一层商业用房建筑面积＋第二层商业用房建筑面积)＝(1 800×5.4＋1 200×3.6)÷(1 800＋1 200)＝4.68（米）

住宅平均层高＝3 米

第二步，求商业用房层高系数。

商业用房层高系数＝商业用房平均层高÷住宅平均层高

＝4.68÷3＝1.56

第三步，分摊商业用房和住宅的建筑安装工程费。

商业用房分摊＝总建安成本×商业用房总建筑面积×商业用房层高系数÷(商业用房总建筑面积×商业用房层高系数＋住宅总建筑面积×1)

＝1 800×3 000×1.56÷(3 000×1.56＋12 000×1)

＝505（万元）

住宅分摊＝总建安成本×住宅总建筑面积×1÷（商业用房总建筑面积×商业用房层高系数＋住宅总建筑面积×1)

＝1 800×12 000×1÷(3 000×1.56＋12 000×1)

＝1 295（万元）

如果不用层高系数调整，仅按建筑面积分摊：

商业用房分摊＝1 800×3 000÷15 000＝360（万元）

住宅分摊＝1 800×12 000÷15 000＝1 440（万元）

通过比较，商业用房采用层高系数法分摊的建筑安装工程费比建筑面积法多 145 万元，由于商业用房售价高，增值大，采用层高系数法分摊建安成本有利于纳税人。

【提醒 1】房地产开发企业在进行土地增值税清算测算时，如果在运用建筑面积法分摊计算且普通住宅的增值率接近 20% 的情况下，不宜采用层高系数法。

【提醒 2】层高系数法主要适用于建筑安装成本的分摊，不适用于公共配套成本或土地成本的分摊，当地另有规定的除外。

【提醒 3】层高系数法不是国家土地增值税相关法规里明确规定的分摊方法，在采用时应参考当地的规定。若当地无明确规定，应提前与税务机关充分沟通。

部分省市对层高系数法规定如下：

（1）浙江省

《浙江省地方税务局关于土地增值税若干政策问题的公告》（浙江省地方税务局公告2014年第16号）第三条规定：

对多个清算单位或不同类型开发产品共同发生的建筑安装工程费，在按建筑面积法计算分摊时，对超标准层高可售房产应按以下方法计算：对层高高于4.5米（含4.5米）低于6米的，其可售建筑面积按1.5倍计算；对层高高于6米（含6米）的，其可售建筑面积按2倍计算。

（2）湖南省

《湖南省地方税务局关于进一步规范土地增值税管理的公告》（湖南省地方税务局公告2014年第7号）第五条规定：

单栋建筑物既有住宅又有商业用房的，商业用房的建筑安装工程费可以按照层高系数予以调整。

商业用房层高系数＝商业用房平均层高÷住宅平均层高

（3）新疆维吾尔自治区

《新疆维吾尔自治区地方税务局关于明确土地增值税相关问题的公告》（新疆维吾尔自治区地方税务局公告2016年第6号）第六条规定：

清算单位中既有住宅又有商业用房的，商业用房建筑安装工程费可以按照层高系数予以调整，其余扣除项目成本不得按层高系数调整。

商业用房层高系数小于1.5的，其建筑安装工程费不予调整。

商业用房层高系数＝商业用房单层层高÷单层住宅层高

（4）山西省

《山西省地方税务局关于发布〈房地产开发企业土地增值税清算管理办法〉的公告》（山西省地方税务局公告2014年第3号）第十九条第（二）项第3点规定：

同一建筑物中若存在层高不同的情况时，可按层高系数加以调整，但不得增加建筑物总的建安成本。

（5）内蒙古自治区

《内蒙古自治区地方税务局关于进一步明确土地增值税有关政策的通知》（内地税字〔2014〕159号）第五条规定：

单栋建筑物既有住宅又有商业用房的，商业用房的建筑安装工程费可以按照层高系数予以调整。

商业用房层高系数 = 商业用房平均层高 ÷ 住宅平均层高

（6）福建省福州市

《国家税务总局福州市税务局关于土地增值税若干政策问题的公告》（国家税务总局福州市税务局公告 2018 年第 1 号）第一条第（二）项规定：

房地产开发成本可采取层高系数计算分摊办法，具体计算口径和步骤如下：

①计算层高系数

纳税人对同一清算单位不同类型房地产，选取住宅层高为基数，设定为 1，其他类型房地产层高与住宅层高之比，计算出各自层高系数。

②计算总层高系数面积

$\sum$ 层高系数面积 = $\sum$ 不同类型房地产层高系数 × 可售面积

③计算房地产开发成本在不同类型房地产中的分摊

不同类型房地产应分摊的房地产开发成本 =（房地产开发成本 ÷ $\sum$ 层高系数面积）×（不同类型房地产层高系数 × 已售面积）

2.3.1.14 扣除项目的要求

在土地增值税清算中，扣除项目金额应当符合下列要求：

1. 经济业务应当是真实发生的，且是合法、相关的。

2. 扣除项目金额中所归集的各项成本和费用，必须实际发生并取得合法有效凭证。

合法有效凭证一般是指：

（1）支付给境内单位或者个人的款项，且该单位或者个人发生的行为属于增值税征收范围的，以开具的发票为合法有效凭证。

（2）支付的行政事业性收费或者政府性基金，以开具的财政票据为合法有效凭证。

（3）支付给境外单位或者个人的款项，以该单位或者个人的签收单据为合法有效凭证，税务机关对签收单据有疑义的，可以要求纳税人提供境外公证机构的确认证明。属于境内代扣代缴税款的，按税务机关相关规定执行。

（4）财政部、国家税务总局规定的其他合法有效凭证。

【提醒1】土地增值税清算时，除未支付的质量保证金外，其他扣除项目金额支付金额截止时间原则上应以纳税人完成清算申报手续之日（即向主管税务机关报送“土地增值税清算申报表”的当日）为计算扣除项目金额（包括与转让房地产有关的税金）支付的截止时间，如未支付款项在主管税务机关清算审核结束前已支付的，经主管税务机关核实后予以扣除，仍未支付的，不得扣除。

【提醒2】直接转让土地使用权时如不能提供取得土地使用权所支付的地价款原始凭据，可以实际支付的地价款可结合土地出让合同、协议或其他证明材料等扣除。

《海南省税务局关于明确土地增值税有关政策问题的通知》（琼税发〔2019〕8号）第三条“关于直接转让土地使用权时土地购进成本的确定”规定：

对于取得土地使用权后直接再转让的，应据实征收土地增值税。对取得土地使用权时未支付地价款或不能提供已支付的地价款合法有效凭据的，原则上不允许扣除取得土地使用权所支付的金额。对通过政府出让方式取得土地使用权的，未能提供取得土地使用权所支付的地价款原始凭据，但能提供政府相关部门的文件、协议、合同或相应合法有效凭据，并已缴清受让环节相关税费的，计征土地增值税时，其实际支付的地价款可结合土地出让合同或其他证明材料上记载的金额予以确认。

3. 营改增后，土地增值税纳税人接受建筑安装服务取得的增值税发票，应按照《国家税务总局关于全面推开营业税改征增值税试点有关税收征收管理事项的公告》（国家税务总局公告2016年第23号）规定，在发票的备注栏注明建筑服务发生地县（市、区）名称及项目名称，否则不得计入土地增值税扣除项目金额。

营改增后，如当地未明确房地产开发企业接受建筑安装服务取得的增值税发票“商品和服务名称”栏及“备注”栏的开具要求，可以参考福建省税务局的具体规定。

《福建省税务局关于加强房地产业税源管理的公告》（福建省税务局公告2018年第4号）第二条规定：

房地产开发企业应要求项目建设方开具增值税发票时按照以下要求规

范开具。在“商品和服务名称”栏注明建筑服务名称（有施工许可证的工程，填写许可证上所载的工程名称，无施工许可证的工程，以“建设工程规划许可证”所载的建设项目名称为前缀加上对应的服务内容，如“×××绿化工程”），在“备注”栏注明建筑服务发生地所在县（市、区）、项目名称（与“建设工程规划许可证”上记载的项目名称一致）。

4. 纳税人的预提费用，除另有规定外，不得扣除。

5. 扣除项目金额应当准确地在各扣除项目中分别归集，不得混淆。

6. 对同一类事项，应当采取相同的会计政策或处理方法。会计核算与税务处理规定不一致的，以税务处理规定为准。

7. 纳税人分期开发房地产项目的，各分期项目清算方式与扣除项目金额计算分摊方法应当保持一致。

8. 纳税人支付的罚款、滞纳金、资金占用费、罚息以及与该类款项相关的税金和因逾期开发支付的土地闲置费等罚没性质款项，不允许扣除。

2.3.1.15　扣除项目的相关规定

土地增值税清算扣除项目应符合下列规定：

1. 取得土地使用权所支付的金额

（1）同一宗土地有多个开发项目，是否予以分摊，分摊办法是否合理、合规，具体金额的计算是否正确。比如，同一清算单位中按规划功能分区且明显分隔的不同类型房地产，是否按占地面积法计算分摊土地成本。同一清算单位中分区（隔）不明显的不同类型房地产，原则上不得按照每栋房地产的基底面积占总基底面积的比例分摊土地成本。

（2）纳税人为取得土地使用权所支付的契税计入“取得土地使用权所支付的金额”准予扣除。

（3）对纳税人因容积率调整等原因补缴的土地出让金及契税，准予扣除。

（4）纳税人取得土地使用权支付的拍卖佣金不得扣除。

【提醒】招拍挂时支付的拍卖佣金是支付给中介机构而不是支付给土地出让方或转让方的，因此不应当作为取得土地使用权所支付的金额，但可以计入管理费用计算比例扣除。当地规定拍卖佣金可以扣除的（如海南），实务应遵从当地规定。

2. 土地征用及拆迁补偿费

（1）土地征用及拆迁补偿费包括土地征用费、耕地占用税、劳动力安置费及有关地上、地下附着物拆迁补偿的净支出、安置动迁用房支出等。

（2）纳税人用建造的本项目房地产安置回迁户的，安置用房按视同销售处理，并按照国税发〔2006〕187号文第三条第（一）项规定确认收入，同时将此确认为房地产开发项目的拆迁补偿费。纳税人支付给回迁户的补差价款，计入拆迁补偿费；回迁户支付给纳税人的补差价款，应抵减本项目拆迁补偿费。

（3）纳税人采取异地安置，异地安置的房屋属于自行开发建造的，房屋价值按国税发〔2006〕187号文第三条第（一）项的规定计算，计入本项目的拆迁补偿费；异地安置的房屋属于购入的，以实际支付的购房支出计入拆迁补偿费。

【提醒】如异地安置的房屋属于关联公司或者同一控制方，要测算两个项目的土地增值税等税费，在可控范围内定价。对于异地项目公司，其定价作为项目土地增值税清算收入、增值税收入和企业所得税收入；对于本项目，其定价作为项目土地增值税清算成本（可加计扣除）和企业所得税成本。

（4）货币安置拆迁的，房地产开发企业凭合法有效凭据计入拆迁补偿费。

【提醒1】货币安置拆迁的合法有效凭据是指拆迁协议、拆迁双方支付和取得拆迁补偿费用凭证等能够证明拆迁补偿费用真实性的材料，尤其是支付给个人的拆迁补偿款、拆迁（回迁）合同和签收花名册或签收凭证应一一对应。拆迁补偿税务处理应取得合法拆迁补偿协议、被拆迁人收款收据或收条（由亲属代收的，应有相应的授权书）、被拆迁人身份证复印件、签收花名册、政府部门规定的拆迁补偿费标准、购入房屋发票（开具给个人的）复印件、支付给异地购置房屋的银行付款凭证、本企业在同一地区、同一年度销售的同类房地产的平均价格证明资料等文件，作为成本扣除的证明。

【提醒2】房地产开发企业因从事拆迁安置从政府部门取得的补偿以及财政补贴款项，应抵减房地产开发成本中的土地征用及拆迁补偿费的金额。

3. 前期工程费及基础设施费

（1）前期工程费包括规划、设计、项目可行性研究和水文地质勘察、测绘、“三通一平”等支出。基础设施费包括开发小区内道路、供水、供电、供气、排污、排洪、通信、照明、环卫、绿化等工程发生的支出。

（2）前期工程费、基础设施费应真实发生，且无虚列情形。

（3）多个（或分期）项目共同发生的前期工程费、基础设施费，应按项目合理分摊。

（4）纳税人委托其他单位进行规划、设计、项目可行性研究和水文地质勘察、测绘的，提供服务的单位应当符合相关法律、法规的要求。

4. 建筑安装工程费

（1）建筑安装工程费是指以出包方式支付给承包单位的建筑安装工程费，以自营方式发生的建筑安装工程费。

（2）建筑安装工程费用应与决算报告、审计报告、工程结算报告、工程施工合同等记载的内容相符。

（3）采用自营方式自行施工建设的，应准确核算施工人工费、材料费、机械台班使用费等。

（4）在工程竣工验收后，根据合同约定扣留的质量保证金，在清算截止日已取得建筑安装施工企业发票的，按发票所载金额予以扣除；未取得发票的，扣留的质保金不得计算扣除。

（5）应确保所取得相关发票的真实性和所载金额的准确性，以及所提供建筑安装工程费与其施工方登记的建安项目开票信息保持一致。

5. 装修成本

装修是指为使建筑物、构筑物内、外空间达到一定的环境要求，使用建筑装饰材料，对建筑物、构筑物的外表和内部进行修饰处理的工程建筑活动。房地产开发企业销售已装修的房屋，其装修费用可以计入房地产开发成本。

各地对装修成本扣除的具体规定举例如下：

（1）北京市

《北京市地方税务局关于发布〈北京市地方税务局土地增值税清算管理规程〉的公告》（北京市地方税务局公告2016年第7号）第三十三条第（五）项规定：

纳税人销售已装修的房屋，其发生的合理的装修费用可以计入房地产开发成本。

①纳税人销售已装修房屋，应当在《房地产买卖合同》或补充合同中明确约定。没有明确约定的，其装修费用不得计入房地产开发成本。

上述装修费用不包括纳税人自行采购或委托装修公司购买的家用电器、可移动家具、日用品、可移动装饰用品（如窗帘、装饰画等）所发生的支出。

②纳税人销售已装修的房屋时，随房屋一同出售的家具、家电，如果安装后不可移动，成为房屋的组成部分，并且拆除后影响或丧失其使用功能的，如整体中央空调、户式小型中央空调、固定式衣柜橱柜等，其外购成本计入开发成本予以扣除。

（2）天津市

《天津市地方税务局关于土地增值税清算有关问题的公告》（天津市地方税务局公告2016年第25号）第二条规定：

房地产开发企业销售精装商品房时，已在商品房买卖合同中注明为精装房的，其装修成本可以计入房地产开发成本，允许扣除并准予加计扣除。允许扣除的装修成本包括安装后成为房屋的组成部分，且拆除后丧失或影响其使用功能的家具和家电等。

（3）贵州省

《贵州省地方税务局关于发布〈贵州省土地增值税清算管理办法〉的公告》（贵州省地方税务局公告2016年第13号）第五十一条规定：

房地产开发企业销售已装修的开发产品，并且在《商品房买卖合同》或补充合同中明确约定的，其发生的装修费用计入房地产开发成本；未明确约定的，其装修费用不得计入房地产开发成本。

上述装修费用不包括房地产开发企业自行采购或委托装修公司购买的家用电器、可移动家具、日用品、可移动装饰用品（如窗帘、装饰画）等所发生的支出。

（4）安徽省

《安徽省税务局关于修改〈安徽省土地增值税清算管理办法〉的公告》（安徽省税务局公告2018年第21号）第四十一条规定，纳税人销售已装修的房屋，其装修费用可以计入房地产开发成本。

纳税人销售已装修的房屋，其装修费用不包括房地产开发企业自行采购或委托装修公司购买的家用电器、家具所发生的支出，也不包括与房地产连接在一起、但可以拆除且拆除后无实质性损害的物品所发生的支出。

房地产开发企业销售精装修房时，如其销售收入包括销售家用电器、家具等取得的收入，应以总销售收入减去销售家用电器、家具等取得的收入作为房地产销售收入计算土地增值税。

（5）青岛市

《青岛市地方税务局关于贯彻落实〈山东省地方税务局土地增值税“三控一促”管理办法〉若干问题的公告》（青岛市地方税务局公告2018年第4号）第五条规定，房地产开发企业销售已装修的房屋，其装修费用可以计入房地产开发成本。

装修费用不包括房地产开发企业自行采购或委托装修公司购买的可移动家电、可移动家具、日用品、可移动装饰用品（如窗帘、装饰画等）的支出。土地增值税清算时，在收入中同时剔除购置成本。

（6）厦门市

《厦门市地方税务局关于修订〈厦门市土地增值税清算管理办法〉的公告》（厦门市地方税务局公告2016年第7号）第三十八条规定，税务机关应当重点关注纳税人发生的装修支出。

纳税人销售已装修的房屋，其实际发生的合理的装修费用可以计入房地产开发成本。

纳税人销售已装修房产，应当在《房地产买卖合同》或补充合同中明确约定。

纳税人发生的装修业务支出应当是真实的，不得虚构装修业务、虚列装修费用。纳税人住宅的装修标准应当符合《商品住宅装修一次到位实施细则》（建住房〔2002〕190号）以及厦门市人民政府发布的规定。

纳税人销售已装修的房屋，其发生的可移动家电、可移动家具、日用品、装饰用品等装修费用不予扣除。

（7）海南省

《海南省税务局关于发布〈海南省税务局土地增值税清算审核管理办法〉的公告》（海南省税务局公告2021年第7号）第十六条第（一）项规定，销售已装修的房屋，装修费符合以下情形之一的，允许扣除：

①在销售合同或补充协议中明确了房价中包含装修费的；

②销售发票中包含装修费的；

③签订销售合同时捆绑签订装修合同的；

随房屋一同出售的以房屋为载体，不可随意移动的附属设备和配套设施，如整体中央空调、户式小型中央空调、固定式衣柜橱柜等，其外购成本允许扣除。

从上看出，为了维持和增加房屋的使用功能或使房屋满足设计要求，凡以房屋为载体，不可随意移动，或者拆除后影响或丧失其使用功能的附属设备和配套设施，如给排水、采暖、消防、中央空调、电气、智能化楼宇设备及固定式衣柜橱柜等所发生的成本，并在销售合同或补充合同中明确了包含了该成本的，各地做法基本一致，允许作为房地产开发成本予以扣除。对于可移动家电、家具、日用品、可移动装饰品等不属于装修范围的部分，不属于土地增值税征收范围，在清算时其采购成本不允许扣除。如果销售装修房屋含了可移动装饰品，本着收入成本配比原则，在清算时应按采购原价在收入中同时剔除。

【提醒】房地产开发企业如有销售装修房的，其装修费用的支出须构建成建筑物或附着物，同时应在销售合同（或补充合同）中明确约定交房标准，尤其是不可移动的硬装部分。

6. 公共配套设施费

（1）公共配套设施包括纳税人开发建造的与清算项目配套的居委会和派出所用房、会所、停车场（库）、物业管理场所、变电站、热力站、水厂、文体场馆、学校、幼儿园、托儿所、医院、邮电通信、人防等为公共事业建造，不可销售的公共设施。

【提醒】公共配套设施为人防工程的，应当提供人防工程竣工验收备案证、人民防空（民防）办公室出具的该项目建设人防工程批复及人防接收证明等相关材料。

（2）建成后产权属于全体业主所有的，其成本、费用可以扣除。其中“建成后产权属于全体业主所有的”，可以按照以下原则之一确认：

①政府相关文件中明确规定属于全体业主所有；

②经人民法院裁决属于全体业主共有；

③商品房销售合同、协议或合同性质凭证中注明有关公共配套设施归业主共有，或相关公共配套设施移交给业主委员会；

【提醒】移交业主委员会的相关证明材料，可以是公证部门公证、主流媒体公示或在房地产项目显著位置公告并被全体业主知晓。

（3）建成后无偿移交给政府、公用事业单位用于非营利性社会公共事业的，其成本、费用可以扣除。

①纳税人建设的公共配套设施产权无偿移交给政府、公用事业单位用于非营利性社会公共事业的，应当提供政府、公用事业单位书面接收文件。

②纳税人建设的公共配套设施应由政府、公用事业单位接收，但因政府、公用事业单位原因不能接收或未能及时接收的，经接收单位或者政府主管部门出具书面材料证明相关设施确属公共配套设施，且说明不接收或未及时接收具体原因的，经主管税务机关审核确定后，其成本、费用予以扣除。

【提醒】房地产开发企业建设的公共配套设施建成后有偿移交的，国家有关业务管理部门、单位给予的经济补偿，应抵减房地产开发成本中相应的建筑安装工程费。

（4）建成后有偿转让的，应计算收入，并准予扣除成本、费用。

【提醒1】公共配套设施原则上不得对外销售，而应属于全体业主共有，因而其开发成本应当计入扣除。如房地产开发企业将公共配套设施对外销售，其转让收入计入其他类型房地产转让收入。

【提醒2】如清算已将公共配套设施费计入房地产开发成本分摊到可售的房地产，清算后再转让公共配套设施的，其对应扣除的成本为零。

（5）纳税人预提的公共配套设施费不得扣除。纳税人分期开发房地产项目但公共配套设施滞后建设的，在部分公共配套设施已建设、费用已实际发生并且已取得合法有效凭证的情况下，可按照各分期清算项目可售建筑面积占项目总可售建筑面积的比例计算清算项目可扣除的公共配套设施费，但不得超过已实际发生的金额。

（6）纳税人未移交的公共配套设施转为企业自用或用于出租等商业用途时，不予扣除相应的成本、费用。

7. 开发间接费用

（1）开发间接费用是纳税人直接组织、管理开发项目实际发生的费用，包括工资、职工福利费、折旧费、修理费、办公费、水电费、劳动保护费、周转房摊销等。

【提醒】“直接组织、管理开发项目发生的费用”是指施工现场为组织、管理开发产品而实际发生的费用，对不属于为施工现场服务的部门，如行政管理部门、财务部门、销售部门等发生的费用或企业行政管理部门（总部）为组织和管理生产经营活动而发生的费用不得列入。差旅费、会议费等费用也不得列入。

（2）开发间接费用与纳税人的期间费用应按照现行企业会计准则或企业会计制度的规定分别核算。划分不清、核算混乱的期间费用，全部作为房地产开发费用扣除。

需要注意的是，实务中有些地区在执行政策时以税法中未明确规定为由，将《土地增值税暂行条例实施细则》中没有列举的成本费用（如工程监理费）排除在扣除项目之外，其实是不合理的。《土地增值税暂行条例》及其实施细则分别是1994年和1995年开始施行的，20多年以来，我国经济发展迅速，原有的部分规定已经跟不上实体经济的发展，因此，在判断开发间接费用时应结合实际情况考虑，不能仅限于20多年前的政策规定。另外，《土地增值税暂行条例实施细则》对土地征用及拆迁补偿费、前期工程费、基础设施费、开发间接费用的解释均用到了“……”，从字面理解，这应该是列举未完，并不是正列举。参照企业所得税中“税收规定不明确的，在没有明确规定之前，暂按国家统一会计制度计算”的立法精神，工程监理费等必须发生且与为项目施工服务直接相关的支出，应该可以作为开发成本扣除。

8. 政府性基金和行政事业性收费的扣除原则

（1）房地产开发企业缴纳的政府性基金和行政事业性收费，凡与房地产开发直接相关或是房地产行业特有的，且缴纳的环节是在项目办理工程竣工验收之前的政府性基金和行政事业性收费，如城市基础设施配套费、报批报建费、水电增容费等，在清算时应计入开发成本予以扣除，并作为计算房地产开发费用和加计20%扣除的基数。

（2）凡属于房地产行业以及其他行业普遍缴纳的基金和行政事业性收费（如水利建设基金、残疾人保障基金等），在清算时应计入房地产开发费用（也就是不能作为开发成本）并按规定的比例扣除。

9.《土地增值税暂行条例》等规定的土地增值税扣除项目涉及的增值

税进项税额，允许在销项税额中计算抵扣的，不计入扣除项目，不允许在销项税额中计算抵扣的，可以计入扣除项目。

2.3.1.16 房地产开发费用

1. 财务费用中的利息支出，凡能够按转让房地产项目计算分摊并提供金融机构证明的，允许据实扣除，但最高不能超过按商业银行同类同期贷款利率计算的金额。其他房地产开发费用，按照“取得土地使用权所支付的金额”与“房地产开发成本”金额之和的5%计算扣除。

对于“能够按转让房地产项目计算分摊”，《广州市地方税务局关于印发2013年土地增值税清算工作有关问题的处理指引的通知》（穗地税函〔2013〕179号）明确，计算分摊按以下顺序确定：

（1）能够按照转让房地产项目准确分摊。准确分摊是指以该房地产项目名义取得的金融机构资金，直接全部用于该项目的开发。该部分资金从取得到归还的流向清晰，没有和自有资金、企业间拆借资金等其他资金发生混合。

（2）能够按照转让房地产项目合理分摊。合理分摊是指在一个独立企业法人范围内，可以合理方法对从金融机构取得并实际用于广州市范围内开发项目的项目开发贷款资金在不同开发项目之间进行分摊。合理方法是指按照不同的开发项目占用上述项目开发贷款金额和时间（即是积数）进行合理分配。

“金融机构”应为取得中国人民银行、中国银行保险监督管理委员会、中国证券监督管理委员会、省级金融主管部门批准经营贷款业务资格的金融单位，包括银行、财务公司、信托公司等金融机构。

“同期同类贷款利率”是指在贷款期限、贷款金额、贷款担保以及企业信誉等条件基本相同下，金融企业提供贷款的利率，既可以是金融企业公布的同期同类平均利率，也可以是金融企业对某些企业提供的实际贷款利率。

【提醒】向非金融机构或个人借款，即使可以取得资金提供者开具的不高于同期贷款利率的利息发票，也不能据实扣除。

需要注意的是，实务中有些地方口径规定据实扣除的利息支出应当与项目相关，非用于项目开发的利息支出不可以扣除，并且该利息支出的终止时间应该与竣工的时间节点一致。

不过，土地增值税清算相关规定仅要求能够按照房地产项目计算分摊，并未规定利息支出的截止时点，况且竣工后项目所需资金基本来源于销售，发生的利息支出也不大，所以不管是竣工前后，只要是能够归属到房地产项目的利息支出，均可据实扣除。

2. 凡不能按转让房地产项目计算分摊利息支出或不能提供金融机构证明的，房地产开发费用按“取得土地使用权所支付的金额”与“房地产开发成本”金额之和的10%计算扣除。全部使用自有资金，没有利息支出的，按照本款扣除。

【提醒】 在国税函〔2010〕220号文件之前，税法规定的扣除比例都是5%“以内”或者10%“以内”，在国税函〔2010〕220号文件中才又要求“上述具体适用的比例按省级人民政府此前规定的比例执行”。因此，在实际进行土地增值税清算时还应注意所在省份规定的具体扣除比例，如四川（川财税〔2010〕12号）规定选择利息据实扣除的，其他房地产开发费用只能扣除4%。

3. 纳税人既向金融机构借款，又有其他借款的，其房地产开发费用计算扣除时不能同时适用国税函〔2010〕220号第三条（一）、（二）项所述两种办法。

4. 统借统还利息支出的扣除

根据国税发〔2009〕31号文规定，企业集团或其成员企业统一向金融机构借款分摊集团内部其他成员企业使用的，借入方凡能出具从金融机构取得借款的证明文件，可以在使用借款的企业间合理的分摊利息费用，使用借款的企业分摊的合理利息准予在税前扣除。显然，房地产开发企业统借统还贷款利息可以在企业所得税税前扣除，但这并不表示统借统还利息支出一定也能作为土地增值税的扣除项目。实务中关于统借统还利息支出能否扣除的问题，有两种口径。

（1）可以扣除的规定

《山东省青岛市地方税务局关于发布〈房地产开发项目土地增值税管理办法〉的公告》（青岛市地方税务局公告2016年第1号，2017年9月21日废止）第四十八条第（六）项规定，企业集团或其成员企业统一向金融机构借款，并按借款合同指定的分摊对象和用途借给集团内部其他成员企业使用，并且按照支付给金融机构相同的借款利率收取利息的，可以凭借入方出具的金融机构借款的证明和集团内部分配使用决定，在使用借款的企业间合理分摊利息费用，据实扣除。

《桂林市土地增值税清算工作指南（试行）》（桂市地税发〔2013〕100号印发，桂市税发〔2021〕34号修订）第二十五条规定，企业集团或其成员企业统一向金融机构借款分摊给集团内部其他成员企业使用，并且收取的利息不高于支付给金融机构的借款利率水平的，可以凭借入方出具的金融机构借款证明和集团内部分配使用方案（决定），在使用借款的企业间合理分摊利息费用的，允许据实扣除。

另外，据笔者所知，湖南省税务局也规定符合条件的统借统还利息支出可以据实扣除，但具体文件号无从考证。

（2）不能扣除的规定

《辽宁省大连市地方税务局关于土地增值税征收管理若干问题的公告》（大连市地方税务局公告2014年第1号）第八条规定，对于统借统还贷款或关联企业贷款后转给房地产开发企业使用而产生的利息支出，在计算土地增值税时，不得据实扣除。

【涉税安排】对于统借统还利息支出能否扣除，需要关注当地口径。当地未明确规定的，建议先测算比较开发费用据实扣除利息支出与按10%比例扣除的差异。如据实扣除利息支出有利，再积极与主管税务机关沟通扣除统借统还利息支出。

5. 清算时已经计入房地产开发成本的利息支出，应调整至财务费用中计算扣除。

6. 纳税人据实列支利息支出的，应当提供贷款合同、利息结算单据或发票。

【提醒】营改增后，扣除的利息支出应当取得税务机关监制的增值税发票。

7. 纳税人向金融机构支付的财务咨询费等非利息性质的款项，不得作为利息支出扣除。

8. 纳税人利用闲置专项借款对外投资取得收益的，应冲减利息支出。

9. 纳税人向金融机构借款，因逾期还款，金融机构收取的超过贷款期限的利息、罚息等款项，不得作为利息支出扣除。

【例 2-8】 某房地产开发项目取得土地使用权所支付的金额为 10 000 万元，开发成本 20 000 万元，其中开发成本（开发间接费用）中列支利息支出 500 万元。项目开发期间财务费用中列支利息支出 300 万元，其中向个人支付的利息支出为 50 万元，向金融机构支付的逾期利息为 50 万元。该项目除向个人支付的利息之外，其余均为向金融机构支付的利息，借款利率未超过同期同类银行贷款利率，开发费用计算扣除比例分别为 5% 或 10%。

可扣除的开发成本 = 20 000 - 500 = 19 500（万元）

如选择利息支出据实扣除，可扣除的开发费用

= (500 + 300 - 50 - 50) + (10 000 + 20 000 - 500) × 5% = 2 175（万元）

如未选择利息支出据实扣除，可扣除的开发费用

= (10 000 + 20 000 - 500) × 10% = 2 950（万元）

该房地产开发项目计算扣除的开发费用要么是 2 175 万元，要么是 2 950 万元，不能同时适用上述两种方法。

【涉税安排】 房地产开发企业发生向金融机构支付不高于商业银行同类同期贷款利率计算的利息时，如利息支出大于取得土地使用权所支付的金额与房地产开发成本之和的 5%，应提供金融机构证明，选择据实扣除。如利息支出小于取得土地使用权所支付的金额与房地产开发成本之和的 5%，可不提供金融机构证明，选择按 10% 比例扣除。

2.3.1.17 与转让房地产有关的税金

1.《土地增值税暂行条例实施细则》规定，与转让房地产有关的税金是指在转让房地产时缴纳的营业税、城市维护建设税、印花税。因转让房地产缴纳的教育费附加，也可视同税金予以扣除。

【提醒 1】 细则中规定允许扣除的印花税，是指在转让房地产时缴纳的印花税。房地产开发企业按照《施工、房地产开发企业财务制度》的有关规定，其缴纳的印花税列入管理费用，已按房地产开发费用予以扣除。全面营改增后，根据《增值税会计处理规定》（财会〔2016〕22 号）规定，印花税在“税金及附加”中核算，不再列入管理费用。因此，房地产企业转让不动产缴纳的产权转移书据印花税，纳入税金及附加核算的，应可作为“与转让房地产有关的税金”予以扣除。

【**提醒2**】不属于清算项目或者不属于转让房地产时发生的税金及附加，不可扣除。

2. 营改增后，计算土地增值税增值额的扣除项目中“与转让房地产有关的税金”不包括增值税。

3. 营改增后，房地产开发企业实际缴纳的城市维护建设税、教育费附加，凡能够按清算项目准确计算的，允许据实扣除。凡不能按清算项目准确计算的，则按该清算项目预缴增值税时实际缴纳的城建税、教育费附加扣除。

【**提醒**】营改增后，如房地产开发企业同时开发多个新项目，则无法准确计算每个项目实际缴纳的增值税，但每个项目预缴的增值税是确定的，因此不能按清算项目准确计算的，可按该清算项目预缴增值税时实际缴纳的城建税、教育费附加扣除。

4. 地方教育附加可比照教育费附加扣除。

【**提醒**】扣除的税金必须是实际缴纳的，计提或应缴未缴的税金不能扣除。

5. “转让房地产有关的税金”可按照不同类型房屋的销售收入占该项目总销售收入的比例进行分摊归集，且可全额作为本次清算允许扣除的扣除项目金额予以扣除，不留余额。

2.3.1.18　加计扣除

1. 对从事房地产开发的纳税人可按“取得土地所支付的金额”和“开发成本”规定计算的金额之和，加计20%的扣除。

2. 转让“生地”或“熟地”

（1）为抑制“炒”买“炒”卖地皮的行为，对取得土地或房地产使用权后，未进行开发即转让的，计算其增值额时，只允许扣除取得土地使用权时支付的地价款，按国家统一规定缴纳的有关费用，以及在转让环节缴纳的税金，即：

$$\text{转让“生地”的扣除项目金额} = \text{地价款} + \text{有关费用} + \text{转让环节税金（不含增值税）}$$

（2）为鼓励投资者将更多的资金投向房地产开发，对取得土地使用权后投入资金，将“生地”变为“熟地”（含未达到整体转让在建工程条件的）转让的，计算其增值额时，允许扣除取得土地使用权时支付的地价款、按国家统一规定缴纳的有关费用，和开发土地发生的成本再加计开发成本的20%，以及在转让环节缴纳的税金，即：

$$\text{转让“熟地”的扣除项目金额}=\text{地价款}+\text{有关费用}+\text{开发成本}\times 1.2+\text{转让环节税金（不含增值税）}$$

【**提醒1**】熟地主要指经过征地、拆迁和市政基础设施投入，达到“三通一平”的施工条件，具备基本建设条件的土地。

【**提醒2**】开发土地发生的成本是指生地开发成为达到房产开发初步条件的土地所发生的开发成本，包括拆迁补偿费、土地平整及相关的开发间接费用等。

3. 计入开发成本的利息支出不允许加计扣除。

4. 购买在建项目进行继续建设再转让的扣除。

纳税人受让在建工程项目进行继续建设再转让时，其受让在建工程项目所支付的价款和税金允许据实扣除，上一转让环节已加计扣除的土地成本和房地产开发成本，不得重复加计20%扣除，其后续新增建设支出可以按规定予以加计扣除。

各地口径举例如下：

（1）浙江省

《浙江省地方税务局关于土地增值税若干政策问题的公告》（浙江省地方税务局公告2014年第16号）第四条规定：

房地产开发企业购买在建房地产开发项目后，继续投入资金进行后续建设，达到销售条件进行商品房销售的，其购买在建项目所支付的价款及税金允许扣除，但不得作为土地成本和房地产开发成本加计20%扣除以及房地产开发费用按比例计算扣除的基数。后续建设支出的扣除项目处理按照《土地增值税暂行条例》第六条及其实施细则第七条相关规定执行。

（2）天津市

《天津市地方税务局关于土地增值税清算有关问题的公告》（天津市地方税务局2016年第25号）第七条规定：

受让的在建工程再转让进行土地增值税清算时，取得在建工程支付的金额，能提供合法有效凭证的，允许据实扣除，但不能加计扣除，后续投入的各项开发成本及费用按照土地增值税清算的有关规定处理。

（3）青岛市

《青岛市地方税务局关于贯彻落实〈山东省地方税务局土地增值税“三控一促”管理办法〉若干问题的公告》（青岛市地方税务局公告2018年第4号）第十三条规定：

对房地产开发企业整体购买未竣工的房地产开发项目，投入资金继续建设后转让，其扣除项目如下：

（一）取得未竣工房地产所支付的价款和按国家统一规定交纳的有关费用；

（二）改良开发未竣工房地产的成本；

（三）房地产开发费用（房地产开发企业购买未竣工房地产开发项目发生的金额不作为计算房地产开发费用扣除的基数）；

（四）转让房地产环节缴纳的有关税金，包括营业税金及附加；

（五）加计改良开发未竣工房地产成本的20%。

（4）广西壮族自治区

《广西壮族自治区地方税务局关于发布〈广西壮族自治区房地产开发项目土地增值税管理办法（试行）〉的公告》（广西壮族自治区地方税务局公告2018年第1号）第四十八条规定：

从事房地产开发的纳税人整体购买未竣工的房地产开发项目，然后投入资金继续建设，完成后再转让的，其扣除项目如下：

（一）取得未竣工房地产所支付的价款和按国家统一规定交纳的有关费用，包括契税。

（二）改良开发未竣工房地产的开发成本。

（三）房地产开发费用。

（四）转让房地产环节缴纳的有关税金。

（五）加计改良开发未竣工房地产开发成本的20%。

（5）山东省

问：受让的在建工程再转让进行土地增值税清算时，取得在建工程支付的金额，能提供合法有效凭证，能否加计扣除？

山东省税务局2020－04－13回复：对房地产开发企业购买在建工程，继续建设再转让时，土地增值税清算的扣除项目中，仅允许对开发成本的增量部分（即继续建设投入部分）加计扣除。

由于在整体转让时，计算转让方土地增值税时，对其扣除项目金额已按规定，该加计的已相应加计处理，因此不予重复加计扣除。

（6）四川省

问：我司是四川省内的一家房地产开发企业，2017年从四川省另一房地产开发企业收购省内的一未完工项目，属于购进在建工程继续开发，作价7亿元，对方简易计税开具了5%增值税发票，在建工程转让方主管税务局2017年对在建工程转让进行了土增清算，将土地成本和已经发生的开发成本进行了加计扣除。现我司将达清算条件，请问我司在土增清算时，可以对该在建工程的收购成本7亿元进行加计扣除吗?

四川税务局12366呼叫中心2020－02－13答复：对房地产开发企业购买在建工程，继续建设再转让时，土地增值税清算的扣除项目中，仅允许对开发成本的增量部分（即继续建设投入部分）加计扣除。

由于在整体转让时，计算转让方土地增值税时，对其扣除项目金额已按规定，该加计的已作相应加计处理，因此不予重复加计扣除。

（7）海南省

《海南省税务局关于发布〈海南省税务局土地增值税清算审核管理办法〉的公告》（海南省税务局公告2021年第7号）第二十一条规定：

纳税人整体购买未竣工房地产开发项目后，取得规划许可，继续投入资金进行后续建设，完成后进行销售的，其购买未竣工房地产所支付的价款及税金允许扣除，但不得作为"财政部规定的其他扣除项目"计算的基数。

（8）重庆市

《重庆市财政局 重庆市地方税务局关于印发〈土地增值税等财产行为税政策执行问题处理意见〉的通知》（渝财税〔2015〕93号）第一条第（三）项第2点规定：

房地产企业转让开发的土地、未竣工房地产项目，其"取得土地使用权所支付的金额"不能加计扣除；承受土地、未竣工项目的房地产企业在完成房地产项目开发，进行土地增值税清算时，其取得土地、未竣工项目所支付的款项，可作为"取得土地使用权所支付的金额"，并适用加计扣除。

通过以上可以看出，对于购买在建项目的支出多数地区口径是允许扣除购买在建项目所支付的价款与税金，但不可以加计扣除，重庆的规定却是例外。因此，房地产开发企业在收购在建项目时，要及时关注当地政策，充分与税务机关沟通。

2.3.1.19　代收费用

对于县级及县级以上人民政府要求纳税人在售房时代收的各项费用，如果计入房价中向购买方一并收取的，可作为转让房地产所取得的收入计税；如果代收费用是在房价之外单独收取的，可以不作为转让房地产的收入。

对于代收费用作为转让收入计税的，在计算扣除项目金额时，可予以扣除，但不允许作为加计20%扣除的基数；对于代收费用未作为转让房地产的收入计税的，在计算扣除项目金额时不允许扣除代收费用。

【提醒】判断其项收费是否属于代收费用应以县级（含）以上人民政府的相关收费文件作为依据，若文件明确相关费用在售房时收取且实际负担者为房屋受让人的，则该收费为代收费用。否则，不能将其视为代收费用。

2.3.1.20　清算审核期间转让房地产

纳税人在清算审核期间转让的房地产，纳税人按照清算后再转让房地产的规定汇总申报缴纳土地增值税，多退少补。

清算后再转让房地产的相关处理见本章“2.4　清算后尾盘销售”。

【提醒】纳税人在清算审核期间转让的房地产，可以跟税务局沟通将审核期间转让的房地产纳入清算审核范围。

2.3.1.21　人防工程

城市地下人防工程是国防安全潜力的重大战略资源，是国防体系对抗能力的重要组成部分，也是未来战争中的重要作战领域。《人民防空法》第五条规定，国家鼓励、支持企业事业组织、社会团体和个人，通过多种途径，投资进行人民防空工程建设；人民防空工程平时由投资者使用管理，收益归投资者所有。如《湖南省实施〈中华人民共和国人民防空法〉办法》第八条明确人民防空工程战时由县级以上人民政府统一调配使用。

人防工程在土地增值税处理时可作为公共配套设施处理，可以扣除其成本费用。县级以上人防主管部门按标准收取的人防工程易地建设费或人防设施建造费也是必要且合理的支出，可以作为公共设施费处理。

各地基本上把握人防工程作为公共配套设施处理的口径，举例如下：

1. 北京市

《北京市地方税务局关于发布〈北京市地方税务局土地增值税清算管理规程〉的公告》（北京市地方税务局公告2016年第7号）第三十三条第（六）项规定：公共配套设施包括纳税人开发建造的与清算项目配套的居委会和派出所用房、会所、停车场（库）、物业管理场所、变电站、热力站、水厂、文体场馆、学校、幼儿园、托儿所、医院、邮电通信、人防等为公共事业建造，不可销售的公共设施。

2. 江苏省

《江苏省地方税务局关于土地增值税若干问题的公告》（苏地税规〔2015〕8号）第三条规定：依法配建并经验收合格的人防工程，允许扣除相关成本、费用。

3. 大连市

《辽宁省大连市地方税务局关于进一步明确土地增值税征收管理若干问题的公告》（大连市地方税务局公告2015年第5号）第一条规定：公共配套设施为人防工程的，企业应提供人防工程竣工验收备案证、大连市人民防空（民防）办公室出具的该项目结建人防工程批复及人防接收证明等相关材料。

4. 青岛市

《青岛市地方税务局关于贯彻落实〈山东省地方税务局土地增值税"三控一促"管理办法〉若干问题的公告》第十条规定，房地产开发企业处置利用地下人防设施建造的车库（位）等设施取得的收入，不计入土地增值税收入。凡按规定将地下人防设施无偿移交给政府、公共事业单位用于非营利性社会公共事业的，准予扣除相关成本、费用；未无偿移交给政府、公共事业单位的地下人防设施，其相应成本不允许扣除。人防工程成本按照建筑面积占比法，在不含室内（外）装修费用的全部建筑安装工程费中计算。室内（外）装修费用未能单独核算归集或划分不清的，在计算该成本时，不得从全部建筑安装工程费中剔除。

5. 海南省

《海南省税务局关于发布〈海南省税务局土地增值税清算审核管理办法〉的公告》（海南省税务局公告2021年第7号）第十七条第（九）项规定，依法配建人防部门规划的人防工程，其建造发生的成本费用允许扣除。按规定向建设部门缴纳的人防工程易地建设费，取得合法有效凭证的，允许扣除。

【提醒1】实务中如需将人防工程作为公共配套设施处理，除了有相关部门审批报建及竣工验收外，还应该提供人防接收证明，同时利用人防工程建设的停车位不应对外出售或取得其他经济利益。换言之，只要人防车位销售或出租了一平方米，就不应作为公共配套设施扣除对应的成本。

【提醒2】公共配套设施建成后，判断产权是否属于全体业主所有，或是否无偿移交给政府，公用事业单位用于非营利性社会公共事业、产权属于全体业主所有或无偿移交的，要注意是否具有业主委员会或政府、公用事业单位的接收书面文件、产权转移登记、公证部门公证等证明资料。如果业主委员会尚未成立、无法办理移交手续的，是否有书面说明、纳税人董事会或类似决议等证明材料并在房地产项目显著位置公告且被全体业主知晓，最好的处理方式是登报声明或进行公证。

2.3.1.22　地下停车位

1. 有产权车位

地下停车位所有权发生转移的，按照有关规定征收土地增值税。

【提醒】有产权车位需要预征土地增值税。

2. 无产权车位

无产权车位包括利用地下人防设施建造的车位和其他无产权车位。实务中，无产权的地下停车位一般都是被房地产开发企业外置，不属于全体业主所有，不能认定为公共配套，不能扣除其应分摊的成本费用。

目前大部分地区对无产权车位处理的基本原则是不征收土地增值税，同时也不能扣除其对应的成本。不过也有以纳税人与承租人签订的地下车位租赁合同来判断地下停车位是否征收土地增值税的情况，如湖北省。

【提醒】 房地产开发企业可在前期按地下停车位的不同处理方式测算项目税负，遵从当地有关规定，判断是否需要成就相关条件，尽早规避税收风险。

3. 各地地下停车位的处理

（1）广东省

《广东省税务局关于发布〈国家税务总局广东省税务局土地增值税清算管理规程〉的公告》（广东省税务局公告2019年第5号）第三十一条第（四）项规定：

利用地下人防设施建造的车位，按照以下方式处理：建成后产权属于全体业主所有或无偿移交给政府的，其成本、费用予以扣除；有偿转让且能办理权属转移登记手续的，应计算收入，并准予扣除成本、费用；不能办理权属转移登记手续的，不计算收入，不予扣除相应成本、费用。

不能办理权属转移登记手续的人防车位，其建筑面积按照人防设施竣工验收备案文件确定，其不予扣除的成本按照建筑面积比例在不含室内（外）装修费用的建筑安装工程费中计算。

（2）江西省

《江西省税务局关于土地增值税若干征管问题的公告》（江西省税务局公告2018年第16号）规定：

五、地下车库（位）的清算问题

（一）销售地下车库（位）取得的收入，不论开具何种票据，均计入“其他类型房地产”的转让收入。

（二）对利用地下人防设施改造成地下车库（位）的，其成本费用归集到公共配套设施费中一次性扣除。

（三）对单独建造地下车库（位）的，其建造过程中发生的成本费用参照本公告第三条确定的原则进行归集和分摊。已售地下车库（位）面积为已售出的每个车位面积的总和。

（3）山东省

《山东省地方税务局关于修订〈山东省地方税务局土地增值税“三控一促”管理办法〉的公告》（山东省地方税务局公告2017年第5号）第三

十三条规定：

房地产开发企业处置利用地下人防设施建造的车库（位）等设施取得的收入，不计入土地增值税收入，凡按规定无偿移交给政府、公共事业单位用于非营利性社会公共事业的，准予扣除相关成本、费用。

（4）江苏省

《江苏省地方税务局关于土地增值税若干问题的公告》（苏地税规〔2015〕8号）规定：

四、关于车库（车位、储藏室等）问题

（一）能够办理权属登记手续的车库（车位、储藏室等）单独转让时，房地产开发企业应按“其他类型房产”确认收入并计算成本费用。

（二）不能办理权属登记手续的车库（车位、储藏室等），按照《国家税务总局关于房地产开发企业土地增值税清算管理有关问题的通知》（国税发〔2006〕187号）第四条第（三）项的规定执行。

（5）海南省

《海南省地方税务局关于印发土地增值税清算有关业务问答的通知》（琼地税函〔2015〕917号）规定：

二、房地产开发企业将车库或者停车位转让，其收入和成本如何确认？

（一）收入确认的问题

1. 房地产开发企业与购房人通过签订销售合同出售或者附赠等方式约定，将车位、车库的权属转移给购房人的，取得的收入视同房地产转让收入，并入非普通住房转让收入。

2. 对售房附赠车库、车位的，若合同中未分别计算房屋和车库、车位的销售价格，不再单独将车库、车位分割出来单独计价；若合同中分别计算房屋和车库、车位的销售价格，则车库、车位的价格作为非普通住宅收入。

（二）成本确认的问题

无论车库、车位是否拥有产权证，只要签订了销售合同或协议并取得了收入，则销售收入一并计入土地增值税的计税收入，车库的面积计入可售建筑面积，车库、车位相应的开发成本准予扣除。

（6）浙江省

《浙江省地方税务局关于土地增值税若干政策问题的公告》（浙江省地

方税务局公告2014年第16号）规定：

五、让渡无产权的车库（车位）、储藏室等使用权的征收

对房地产开发企业以转让使用权或提供长期使用权的形式，有偿让渡无产权车库（车位）、储藏室（以下简称无产权房产）等使用权的，其取得的让渡收入应按以下规定计算征收土地增值税。

（一）对清算前取得的让渡收入应并入清算单位收入一并计算征收土地增值税。对不同类型房地产开发产品，应分别计算增值额的，让渡收入应按照建筑面积法在不同类型可售房产之间进行分摊，分别并计不同类型可售房产的收入。

（二）对清算后取得的让渡收入，根据该清算单位土地增值税清算时确定的税负率计算征收土地增值税，即：计算缴纳的应缴土地增值税＝无产权房产让渡收入×该清算单位的清算税负率。

（7）山西省

《山西省地方税务局关于发布〈房地产开发企业土地增值税清算管理办法〉的公告》（山西省地方税务局公告2014年第3号）第十九条第（四）项规定：

房地产开发企业销售车库、车位、地下储藏间应当重点区分车库、车位、地下储藏间的对外销售、业主共有、开发商自留三种情况；其中对外销售的车库、车位、地下储藏间又分为有产权和无产权两种情况。对不同情形按以下标准来确定成本列支：

①有产权对外销售的车库、地下储藏间，其收入应当并入房地产销售收入，相应的车库、地下储藏间开发成本应当准予扣除，并加计扣除。

②无产权的车库、车位、地下储藏间在一定期限内让渡使用权的，收入不作为土地增值税清算收入，其相应的成本费用不可以扣除。

③全体业主共有的车库、地下储藏间，属于公共配套设施，相应的车库、地下储藏间开发成本应当准予扣除，并加计扣除。

④开发商自留的车库、地下储藏间，因其产权归属于开发商自有，若无对外销售则相应的开发成本不允许扣除。

（8）湖南省

《湖南省税务局关于土地增值税若干政策问题的公告》（湖南省税务局公告2018年第7号）第一条规定：

地下车库（位）根据不同情况按以下方式进行税务处理：地下车库（位）所有权未发生转移的，不征收土地增值税；所有权发生转移的，按照有关规定征收土地增值税。

（9）内蒙古自治区

《内蒙古自治区地方税务局关于进一步明确土地增值税有关政策的通知》（内地税字〔2014〕159号）规定：

三、关于地下车库（位）清算处理

对房地产开发企业建造的可售地下车库（位），已取得房产证和土地使用证的，按照非住宅类型房地产清算。

对房地产开发企业利用地下建筑和按政府规定建造的地下人防工程改造的不可售地下车库（位），建成后产权属于全体业主所有或无偿移交给政府的（以产权转移登记、公证部门公证或在房地产项目显著位置公告并被全体业主知晓为判断依据），其成本、费用可以扣除。

对房地产开发企业转让不可售地下车库（位）的，不征收土地增值税，同时相应的成本费用也不予扣除。

（10）新疆维吾尔自治区

《新疆维吾尔自治区地方税务局关于明确土地增值税相关问题的公告》（新疆维吾尔自治区地方税务局公告2016年第6号）规定：

四、关于车库（车位、储藏室等）问题

（一）能够办理权属登记手续的车库（车位、储藏室等）单独转让时，房地产开发企业应按“其他类型房地产”确认收入并计算成本费用。

（二）不能办理权属登记手续的车库（车位、储藏室等），按照《国家税务总局关于房地产开发企业土地增值税清算管理有关问题的通知》（国税发〔2006〕187号）第四条第（三）项的规定执行。

（11）湖北省

《国家税务总局湖北省税务局财产和行为税处关于印发〈土地增值税征管工作指引（试行）〉的通知》（鄂税财行便函〔2021〕9号）第二十八条第（四）项第二款明确：

纳税人与承租人签订地下车位租赁合同（一般合同租期为20年及以上），如约定承租人可以自行选择无偿或仅以象征性价款在合同租期期满后延续租期，实际情况也表明到期后承租人有理由或动因会选择继续续期，或约定承租人拥有任意时刻通过转让获取收益的权利。土地增值税计算时，应视同不动产转让，计算土地增值税收入，允许扣除相应的建筑等其他成本。

纳税人与承租人签订地下车位租赁合同租期届满时，承租人没有无偿或仅以象征性价款续期选择权，从合同条款判断，承租人也无法获取租赁期届满后的车位使用权和转让收益权等权利，则应当按照取得租赁收入进行税务处理，且在进行土地增值税清算时不得扣除相应的建筑等其他成本。

2.3.1.23 地下建筑土地成本的分摊

土地出让金的计算与容积率密不可分。《国土资源部关于严格落实房地产用地调控政策促进土地市场健康发展有关问题的通知》（国土资发〔2010〕204 号）规定，经依法批准调整容积率的，市、县国土资源主管部门应当按照批准调整时的土地市场楼面地价核定应补缴的土地出让价款。

地下建筑物是否分摊土地成本，关键看项目在规划审批时有无将地下车库（位）面积计算容积率。各地规划审批可能有差异，但全国大部分地区税务机关对地下建筑是否分摊土地成本把握的原则是能否办理产权或是否计算容积率。如可办理产权或计算容积率，则应分摊土地成本；不能办理产权或不计算容积率，则不分摊土地成本。部分地区政策口径举例如下：

1. 新疆维吾尔自治区

《新疆维吾尔自治区地方税务局关于明确土地增值税相关问题的公告》（新疆维吾尔自治区地方税务局公告 2016 年第 6 号）第四条第（三）项规定：

关于无产权车位分摊土地成本问题，土地成本仅在可售面积中分摊，无产权的地下车位不分摊土地成本。

2. 厦门市

《厦门市地方税务局关于发布〈厦门市土地增值税清算管理办法〉的公告》（厦门市地方税务局公告 2015 年第 3 号）第三十四条规定：

同一个清算项目可以将取得土地使用权所支付的金额全部分摊至计入容积率部分的可售建筑面积中，对于不计容积率的地下车位、人防工程、架空层、转换层等不计算分摊取得土地使用权所支付的金额。

3. 江苏省

《江苏省地方税务局公告关于土地增值税若干问题的公告》（苏地税规〔2015〕8号）第二条规定：

土地成本是指取得土地使用权所支付的金额。土地成本仅在能够办理权属登记手续的建筑物及其附着物之间进行分摊。

4. 重庆市

《重庆市财政局 重庆市地方税务局关于印发〈土地增值税等财产行为税政策执行问题处理意见〉的通知》（渝财税〔2015〕93号）规定：

不计算房地产项目容积率的地下车库不分摊“土地成本”。

5. 福州市

国家税务总局福州市税务局2020年3月27日在《关于市十五届人大四次会议第0248号建议的答复》中关于地下车位分摊土地成本问题回复如下：

对地下一层、二层、三层（包括三层以下）的地下车位（库），参照《福州市城市地下空间开发利用管理办法（试行）》的规定，并经主管税务机关确认，纳税人可分别按50%、20%、10%折算其可售面积，计算分摊取得土地使用权所支付的金额。

6. 湖北省

《国家税务总局湖北省税务局财产和行为税处关于印发〈土地增值税征管工作指引（试行）〉的通知》（鄂税财行便函〔2021〕9号）第二十六条第（二）项明确：

土地出让金是否按照以下方式分摊：国有土地使用权出让合同或其补充协议注明，地下部分不缴纳土地出让金或者地上部分与地下部分分别缴纳土地出让金的，土地出让金应直接归集到对应的受益对象（地上部分或地下部分）。

另外，该文件第二十八条第（四）项第一款明确：

分摊土地成本时，根据地下非人防车位是否纳入建设规划、计入项目容积率情况进行判断。即地下非人防车位是否与该项目获取土地使用权所支付的土地成本具有相关性。

2.3.1.24 营销设施的处理

房地产开发企业建设的临时售楼部、样板房等营销设施如果销售结束后拆除，其发生的设计、建造、装修等费用，不作为土地增值税前扣除项目，应作为销售费用处理；如果建成后有偿转让的，其发生的设计、建造、装修等费用，应计算收入并准予扣除；如果建成后无偿移交的，可以扣除成本。

【提醒】营销设施成本能否扣除关键看该营销设施是否可转让，是不是临时性的。

1. 贵州省的规定

房地产开发企业实际发生的营销设施建造费，按下列原则进行处理：

（一）房地产开发企业在清算单位内单独修建临时性建筑物作为售楼部、样板房等营销设施且不能转让的，其发生的设计、建造、装修等费用计入销售费用，按房地产开发费用的有关规定进行扣除。

（二）房地产开发企业在清算单位内单独修建并可以转让的售楼部等营销设施，其发生的设计、建造、装修等费用，计入建筑安装工程费进行扣除。

（三）房地产开发企业采取经营租赁方式租入房地产开发项目以外的其他建筑物装修后作为清算项目的售楼部、样板房、展厅等营销设施的，土地增值税清算时，已实际支付的租金和装修费用计入销售费用，按房地产开发费用的有关规定进行扣除。

（四）房地产开发企业将房地产开发项目中的公共配套设施装修后作为售楼部、样板房等营销设施的，其装修费用应当计入销售费用，按房地产开发费用的有关规定进行扣除。

——摘自《贵州省地方税务局关于发布〈贵州省土地增值税清算管理办法〉的公告》（贵州省地方税务局公告2016年第13号）

2. 安徽省的处理口径

问：房地产开发项目中售楼处、样板房等用房的建造费和装修费土增清算时如何计算扣除?

国家税务总局安徽省税务局 12366 纳税服务中心 2020－09－21 答复:房地产企业单独修建的售楼部、样板房等营销设施费，应分不同情况处理：

一、在开发小区内、项目主体外修建临时性建筑物作为售楼部、样板房的，其发生的设计、建造、装修等费用，应计入房地产开发费用扣除。

二、依托项目主体内的临时售楼部、样板房，其发生的设计、建造、装修等费用，建成后有偿转让的，应计算收入并准予扣除。

三、房地产企业利用规划配套设施（如：会所、物业管理用房），发生的售楼部、样板房的设计、建造、装修等费用，按以下原则处理：

1. 建成后产权属于全体业主所有的，其成本、费用可以扣除。

2. 建成后无偿移交给政府、公用事业单位用于非营利性社会公共事业的，其成本、费用可以扣除。

3. 建成后有偿转让的，应计算收入，并准予扣除成本、费用。

2.3.1.25　合作建房

对于一方出地，一方出资金，双方合作建房，建成后按比例分房自用的，暂免征收土地增值税；建成后转让的，应征收土地增值税。

合作建房是指一方出资金，一方出土地，共同修建房屋，双方共同投资、共担风险、共享利润的行为。如一方只收取固定利益，不承担责任和风险，不能视为合作建房。

“一方出土地”，包括一方提供有关土地使用权益的行为，如取得规划局批准的“建设用地规划许可证”、自然资源局核发的“建设用地批准书”“建设用地通知书”“土地使用证”，以及通过土地行政主管部门核发的其他建设用地文件中当事人享有的土地使用权益。

对于合作建房的土地增值税问题，下面两个地方规定比较明确：

1. 广州市

《广东省广州市地方税务局关于印发土地增值税清算工作若干问题处理指引（2012 年修订版）的通知》（穗地税函〔2012〕198 号）第八条规定：

关于以合作建房形式开发房地产项目的，计算有关土地增值税计税收入和扣除项目金额问题

（一）一方出地、一方出资合作开发房地产项目，双方不成立合营企业，合作中出地方以转让部分土地使用权（房地产）为代价，换取部分房地产所有权，出资方以转让部分房地产所有权为代价，换取部分土地使用权（房地产）。

对于上述出地方以转让部分土地使用权（房地产）为代价，换取部分房地产所有权的，按187号文第三条第（一）项确认收入，对于出资方以转让部分房地产所有权为代价，换取部分土地使用权（房地产）的，按187号文第三条第（一）项分别确认土地增值税计税收入和取得部分土地使用权所支付金额。

（二）出地方以土地使用权（房地产）、出资方以货币资金作价入股，成立合营企业，从事房地产开发，建成后双方采取分配方式为：

1. 风险共担，利润共享的；

2. 按销售收入一定比例提成或提取固定利润的；

3. 按一定比例分配房地产的。

对于上述合营企业，以出地方土地使用权（房地产）作价入股时确认的评估价值作为取得土地使用权所支付金额；对于出地方，以土地使用权（房地产）作价入股时确认的评估价值作为转让土地使用权（房地产）所取得土地增值税计税收入。

根据《财政部 国家税务总局关于土地增值税若干问题的通知》（财税〔2006〕21号）第六条规定，对于2006年3月2日以后发生的，出地方以土地使用权（房地产）作价入股，成立合营企业从事房地产开发的，应征收土地增值税。

（三）一方出资、一方出地合作开发的房地产项目，项目公司成立前为该项目各自支付的土地或工程款，能提供合法有效凭证的，允许在该项目清算时予以扣除。

2. 桂林市

《桂林市土地增值税清算工作指南（试行）》（桂市地税发〔2013〕100号印发，桂市税发〔2021〕34号修订）第十六条“关于合作建房的土

地增值税征免税问题”明确：

（一）对一方出土地，一（多）方出资金，不成立合营企业，并同时满足以下条件的合作建房行为，在进行土地增值税清算时适用本条第二款的规定：

1. 合作建房各方须签署合作建房协议并以合作各方名义共同办理合建审批手续；

2. 合作建房各方须依法共同办理国有土地使用权权属变更登记；

3. 合作建房各方至少有一方应该具有房地产开发经营资质。

（二）对于同时满足本条第一款所列条件的合作建房，按以下规定进行土地增值税税务处理：

1. 建成后按合作协议各自办理初始确权，分房自用的，暂免征收土地增值税；

2. 对出土地方将分回房屋在初始确权后再转让的，应按规定征收土地增值税，同时将因合作建房而转让出去的部分土地的历史成本调整为分回房屋的建造成本，按规定予以计算扣除；

3. 对出资金方将分回房屋在初始确权后再转让的，应按规定征收土地增值税，同时将合作建房时发生的还建房开发成本支出调整为分回房屋的取得土地使用权支付的地价款，按规定予以计算扣除；

4. 对合作方按照合作建房协议的约定支付的补差款，出土地方和出资金方应按实际支付或收到的价款，相应调整其分回房屋的建造成本和取得土地使用权支付的地价款；

5. 除在合作建房协议中约定的分配房屋外，一方通过另行约定的方式（包括签订专门条款、合同、补充协议等）将原分配给自己的房屋再转让给其他合作方的，不管转让方是否开具发票，均视同销售不动产处理。其按合同约定的价格取得的转让收入应计入土地增值税应税收入。若转让价格明显偏低，又无正当理由的，应按下列方法和顺序确认：

（1）按本企业在同一地区、同一年度销售的同类房地产的平均价格确定；

（2）由主管税务机关参照当地当年、同类房地产的市场价格或评估价值确定。

上述所称“同一年度”“当年”是指其作出约定并签署协议的当年。

2.3.1.26 各地对销售收入偏低的有关规定

1. 湖南省

有以下情形之一者，主管税务机关可以采信纳税人申报的计税价格，法律、法规另有规定的除外：

（一）由法院裁定、判决和仲裁机构裁决的存量房转移价格；

（二）通过具有合法资质的拍卖机构依法公开拍卖的存量房转移价格；

（三）存量房曾发生重大意外事件或者存在功能性结构缺失、破损等严重质量问题的；

（四）主管税务机关认可的其他情形。

——摘自《湖南省税务局关于印发〈湖南省存量房交易计税价格异议处理办法〉的公告》（湖南省税务局2018年第8号）第七条

2. 安徽省

纳税人申报的转让房地产的成交价低于本条第二项规定的方法和顺序所确认的价格，又无正当理由的，税务机关根据评估价格确定转让房地产的收入。前述正当理由包括但不限于以下情形：

1. 采取政府指导价、限价等非市场定价方式销售的开发产品；
2. 法院判决或裁定价格的开发产品；
3. 以公开拍卖方式转让的开发产品。

——摘自《安徽省税务局关于修改〈安徽省土地增值税清算管理办法〉的公告》（安徽省税务局公告2018年第21号）第三十四条第（三）项

3. 江西省

对纳税人申报的房地产成交价格达不到同一项目同类房地产或当地同期同类房地产的市场交易价格70%，且无正当理由的，税务机关在审核时作为“价格明显偏低”对待，可由评估机构进行价格评估，税务机关再根据评估价格确定其计税价格。具备条件的，可依托房地产交易评估计税系统进行价格评估。

上述所称的“正当理由”包括：法院公开判定或裁定（不含调解）的转让价格；以多人参与的依法公开拍卖方式确定的转让价格；房屋存在严重质量问题，能提供住建、质检等部门证明资料的；税务机关确认的其他合理情形。对关联方之间的交易，在申报价格低于市场价格时，无论是否达到明显偏低的标准，均应按照公允价值和营业常规进行调整。

——摘自《江西省税务局关于财产行为税若干征管问题的公告》（江西省税务局公告2018年第15号）第四条

4. 广西壮族自治区

纳税人转让房地产的成交价格明显偏低的，主管税务机关应要求纳税人提供书面说明，纳税人拒不提供或无正当理由的，税务机关参照本办法第三十二条确定计税价格。

对房地产转让价格明显偏低的以下情形，可视为有正当理由：

（一）法院判定或裁定的转让价格。

（二）以公开拍卖方式转让房地产的价格。

（三）政府物价部门确定的转让价格。

（四）有相关资料证明转让价格符合独立交易原则，买卖双方不存在关联关系。

（五）主管税务机关认可的其他合理情形。

——《广西壮族自治区地方税务局关于发布〈广西壮族自治区房地产开发项目土地增值税管理办法（试行）〉的公告》（广西壮族自治区地方税务局公告2018年第1号）第三十三条

“纳税人转让房地产的成交价格明显偏低的”，参照《最高人民法院关于适用〈中华人民共和国合同法〉若干问题的解释（二）》（法释〔2009〕5号）第十九条规定，对交易双方的成交价格在市场价基础上设置了30%的浮动比例，超出此浮动比例即可认定交易价格不合理。因此，比照上述规定以30%作为认定纳税人转让房地产的成交价格“明显偏低”的比例。

——摘自《关于〈广西壮族自治区房地产开发项目土地增值税管理办法〉解读稿》

5. 贵州省

房地产开发企业销售开发产品的价格低于同类开发产品平均销售价格30%以上或者低于成本价而又无正当理由的，主管地方税务机关有权核定其销售价格，但下列情形除外：

（一）采取政府指导价、限价等非市场定价方式销售的开发产品。

（二）由法院判决或裁定价格的开发产品。

（三）采取公开拍卖方式确定价格的开发产品。

（四）经主管地方税务机关认定的其他合理情形。

——摘自《贵州省地方税务局关于发布〈贵州省土地增值税清算管理办法〉的公告》（贵州省地方税务局公告2016年第13号）第三十一条

6. 海南省

纳税人申报的房地产销售价格低于同期同类房地产平均销售价格30%且无正当理由的，可认定为房地产销售价格明显偏低。

符合下列条件之一的房地产销售价格明显偏低，视为有正当理由：

（一）人民法院判决或裁定的转让价格；

（二）政府有关部门确定的转让价格；

（三）经主管税务机关认定的其他情形。

——摘自《海南省税务局关于发布〈海南省税务局土地增值税清算审核管理办法〉的公告》（海南省税务局公告2021年第7号）第六条及第七条

“纳税人申报的房地产销售价格低于同期同类房地产平均销售价格30%的”该如何计算确定？

①区分房地产类型，计算销售均价；

销售均价＝房地产总销售收入÷已售总建筑面积

②区分房地产类型，确认销售价格偏低的房屋；

销售价格偏低30%的计算公式：（销售均价－单套销售均价）÷销售均价≥30%

③区分房地产类型，调整销售价格偏低的房屋价格；

④销售价格偏低30%的房屋的销售均价＝同类型房地产销售均价

——摘自《关于〈国家税务总局海南省税务局土地增值税清算审核管理办法〉的解读》

7. 重庆市

纳税人申报房地产转让收入明显偏低，且无正当理由的，税务机关应核定土地增值税计税收入。符合以下情形的房地产转让，收入即使偏低，视为有正当理由：

①法院判决或裁定转让；

②公开竞价拍卖转让；

③按物价部门确定的价格转让；

④拆迁安置售房；

⑤个人转让给直系亲属或承担直接赡养义务人；

⑥经税务机关认定的其他合理情形。

——摘自《重庆市地方税务局关于土地增值税若干政策执行问题的公告》（重庆市地方税务局公告2014年第9号）第四条第（一）项

公告规定了房地产转让收入偏低，但属于正当理由的情形。“法院判决或裁定转让、公开竞价拍卖转让、按物价部门确定的价格转让、拆迁安置售房”，属于特定的市场供求关系下转让，转让价格能够反映特殊条件下房地产的公允价值。“个人转让给直系亲属或承担直接赡养义务人”系家庭成员、直系亲属之间的转让，也应属于价格偏低的正当理由。此外，转让给关联方、股东和管理人员，或者朋友之间转让等其他因素一般不得认定为正当理由。

——摘自重庆市地方税务局财产和行为税处《关于土地增值税若干政策执行问题的公告》解读

8. 江苏省

对纳税人申报的房地产转让价格低于同期同类房地产平均销售价格10%的，税务机关可委托房地产评估机构对其评估。纳税人申报的房地产转让价格低于房地产评估机构评定的交易价，又无正当理由的，应按照房地产评估机构评定的价格确认转让收入。

对以下情形的房地产转让价格，即使明显偏低，可视为有正当理由：

①法院判定或裁定的转让价格；

②以公开拍卖方式转让房地产的价格；

③政府物价部门确定的转让价格；

④经主管税务机关认定的其他合理情形。

——摘自《江苏省地方税务局关于土地增值税有关业务问题的公告》（苏地税规〔2012〕1号）第三条第（三）项

9. 天津市

在计算缴纳土地增值税时，转让房地产的成交价格低于其评估价格的，其成交价格由下列方式确定的可视同为有正当理由：

（一）各级人民法院的生效判决或裁定；

（二）公开竞价拍卖；

（三）个人转让给直系亲属或承担直接赡养义务人；

（四）主管税务机关认定的其他情形。

——摘自《天津市地方税务局关于土地增值税相关政策的公告》（天津市地方税务局公告2016年第22号）第八条

2.3.1.27 各地对扣除成本偏高的有关规定

1. 北京市

第三十四条 对开发土地和新建房及配套设施的成本中的前期工程费、基础设施费、建筑安装工程费、开发间接费用（以下简称四项成本），按有效凭证金额据实扣除。对纳税人进行土地增值税清算时，有下列情况之一的，应按核定办法扣除：

（一）无法按清算要求提供开发成本核算资料的。

（二）提供的开发成本资料不实的。

（三）发现清算资料中存在虚假、不准确的涉税信息，影响清算税款计算结果的。

（四）清算项目中四项成本的每平方米建安成本扣除额，明显高于北京市地方税务局制定的《分类房产单位面积建安造价表》中公布的每平方米工程造价金额，又无正当理由的。

第三十五条 主管税务机关对四项成本核定扣除的，应向纳税人开具《土地增值税四项成本核定通知书》。

第三十六条 税务机关根据建设部门定期公布的建安指导价格，结合商品房用途、结构等因素制定《分类房产单位面积建安造价表》，作为第四十三条所列四项开发成本核定的依据。《分类房产单位面积建安造价表》及核算方法，由北京市地方税务局另行制定下发。

——摘自《北京市地方税务局关于发布〈北京市地方税务局土地增值

税清算管理规程〉的公告》（北京市地方税务局公告2016年第7号）

2. 海南省

十五、建筑安装成本等房地产开发成本偏高如何处理？

对房地产开发企业办理土地增值税清算所附送的前期工程费、建筑安装工程费、基础设施费、开发间接费等凭证或资料不符合清算要求或不实的，可采取以下任何一种方式处理：

（一）税务机关可参照当地建设工程造价管理部门公布的建安造价定额资料，结合房屋结构、用途、区位等因素，核定上述四项开发成本的单位面积金额标准，并据以扣除；

（二）税务机关可委托价格认证机构（中心）、造价师事务所或其他具有资质的第三方中介机构进行鉴证，并经税务机关确认的建安成本可予以扣除。

——摘自《海南省地方税务局关于印发土地增值税清算有关业务问答的通知》（琼地税函〔2015〕917号）规定

3. 广西壮族自治区

第十一条　房地产开发项目登记内容发生变化或项目建设过程中出现特殊情况导致工程造价偏高，自变化之日或特殊情况发生之日起30日内应向主管税务机关报告并提交相应资料。主管税务机关应及时进行实地核查记录，纳税人应予以配合。

工程造价偏高的特殊情况包括以下情形：

（一）地质勘察不充分造成实际地基承载力与设计的结构物不符、施工过程中发现地下溶洞造成结构物基础类型改变，或者造成安全事故。

（二）设计原因、工程变更、材料价格上涨造成工程造价大幅增加。

（三）因风、火、水、地震等严重自然灾害或其他不可抗力因素造成已建工程及工程材料、设备的毁损。

（四）主管税务机关认可的其他情形。

第四十二条　单位建筑安装工程费明显偏高的，主管税务机关应要求纳税人提供书面说明，纳税人拒不提供或无正当理由的，按照以下方法处理：

（一）主管税务机关可参照当地建设工程造价管理部门公布的建安造价定额资料，结合房屋结构、用途、区位等因素，核定建筑安装工程费，并据以计算扣除。

（二）主管税务机关可委托当地建设工程造价管理部门进行评估，根据建设工程造价管理部门出具的建安造价报告确认建筑安装工程费的单位面积金额标准，并据以计算扣除。

——摘自《广西壮族自治区地方税务局关于发布〈广西壮族自治区房地产开发项目土地增值税管理办法（试行）〉的公告》（广西壮族自治区地方税务局公告2018年第1号）

第四十二条　“单位建筑安装工程费明显偏高的”，参照《最高人民法院关于适用〈中华人民共和国合同法〉若干问题的解释（二）》（法释〔2009〕5号）第十九条规定，对交易双方的成交价格在市场价基础上设置了30%的浮动比例，超出此浮动比例即可认定交易价格不合理。因此，比照上述规定以30%作为认定建筑安装工程费“明显偏高”的比例。

——摘自《关于〈广西壮族自治区房地产开发项目土地增值税管理办法〉解读稿》

4. 青岛市

七、关于房地产开发成本核定问题

对房地产开发企业成本申报资料存在下列情形之一的，主管税务机关应参照税务机关通过评估建立的房地产开发成本平方米造价预警指标，结合房屋结构、用途、区位等因素，核定其准予扣除的成本；上述预警指标中没有的，可以参照各级建筑工程行政主管部门各项房地产开发成本平方米造价指标以及政府有关部门公布的建设规费收取标准等，结合房屋结构、用途、区位等因素，核定其准予扣除的成本；房地产开发企业有异议的，可委托物价部门进行个案评估：

（一）建筑工程费明显高于中标概算价格或者建筑工程承包合同金额又无正当理由的；

（二）大宗建筑材料供应商或者建筑工程承包人（含分包人）为房地产开发企业的关联企业，并且未按照独立企业之间的业务往来支付价款、费用的，或者价格明显偏高的；

（三）前期工程费、基础设施费、开发间接费等价格明显偏高的；

（四）清算申报时所附送的凭证和资料不符合清算申报要求的。

——摘自《青岛市地方税务局关于贯彻落实〈山东省地方税务局土地

增值税“三控一促”管理办法〉若干问题的公告》（青岛市地方税务局公告2018年第4号）

5. 山西省

建筑安装成本费用是否高于建设部门公布的最新《山西省建设工程计价依据》标准，明显偏高的，需提供专项说明或出具中介机构的专项审定报告。

——摘自《山西省地方税务局关于发布〈房地产开发企业土地增值税清算管理办法〉的公告》（山西省地方税务局公告2014年第3号）第十九条

6. 贵州省

房地产开发企业办理土地增值税清算申报所附送的前期工程费、建筑安装工程费、基础设施费、开发间接费的凭证或资料不符合清算要求或金额明显偏高的，主管地方税务机关可参照当地建设工程造价管理部门公布的建安造价定额资料，结合房屋结构、用途、区位等因素，核定上述四项开发成本的单位面积金额标准，并据以计算扣除。

房地产开发企业与其关联方采取转让定价的方法，虚增前期工程费、建筑安装工程费、基础设施费、开发间接费等四项开发成本，将其房地产项目利润转移至关联方的，主管地方税务机关可比照上述规定核定四项开发成本的单位面积金额。

——摘自《贵州省地方税务局关于发布〈贵州省土地增值税清算管理办法〉的公告》（贵州省地方税务局公告2016年第13号）第五十二条

7. 福建省

三、房地产开发企业对土地增值税清算申报的工程造价成本扣除金额高于按照《工程造价计税成本标准》测算的金额，应当提供相关证据，经税务机关认定后，予以据实扣除。上述相关证据包括并不限于建设工程规划设计（施工）图、室外总平图、竣工图、工程量清单、装饰材料清单、绿化苗木清单、土石方工程测量报告、工程结算书、建筑面积测绘报告等。对税务机关认定结果有异议的，税务机关还可以委托工程造价鉴定，并以鉴定意见作为是否采信的判断依据。

——摘自《福建省税务局 住房和城乡建设厅关于发布福建省房地产开发项目工程造价计税成本标准的公告》（福建省税务局 福建省住房和城乡建设厅公告2019年第9号）

8. 广东省

第二十七条　纳税人办理土地增值税清算所附送的前期工程费、建筑安装工程费、基础设施费、开发间接费用的凭证资料不符合清算要求或不实的，主管税务机关应发出交换意见的税务事项通知书，通知纳税人在收到通知书之日起15日内回复意见、提交证据。主管税务机关应充分听取纳税人的意见，对纳税人提供的事实、证据予以复核，必要时引用第三方专业机构意见，经主管税务机关会同项目清算审核组集体审议后，认为事实不清、证据不足的，参照土地增值税扣除项目金额标准据以计算扣除，并发出核定征收的税务事项通知书。

凭证资料不符合清算要求或不实是指存在下列情形之一：

不能完整提供工程竣工、工程结算、工程监理等方面资料的，或未按国家有关规定、程序、手续进行工程结算的；

工程结算项目建安造价高于当地扣除项目金额标准无正当理由的；

挡土墙、桩基础、户内装修、玻璃幕墙、干挂石材、园林绿化等工程不能提供完整的工程施工图、竣工图、工程量清单、材料苗木清单（总平面乔灌木配置图）的；

房地产开发企业与工程承包企业互为关联企业，建安造价高于当地扣除项目金额标准的；

大额工程款采取现金支付或支付资金流向异常的。

——摘自《广东省税务局关于发布〈国家税务总局广东省税务局土地增值税清算管理规程〉的公告》（广东省税务局公告2019年第5号）

9. 浙江省

房地产开发企业办理土地增值税清算所附送的“四项开发成本”的凭证或资料不符合清算要求或不实的，主管地方税务机关可参照当地建设工程造价管理部门定期公布的建安造价定额资料，结合房屋建造年份、结构、用途、区位、材料等因素，核定“四项开发成本”的单位面积金额标准。

——摘自《浙江省地方税务局关于房地产开发企业土地增值税清算四项开发成本核定办法的公告》（浙江省地方税务局公告2016年第20号）第二条

2.3.2　清算自查表

房地产开发企业收到土地增值税清算通知书或税局要求进行土增清算

时，应及时统计土增清算项目未取得发票明细和清算项目结算情况，督促相关业务部门及时完成清算单位（分期、楼栋）的结算工作，在收到清算通知书90天内（或税局允许土增税扣除的期限内）全额取得成本发票，保证清算单位成本能足额扣除，避免因结算滞后及未取得成本发票导致土增清算缴纳大额土地增值税的情况，具体可参考“土地增值税清算自查表”进行自查（见表2－7）。

表2－7　　土地增值税清算自查表

项　目	是否存在	处理情况	备注
一、收入			
1. 开发产品用于职工福利、奖励、对外投资、分配给股东或投资人、抵偿债务、换取其他单位和个人的非货币性资产等非直接销售业务的发生情况			
2. 将开发的部分房地产转为企业自用或用于出租等商业用途的发生情况			
3. 自用房地产的所有权转移情况			
4. 按县级以上人民政府的规定售房时代收的各项费用是否计入房价并向购买方一并收取			
5. 按县级以上人民政府的规定售房时代收的各项费用计入房价时，有无将代收费用计入加计扣除以及房地产开发费用计算基数的情形			
6. 房地产企业用建造的本项目房地产安置回迁户的，安置用房视同销售处理情形			
二、扣除项目			
7. 计算扣除项目金额时，实际发生的支出应当取得但未取得合法凭据的，不得扣除			
8. 扣除项目金额中所归集的各项成本和费用，是否实际发生			
9. 扣除项目金额应当准确地在各扣除项目中分别归集，是否混淆			
10. 扣除项目金额中所归集的各项成本和费用，必须是在清算项目开发中直接发生的或应当分摊的			
11. 分期开发项目或者同时开发多个项目的，或者同一项目中建造不同类型房地产的，应按照受益对象，采用合理的分配方法，分摊共同的成本费用			

续表

项　目	是否存在	处理情况	备注
12. 对同一类事项，应当采取相同的会计政策或处理方法。会计核算与税务处理规定不一致的，以税务处理规定为准			
13. 接受建筑安装服务取得的增值税发票，备注栏是否注明建筑服务发生地县（市、区）名称及项目名称			
三、取得土地使用权所支付的金额			
14. 同一宗土地有多个开发项目的分摊方法与金额计算是否合理			
15. 成片受让土地使用权后，分期分批开发、转让房地产的，扣除项目金额是否按主管税务机关确定的分摊方法计算分摊扣除			
16. 是否含有关联方费用			
17. 是否将房地产开发销售费用、管理费用、财务费用计入取得土地使用权支付金额			
18. 是否与市场价格存在明显异常			
19. 土地闲置费等不得扣除项目是否已经剔除			
20. 是否获取合法凭证			
21. 是否存在土地出让收益返还的情况			
22. 提高容积率补缴土地出让金是否缴纳相应契税			
四、土地征用及拆迁补偿费			
23. 实际支出金额与概（预）算是否存在明显差异			
24. 拆迁补偿费是否实际发生			
25. 由政府或者他人承担已征用和拆迁好的土地等相关扣除项目是否符合税法规定			
26. 开发企业采取异地安置成本费用处理情形			
27. 货币安置拆迁的，房地产开发企业是否取得合法有效凭据计入拆迁补偿费			
五、前期工程费、基础设施费			
28. 实际支出额与概预算是否存在明显异常，是否存在虚列情形			
29. 是否将房地产开发项目销售费用、管理费用、财务费用计入前期工程费、基础设施费			
30. 多个（或分期）项目共同发生的前期工程费、基础设施费，是否按项目合理分摊			
31. 报建时缴纳的相关费用是否有退还的情况			

续表

项　目	是否存在	处理情况	备注
六、建筑安装工程费			
32. 是否与决算报告、审计报告、工程结算报告、工程施工合同、监理日志记载的内容相符			
33. 自购建材费用是否重复扣除			
34. 单位定额成本是否存在异常			
35. 自行施工建设有无虚列、多列施工人工费、材料费、机械使用费等情况			
七、公共配套设施费			
36. 公共配套设施的界定是否准确、产权是否明确、是否真实发生、有无预提情况			
37. 是否将房地产开发销售费用、管理费用、财务费用计入公共配套设施费			
38. 多个（或分期）项目共同发生的公共配套设施费，是否按项目合理分摊			
39. 是否含有非项目相关的费用			
八、开发间接费用			
40. 是否将企业行政管理部门（总部）为组织和管理生产经营活动而发生的管理费用计入开发间接费用			
41. 开发间接费用是否真实发生，取得的凭证是否合法有效			
42. 多个开发项目是否分项目核算或分摊，是否将其他项目的开发间接费用计入了清算项目			
43. 是否含有其他企业的费用			
44. 是否将房地产开发项目销售费用、管理费用、财务费用计入开发间接费用			
45. 有无预提开发间接费用的情况			
九、利息支出			
46. 据实申报时是否将利息支出从开发成本中调整至开发费用			
47. 分期开发项目或同时开发多个项目的一般性贷款利息支出，是否按项目合理分摊			
48. 利用闲置专项借款对外投资取得的收益是否冲减利息支出			
49. 借款合同相应条款是否符合有关规定			

续表

项　目	是否存在	处理情况	备注
50. 是否超过按商业银行同类同期贷款利率计算的金额			
51. 超过贷款期限和挪用贷款的罚息是否扣除			
52. 是否剔除借款手续费、咨询费、顾问费等利息支出以外的费用			
53. 对不能按转让房地产项目计算分摊利息支出或不能提供金融机构证明的，计提利息是否符合税法规定			
十、与转让房地产有关的税金			
54. 扣除范围和金额计算是否符合税法有关规定，是否与收入相关，复核税金及附加与收入是否配比，企业是否缴纳			
55. 不属于清算范围、不属于转让环节发生的税金是否违规扣除			
56. 与本次清算收入无关的，按照预售收入（不包括已经结转销售收入部分）计算并缴纳的税金及附加等，是否违规扣除			
57. 印花税的扣除是否符合税法规定			
十一、财政部规定的其他扣除项目			
58. 对取得土地（不论是生地还是熟地）使用权后，未进行任何形式的开发即转让的，审核是否按税收规定计算扣除项目金额，核实有无违反税收规定加计扣除的情形			
59. 对于取得土地使用权后，仅进行土地开发（如“三通一平”等），不建造房屋即转让土地使用权的，审核是否按税收规定计算扣除项目金额，是否按取得土地使用权时支付的地价款和开发土地的成本之和计算加计扣除			
60. 对于取得了房地产产权后，未进行任何实质性的改良或开发即再行转让的，审核是否按税收规定计算扣除项目金额，核实有无违反税收规定加计扣除的情形			
61. 代收费用是否计入房价并向购买方一并收取，有无将代收费用作为加计扣除的基数的情形			
62. 计算加计扣除基数时是否剔除已计入开发成本的利息支出			

2.3.3　清算期限

1. 对于符合应进行土地增值税清算条件的项目，纳税人应当在满足条件之日起90日内到主管税务机关办理清算手续。对于符合可要求纳税人进行土地增值税清算的项目，由主管税务机关确定是否进行清算；对于确定需要进行清算的项目，由主管税务机关下达清算通知，纳税人应当在收到清算通知之日起90日内办理清算手续。

2. 纳税人应以满足应清算条件之日起90日内或者接到主管税务机关清算通知书之日起90日内的任意一天，确认为清算收入和归集扣除项目金额的截止时间（以下简称清算截止日），并将清算截止日明确告知主管税务机关。

2.3.4　办理材料

2.3.4.1　普通标准住宅增值率不超过20%的土地增值税减免

根据《全国税务机关纳税服务规范（3.0版）》，普通标准住宅增值率不超过20%的土地增值税减免（减免性质代码：11011704）属于核准类税收减免事项。符合核准类税收减免的纳税人，提交核准材料，提出申请，经依法具有批准权限的税务机关按规定核准确认后方可享受。未按规定申请或虽申请但未经有批准权限的税务机关核准确认的，纳税人不得享受。

报送材料：

1. “纳税人减免税申请核准表”1份；
2. 减免税申请报告；
3. 开发立项及不动产权属资料复印件；
4. 土地增值税清算报告；
5. 相关的收入、成本、费用等相关材料。

需要注意的是，2021年10月12日《国家税务总局关于进一步深化税务领域“放管服”改革 培育和激发市场主体活力若干措施的通知》（税总征科发〔2021〕69号）明确，简化土地增值税免税事项办理，由事前备案改为纳税人自行判别、自主申报享受、相关资料留存备查。也就是说，土地增值税清算普通标准住宅享受免税优惠不再需要办理事前备案。

2.3.4.2 土地增值税清算应提供的资料

1. 土地增值税纳税申报表（从事房地产开发的纳税人清算适用）；

2. 土地增值税纳税申报表附表；

3. 房地产开发项目清算说明，包括房地产开发项目销售、视同销售、共同成本费用的计算和分摊方法、关联方交易、融资、房地产清算项目税款缴纳、保障房建设、公共配套设施处理、减免税以及房屋可售建筑面积、非可售建筑面积的具体构成情况等；

4. 预售许可证等与转让房地产的收入、成本和费用有关资料原件及复印件，包括项目竣工决算报表复印件、取得土地使用权所支付的地价款凭证原件及复印件、国有土地使用权出让合同原件及复印件、银行贷款利息结算通知单原件及复印件、项目工程合同结算单原件及复印件、商品房购销合同统计表、房地产销售明细表等材料；

5. 主管税务机关需要相应项目记账凭证的，须提供相关记账凭证复印件；

6. 享受土地增值税优惠的项目，须提供减免土地增值税证明材料原件及复印件；

7. 纳税人委托税务中介机构审核鉴证的清算项目，还应报送中介机构出具的《土地增值税清算税款鉴证报告》；

8. 当地税务机关认为需要提供的其他资料。

以上资料原件均查验后退回。

2.4 清算后尾盘销售

2.4.1 政策指引

2.4.1.1 基本规定

1. 根据国税发〔2006〕187号文件规定，在土地增值税清算时未转让的房地产，清算后销售或有偿转让的，纳税人应按规定进行土地增值税的纳税申报，扣除项目金额按清算时的单位建筑面积成本费用乘以销售或转让面积计算，即：

$$单位建筑面积成本费用 = \frac{清算时的扣除项目总金额}{清算的总建筑面积}$$

【提醒1】上述公式中，清算的总建筑面积为总可售建筑面积，清算时的扣除项目总金额不包括纳税人进行清算时扣除的与转让房地产有关的税金。

【提醒2】计算的单位建筑面积成本费用已包含开发费用与财政部规定的其他扣除金额，与清算前单位建筑面积成本（取得土地使用权所支付的金额与开发成本之和）不同，所以清算后尾盘销售也不能再扣除开发费用与财政部规定的其他扣除金额。

尾盘销售清算时扣除项目金额按清算时的单位建筑面积成本费用乘以清算后转让的面积再加上清算后转让时缴纳的与转让房地产有关的税金计算，即：

扣除项目金额 = 单位建筑面积成本费用 × 清算后转让的面积 + 再转让房地产有关的税金

2. 清算后再转让房地产（清算后尾盘销售）应当区不同房屋类型分别计算增值额、增值率，缴纳土地增值税。计算方式应与项目的清算方式保持一致，对于以核定征收方式进行清算的项目，按再转让房地产所取得的收入，乘以该项目清算审核时确定的核定征收率计算。

2.4.1.2 二次清算

房地产开发企业达到清算条件进行土地增值税清算之后，继续支付并取得合法有效的凭证时，有些地区规定可以对已经清算的项目（清算时销售比例不足100%）进行调整，也就是通常所说的“二次清算”。

1. 北京的规定

纳税人在项目完成清算后继续支付并取得合法有效凭证的成本和费用，主管税务机关可根据实际情况重新调整扣除项目金额，但原则上应在项目全部销售完毕时进行调整。

——摘自《北京市地方税务局关于土地增值税清算管理若干问题的通知》（京地税地〔2007〕325号）

2. 广西的规定

因下列原因，纳税人自收到清算审核结果之日起三年内发现多缴税款的，可以向主管税务机关要求退还，主管税务机关应当自接到纳税人书面退还申请之日起30日内核查，对查实的事项应予以追溯调整，涉及从国库中退库的，依照法律、行政法规有关国库管理的规定退还。

（一）清算时应取得但未取得合法有效凭证，清算后取得的。

（二）清算时应实际支付但未实际支付的款项，清算后实际支付的。

（三）清算时应分摊但实际未能分摊的共同的成本费用，清算后能够按照受益对象、采用合理的分配方法分摊的。

（四）其他合法合理原因。

——摘自《广西壮族自治区地方税务局关于发布〈广西壮族自治区房地产开发项目土地增值税管理办法（试行)〉的公告》（广西壮族自治区地方税务局公告2018年第1号）

3. 安徽的规定

因下列原因，纳税人自结算缴纳土地增值税清算税款之日起三年内发现多缴税款的，可以向主管地税机关要求退还多缴的税款，主管地税机关应当自接到纳税人书面退还申请之日起30日内核查，对查实的事项应予以追溯调整，涉及从国库中退库的，依照法律、行政法规有关国库管理的规定退还。

（一）清算时应取得但未取得合法有效凭证，清算后取得的；

（二）清算时应实际支付但未实际支付的款项，清算后实际支付的；

（三）清算时应分摊但实际未能分摊的共同的成本费用，清算后能够按照受益对象、采用合理的分配方法分摊的；

（四）其他合法合理原因。

——摘自《安徽省地方税务局关于发布〈安徽省土地增值税清算管理办法〉的公告》（安徽省地方税务局公告2017年第6号）

4. 湖北的规定

纳税人符合清算条件并进行土地增值税清算后，继续支付并取得合法、有效凭证的支出，可申请二次清算，但必须是所有成本、费用已全部发生完毕。主管税务机关可根据实际情况重新调整扣除项目金额并调整应纳土地增值税税额。二次清算后，纳税人不得再要求进行土地增值税清算。

——摘自《国家税务总局湖北省税务局财产和行为税处关于印发〈土地增值税征管工作指引（试行）〉的通知》（鄂税财行便函〔2021〕9号）

2.4.2　申报期限

在土地增值税清算时未转让的房地产，清算后再转让的，纳税人应按月汇总，并在次月15日内申报缴纳土地增值税。

2.5　核定征收

2.5.1　政策指引

2.5.1.1　核定征收的情形

房地产开发企业有下列情形之一的，税务机关可以参照与其开发规模和收入水平相近的当地企业的土地增值税税负情况，按不低于预征率的征收率核定征收土地增值税：

（1）依照法律、行政法规的规定应当设置但未设置账簿的；

（2）擅自销毁账簿或者拒不提供纳税资料的；

（3）虽设置账簿，但账目混乱或者成本资料、收入凭证、费用凭证残缺不全，难以确定转让收入或扣除项目金额的；

（4）符合土地增值税清算条件，未按照规定的期限办理清算手续，经税务机关责令限期清算，逾期仍不清算的；

（5）申报的计税依据明显偏低，又无正当理由的。

【提醒】对核定征收的房地产开发项目，不得享受任何土地增值税减免税优惠。纳税人直接转让国有土地使用权的，原则上不得核定征收。

2.5.1.2 核定征收的方式

1. 核定扣除项目

房地产开发企业办理土地增值税清算所附送的前期工程费、建筑安装工程费、基础设施费、开发间接费用的凭证或资料不符合清算要求或不实的，税务机关可参照当地建设工程造价管理部门公布的建安造价定额资料，结合房屋结构、用途、区位等因素，核定上述四项开发成本的单位面积金额标准，并据以计算扣除。具体核定方法由省税务机关确定。

目前各地核定扣除项目的规定并不多，举例如下：

（1）深圳市

《深圳市税务局关于发布〈土地增值税征管工作规程〉的公告》（深圳市税务局公告2019年第8号）第二十七条第（二）项规定。

主管税务机关可按照以下方法核定开发成本、开发费用：

1. 确定土地价款。以国土产权管理部门提供的土地价款或同期该地块基准地价为准。

2. 核定开发成本。成本核定可选择以下方式确定：

（1）房地产开发企业上报政府相关部门审定或备案的房地产投资总规模、土地成本、工程造价成本等相关数据或者房地产开发企业在国土产权管理部门办理产权初始登记中有关土地成本以及开发成本等相关数据。

（2）参照住房建设部门公布的建筑工程造价成本。

（3）同一地区、同一类型、同一年度、销售档次相近的房地产开发成本。

3. 核定开发费用。开发费用 =（土地价款 + 已核定开发成本）×10%。

（2）广东省

《广东省税务局关于发布〈国家税务总局广东省税务局土地增值税清算管理规程〉的公告》（广东省税务局公告2019年第5号）规定：

第二十七条　纳税人办理土地增值税清算所附送的前期工程费、建筑安装工程费、基础设施费、开发间接费用的凭证资料不符合清算要求或不实的，主管税务机关应发出交换意见的税务事项通知书，通知纳税人在收到通知书之日起15日内回复意见、提交证据。主管税务机关应充分听取纳税人的意见，对纳税人提供的事实、证据予以复核，必要时引用第三方专业机构意见，经主管税务机关会同项目清算审核组集体审议后，认为事实不清、证据不足的，参照土地增值税扣除项目金额标准据以计算扣除，并发出核定征收的税务事项通知书。

凭证资料不符合清算要求或不实是指存在下列情形之一：

1. 不能完整提供工程竣工、工程结算、工程监理等方面资料的，或未按国家有关规定、程序、手续进行工程结算的；

2. 工程结算项目建安造价高于当地扣除项目金额标准无正当理由的；

3. 挡土墙、桩基础、户内装修、玻璃幕墙、干挂石材、园林绿化等工程不能提供完整的工程施工图、竣工图、工程量清单、材料苗木清单（总平面乔灌木配置图）的；

4. 房地产开发企业与工程承包企业互为关联企业，建安造价高于当地扣除项目金额标准的；

5. 大额工程款采取现金支付或支付资金流向异常的。

（3）浙江省

《浙江省地方税务局关于房地产开发企业土地增值税清算管理有关问题的公告》（浙江省地方税务局公告2015年第8号）第五条规定：

在计算土地增值税时，前期工程费、建筑安装工程费、基础设施费、开发间接费用等“四项开发成本”应按实际发生额据实扣除。房地产开发企业办理土地增值税清算所附送的“四项开发成本”的凭证或资料不符合清算要求或不实的，地方税务机关可参照当地建设工程造价管理部门公布的建安造价定额资料，结合房屋结构、用途、区位等因素，核定上述“四项开发成本”的单位面积金额标准，并据以计算扣除。

2. 核定征收率

按照征收率核定的，纳税人应按主管税务机关确定的不同类型的核定征收率分别计算土地增值税。

核定征收土地增值税的，纳税人应当按照取得的转让房地产收入（不含增值税）和核定征收率计算缴纳土地增值税。计算公式如下：

应缴税款 = 转让房地产收入（不含增值税）× 核定征收率

实行核定征收的，核定后再转让的房地产，按核定时确定的核定征收率计征土地增值税。核定征收率原则上不得低于5%，部分地区核定征收率相关规定见表2－8。

表2－8　部分地区土地增值税核定征收率

地区	核定征收率规定	文号
北京市	核定征收率原则上不得低于5%	北京市地方税务局公告2016年第7号
天津市	（一）普通标准住宅的核定征收率为6% （二）非普通标准住宅和其他类型房地产的核定征收率为8% （三）无法准确区分不同房地产类型的，核定征收率为8%	天津市地方税务局2016年第25号
重庆市	（一）单位纳税人转让房产：普通住宅为5%；非普通住宅及车库为6%；非住宅（车库除外）为8% （二）个人纳税人转让非住宅类房产为6%	重庆市地方税务局公告2014年第3号
安徽省	按照收入金额的一定比例实行核定征收的，核定征收率不得低于5%	安徽省税务局公告2018年第21号
安徽合肥	（一）住宅（不含别墅、商住房）核定征收率不低于5% （二）其他类型房地产（含别墅、商住房）核定征收率不低于7%	合肥市税务局公告2018年第6号
福建省	普通住房核定征收率不得低5%，非普通住宅核定征收率不得低于5.5%，非住房核定征收率不得低于6%	福建省税务局公告2018年第21号
甘肃省	（一）兰州市城关区、七里河区、西固区，兰州经济技术开发区，天水市秦州区、麦积区，嘉峪关市及其他地级市政府（不包括临夏州、甘南州）所在区的核定征收率调整为： 1. 普通住宅5% 2. 非普通住宅为7% 3. 其他类型房地产为9% （二）临夏州、甘南州、兰州新区及不属于第一条的其他县（市、区）核定征收率调整为： 1. 普通住宅为5% 2. 非普通住宅为6% 3. 其他类型房地产为7%	甘肃省税务局公告2018年第10号

续表

地区	核定征收率规定	文号
贵州省	（一）贵阳市云岩区、南明区、金阳新区、小河区、乌当区、白云区和花溪区： 1. 普通标准住宅，核定征收率为5% 2. 非普通标准住宅，核定征收率为5.5% 3. 营业用房，核定征收率为6% 4. 其他房产，核定征收率为5.5% （二）除上述地区之外的其他各市、县（市、区、特区）： 1. 普通标准住宅，核定征收率为4.5% 2. 非普通标准住宅，核定征收率为5% 3. 营业用房，核定征收率为5.5% 4. 其他房产，核定征收率为5%	贵州省地方税务局公告2010年第3号
河北省	地产开发项目土地增值税核定征收率统一调整为5%	河北省地方税务局2010年第1号公告
河南省	（一）住宅： 1. 普通标准住宅5% 2. 除普通标准住宅以外的其他住宅6% （二）除住宅以外的其他房地产项目8%	河南省地方税务局公告2011年第10号
	（一）房地产开发企业转让房地产项目的，对同一清算项目的同类房地产平均价格在20 000元/平方米（含）至30 000元/平方米的，核定征收率为12% （二）房地产开发企业转让房地产项目的，对同一清算项目的同类房地产平均价格在30 000元/平方米（含）以上的，核定征收率为15% （三）有下列行为之一的，核定征收率调整为15%： 1. 擅自销毁账簿或账目混乱，造成收入、扣除项目无法准确计算的 2. 拒不提供纳税资料或不按税务机关要求提供纳税资料的 3. 申报的计税价格明显偏低，又无正当理由的 4. 符合土地增值税清算条件，未按规定的期限清算，经税务机关责令清算，逾期仍不清算的 对同一清算项目的同类房地产平均价格在20 000元/平方米以下的，核定征收率仍按《河南省地方税务局关于调整土地增值税核定征收率有关问题的公告》（河南省地方税务局公告2011年第10号）的规定执行	河南省地方税务局公告2017年第3号
湖南省	1. 普通标准住宅：5% 2. 非普通标准住宅：6% 3. 非住宅：6% 4. 符合清算条件但未按规定期限办理清算手续，经税务机关责令限期清算，逾期仍不清算的：10%	湖南省地方税务局公告2015年第4号

续表

地区	核定征收率规定	文号
江西省	转让普通住宅，按5%；转让非普通住宅，按6%；转让非住宅，按8%；符合应清算条件但未按规定期限办理清算手续，经税务机关责令限期清算，逾期仍不清算的，按10%核定征收	江西省地方税务局公告2017年第1号
青海省	普通住宅6%；非普通住宅7%；其他商品房10%	青海省税务局公告2020年第8号
山东济南	1. 销售房地产开发项目或转让旧房及建筑物的，核定征收率如下： (1) 整体转让未竣工决算的房地产开发项目，核定征收率不低于5% (2) 普通住房，核定征收率不低于5% (3) 非普通住房，核定征收率不低于6% (4) 别墅，核定征收率不低于7% (5) 工业用房、商业用房等其他房地产，核定征收率不低于6% (6) 地下室、车位（库）等附属设施，核定征收率不低于5% 2. 转让国有土地使用权的，原则上采用查账征收方式。对特殊情况，也可采取核定征收方式，核定征收率不低于5%。主管税务机关可根据其契税缴纳资料以及参照同时期、同地段土地历史成交价格或当年政府发布的国有土地基准地价确定土地价格，测算核定征收率	国家税务总局济南市税务局公告2020年第1号
山东省	核定征收率原则上不得低于5%	山东省地方税务局公告2017年第5号
山西省	普通标准住宅：5% 除普通标准住宅以外的其他住宅：6% 除普通住宅和非普通住宅以外的其他房地产项目：7%	山西省太原市地方税务局2010年第1号公告
大连市	普通住宅，土地增值税清算核定征收率调整为5% 非普通住宅，土地增值税清算核定征收率调整为6% 非住宅，土地增值税清算核定征收率调整为8%	辽宁省大连市地方税务局2010年第1号公告
厦门市	从事房地产开发的纳税人，其开发的房地产项目在清算时确实符合核定征收条件的，经主管税务机关确认后，实行核定征收，其中普通住宅核定征收率不得低于5%、非普通住宅核定征收率不得低于5.5%、非住宅核定征收率不得低于6%	厦税公告2018年第10号

2.5.2　申报期限

税务机关核定的纳税期限，应在纳税人签订房地产转让合同之后、办理房地产权属转让（即过户及登记）手续之前。

2.6　旧房转让

2.6.1　政策指引

2.6.1.1　新建房旧房的界定

新建房是指建成后未使用的房产。凡是已使用一定时间或达到一定磨损程度的房产均属旧房。使用时间和磨损程度标准可由各省、自治区、直辖市财政厅（局）和地方税务局具体规定。

【提醒】从事房地产开发的纳税人将开发产品转为自用、出租等用途且已达到主管税务机关旧房界定标准后，又将该旧房对外出售的，应办理旧房转让土地增值税申报。

目前各地大部分把握房屋使用1年以上为旧房的口径，举例如下：

1. 北京市

《北京市地税局关于转发财政部 国家税务总局〈关于土地增值税一些具体问题规定的通知〉的通知》（京财税〔1996〕645号）第一条规定：

凡是已使用1年以上的房产均属旧房。

2. 深圳市

《深圳市税务局关于发布〈土地增值税征管工作规程〉的公告》（深圳市税务局公告2019年第8号）第三十三条规定：

纳税人转让从房地产二级市场购入超过1年（不含1年）的房产、自建房使用超过1年（不含1年）的房产以及从房地产三级市场购入的房产，适用旧房转让土地增值税政策。

从事房地产开发的纳税人将开发产品转为自用、出租等用途超过1年（不含1年）的，转让时适用旧房转让土地增值税政策。

3. 重庆市

《重庆市地方税务局关于土地增值税若干政策执行问题的公告》（重庆市地方税务局公告2014年第9号）第二条第（一）项规定：

以下情形房产，再转让属于转让旧房：

①单位和个人对外取得（购置、接收投资、抵债、受赠、交换等）的房产；

②房地产企业以外的其他单位和个人建造的房产；

③房地产企业建造房产已转为固定资产或投资性房地产。

4. 安徽省

《安徽省税务局关于明确财产和行为税若干税收政策的公告》（安徽省税务局公告2019年第10号）第十三条规定：

凡是已使用一定时间达到一定磨损程度的房产均属于旧房。包括：

①新建成的房产使用时间满一年的，在转让时应作为旧房；

②购买新房再转让的，不论其是否使用，均作为旧房；

③个人新建房产转让，不论其建成后使用时间长短，均作为旧房。

5. 山西省

《山西省地方税务局关于发布〈房地产开发企业土地增值税清算管理办法〉的公告》（山西省地方税务局公告2014年第3号）第八条规定：

清算后再销售或转让使用年限超过1年房地产的，应当按照转让旧房及建筑物的政策规定计算缴纳土地增值税。

6. 湖南省

《湖南省财政厅 湖南省地方税务局关于土地增值税新旧房界定问题的通知》（湘财税〔2015〕13号）第一条规定：

新建非商品房取得房屋所有权证后、新建商品房实现销售（或视同销售）取得房屋所有权证（或办理房屋产权登记）后，即为旧房，转让时按照旧房的有关规定征收土地增值税。

7. 天津市

《天津市地方税务局关于土地增值税相关政策的公告》（天津市地方税务局公告2016年第22号）第十条规定：

房地产开发企业转让取得房地权证的自建商品房，不论使用时间和磨损程度如何，凡签署存量房买卖合同（协议）的均属于存量房，按存量房转让计征土地增值税。

8. 青岛市

《青岛市地方税务局关于印发〈青岛市地方税务局房地产开发项目土地增值税税款清算管理暂行办法〉的通知》（青地税发〔2008〕100 号）规定：

第十条 开发企业将开发产品和公共配套设施转为企业自用或用于出租的，凡房地产所有权未发生转移的，不征收土地增值税；在税款清算时不计入房地产转让收入，同时按照建筑面积比例确定相应的成本和费用，不计入扣除项目金额。

“自用或用于出租”是指同时满足下列条件：

（一）将开发产品转作开发企业固定资产的；

（二）从自用或用于出租之日起连续使用年限 1 年以上（含 1 年）的。

第十五条 开发企业将开发产品转为企业自用或用于出租的，凡符合本办法第十条第二款规定的，出售时依法不列入国家规定的清算范围，应按转让旧房及建筑物的税收规定计算缴纳土地增值税。

9. 海南省

《海南省地方税务局关于土地增值税有关问题的通知》（琼地税发〔2009〕104 号）第二条规定：

二手房、房地产开发企业所开发的商品房已转为自用，作为固定资产核算的房产、非房地产开发企业自建自用超过 1 年的房产，均适用转让旧房的土地增值税政策。

10. 江苏省

《江苏省地方税务局公告关于土地增值税若干问题的公告》（苏地税规〔2015〕8 号）第六条规定：

房地产开发企业建造的商品房（不含已列入固定资产或作为投资性房地产的房屋），应按照转让新建房的政策规定缴纳土地增值税。非房地产开发企业自建房屋，自房屋竣工之日起 3 年内（含）转让的，可按照转让新建房的政策规定缴纳土地增值税。

2.6.1.2 旧房转让扣除项目的确定

1. 按评估价格

转让旧房的，应按房屋及建筑物的评估价格、取得土地使用权所支付的地价款和按国家统一规定交纳的有关费用以及在转让环节缴纳的税金作为扣除项目金额计征土地增值税。对取得土地使用权时未支付地价款或不能提供已支付的地价款凭据的，不允许扣除取得土地使用权所支付的金额。

旧房及建筑物的评估价格，是指在转让已使用的房屋及建筑物时，由政府批准设立的房地产评估机构评定的重置成本价乘以成新度折扣率后的价值，并由当地税务机关参考评估机构的评估而确认的价格。

即：旧房及建筑物的评估价格 = 重置成本 × 成新度折扣率

重置成本，是指对旧房及建筑物按转让时的建材价格及人工费用计算，建造同样面积、同样层次、同样结构、同样建设标准的新房及建筑物所需花费的成本费用。成新度折扣率是根据房屋在评估时的实际新旧程度，按专业机构规定的房屋新旧等级标准进行对照，并参考房屋的使用时间、使用程度和保养情况，综合确定房屋的新旧度比例，一般用几成新来表示。

【提醒 1】房屋的成新度折扣率不同于会计核算中的折旧率。

纳税人转让旧房及建筑物时因计算纳税的需要而对房地产进行评估，其支付的评估费用允许在计算增值额时予以扣除。但纳税人隐瞒、虚报房地产成交价格等情形而按房地产评估价格计算征收土地增值税所发生的评估费用，不允许在计算土地增值税时予以扣除。

【提醒 2】以评估价格作为扣除项目的评估价不包括不包括土地评估价格。对于购入房地产再转让且能提供评估价格的，购入时已缴纳的契税在计算土地增值税时不允许扣除。

按评估价格确定扣除项目的具体计算公式为：

扣除项目金额 = 取得土地使用权所支付的金额 + 旧房及建筑物的评估价格 + 与转让房地产有关的税金 + 纳税人支付的旧房及建筑物价格评估费用

【例 2－9】某县 A 房地产企业 2019 年 8 月以 2 100 万元出售一幢 2001 年自建的办公楼，账面原值 400 万元，累计折旧 180 万元，A 企业无法提供已支付的地价款凭据。A 企业支付 8 万元评估费委托 B 资产评估公司进行评估，B 公司评估土地价值为 800 万元，办公楼重新构建价格为 700 万元，成新度折扣率为 50%，该评估价格已经税务机关认定。

按照评估价格计算应缴土地增值税如下：

A 公司办公楼转让收入 = 2 100 ÷ 1.05 = 2 000（万元）

办公楼评估价格（不含土地）= 700 × 50% = 350（万元）

取得土地使用权所支付的金额 = 0

与转让房地产有关的税金 = 2 100 ÷（1 + 5%）× 5% ×（5% + 3% + 2%）+ 2 100 × 0.5‰ = 11.05（万元）

扣除项目合计 = 0 + 350 + 11.05 + 8 = 369.05（万元）

增值额 = 2 000 − 369.05 = 1 630.95（万元）

增值率 = 1 630.95 ÷ 369.05 = 441.93%

应纳土地增值税税额 = 1 630.95 × 60% − 369.05 × 35%

= 849.40（万元）

2. 按购房发票

纳税人转让旧房及建筑物，凡不能取得评估价格，但能提供购房发票的，经当地税务部门确认，《条例》第六条第（一）、（三）项规定的扣除项目的金额（即取得土地使用权所支付的金额和旧房及建筑物的评估价格），可按发票所载金额并从购买年度起至转让年度止每年加计 5% 计算。对纳税人购房时缴纳的契税，凡能提供契税完税凭证的，准予作为“与转让房地产有关的税金”予以扣除，但不作为加计 5% 的基数。

【提醒 1】计算扣除项目时“每年”按购房发票所载日期起至售房发票开具之日止，每满 12 个月计一年；超过一年，未满 12 个月但超过 6 个月的，可以视同为一年。

营改增后，纳税人转让旧房及建筑物，凡不能取得评估价格，但能提供购房发票的，《土地增值税暂行条例》第六条第（一）、（三）项规定的扣除项目的金额按照下列方法计算：

①提供的购房凭据为营改增前取得的营业税发票的，按照发票所载金

额（不扣减营业税）并从购买年度起至转让年度止每年加计5%计算。

②提供的购房凭据为营改增后取得的增值税普通发票的，按照发票所载价税合计金额从购买年度起至转让年度止每年加计5%计算。

③提供的购房发票为营改增后取得的增值税专用发票的，按照发票所载不含增值税金额加上不允许抵扣的增值税进项税额之和，并从购买年度起至转让年度止每年加计5%计算。

按购房发票确定扣除项目的具体计算公式为：

扣除项目金额 = 营业税发票所载金额（或增值税普通发票所载金额或发票所载不含增值税金额 + 不允许抵扣的增值税进项税额）×（1 + 5% × 持有年数）+ 转让房地产有关的税金（含购房时缴纳的契税）+ 其他合理费用

【提醒2】其他合理费用以各省具体规定为准。如贵州、大连等地明确可扣除项目金额以取得房地产时有效发票所载的金额、按发票所载金额从购买年度起至转让年度止每年加计5%计算的金额、与转让房地产有关的税金、取得房地产时所缴纳的契税为标准确认。深圳则明确扣除项目具体包括：购买原价、加计扣除数额、按国家统一规定交纳的有关费用，以及在转让环节缴纳的税金。

【例2-10】某房地产公司2019年11月以210万元转让其于2014年12月购入位于县城的一套办公用房，不能提供评估价格，但有取得时的原始购房发票及对应的1.8万元契税完税凭证，发票所载金额为60万元。

按照购房发票计算应缴土地增值税如下：

转让应缴增值税 = (210 - 60) ÷ 1.05 × 5% = 7.62（万元）

转让收入 = 210 - 7.62 = 202.38（万元）

与转让房地产有关的税金 = 7.62 ×（5% + 3% + 2%）+ 210 × 0.05% + 1.8 = 2.67（万元）

持有年数 = 59 ÷ 12 = 4年 + 11个月 ≈ 5（年）

扣除项目合计 = 60 ×（1 + 5 × 5%）+ 2.67 = 77.67（万元）

增值额 = 202.38 - 77.67 = 124.71（万元）

增值率 = 124.71 ÷ 77.67 = 160.56%

应纳土地增值税税额 = 124.71 × 50% - 77.67 × 15% = 50.70（万元）

【提醒3】不同情形下转让房地产计算土地增值税的扣除项目不一样，如表2-9所示。

表 2－9　不同情形下转让房地产计算土地增值税的扣除项目比较表

<table>
<tr><th>情形</th><th colspan="2">具体扣除项目</th></tr>
<tr><td rowspan="5">房地产企业转让新房</td><td colspan="2">（1）取得土地使用权所支付的金额</td></tr>
<tr><td colspan="2">（2）房地产开发成本</td></tr>
<tr><td colspan="2">（3）房地产开发费用</td></tr>
<tr><td colspan="2">（4）与转让房地产有关的税金</td></tr>
<tr><td colspan="2">（5）加计扣除</td></tr>
<tr><td rowspan="4">非房地产企业转让新房</td><td colspan="2">（1）取得土地使用权所支付的金额</td></tr>
<tr><td colspan="2">（2）房地产开发成本</td></tr>
<tr><td colspan="2">（3）房地产开发费用</td></tr>
<tr><td colspan="2">（4）与转让房地产有关的税金</td></tr>
<tr><td rowspan="6">转让旧房</td><td rowspan="4">有评估价格</td><td>（1）取得土地使用权所支付的金额</td></tr>
<tr><td>（2）评估价格</td></tr>
<tr><td>（3）转让环节缴纳的税金</td></tr>
<tr><td>（4）评估费用</td></tr>
<tr><td rowspan="2">无评估价格，但有购房发票</td><td>（1）发票记载的金额×（1＋5%×年份）</td></tr>
<tr><td>（2）转让环节缴纳的税金</td></tr>
<tr><td rowspan="2">直接转让未开发的土地</td><td colspan="2">（1）取得土地使用权所支付的金额</td></tr>
<tr><td colspan="2">（2）转让环节缴纳的税金</td></tr>
</table>

3. 既无评估价格又没购房发票

对于转让旧房及建筑物，既没有评估价格，又不能提供购房发票的，税务机关可以根据《税收征收管理法》第三十五条的规定，实行核定征收。

如《深圳市税务局关于发布〈土地增值税征管工作规程〉的公告》（深圳市税务局公告 2019 年第 8 号）规定，纳税人不能提供购房发票，在核定扣除项目时，税务机关可依据不动产证登记价格或在国土产权管理部门查询的原购买价格核定纳税人加计扣除的基数；属于自建房的（含适用旧房政策的房地产开发产品），主管税务机关可依据房产建造价格以及原地价款，核定加计扣除的基数。核定征收率仅适用于个人转让存量房土地增值税征收。

对于法院裁定（判决）或行政确权方式取得但无法提供发票的房产再转让问题，《海南省地方税务局关于明确转让旧房土地增值税计税依据有关问题的通知》（琼地税函〔2014〕818 号）明确：再次转让时，可按法院裁定（判决）书或房地产项目转让税收专用证明确定的金额确认购置成本，比照财税〔2006〕21 号文第二条第一款的规定计算土地增值税扣除项目金额。

2.6.1.3 需要按照房地产评估价格计算征收的几种情形

1. 出售旧房及建筑物。

2. 隐瞒、虚报房地产成交价格。

隐瞒、虚报房地产成交价格，是指纳税人不报或有意低报转让土地使用权、地上建筑物及其附着物价款的行为，应由评估机构参照同类房地产的市场交易价格进行评估。税务机关根据评估价格确定转让房地产的收入。

3. 提供扣除项目金额不实。

提供扣除项目金额不实，是指纳税人在纳税申报时不据实提供扣除项目金额的行为，应由评估机构按照房屋重置成本价乘以成新度折扣率计算的房屋成本价和取得土地使用权时的基准地价进行评估。税务机关根据评估价格确定扣除项目金额。

4. 转让房地产的成交价格低于房地产评估价格，又无正当理由。

转让房地产的成交价格低于房地产评估价格又无正当理由，是指纳税人申报的转让房地产的实际成交价低于房地产评估机构评定的交易价，纳税人又不能提供凭据或无正当理由的行为，由税务机关参照房地产评估价格确定转让房地产的收入。

2.6.2 申报期限

纳税人应在签订房地产转让合同后的七日内，向房地产所在地主管税务机关填报土地增值税纳税申报表。

2.7　土地增值税优惠

2.7.1　（暂）免税政策

2.7.1.1　住房

1. 纳税人建造普通标准住宅出售，增值额未超过扣除项目金额 20% 的，免征土地增值税。

——《土地增值税暂行条例》（国务院令第 138 号）第八条第（一）项

普通标准住宅，是指按所在地一般民用住宅标准建造的居住用住宅。高级公寓、别墅、度假村等不属于普通标准住宅。普通标准住宅与其他住宅的具体划分界限由各省、自治区、直辖市人民政府规定。

——《土地增值税暂行条例实施细则》（财法字〔1995〕006 号）第十一条

《条例》第八条中"普通标准住宅"和《财政部 国家税务总局关于调整房地产市场若干税收政策的通知》（财税字〔1999〕210 号）第三条中"普通住宅"的认定，一律按各省、自治区、直辖市人民政府根据《国务院办公厅转发建设部等部门关于做好稳定住房价格工作意见的通知》（国办发〔2005〕26）制定并对社会公布的"中小套型、中低价位普通住房"的标准执行。

——《财政部 国家税务总局关于土地增值税若干问题的通知》（财税〔2006〕21 号）第一条

享受优惠政策的住房原则上应同时满足以下条件：住宅小区建筑容积率在 1.0 以上、单套建筑面积在 120 平方米以下、实际成交价格低于同级别土地上住房平均交易价格 1.2 倍以下。各省、自治区、直辖市要根据实际情况，制定本地区享受优惠政策普通住房的具体标准。允许单套建筑面积和价格标准适当浮动，但向上浮动的比例不得超过上述标准的 20% 。

——《国务院办公厅转发建设部等部门关于做好稳定住房价格工作意见的通知》（国办发〔2005〕26 号）第五条

2. 对个人销售住房暂免征收土地增值税。

——《财政部 国家税务总局关于调整房地产交易环节税收政策的通知》（财税〔2008〕137号）

3. 企事业单位、社会团体以及其他组织转让旧房作为改造安置住房房源且增值额未超过扣除项目金额20%的，免征土地增值税。

改造安置住房是指相关部门和单位与棚户区被征收人签订的房屋征收（拆迁）补偿协议或棚户区改造合同（协议）中明确用于安置被征收人的住房或通过改建、扩建、翻建等方式实施改造的住房。

——《财政部 国家税务总局关于棚户区改造有关税收政策的通知》（财税〔2013〕101号）第二条、第六条

4. 自2019年1月1日至2023年12月31日，对企事业单位、社会团体以及其他组织转让旧房作为公租房房源，且增值额未超过扣除项目金额20%的，免征土地增值税。

——《财政部 国家税务总局关于公共租赁住房税收优惠政策的公告》（财政部 税务总局公告2019年第61号）第四条及《财政部 税务总局关于延长部分税收优惠政策执行期限的公告》（财政部 税务总局公告2021年第6号）第一条

5. 企事业单位、社会团体以及其他组织转让旧房作为经济适用住房房源且增值额未超过扣除项目金额20%的，免征土地增值税。

——《财政部 国家税务总局关于廉租住房、经济适用住房和住房租赁有关税收政策的通知》（财税〔2008〕24号）第一条第（三）项

6. 对个人之间互换自有居住用房地产的，经当地税务机关核实，可以免征土地增值税。

——《财政部 国家税务总局关于土地增值税一些具体问题规定的通知》（财税字〔1995〕048号）第五条

7. 个人因工作调动或改善居住条件而转让原自用住房，经向税务机关申报核准，凡居住满五年或五年以上的，免予征收土地增值税；居住满三年未满五年的，减半征收土地增值税。居住未满三年的，按规定计征土地增值税。

——《土地增值税暂行条例实施细则》（财法字〔1995〕006号）第十二条

2.7.1.2　国家征用、收回的房地产

因国家建设需要依法征用、收回的房地产，免征土地增值税。

——《土地增值税暂行条例》第八条第（二）项

条例第八条（二）项所称的因国家建设需要依法征用、收回的房地产，是指因城市实施规划、国家建设的需要而被政府批准征用的房产或收回的土地使用权。

——《土地增值税暂行条例实施细则》（财法字〔1995〕006 号）第十一条第三款

2.7.1.3　因城市规划、国家建设需要而搬迁由纳税人自行转让原房地产

因城市实施规划、国家建设的需要而搬迁，由纳税人自行转让原房地产的，比照本规定免征土地增值税。

——《土地增值税暂行条例实施细则》（财法字〔1995〕006 号）第十一条第四款

《土地增值税暂行条例实施细则》第十一条第四款所称，因“城市实施规划”而搬迁，是指因旧城改造或因企业污染、扰民（指产生过量废气、废水、废渣和噪音，使城市居民生活受到一定危害），而由政府或政府有关主管部门根据已审批通过的城市规划确定进行搬迁的情况；因“国家建设的需要”而搬迁，是指因实施国务院、省级人民政府、国务院有关部委批准的建设项目而进行搬迁的情况。

——《财政部 国家税务总局关于土地增值税若干问题的通知》（财税〔2006〕21 号）第四条

2.7.1.4　合作建房

对于一方出地，一方出资金，双方合作建房，建成后按比例分房自用的，暂免征收土地增值税；建成后转让的，应征收土地增值税。

——《财政部 国家税务总局关于土地增值税一些具体问题规定的通知》（财税字〔1995〕048 号）第二条

2.7.1.5 运动会

1. 北京冬奥会

自2017年7月12日起，对北京2022年冬奥会和冬残奥会组织委员会赛后出让资产取得收入，免征应缴纳的土地增值税。

——《财政部 国家税务总局 海关总署关于北京2022年冬奥会和冬残奥会税收政策的通知》（财税〔2017〕60号）第一条第（八）项

2. 杭州亚运会

自2020年4月9日起，对杭州2022年亚运会和亚残运会及其测试赛组委会赛后出让资产取得的收入，免征土地增值税。

——《财政部 税务总局 海关总署关于杭州2022年亚运会和亚残运会税收政策的公告》（财政部 税务总局 海关总署公告2020年第18号）第六条

3. 三项国际综合运动会

自2020年1月1日起，对2020年晋江第18届世界中学生运动会、2020年三亚第6届亚洲沙滩运动会、2021年成都第31届世界大学生运动会等三项国际综合运动会组委会赛后出让资产取得的收入，免征土地增值税。

——《财政部 税务总局 海关总署关于第18届世界中学生运动会等三项国际综合运动会税收政策的公告》（财政部 税务总局 海关总署公告2020年第19号）第六条

2.7.2 （暂）不征税政策

2.7.2.1 以继承、赠与方式无偿转让房地产

以继承、赠与方式无偿转让房地产的行为，不征土地增值税。

——《土地增值税暂行条例实施细则》（财法字〔1995〕006号）第二条

细则所称的“赠与”是指如下情况：

（1）房产所有人、土地使用权所有人将房屋产权、土地使用权赠与直系亲属或承担直接赡养义务人的。

（2）房产所有人、土地使用权所有人通过中国境内非营利的社会团体、国家机关将房屋产权、土地使用权赠与教育、民政和其他社会福利、公益事业的。

上述社会团体是指中国青少年发展基金会、希望工程基金会、宋庆龄基金会、减灾委员会、中国红十字会、中国残疾人联合会、全国老年基金会、老区促进会以及经民政部门批准成立的其他非营利的公益性组织。

——《财政部 国家税务总局关于土地增值税一些具体问题规定的通知》（财税字〔1995〕048 号）第四条

2.7.2.2　改制重组

根据《财政部 国家税务总局关于继续实施企业改制重组有关土地增值税政策的公告》（财政部 国家税务总局公告 2021 年第 21 号），自 2021 年 1 月 1 日至 2023 年 12 月 31 日，非房地产开发企业以下改制重组行为暂不征土地增值税：

1. 整体改制

企业按照《公司法》有关规定整体改制，包括非公司制企业改制为有限责任公司或股份有限公司，有限责任公司变更为股份有限公司，股份有限公司变更为有限责任公司，对改制前的企业将国有土地使用权、地上的建筑物及其附着物（以下称“房地产”）转移、变更到改制后的企业，暂不征土地增值税。

2. 企业合并

按照法律规定或者合同约定，两个或两个以上企业合并为一个企业，且原企业投资主体存续的，对原企业将房地产转移、变更到合并后的企业，暂不征土地增值税。

3. 企业分立

按照法律规定或者合同约定，企业分设为两个或两个以上与原企业投资主体相同的企业，对原企业将房地产转移、变更到分立后的企业，暂不征土地增值税。

4. 作价投资

单位、个人在改制重组时以房地产作价入股进行投资，对其将房地产转移、变更到被投资的企业，暂不征土地增值税。

2.8 土地增值税法（征求意见稿）

2019年财政部会同税务总局联合起草了《中华人民共和国土地增值税法（征求意见稿）》，并向社会公开征求意见。

2.8.1 主要内容

2.8.1.1 征税范围

《土地增值税暂行条例》（以下简称《条例》）规定，转让国有土地使用权及地上建筑物、构筑物并取得收入的单位和个人应缴纳土地增值税。在此基础上，《征求意见稿》将出让、转让集体土地使用权、地上的建筑物及其附着物（以下简称集体房地产）纳入征税范围。同时，拟将目前对集体房地产征收的土地增值收益调节金取消。

2.8.1.2 税率和计税依据

《征求意见稿》延续了《条例》的规定，明确土地增值税仍实行四级超率累进税率，并以转移房地产所取得的增值额为计税依据。

2.8.1.3 扣除项目

《征求意见稿》将《条例》第六条第（五）项授权财政部规定的其他扣除项目调整为国务院规定的其他扣除项目。

2.8.1.4 税收优惠

一是吸收了现行税收优惠政策中关于建造增值率低于20%的保障性住房免税的规定；二是增加授权国务院可规定减征或免征土地增值税的其他情形；三是将建造增值率低于20%的普通住宅免税的规定，调整为授权省级政府结合本地实际决定减征或是免征，以体现因地制宜、因城施策的房地产市场调控政策导向，落实地方政府主体责任；四是增加授权省级人民政府对房地产市场较不发达、地价水平较低地区集体房地产减征或免征土地增值税的规定。

2.8.1.5　纳税义务发生时间和申报纳税期限

《征求意见稿》增加了关于纳税义务发生时间的规定，明确为房地产转移合同签订的当日。《征求意见稿》调整了申报缴税期限。一是将《条例》中分开设置的纳税申报和缴纳税款两个时间期限合并为申报缴纳期限；二是将申报缴税期限由《条例》规定的房地产转移合同签订之日后7日内申报并在税务机关核定期限内缴税，调整为区分不同类型纳税人，规定不同的期限。对于从事房地产开发的纳税人，自纳税义务发生月份终了之日起15日内，申报预缴土地增值税；达到清算条件后90日内，申报清算土地增值税。对于其他纳税人，自纳税义务发生之日起30日内申报缴税。

2.8.1.6　征收管理模式

《征求意见稿》明确规定了房地产开发项目实行先预缴后清算的制度，并将现行税务机关根据纳税人提供的资料进行清算审核的做法，调整为从事房地产开发的纳税人应自行完成清算，结清应缴税款或向税务机关申请退税。

2.8.2　《条例》与《征求意见稿》对比

《土地增值税暂行条例》与《征求意见稿》的比较见表2-10。

表2-10　　土地增值税暂行条例与征求意见稿比较表

中华人民共和国土地增值税暂行条例（2011年修订）	《中华人民共和国土地增值税法》（征求意见稿）
第一条　为了规范土地、房地产市场交易秩序，合理调节土地增值收益，维护国家权益，制定本条例	
第二条　转让国有土地使用权、地上的建筑物及其附着物（以下简称转让房地产）并取得收入的单位和个人，为土地增值税的纳税义务人（以下简称纳税人），应当依照本条例缴纳土地增值税	第一条　在中华人民共和国境内转移房地产并取得收入的单位和个人，为土地增值税的纳税人，应当依照本法的规定缴纳土地增值税

续表

中华人民共和国土地增值税暂行条例 （2011 年修订）	《中华人民共和国土地增值税法》 （征求意见稿）
	第二条　本法所称转移房地产，是指下列行为： （一）转让土地使用权、地上的建筑物及其附着物 （二）出让集体土地使用权、地上的建筑物及其附着物，或以集体土地使用权、地上的建筑物及其附着物作价出资、入股 土地承包经营权流转，不征收土地增值税
第三条　土地增值税按照纳税人转让房地产所取得的增值额和本条例第七条规定的税率计算征收	第三条　土地增值税按照纳税人转移房地产所取得的增值额和本法第八条规定的税率计算征收
第四条　纳税人转让房地产所取得的收入减除本条例第六条规定扣除项目金额后的余额，为增值额	第四条　纳税人转移房地产所取得的收入减除本法第六条规定扣除项目金额后的余额，为增值额
第五条　纳税人转让房地产所取得的收入，包括货币收入、实物收入和其他收入	第五条　纳税人转移房地产所取得的收入，包括货币收入、非货币收入
第六条　计算增值额的扣除项目： （一）取得土地使用权所支付的金额 （二）开发土地的成本、费用 （三）新建房及配套设施的成本、费用，或者旧房及建筑物的评估价格 （四）与转让房地产有关的税金 （五）财政部规定的其他扣除项目	第六条　计算增值额时准予扣除的项目为： （一）取得土地使用权所支付的金额 （二）开发土地的成本、费用 （三）新建房及配套设施的成本、费用或者旧房及建筑物的评估价格 （四）与转移房地产有关的税金 （五）国务院规定的其他扣除项目
	第七条　本法规定的收入、扣除项目的具体范围、具体标准由国务院确定
第七条　土地增值税实行四级超率累进税率： 增值额未超过扣除项目金额 50% 的部分，税率为 30% 增值额超过扣除项目金额 50%、未超过扣除项目金额 100% 的部分，税率为 40% 增值额超过扣除项目金额 100%、未超过扣除项目金额 200% 的部分，税率为 50% 增值额超过扣除项目金额 200% 的部分，税率为 60%	第八条　土地增值税实行四级超率累进税率： 增值额未超过扣除项目金额 50% 的部分，税率为 30% 增值额超过扣除项目金额 50%、未超过扣除项目金额 100% 的部分，税率为 40% 增值额超过扣除项目金额 100%、未超过扣除项目金额 200% 的部分，税率为 50% 增值额超过扣除项目金额 200% 的部分，税率为 60%

续表

中华人民共和国土地增值税暂行条例（2011 年修订）	《中华人民共和国土地增值税法》（征求意见稿）
第八条　有下列情形之一的，免征土地增值税： （一）纳税人建造普通标准住宅出售，增值额未超过扣除项目金额 20% 的 （二）因国家建设需要依法征收、收回的房地产	第十一条　下列情形，可减征或免征土地增值税： （一）纳税人建造保障性住房出售，增值额未超过扣除项目金额 20% 的，免征土地增值税 （二）因国家建设需要依法征收、收回的房地产，免征土地增值税 （三）国务院可以根据国民经济和社会发展的需要规定其他减征或免征土地增值税情形，并报全国人民代表大会常务委员会备案
第九条　纳税人有下列情形之一的，按照房地产评估价格计算征收： （一）隐瞒、虚报房地产成交价格的 （二）提供扣除项目金额不实的 （三）转让房地产的成交价格低于房地产评估价格，又无正当理由的	第九条　纳税人有下列情形之一的，依法核定成交价格、扣除金额： （一）隐瞒、虚报房地产成交价格的 （二）提供扣除项目金额不实的 （三）转让房地产的成交价格明显偏低，又无正当理由的
	第十条　出让集体土地使用权、地上的建筑物及其附着物，或以集体土地使用权、地上的建筑物及其附着物作价出资、入股，扣除项目金额无法确定的，可按照转移房地产收入的一定比例征收土地增值税。具体征收办法由省、自治区、直辖市人民政府提出，报同级人民代表大会常务委员会决定
	第十二条　省、自治区、直辖市人民政府可以决定对下列情形减征或者免征土地增值税，并报同级人民代表大会常务委员会备案： （一）纳税人建造普通标准住宅出售，增值额未超过扣除项目金额 20% 的 （二）房地产市场较不发达、地价水平较低地区的纳税人出让集体土地使用权、地上的建筑物及其附着物，或以集体土地使用权、地上的建筑物及其附着物作价出资、入股的
	第十三条　土地增值税纳税义务发生时间为房地产转移合同签订的当日

续表

中华人民共和国土地增值税暂行条例（2011 年修订）	《中华人民共和国土地增值税法》（征求意见稿）
	第十四条　纳税人应当向房地产所在地主管税务机关申报纳税
	第十五条　房地产开发项目土地增值税实行先预缴后清算的办法。从事房地产开发的纳税人应当自纳税义务发生月份终了之日起 15 日内，向税务机关报送预缴土地增值税纳税申报表，预缴税款 从事房地产开发的纳税人应当自达到以下房地产清算条件起 90 日内，向税务机关报送土地增值税纳税申报表，自行完成清算，结清应缴税款或向税务机关申请退税： （一）已竣工验收的房地产开发项目，已转让的房地产建筑面积占整个项目可售建筑面积的比例在 85% 以上，或该比例虽未超过 85%，但剩余的可售建筑面积已经出租或自用的 （二）取得销售（预售）许可证满三年仍未销售完毕的 （三）整体转让未竣工决算房地产开发项目的 （四）直接转让土地使用权的 （五）纳税人申请注销税务登记但未办理土地增值税清算手续的 （六）国务院税务主管部门确定的其他情形
第十条　纳税人应当自转让房地产合同签订之日起 7 日内向房地产所在地主管税务机关办理纳税申报，并在税务机关核定的期限内缴纳土地增值税	第十六条　非从事房地产开发的纳税人应当自房地产转移合同签订之日起 30 日内办理纳税申报并缴纳税款
第十一条　土地增值税由税务机关征收。土地管理部门、房产管理部门应当向税务机关提供有关资料，并协助税务机关依法征收土地增值税	第十七条　税务机关应当与相关部门建立土地增值税涉税信息共享机制和工作配合机制。各级地方人民政府自然资源、住房建设、规划等有关行政主管部门应当向税务机关提供房地产权属登记、转移、规划等信息，协助税务机关依法征收土地增值税
第十二条　纳税人未按照本条例缴纳土地增值税的，土地管理部门、房产管理部门不得办理有关的权属变更手续	第十八条　纳税人未按照本法缴纳土地增值税的，不动产登记机构不予办理有关权属登记

续表

中华人民共和国土地增值税暂行条例 （2011年修订）	《中华人民共和国土地增值税法》 （征求意见稿）
第十三条　土地增值税的征收管理，依据《中华人民共和国税收征收管理法》及本条例有关规定执行	第十九条　土地增值税的征收管理，依据本法及《中华人民共和国税收征收管理法》的规定执行
第十四条　本条例由财政部负责解释，实施细则由财政部制定	第二十条　土地增值税预征清算等办法，由国务院税务主管部门会同有关部门制定。各省、自治区、直辖市人民政府可根据本地实际提出具体办法，并报同级人民代表大会常务委员会决定
	第二十一条　纳税人、税务机关及其工作人员违反本法规定的，依照《中华人民共和国税收征收管理法》和有关法律法规的规定追究法律责任
第十五条　本条例自1994年1月1日起施行。各地区的土地增值费征收办法，与本条例相抵触的，同时停止执行	第二十二条　本法自　年　月　日起施行。1993年12月13日国务院公布的《中华人民共和国土地增值税暂行条例》同时废止

第三章　企业所得税

3.1　企业所得税月（季）度预缴

实行查账征收方式申报企业所得税的居民企业（包括境外注册中资控股居民企业）在月份或者季度终了之日起的15日内，依照税收法律、法规、规章及其他有关规定，向税务机关填报“中华人民共和国企业所得税月（季）度预缴纳税申报表（A类，2018年版）”及其他相关资料，进行月（季）度预缴纳税申报。

3.1.1　政策指引

3.1.1.1　房地产开发企业预缴所得税的基本规定

《国家税务总局关于印发〈房地产开发经营业务企业所得税处理办法〉的通知》（国税发〔2009〕31号，本书以下简称“国税发〔2009〕31号文”）第九条规定，企业销售未完工开发产品取得的收入，应先按预计计税毛利率分季（或月）计算出预计毛利额，计入当期应纳税所得额。

3.1.1.2　房地产开发企业预缴所得税的计算

房地产开发企业按当年实际利润据实分季（或月）预缴企业所得税的，对开发、建造的住宅、商业用房以及其他建筑物、附着物、配套设施等开发产品，在未完工前采取预售方式销售取得的预售收入，按照规定的预计利润率分季（或月）计算出预计利润额，计入利润总额预缴，开发产品完工、结算计税成本后按照实际利润再行调整。

企业所得税月（季）度预缴公式如下：

应纳税所得额 = 利润总额 + 特定业务计算的应纳税所得额 - 不征税收入 - 弥补以前年度亏损

预售收入为不含增值税的收入，按照预收账款、购房订金、未开票款等数据分析计算。不同地区不同项目的计税毛利率不同，应根据实际分析填列。

【提醒】 企业所得税的滞纳金是从次年5月31日之后开始计算，房地产开发企业可根据自身情况调节预缴的企业所得税，但应注意企业所得税年度预缴税款占当年企业所得税入库税款（预缴数 + 汇算清缴数）原则上不应少于70%。

3.1.1.3　未完工开发产品计税毛利率

房地产企业销售未完工开发产品的计税毛利率由各省、自治、直辖市税务局按下列规定进行确定：

1. 开发项目位于省、自治区、直辖市和计划单列市人民政府所在地城市城区和郊区的，不得低于15%。

2. 开发项目位于地及地级市城区及郊区的，不得低于10%。

3. 开发项目位于其他地区的，不得低于5%。

4. 属于经济适用房、限价房和危改房的，不得低于3%。

各省市房地产企业未完工开发产品计税毛利率比较见表3-1。

表3-1　　各省市房地产企业未完工开发产品计税毛利率比较表

地区	计税毛利率规定	文号
北京市	经济适用房、限价房和危改房项目的计税毛利率按3%确定 除经济适用房、限价房和危改房项目以外的其他开发项目的计税毛利率按15%确定	京国税发〔2009〕92号
上海市	开发项目位于本市范围的，计税毛利率暂按15%确定 属经济适用房、限价房和危改房的，计税毛利率暂按3%确定	沪国税所〔2009〕31号
天津市	除另有规定外，开发房地产项目的计税毛利率暂按20%确定 符合经济适用房、限价房和危改房条件的，暂按3%确定	天津市税务局公告2018年第24号

续表

地区	计税毛利率规定	文号
重庆市	开发项目位于重庆市主城区（含主城开发区）的，包括渝中区、大渡口区、江北区、沙坪坝区、九龙坡区、南岸区、北碚区、渝北区、巴南区，计税毛利率为20% 开发项目位于除上述地区以外区县的，计税毛利率为15% 属于经济适用房、限价房和危改房的，计税毛利率为3%	重庆市税务局公告2018年第18号
深圳市	开发项目位于深圳市辖区内的，计税毛利率为15% 属于经济适用房、限价房和危改房的，计税毛利率为3%	深圳市税务局公告2020年第1号
厦门市	非经济适用房类项目，计税毛利率为15% 经济适用房、限价房、危改房项目，计税毛利率为3%	厦门市税务局公告2019年第3号
宁波市	开发项目位于海曙区、江东区、江北区、鄞州中心区、东钱湖旅游度假区、高新园区的不得低于15% 开发项目位于其他地区的不得低于10% 符合规定的经济适用房、限价房和危改房项目不得低于3%	甬地税一〔2009〕101号
大连市	属于经济适用房、限价房和危改房的，计税毛利率为9% 其他开发项目的计税毛利率为20%	大地税函〔2009〕77号
青岛市	开发项目位于青岛市辖区内的，计税毛利率为15% 属于经济适用房、限价房和危改房的，计税毛利率为3% 对同一开发项目中含有不同类别开发产品的，应按上述规定确定相应的计税毛利率。不能分别确定的，一律从高适用计税毛利率。另外，对经济适用房、限价房和危改房项目中配套建设的商铺、车库、车位等未完工产品取得的收入，不得按照经济适用房、限价房和危改房的计税毛利率执行	青岛市税务局公告2019年第1号
山西省	开发项目位于太原市城区和郊区的为15% 开发项目位于其他地区的为10% 属于经济适用房、限价房和危改房的为5%	山西省税务局公告2020年第7号
山东省	开发项目位于济南市城区的，计税毛利率为15% 开发项目位于县级市、除济南以外其他设区市城区的，计税毛利率为10% 开发项目位于其他地区的，计税毛利率为5% 属于经济适用房、限价房和危改房的，计税毛利率为3%	山东省税务局公告2018年第18号

续表

地区	计税毛利率规定	文号
安徽省	开发项目位于合肥市城区和郊区的，计税毛利率为15% 开发项目位于其他省辖市（合肥市除外）城区及郊区的，计税毛利率为10% 开发项目位于上述以外地区的，计税毛利率为5% 属于经济适用房、限价房和危改房的，计税毛利率为3%	安徽省税务局公告2020年第3号
江苏省	开发项目位于南京市城区和郊区的，计税毛利率为15% 开发项目位于除南京以外的其他地区的，计税毛利率为10% 属于经济适用房、限价房和危改房的，计税毛利率为3%	江苏省税务局公告2018年第13号
浙江省	开发项目位于杭州市城区和郊区的，计税毛利率为15% 开发项目位于杭州以外的其他设区市城区和郊区，计税毛利率原则上为15%，各地可结合当地实际情况适当降低并报省局备案，但不得低于10% 开发项目位于其他地区的，计税毛利率原则上为10%，各地可结合当地实际情况适当降低并报省局备案，但不得低于5% 属于政府相关部门审批建设的小微企业园开发项目的，计税毛利率为5% 属于经济适用房、限价房和危改房的，计税毛利率为3%	浙江省税务局公告2018年第10号
江西省	开发项目位于南昌市城区和郊区的，计税毛利率调整为17% 开发项目位于南昌市以外其他设区市城区及郊区的，计税毛利率调整为15% 开发项目位于上述以外其他地区的，计税毛利率调整为12% 开发项目属于经济适用房、限价房和危改房的，计税毛利率为3%	江西省税务局公告2020年第2号
福建省	开发项目位于福州市城区（鼓楼区、台江区、晋安区、仓山区、马尾区、长乐区、琅岐经济区）的，计税毛利率为15% 开发项目位于除福州市城区以外的其他地方的，计税毛利率为10% 属于经济适用房、限价房和危改房的，计税毛利率为3%	福建省税务局公告2019年第4号
广东省	开发项目位于广州市城区和郊区的，计税毛利率为15% 开发项目位于除广州市以外的其他地级市城区和郊区的，计税毛利率为10% 开发项目位于其他地区的，计税毛利率为5% 属于经济适用房、限价房和危改房的，计税毛利率为3%	广东省税务局公告2018年第30号

续表

地区	计税毛利率规定	文号
广西壮族自治区	开发项目位于南宁市城区和郊区的，不低于15% 开发项目位于地级市所在地城区及郊区的，不低于10% 开发项目位于其他地区的，不低于5% 开发项目属于经济适用房、限价房和危改房的，不低于3%	桂政发〔2016〕20号
湖南省	长沙：开发项目位于芙蓉区、天心区、岳麓区、开福区、雨花区的，为20%至22%；开发项目位于长沙县、望城区、浏阳市和宁乡县的，为18%至20% 岳阳、株洲、湘潭、常德：开发项目位于市区的，为18%至20%；开发项目位于其他地区的，为16%至18% 其他地区：开发项目位于市区的，为16%至18%；开发项目位于其他地区的，为14%至16% 全省：属于经济适用房、限价房和危改房的，为3%	湖南省国家税务局 湖南省地方税务局公告2016年第3号
湖北省	开发项目位于武汉市城区和郊区的，计税毛利率不得低于15%、不得高于25%（均包括本值，下同） 开发项目位于地级市城区及郊区的，计税毛利率不得低于10%、不得高于20% 开发项目位于其他地区的，计税毛利率不得低于5%、不得高于15% 属于经济适用房、限价房和危改房的，计税毛利率为3%	湖北省国家税务局公告2013年第4号
河南省	开发项目位于郑州市城区和郊区的，不得低于15% 开发项目位于省辖市城区及郊区的，不得低于10% 开发项目位于其他地区的，不得低于5% 属于经济适用房、限价房和危改房的，不得低于3%	河南省地方税务局公告2011年第9号
河北省	开发项目位于设区市城区及郊区的，不得低于15% 开发项目位于其他地区的，不得低于10% 属于经济适用房、限价房和危改房的，不得低于5%	河北省税务局公告2019年第7号
辽宁省	属于经济适用房、限价房和危改房的，计税毛利率调整为3% 开发项目位于沈阳市城区和郊区的，计税毛利率为15% 开发项目位于辽宁省境内除沈阳市外，其他地级市城区和郊区的，计税毛利率为10% 开发项目位于辽宁省境内其他地区的，计税毛利率为5%	辽宁省国家税务局 辽宁省地方税务局公告2016年第3号
吉林省	调整房地产开发企业销售未完工开发产品的企业所得税计税毛利率标准，位于长春市城区和郊区的按15%计征；位于其他地级市城区及郊区的按10%计征；位于其他地区的按5%计征	吉政办发〔2016〕23号

续表

地区	计税毛利率规定	文号
黑龙江省	开发项目位于哈尔滨市城区和郊区的，计税毛利率为15% 开发项目位于其他地及地级市城区及郊区的，计税毛利率为10% 开发项目位于其他地区的，计税毛利率为5% 属于经济适用房、限价房和危改房的，计税毛利率为3%	黑龙江省税务局公告2020年第3号
内蒙古自治区	开发项目位于呼和浩特市城区及郊区的，计税毛利率为15% 开发项目位于呼和浩特市以外的盟市、计划单列市城区及郊区的，计税毛利率为10% 开发项目位于其他地区的为5% 开发项目属于经济适用房、限价房和危改房的，计税毛利率为3%	内蒙古自治区税务局公告〔2021〕7号
宁夏回族自治区	非经济适用房开发项目位于银川市兴庆区、金凤区、西夏区的，计税毛利率为15% 非经济适用房开发项目位于石嘴山市大武口区、惠农区，吴忠市利通区，中卫市沙坡头区，固原市原州区、固原市开发区的，计税毛利率为10% 非经济适用房开发项目位于其他地区的，计税毛利率为5% 开发项目属于经济适用房、限价房和危房的，计税毛利率全区统一规定为3%	宁地税发〔2009〕60号
甘肃省	开发项目位于省人民政府所在地城市城区和郊区的所得税计税毛利率为15% 开发项目位于地级市城区及郊区的毛利率10% 位于其他地区的毛利率5% 属于经济适用房、限价房和危改房的，计税毛利率为3%	甘国税发〔2016〕302号
青海省	开发项目位于西宁市城区和郊区的，计税毛利率为15% 开发项目位于地及地级市城区及郊区的，计税毛利率为10% 开发项目位于其他地区的，计税毛利率为5% 属于经济适用房、限价房和危改房的，计税毛利率为3%	青海省税务局关于房地产开发经营业务企业所得税有关问题的公告
陕西省	开发项目位于西安市城区和郊区的为15% 开发项目位于地级市城区及郊区的为10% 开发项目位于其他地区的为5% 属于经济适用房、限价房和危改房项目的，其计税毛利率暂定为3%	陕国税发〔2009〕88号
四川省	开发项目属于经济适用房、限价房和危改房的，按3%执行；其他开发项目根据所属区域，按8%至20%执行 成都各区（市、县）计税毛利率为20%	四川省税务局公告2020年第2号

续表

地区	计税毛利率规定	文号
贵州省	开发项目位于贵阳市城区、郊区的，按照15%比例计算 开发项目位于其他市、州所在地城区及郊区以及贵阳市所辖清镇市、修文县、开阳县、息烽县的，按照10%比例计算 开发项目位于其他县（市）区的，按照5%比例计算 属于经济适用房、限价房和危改房的，按照3%比例计算	贵州省税务局公告2018年第3号
海南省	开发项目位于海口市、三亚市、万宁市、琼海市、文昌市、陵水县、乐东县、澄迈县城区和郊区的，计税毛利率为25% 开发项目位于其他地区的，计税毛利率为20% 属于经济适用房、限价房和危改房的，计税毛利率为5%	海南省国家税务局 海南省地方税务局公告2016年第20号

3.1.1.4 经济适用房、限价房和危改房的相关规定

经济适用住房，是指政府提供政策优惠，限定套型面积和销售价格，按照合理标准建设，面向城市低收入住房困难家庭供应，具有保障性质的政策性住房。国税发〔2009〕31号文第八条规定，企业销售未完工开发产品属于经济适用房、限价房和危改房的，计税毛利率不得低于3%。通过表3－1发现，各省市对其计税毛利率也基本都是规定的3%，但经济适用住房、限价房和危改房具体如何管理很多省市没有明确。房地产开发企业如有涉及经济适用住房、限价房和危改房等开发产品的，可参考重庆的相关规定。

经济适用房，限价房、危改房项目中配套建设的商业用房、车库等未完工产品取得的收入，不得按经济适用房，限价房、危改房的计税毛利率执行。

经济适用住房须提供的资料：

1. 立项批准机关对经济适用住房立项的批准文件；
2. 土地管理部门划拨土地的批准文件；
3. 物价部门核定的有关经济适用住房销售价格的批件；
4. 住房保障主管部门为低收入住房困难家庭出具的购房资格证明；
5. 该项目已纳入市、区（县）级人民政府关于经济适用住房建设投资计划；
6. 经济适用住房销售清册（包括购房人姓名和身份证号码、准购面

积、合同号、订立合同日期、楼栋号、实际购买面积、单价、销售金额）；

7. 主管税务机关要求提供的其他资料。

——摘自《重庆市地方税务局重庆市国家税务局关于转发国家税务总局关于印发房地产开发经营业务企业所得税处理办法的通知》（渝地税发〔2010〕38号）

3.1.1.5 特定业务计算的应纳税所得额

实行查账征收企业所得税的房地产开发企业销售未完工开发产品预缴企业所得税时，需要在A200000“企业所得税月（季）度预缴纳税申报表（A类）”里填写“特定业务计算的应纳税所得额”。特定业务计算的应纳税所得额是指从事房地产开发等特定业务的纳税人，填报按照税收规定计算的特定业务的应纳税所得额。

根据《国家税务总局关于发布〈中华人民共和国企业所得税月（季）度预缴纳税申报表（A类）〉的公告》（国家税务总局公告2021年第3号）规定，房地产开发企业销售未完工开发产品取得的预售收入，按照税收规定的预计计税毛利率计算出预计毛利额，扣除实际缴纳且在会计核算中未计入当期损益的土地增值税等税金及附加后的金额，在A200000表第4行“特定业务计算的应纳税所得额”中填报。

【提醒1】“扣除实际缴纳且在会计核算中未计入当期损益的土地增值税等税金及附加后的金额”是指房地产企业未将实际发生的城市维护建设税、教育费附加、地方教育附加、土地增值税等税金计入损益科目，计入的是应交税费的借方科目。如房地产开发企业根据《增值税会计处理规定》（财会〔2016〕22号）已将实际发生的城市维护建设税、教育费附加、地方教育附加、土地增值税等税金结转至“税金及附加”科目，则在填报“利润总额”时已经减除了“税金及附加”，则不能再重复扣除。

【提醒2】房地产开发企业开发产品完工后，其未完工预售环节按照税收规定的预计计税毛利率计算的预计毛利额可以在月（季）度预缴纳税申报时进行调整。

【例3-1】甲房地产开发企业2021年第一季度取得A项目预售收入10 900万元，该地区计税毛利率为15%，本季度发生期间费用200万元，则：

第一季度预缴企业所得税 = [10 900 ÷ (1 + 9%) × 15% − 200)] × 25%
= 325 (万元)

第二季度 A 项目达到完工条件，结转完工收入 10 900 万元，成本6 000 万元，同时取得 B 项目预售收入 4 360 万元，期间费用 100 万元，则：

第二季度预缴企业所得税 = [10 900 ÷ (1 + 9%) − 6 000 − 10 900 ÷ (1 + 9%) × 15% + 4 360 ÷ (1 + 9%) × 15% − 100] × 25% = 750 (万元)

3.1.1.6 企业所得税预售收入的确定

房地产开发企业的销售行为在开发产品完工前即已开始，完工后还会继续，直至全部开发产品售完为止。国税发〔2009〕31 号文第六条规定，企业通过正式签订《房地产销售合同》或《房地产预售合同》所取得的收入，应确认为销售收入的实现。因此，无论会计核算时是作为预收账款，还是直接确认销售收入，均属于房地产开发企业取得的销售收入范围，应按照税法规定计算应纳税所得额。只不过在达到完工标准前按照预计计税毛利率征税，完工后按照实际毛利率征税而已。（完工条件见“3.2.1.3 开发产品完工条件的判断”）

如房地产公司尚未与客户正式签订《房地产销售合同》或《房地产预售合同》，后期是否能签订合同也不确定，且无法确定购买方的具体付款方式，则对收取的预缴款项或定金不视同收入的实现，也不按计税毛利率计算预计毛利额。

3.1.2 申报期限

1. 企业所得税应当按照月度或者季度的实际利润额预缴，目前大部分房地产开发企业都属于按季度申报预缴企业所得税。

2. 企业应当自季度终了之日起十五日内，向税务机关报送预缴企业所得税纳税申报表，预缴税款。其中，纳税期限遇最后一日是法定休假日的，以休假日期满的次日为期限的最后一日；在期限内有连续 3 日以上法定休假日的，按休假日天数顺延。

3.2　企业所得税年度汇算清缴

3.2.1　政策指引

3.2.1.1　汇算清缴的相关规定

企业所得税汇算清缴，是指纳税人自纳税年度终了之日起5个月内或实际经营终止之日起60日内，依照税收法律、法规、规章及其他有关企业所得税的规定，自行计算本纳税年度应纳税所得额和应纳所得税额，根据月度或季度预缴企业所得税的数额，确定该纳税年度应补或者应退税额，并填写企业所得税年度纳税申报表，向主管税务机关办理企业所得税年度纳税申报、提供税务机关要求提供的有关资料、结清全年企业所得税税款的行为。

凡在纳税年度内从事生产、经营（包括试生产、试经营），或在纳税年度中间终止经营活动的纳税人，无论是否在减税、免税期间，也无论盈利或亏损，均应按照企业所得税法及其实施条例和本办法的有关规定进行企业所得税汇算清缴。

《企业所得税法》第二十二条规定，企业的应纳税所得额乘以适用税率，减除依照本法关于税收优惠的规定减免和抵免的税额后的余额，为应纳税额。即：

应纳税额 = 应纳税所得额 × 企业所得税税率 − 规定减免和抵免的税额

A100000“企业所得税年度纳税申报表”正好就体现了应纳税额的计算过程。从A100000表得出以下公式：

纳税调整后所得 = 利润总额 + 纳税调整增加额 − 纳税调整减少额 − 免税、减计收入及加计扣除

应纳税所得额 = 纳税调整后所得 − 所得减免 − 抵扣应纳税所得额 − 弥补以前年度亏损

3.2.1.2　特定业务计算的纳税调整额

房地产开发企业所得税处理以开发产品完工时点为分水岭，完工前后

企业所得税处理方法不同：

1. 开发产品完工之前，房地产开发企业销售未完工开发产品取得的收入，应先按预计计税毛利率分季（或月）计算出预计毛利额，计入当期应纳税所得额，并填入企业所得税纳税申报表中。

（1）销售未完工开发产品的收入，填入A105010“视同销售和房地产开发企业特定业务纳税调整明细表”第23行。

房地产企业销售未完工开发产品所取得的销售收入为不含增值税收入。即房地产开发企业销售未完工产品取得的预收款为含税价格，销售未完工产品取得的收入应按照预收款减去按增值税适用税率或征收率计算增值税额后的余额确定。

$$\text{销售未完工开发产品取得的收入}=\frac{\text{收取的预收款}}{1+\text{征收率或适用税率}}$$

房地产项目适用一般计税方法计税的，按照适用税率计算；适用简易计税方法计税的，按照征收率计算。

【提醒】销售未完工产品取得的预收款并非特指“预收账款”科目中核算的预收款。根据国税发〔2009〕31号文件第五条、第六条规定，企业通过正式签订《房地产销售合同》或《房地产预售合同》所取得的收入，应确认为销售收入的实现，包括销售开发产品过程中取得的全部价款，包括现金、现金等价物及其他经济利益。如果销售未完工产品会计上在“其他应收款”或“其他应付款”核算，只要属于文件规定的收入范围，均应计算预计毛利额。

（2）销售未完工产品预计毛利额，填入A105010表第24行。即将房地产企业销售未完工产品取得的销售收入按当地预计计税毛利率执行标准计算的金额填入本行。

（3）实际发生的税金及附加、土地增值税，填入A105010表第25行。填入此行的房地产企业销售未完工产品实际发生的税金及附加、土地增值税，应在会计核算时未计入当期损益。如预售房款相关的税金及附加在会计上已计入当期损益，则A105010表第25行不填报，否则会造成税金的重复扣除。

2. 开发产品完工后，房地产开发企业应及时结算其计税成本并计算此前销售收入的实际毛利额，同时将其实际毛利额与其对应的预计毛利额之间的差额，计入当年度企业本项目与其他项目合并计算的应纳税所得额。

通过填报 A105010 表对应栏次，对此前已申报纳税的预计毛利额进行结转，实现将企业会计利润总额中已申报确认的实际毛利额与转回的预计毛利额之间的差额，计入当年度应纳税所得额。

（1）销售未完工产品转完工产品确认的销售收入，填入 A105010 表第 27 行。房地产企业销售的未完工产品，此前年度已按预计毛利额征收所得税，本年度结转为完工产品，会计上符合收入确认条件，当年会计核算确认的销售收入金额。

【提醒 1】根据国税发〔2009〕31 号文件第三条规定未完工产品达到开发产品竣工证明材料已报房地产管理部门备案、开发产品已开始投入使用、开发产品已取得了初始产权证明三个条件之一时，税收上视为已经完工。应将此前年度已按预计毛利额征收所得税，本年度结转为完工产品，会计上符合收入确认条件，当年会计核算确认的销售收入金额填入第 27 行。

【提醒 2】如果完工产品在预售阶段计算预计毛利额时收入为不含税金额，第 27 行转出完工产品确认的收入也为不含税金额。基本是按销售未完工产品进行反向填报，原理为预售阶段计算预计毛利额，完工后将之前调增的预计毛利额进行反向调减，完工项目的实际毛利已经并入利润总额，最终仍是按企业的实际利润额计算缴纳企业所得税。

（2）转回的销售未完工产品预计毛利额，填入 A105010 表第 28 行。即第 28 行填报房地产企业销售的未完工产品，此前年度已按预计毛利额征收企业所得税，本年结转完工产品，会计核算确认为销售收入，转回原按税收规定预计计税毛利率计算的金额。

（3）转回实际发生的税金及附加、土地增值税，填入 A105010 表第 29 行。房地产企业销售的未完工产品，此前年度已按预计毛利额征收所得税，本年结转完工产品，同时将对应实际发生的税金及附加、土地增值税转入当期损益的金额填入第 29 行。

3. 在完工年度后，企业按照销售完工产品取得的收入和计税成本计算出实际毛利额，并填入 A105010 表中。

企业开发产品完工后将预售收入结转确认为销售收入以及销售完工开发产品，在会计处理时已体现在主营业务收入、主营业务成本中，相应销售收入的实际利润额已计入会计利润总额，税会处理无差异，不需要进行纳税调整。填表时应直接填入 A101010“一般企业收入明细表”、A102010

“一般企业成本支出明细表”以及 A100000“企业所得税年度纳税申报表（A类）”对应栏次（见表3－2）。

表3－2　　视同销售和房地产开发企业特定业务纳税调整明细表（简表）

行次	项目	税收金额	纳税调整金额
		1	2
21	三、(22－26)		
22	（一）房地产企业销售未完工开发产品特定业务计算的纳税调整额（24－25）		
23	1. 销售未完工产品的收入		*
24	2. 销售未完工产品预计毛利额		
25	3. 实际发生的税金及附加、土地增值税		
26	（二）房地产企业销售的未完工产品转完工产品特定业务计算的纳税调整额（28－29）		
27	1. 销售未完工产品转完工产品确认的销售收入		*
28	2. 转回的销售未完工产品预计毛利额		
29	3. 转回实际发生的税金及附加、土地增值税		

【例3－2】 某房地产开发企业2019年有2个开发项目。

（1）开发项目A：2019年新开发项目，当年预售收入8 000万元，实际发生的税金及附加60万元，并在2019年计入当期损益（见表3－3）。（假定：A、B开发项目的预计毛利率均为15%，不考虑增值税、土地增值税因素）

会计处理：

借：银行存款　　80 000 000

　　贷：预收账款　　80 000 000

借：税金及附加　　600 000

　　贷：应交税费　　600 000

借：应交税费　　600 000

　　贷：银行存款　　600 000

表 3－3　房地产企业开发产品完工前特定业务纳税调整填报示例

行次	项目	税收金额	纳税调整金额
		1	2
22	（一）房地产企业销售未完工开发产品特定业务计算的纳税调整额（24－25）	12 000 000.00	12 000 000.00
23	1. 销售未完工产品的收入	80 000 000.00	*
24	2. 销售未完工产品预计毛利额	12 000 000.00	12 000 000.00
25	3. 实际发生的税金及附加、土地增值税		

注意，60 万元已经计入损益，所以第 25 行不填，只有没有计入损益的部分才在 25 行填列调整。

（2）开发项目 B：2017 年、2018 年预售收入 7 000 万元，2019 年结转开发产品收入 7 000 万元，结转开发产品成本 5 000 万元，实际发生税金及附加 50 万元，并在 2019 年转入当期损益（见表 3－4）。（假定：A、B 开发项目的预计毛利率均为 15%，不考虑增值税、土地增值税因素）

会计处理：2019 年结转开发产品收入、成本

借：预收账款　　70 000 000

　　贷：主营业务收入　　70 000 000

借：主营业务成本　　50 000 000

　　贷：开发产品　　50 000 000

借：税金及附加　　500 000

　　贷：应交税费　　500 000

表 3－4　房地产企业开发产品完工后特定业务纳税调整填报示例

行次	项目	税收金额	纳税调整金额
		1	2
26	（二）房地产企业销售的未完工产品转完工产品特定业务计算的纳税调整额（28－29）	10 000 000.00	10 000 000.00
27	1. 销售未完工产品转完工产品确认的销售收入	70 000 000.00	*
28	2. 转回的销售未完工产品预计毛利额	10 500 000.00	10 500 000.00
29	3. 转回实际发生的税金及附加、土地增值税	500 000.00	500 000.00

3.2.1.3 开发产品完工条件的判断

企业房地产开发经营业务包括土地的开发，建造、销售住宅、商业用房以及其他建筑物、附着物、配套设施等开发产品。除土地开发之外，其他开发产品符合下列条件之一的，应视为已经完工：

1. 开发产品竣工证明材料已报房地产管理部门备案。
2. 开发产品已开始投入使用。
3. 开发产品已取得了初始产权证明。

房地产开发企业建造、开发的开发产品，无论工程质量是否通过验收合格，或是否办理完工（竣工）备案手续以及会计决算手续，当企业开始办理开发产品交付手续（包括入住手续）、或已开始实际投入使用时，为开发产品开始投入使用，应视为开发产品已经完工。房地产开发企业应按规定及时结算开发产品计税成本，并计算企业当年度应纳税所得额。

实务中，如业主按规定办理交房手续填写的“房屋交接单”或其他交付文书，以相关文书为依据确认销售收入；如房地产企业按《房地产销售合同》或《房地产预售合同》上约定的送达方式送达交房通知后，业主未按规定时间前来办理交房手续的，可按通知送达方式上约定的最后期限确认销售收入，但应留存相关通知送达的依据（如快递单、报纸原件、电话记录等）。

3.2.1.4 销售收入的确认

1. 收入范围

开发产品销售收入的范围为销售开发产品过程中取得的全部价款，包括现金、现金等价物及其他经济利益。

2. 代收款项的处理

房地产开发企业代有关部门、单位和企业收取的各种基金、费用和附加等，凡纳入开发产品价内或由企业开具发票的，应按规定全部确认为销售收入；未纳入开发产品价内并由企业之外的其他收取部门、单位开具发票的，可作为代收代缴款项进行管理。

3. 销售收入的确认条件

房地产开发企业通过正式签订《房地产销售合同》或《房地产预售合同》所取得的收入，应确认为销售收入的实现。

【提醒 1】 对于未正式签订《房地产销售合同》或《房地产预售合同》而收取的诚意金、认购金、排号费不作为销售收入的实现，不需要按照预计计税毛利率来计算预计毛利额，完工年度也不需要确认为销售收入。

【提醒 2】 对房地产企业预收房款，虽然在会计上并不确认销售收入，但对房地产企业通过正式签订《房地产销售合同》或《房地产预售合同》所取得的收入，在企业所得税上应确认为销售收入的实现。因此，以正式签订《房地产销售合同》或《房地产预售合同》确认的销售收入，可以作为房地产企业广告费、业务宣传费和业务招待费的计算基数。但在以后年度确认收入后，应当冲减销售未完工产品转完工产品确认的销售收入作为基数。

房地产开发企业销售收入具体按以下规定确认：

（1）采取一次性全额收款方式销售开发产品的，应于实际收讫价款或取得索取价款凭据（权利）之日，确认收入的实现。

（2）采取分期收款方式销售开发产品的，应按销售合同或协议约定的价款和付款日确认收入的实现。付款方提前付款的，在实际付款日确认收入的实现。

（3）采取银行按揭方式销售开发产品的，应按销售合同或协议约定的价款确定收入额，其首付款应于实际收到日确认收入的实现，余款在银行按揭贷款办理转账之日确认收入的实现。

（4）采取委托方式销售开发产品的，应按以下原则确认收入的实现：

①采取支付手续费方式委托销售开发产品的，应按销售合同或协议中约定的价款于收到受托方已销开发产品清单之日确认收入的实现。

【提醒】 房地产开发企业采取支付手续费方式委托销售开发产品的，在确认收入时不能扣除支付给代销中介机构的手续费用。

②采取视同买断方式委托销售开发产品的，属于企业与购买方签订销售合同或协议，或企业、受托方、购买方三方共同签订销售合同或协议的，如果销售合同或协议中约定的价格高于买断价格，则应按销售合同或

协议中约定的价格计算的价款于收到受托方已销开发产品清单之日确认收入的实现；如果属于前两种情况中销售合同或协议中约定的价格低于买断价格，以及属于受托方与购买方签订销售合同或协议的，则应按买断价格计算的价款于收到受托方已销开发产品清单之日确认收入的实现。

【提醒】房地产开发企业采用视同买断方式委托销售开发产品的，在确认收入时应根据其与代销中介机构签订的买断价格与房地产企业与购买方签订销售合同或协议，或房地产企业、代理销售方、购买方三方共同签订销售合同或协议中约定的价格孰高原则进行确定。

③采取基价（保底价）并实行超基价双方分成方式委托销售开发产品的，按照下列方式处理：

A. 属于由企业与购买方签订销售合同或协议，或企业、受托方、购买方三方共同签订销售合同或协议的，如果销售合同或协议中约定的价格高于基价，则应按销售合同或协议中约定的价格计算的价款于收到受托方已销开发产品清单之日确认收入的实现，企业按规定支付受托方的分成额，不得直接从销售收入中减除；如果销售合同或协议约定的价格低于基价的，则应按基价计算的价款于收到受托方已销开发产品清单之日确认收入的实现。

B. 属于由受托方与购买方直接签订销售合同的，则应按基价加上按规定取得的分成额于收到受托方已销开发产品清单之日确认收入的实现。

④采取包销方式委托销售开发产品的，包销期内可根据包销合同的有关约定，参照上述①至③项规定确认收入的实现；包销期满后尚未出售的开发产品，企业应根据包销合同或协议约定的价款和付款方式确认收入的实现。

【提醒】房地产开发企业采用包销方式委托销售开发产品的，在确认收入时应区分包销期内和包销期满后两种情况。

4. 买一赠一

房地产开发企业以买一赠一（如卖房送车位）等方式组合销售本企业商品的，不属于捐赠，应将总的销售金额按各项商品的公允价值的比例来分摊确认各项的销售收入。

5. 营改增后销售收入的计算

营业税改增值税后，企业通过正式签订《商品房销售合同》或《商品房预售合同》所取得的收入为不含增值税的收入，即：

$$不含增值税收入 = \frac{销售开发产品过程中取得的全部价款}{1 + 适用税率或征收率}$$

3.2.1.5　视同销售

企业将开发产品用于捐赠、赞助、职工福利、奖励、对外投资、分配给股东或投资人、抵偿债务、换取其他企事业单位和个人的非货币性资产等行为，应视同销售，于开发产品所有权或使用权转移，或于实际取得利益权利时确认收入（或利润）的实现。确认收入（或利润）的方法和顺序为：

1. 按本企业近期或本年度最近月份同类开发产品市场销售价格确定；

2. 由主管税务机关参照当地同类开发产品市场公允价值确定；

3. 按开发产品的成本利润率确定。开发产品的成本利润率不得低于15%，具体比例由主管税务机关确定。

【提醒】如果会计上已按收入确认，企业所得税不需要按照视同销售调增收入，因此会计与企业所得税收入确认原则是一致的，不存在视同销售税会差异，不需要进行调整。

企业发生视同销售业务，应按以下方法进行纳税申报处理：

在会计处理时凡已体现在主营业务收入、其他业务收入或营业外收入中的，相关业务所得已计入会计利润总额，税务处理时不用再视同销售。年度纳税申报时，直接按会计核算结果填入 A101010“一般企业收入明细表”、A102010“一般企业成本支出明细表”以及 A100000“企业所得税年度纳税申报表（A 类）”对应栏次，无须进行纳税调整。

在会计处理时凡未作收入处理、未计入当期损益的，根据税法规定应作为视同销售处理的，需填报企业所得税年度纳税申报表 A105010“视同销售和房地产开发企业特定业务纳税调整明细表”第一部分“一、视同销售（营业）收入”和第二部分“二、视同销售（营业）成本”相关行次、A105000“纳税调整项目明细表”第 2 行“视同销售收入”和第 13 行“视同销售成本”等相关行次进行上述业务的纳税调整。

3.2.1.6　不征税收入

房地产开发企业取得的下列收入为不征税收入：

1. 财政拨款

财政拨款，是指各级人民政府对纳入预算管理的事业单位、社会团体等组织拨付的财政资金，但国务院和国务院财政、税务主管部门另有规定的除外。

2. 依法收取并纳入财政管理的行政事业性收费、政府性基金

行政事业性收费，是指依照法律法规等有关规定，按照国务院规定程序批准，在实施社会公共管理，以及在向公民、法人或者其他组织提供特定公共服务过程中，向特定对象收取并纳入财政管理的费用。

政府性基金，是指企业依照法律、行政法规等有关规定，代政府收取的具有专项用途的财政资金。

3. 国务院规定的其他不征税收入

国务院规定的其他不征税收入，是指企业取得的，由国务院财政、税务主管部门规定专项用途并经国务院批准的财政性资金。

【提醒 1】企业的不征税收入用于支出所形成的费用，不得在计算应纳税所得额时扣除；企业的不征税收入用于支出所形成的资产，其计算的折旧、摊销不得在计算应纳税所得额时扣除。

【提醒 2】房地产企业从县级以上各级人民政府财政部门及其他部门取得的应计入收入总额的财政性资金，凡能够提供规定资金专项用途的资金拨付文件，同时财政部门或其他拨付资金的政府部门对该资金有专门的资金管理办法或具体管理要求，并且对该资金以及以该资金发生的支出单独进行核算，可以作为不征税收入，在计算应纳税所得额时从收入总额中减除。如企业将财政性资金作不征税收入处理后，在 5 年（60 个月）内未发生支出且未缴回财政部门或其他拨付资金的政府部门的部分，应计入取得该资金第六年的应税收入总额；计入应税收入总额的财政性资金发生的支出，允许在计算应纳税所得额时扣除。

3.2.1.7 实际毛利额

企业销售未完工开发产品取得的收入，应先按预计计税毛利率分季（或月）计算出预计毛利额，计入当期应纳税所得额。

开发产品完工后，企业应及时结算其计税成本并计算此前销售收入的实际毛利额，同时将其实际毛利额与其对应的预计毛利额之间的差额，计入当年度企业本项目与其他项目合并计算的应纳税所得额。

在年度纳税申报时，企业须出具对该项开发产品实际毛利额与预计毛利额之间差异调整情况的报告以及税务机关需要的其他相关资料。

3.2.1.8　开发产品租赁收入

房地产企业新建的开发产品在尚未完工或办理房地产初始登记、取得产权证前，与承租人签订租赁预约协议的，自开发产品交付承租人使用之日起，出租方取得的预租价款按租金确认收入的实现。

【提醒】 房地产开发企业取得的租金收入，应按交易合同或协议规定的承租人应付租金的日期确认收入的实现。其中，如果交易合同或协议中规定租赁期限跨年度，且租金提前一次性支付的，根据收入与费用配比原则，可对已确认的收入在租赁期内分期均匀计入相关年度收入。

3.2.1.9　开发产品面积的确定

面积是连接房地产开发企业开发产品收入和开发成本的纽带。根据销售单价和已售面积，可以计算出销售收入；根据总的计税成本除以可售建筑面积，计算出单位计税成本；根据单位计税成本和已售面积，可以计算出已售开发产品成本。

公式一：总建筑面积 = 可售建筑面积 + 不可售建筑面积

公式二：可售建筑面积 = 已售建筑面积 + 未售建筑面积

根据公式一可以得出，当总的计税成本一定时，可售建筑面积越大，单位计税成本越小。

根据公式二可以得出，当单位计税成本一定时，已售建筑面积越大，则结转的主营业务成本就越大。

正确地区分可售建筑面积和不可售建筑面积，是做好完工清算的前提，以避免最终开发产品已全部销售完毕，账面上还存在大量开发成本的情况。

一般来讲，可售建筑面积与不可售建筑面积的划分依据是能否办理产权证，但实际工作中，还需要根据具体情况进行判定。

公式三：可售建筑面积 = 产证面积 - 有产证但产权属于全体业主共有

的建筑面积－有产证但无偿赠予地方政府、公共事业单位的面积

公式四：不可售建筑面积＝总建筑面积－可售建筑面积

对于以上面积的确认，需要根据项目立项资料、土地合同、五证信息、面积实测报告等综合判定。

确定企业开发产品的面积的确认：实际操作中，一般顺序是有实测报告的按实测报告上的面积来确认企业开发产品的面积，没有实测报告的按预测报告上的面积来确认，预测报告也没有的，根据建筑工程规划许可证上的面积来确认企业开发产品的面积。

3.2.1.10　成本费用扣除的基本规定

1. 房地产开发企业在进行成本、费用的核算与扣除时，必须按规定区分期间费用和开发产品计税成本、已销开发产品计税成本与未销开发产品计税成本。

2. 房地产企业发生的期间费用、已销开发产品计税成本、营业税金及附加、土地增值税准予当期按规定扣除。

3. 已销开发产品的计税成本，按当期已实现销售的可售面积和可售面积单位工程成本确认。可售面积单位工程成本和已销开发产品的计税成本按下列公式计算确定：

可售面积单位工程成本＝成本对象总成本÷成本对象总可售面积

已销开发产品的计税成本＝已实现销售的可售面积×可售面积单位工程成本

4. 房地产企业对尚未出售的已完工开发产品和按照有关法律、法规或合同规定对已售开发产品（包括共用部位、共用设施设备）进行日常维护、保养、修理等实际发生的维修费用，准予在当期据实扣除。

5. 企业将已计入销售收入的共用部位、共用设施设备维修基金按规定移交给有关部门、单位的，应于移交时扣除。

3.2.1.11　配套设施的税务处理

1. 房地产企业在开发区内建造的会所、物业管理场所、电站、热力站、水厂、文体场馆、幼儿园等配套设施，按以下规定进行处理：

（1）属于非营利性且产权属于全体业主的，或无偿赠与地方政府、公

用事业单位的，可将其视为公共配套设施，其建造费用按公共配套设施费的有关规定进行处理。

（2）属于营利性的，或产权归企业所有的，或未明确产权归属的，或无偿赠与地方政府、公用事业单位以外其他单位的，应当单独核算其成本。除企业自用应按建造固定资产进行处理外，其他一律按建造开发产品进行处理。

2. 企业在开发区内建造的邮电通信、学校、医疗设施应单独核算成本，其中，由企业与国家有关业务管理部门、单位合资建设，完工后有偿移交的，国家有关业务管理部门、单位给予的经济补偿可直接抵扣该项目的建造成本，抵扣后的差额应调整当期应纳税所得额。

如果上述建造的邮电通信、学校、医疗设施属于无偿赠予地方政府、公用事业单位的，可将其视为公共配套设施，其建造费用按公共配套设施费的有关规定进行处理。

3.2.1.12　佣金（手续费）的扣除

1. 境内佣金扣除

《财政部 国家税务总局关于企业手续费及佣金支出税前扣除政策的通知》（财税〔2009〕29号）规定，企业发生与生产经营有关的手续费及佣金支出，不超过与具有合法经营资格中介服务机构或个人（不含交易双方及其雇员、代理人和代表人等）所签订服务协议或合同确认的收入金额的5%计算限额以内的部分，准予扣除；超过部分，不得扣除。

房地产开发企业佣金或手续费的扣除还须注意以下几点：

（1）应与具有合法经营资格中介服务企业或个人签订代办协议或合同，并按国家有关规定支付手续费及佣金。除委托个人代理外，以现金等非转账方式支付的手续费及佣金不得在税前扣除。

（2）不得将手续费及佣金支出计入回扣、业务提成、返利、进场费等费用。

（3）支付的手续费及佣金应取得合法税前扣除凭证，不得直接冲减服务协议或合同金额，并如实入账。

（4）已计入固定资产、无形资产等相关资产的手续费及佣金支出，应当通过折旧、摊销等方式分期扣除，不得在发生当期直接扣除。

（5）为发行权益性证券支付给有关证券承销机构的手续费及佣金不得在税前扣除。

2. 境外佣金扣除

房地产开发企业委托境外机构销售开发产品的，其支付境外机构的销售费用（含佣金或手续费）不超过委托销售收入10%的部分，准予据实扣除。

【涉税安排】房地产企业在制定营销策略时，应对国内和国外市场需求进行判断，预算好不同市场营销策划费用的投入以及销售佣金占整个项目预计总收入的比例，正确选择委托代销机构，从而减少税收风险，降低税务成本。

3.2.1.13 利息的扣除

1. 房地产企业的利息支出按以下规定进行处理

（1）企业为建造开发产品借入资金而发生的符合税收规定的借款费用，可按企业会计准则的规定进行归集和分配，其中属于财务费用性质的借款费用，可直接在税前扣除。

（2）企业集团或其成员企业统一向金融机构借款分摊集团内部其他成员企业使用的，借入方凡能出具从金融机构取得借款的证明文件，可以在使用借款的企业间合理的分摊利息费用，使用借款的企业分摊的合理利息准予在税前扣除。

2. 房地产开发企业利息支出的扣除还应关注以下几个方面

（1）企业从关联方取得借款，其债权性投资与权益性投资比例最高限额为2∶1，关联方之间借款超出上述债资比例的借款利息支出，除能证明超比例部分借款符合独立交易原则，原则上不允许税前扣除。

（2）企业投资者在规定期限内未缴足其应缴资本额的，该企业对外借款所发生的利息，相当于投资者实缴资本额与在规定期限内应缴资本额的差额应计付的利息，其不属于企业合理的支出，应由企业投资者负担，不得在计算企业应纳税所得额时扣除。

（3）《国家税务总局关于企业所得税若干问题的公告》（国家税务总局

公告2011年第34号）第一条规定，企业向非金融企业借款的利息支出，不超过按照金融企业同期同类贷款利率计算的数额的部分，准予税前扣除。鉴于目前我国对金融企业利率要求的具体情况，企业在按照合同要求首次支付利息并进行税前扣除时，应提供“金融企业的同期同类贷款利率情况说明”，以证明其利息支出的合理性。“金融企业的同期同类贷款利率情况说明”中，应包括在签订该借款合同当时，本省任何一家金融企业提供同期同类贷款利率情况。该金融企业应为经政府有关部门批准成立的可以从事贷款业务的企业，包括银行、财务公司、信托公司等金融机构。“同期同类贷款利率”是指在贷款期限、贷款金额、贷款担保以及企业信誉等条件基本相同下，金融企业提供贷款的利率。既可以是金融企业公布的同期同类平均利率，也可以是金融企业对某些企业提供的实际贷款利率。

（4）符合规定的混合性投资业务，对于被投资企业支付的利息，被投资企业应于应付利息的日期，确认利息支出，并按《企业所得税法》和国家税务总局公告2011年第34号第一条的规定，进行税前扣除。

（5）房地产企业向股东或其他与企业有关联关系的自然人借款的利息支出，应根据关联方债资比的条件计算企业所得税扣除额；向关联方以外的内部职工或其他人员借款的利息支出，其借款情况同时符合以下条件的，可以扣除其在不超过按照金融企业同期同类贷款利率计算的利息支出。

①企业与个人之间的借贷是真实、合法、有效的，并且不具有非法集资目的或其他违反法律、法规的行为；

②企业与个人之间签订了借款合同。

需要注意的是，房地产企业税前扣除向自然人借款发生的利息支出时，需要取得真实、合法、有效的扣除凭证。

3.2.1.14 资产损失的扣除

企业在生产经营活动中发生的固定资产和存货的盘亏、毁损、报废损失，转让财产损失，呆账损失，坏账损失，自然灾害等不可抗力因素造成的损失以及其他损失准予税前扣除。

房地产企业采取银行按揭方式销售开发产品的，凡约定企业为购买方的按揭贷款提供担保的，其销售开发产品时向银行提供的保证金（担保金）不得从销售收入中减除，也不得作为费用在当期税前扣除，但实际发生损失时可据实扣除。

企业因国家无偿收回土地使用权而形成的损失，可作为资产损失按有关规定在税前扣除。

企业开发产品（以成本对象为计量单位）整体报废或毁损，其净损失按有关规定审核确认后准予在税前扣除。

房地产企业发生资产损失的，按照《国家税务总局关于发布〈企业资产损失所得税税前扣除管理办法〉的公告》（国家税务总局公告 2011 年第 25 号）及《国家税务总局关于企业所得税资产损失资料留存备查有关事项的公告》（国家税务总局公告 2018 年第 15 号）的有关规定进行处理。

3.2.1.15　自用开发产品折旧扣除的限制

企业开发产品转为自用的，其实际使用时间累计未超过 12 个月又销售的，不得在税前扣除折旧费用。

3.2.1.16　计税成本的核算要求

计税成本是指企业在开发、建造开发产品（包括固定资产，下同）过程中所发生的按照税收规定进行核算与计量的应归入某项成本对象的各项费用。

企业在结算计税成本时其实际发生的支出应当取得但未取得合法凭据的，不得计入计税成本，待实际取得合法凭据时，再按规定计入计税成本。

开发产品完工以后，企业可在完工年度企业所得税汇算清缴前选择确定计税成本核算的终止日，不得滞后。凡已完工开发产品在完工年度未按规定结算计税成本，主管税务机关有权确定或核定其计税成本，据此进行纳税调整，并按《税收征收管理法》的有关规定对其进行处理。

【提醒】房地产企业开发产品的计税成本的结转并非在完工时点就必须结转开发成本，而是在该完工年度汇算清缴前结转即可。

3.2.1.17　成本对象的归集原则

成本对象是指为归集和分配开发产品开发、建造过程中的各项耗费而确定的费用承担项目。计税成本对象的确定原则如下：

1. 可否销售原则

开发产品能够对外经营销售的，应作为独立的计税成本对象进行成本核算；不能对外经营销售的，可先作为过渡性成本对象进行归集，然后再将其相关成本摊入能够对外经营销售的成本对象。

【例3-3】 某房地产企业开发某住宅项目，其中住宅可以对外出售，另幼儿园根据规定需要无偿移交给地方政府。根据是否可售原则，需要将住宅作为独立的计税成本对象进行成本核算，将幼儿园作为过渡性成本对象进行归集，然后再将其相关成本分摊至住宅项目。

2. 分类归集原则

对同一开发地点、竣工时间相近、产品结构类型没有明显差异的群体开发的项目，可作为一个成本对象进行核算。

【例3-4】 某房地产企业开发某住宅项目，其中开发的住宅分为一期和二期，一期12万平方米于2017年8月开始施工建造，于2019年9月完工；二期15万平方米于2018年11月开始施工建造，于2020年12月完工。根据分类归集原则，需要将一期和二期作为不同的成本对象进行核算。

3. 功能区分原则

开发项目某组成部分相对独立，且具有不同使用功能时，可以作为独立的成本对象进行核算。

【例3-5】 某房地产企业开发的某项目，在住宅沿街一侧还开发了两栋商业楼，根据功能区分原则，需要将两栋商业楼作为独立的成本对象进行核算。

4. 定价差异原则

开发产品因其产品类型或功能不同等而导致其预期售价存在较大差异的，应分别作为成本对象进行核算。

【例3-6】 某房地产企业开发某住宅项目，一栋住宅是回迁安置房，规定了政府指导价为12 000元/平方米，其他是普通住宅，单位平均售价为60 000元/平方米，根据定价差异原则，需要将回迁安置房、普通住宅分别作为成本对象进行核算。

5. 成本差异原则

开发产品因建筑上存在明显差异可能导致其建造成本出现较大差异的，要分别作为成本对象进行核算。

【例3-7】 某房地产企业开发某住宅项目，普通住宅，单位平均售价为60 000元/平方米，精装修高档商品房，单位平均售价为80 000元/平方米。根据成本差异原则，需要将精装修商品房分别作为成本对象进行核算。

6. 权益区分原则

开发项目属于受托代建的或多方合作开发的，应结合上述原则分别划分成本对象进行核算。

【例3-8】 某房地产企业开发某住宅项目，在项目以外，需要为地方政府代建热力供应站，资金由政府按甲企业投入的一定比例进行拨付。根据权益区分原则，需要将代建的体育馆单独作为成本对象进行核算。

【提醒】 房地产企业在成本对象划分时需要全盘、整体考虑，而不能只着眼于某一部分，某一时点，某一目的，以免造成成本对象划分不合理给企业带来不必要的税收成本。同时由于企业管理需要以及税法要求的不同，在划分成本对象时，有可能存在划分口径的不一致，在做企业完工年度的所得税汇算清缴时需要分析考虑，可以在管理口径上进行调整。

3.2.1.18 成本对象的税务管理

房地产开发企业应依据计税成本对象确定原则确定已完工开发产品的成本对象，并就确定原则、依据，共同成本分配原则、方法，以及开发项目基本情况、开发计划等出具专项报告，在开发产品完工当年企业所得税年度纳税申报时，随同“企业所得税年度纳税申报表”一并报送主管税务机关。

房地产开发企业将已确定的成本对象报送主管税务机关后，不得随意调整或相互混淆。如确需调整成本对象的，应就调整的原因、依据和调整前后成本变化情况等出具专项报告，在调整当年企业所得税年度纳税申报时报送主管税务机关。

房地产开发企业应建立健全成本对象管理制度，合理区分已完工成本对象、在建成本对象和未建成本对象，及时收集、整理、保存成本对象涉及的证据材料，以备税务机关检查。

3.2.1.19　计税成本的具体内容

房地产开发企业开发产品计税成本支出的内容如下：

1. 土地征用费及拆迁补偿费

土地征用费及拆迁补偿费是指为取得土地开发使用权（或开发权）而发生的各项费用，主要包括土地买价或出让金、大市政配套费、契税、耕地占用税、土地使用费、土地闲置费、土地变更用途和超面积补交的地价及相关税费、拆迁补偿支出、安置及动迁支出、回迁房建造支出、农作物补偿费、危房补偿费等。

2. 前期工程费

前期工程费是指项目开发前期发生的水文地质勘察、测绘、规划、设计、可行性研究、筹建、场地通平等前期费用。

3. 建筑安装工程费

建筑安装工程费是指开发项目开发过程中发生的各项建筑安装费用。主要包括开发项目建筑工程费和开发项目安装工程费等。

4. 基础设施建设费

基础设施建设费是指开发项目在开发过程中所发生的各项基础设施支出，主要包括开发项目内道路、供水、供电、供气、排污、排洪、通信、照明等社区管网工程费和环境卫生、园林绿化等园林环境工程费。

5. 公共配套设施费

公共配套设施费是指开发项目内发生的、独立的、非营利性的，且产权属于全体业主的，或无偿赠与地方政府、政府公用事业单位的公共配套设施支出。

6. 开发间接费

开发间接费是指企业为直接组织和管理开发项目所发生的，且不能将其归属于特定成本对象的成本费用性支出。主要包括管理人员工资、职工福利费、折旧费、修理费、办公费、水电费、劳动保护费、工程管理费、周转房摊销以及项目营销设施建造费等。

对于房地产开发企业，企业所得税中的计税成本与土地增值税中的开发成本以及会计成本的核算有些差异，详见表3－5。

表3－5　房地产开发企业成本明细项目核算范围比较表

	会计处理	企业所得税	土地增值税
土地征用及拆迁补偿费	土地买价或出让金、大市政配套费、契税、耕地占用税、土地使用费、土地闲置费、农作物补偿费、危房补偿费、土地变更用途和超面积补交的地价及相关税费、拆迁补偿费用、安置及动迁费用、回迁房建造费用等	土地买价或出让金、大市政配套费、契税、耕地占用税、土地使用费、土地闲置费、土地变更用途和超面积补交的地价及相关税费、拆迁补偿支出、安置及动迁支出、回迁房建造支出、农作物补偿费，危房补偿费等	取得土地使用权所支付的金额，是指纳税人为取得土地使用权所支付的地价款和按国家统一规定交纳的有关费用 土地征用及拆迁补偿费，包括土地征用费、耕地占用税、劳动力安置费及有关地上、地下附着物拆迁补偿的净支出、安置动迁用房支出等
前期工程费	是指项目开发前期发生的政府许可规费、招标代理费、临时设施费以及水文地质勘察、测绘规划、设计、可行性研究、咨询论证费、筹建、场地通平等前期费用	指项目开发前期发生的水文地质勘察、测绘、规划、设计、可行性研究、筹建、场地通平等前期费用	包括规划、设计、项目可行性研究和水文、地质、勘察、测绘、“三通一平”等支出
建筑安装工程费	指开发项目开发过程中发生的各项主体建筑的建筑工程费、安装工程费及精装修费等	指开发项目开发过程中发生的各项建筑安装费用。主要包括开发项目建筑工程费和开发项目安装工程费等	是指以出包方式支付给承包单位的建筑安装工程费，以自营方式发生的建筑安装工程费

续表

	会计处理	企业所得税	土地增值税
基础设施建设费	指开发项目在开发过程中发生的道路、供水、供电、供气、供暖、排污、排洪、消防、通信照明、有线电视、宽带网络、智能化等社区管网工程费和环境卫生、园林绿化等园林、景观环境工程费用等	指开发项目在开发过程中所发生的各项基础设施支出，主要包括开发项目内道路、供水、供电、供气、排污、排洪、通信、照明等社区管网工程费和环境卫生、园林绿化等园林环境工程费	包括开发小区内道路、供水、供电、供气、排污、排洪、通信、照明、环卫、绿化等工程发生的支出
公共配套设施费	指开发项目内发生的、独立的、非营利性的且产权属于全体业主的，或无偿赠与地方政府、政府公共事业单位的公共配套设施费用等	指开发项目内发生的、独立的、非营利性的，且产权属于全体业主的，或无偿赠与地方政府、政府公用事业单位的公共配套设施支出	指开发项目内发生的、独立的、非营利性的，且产权属于全体业主的，或无偿赠与地方政府、政府公用事业单位的公共配套设施支出
开发间接费	指企业为直接组织和管理开发项目所发生的，且不能将其直接归属于成本核算对象的工程监理费、造价审核费、结算审核费、工程保险费等。为业主代扣代缴的公共维修基金等不得计入产品成本	指企业为直接组织和管理开发项目所发生的，且不能将其归属于特定成本对象的成本费用性支出。主要包括管理人员工资、职工福利费、折旧费、修理费、办公费、水电费、劳动保护费、工程管理费、周转房摊销以及项目营销设施建造费等	是指直接组织、管理开发项目发生的费用，包括工资、职工福利费、折旧费、修理费、办公费、水电费、劳动保护费、周转房摊销等

3.2.1.20 计税成本的核算程序

1. 房地产企业计税成本核算的一般程序

（1）对当期实际发生的各项支出，按其性质、经济用途及发生的地点、时间区进行整理、归类，并将其区分为应计入成本对象的成本和应在当期税前扣除的期间费用。同时还应按规定对在有关预提费用和待摊费用进行计量与确认。

（2）对应计入成本对象中的各项实际支出、预提费用、待摊费用等合理的划分为直接成本、间接成本和共同成本，并按规定将其合理的归集、分配至已完工成本对象、在建成本对象和未建成本对象。

（3）对期前已完工成本对象应负担的成本费用按已销开发产品、未销开发产品和固定资产进行分配，其中应由已销开发产品负担的部分，在当期纳税申报时进行扣除，未销开发产品应负担的成本费用待其实际销售时再予扣除。

（4）对本期已完工成本对象分类为开发产品和固定资产并对其计税成本进行结算。其中属于开发产品的，应按可售面积计算其单位工程成本，据此再计算已销开发产品计税成本和未销开发产品计税成本。对本期已销开发产品的计税成本，准予在当期扣除，未销开发产品计税成本待其实际销售时再予扣除。

（5）对本期未完工和尚未建造的成本对象应当负担的成本费用，应分别建立明细台账，待开发产品完工后再予结算。

2. 房地产企业计税成本核算流程图（见图3－1）

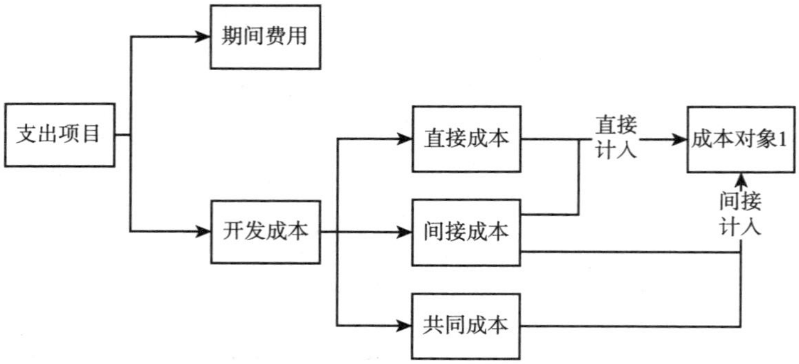

图3－1　房地产企业计税成本核算流程图

3.2.1.21　计税成本的分摊方法

房地产企业开发、建造的开发产品应按制造成本法进行计量与核算。其中，应计入开发产品成本中的费用属于直接成本和能够分清成本对象的间接成本，直接计入成本对象，共同成本和不能分清负担对象的间接成本，应按受益的原则和配比的原则分配至各成本对象，具体分配方法可在占地面积法、建筑面积法、直接成本法、预算造价法中选择其一。

占地面积法、建筑面积法、直接成本法、预算造价法详见“2.3.1.13

扣除项目的分摊”，此处不再赘述。

3.2.1.22 特定成本的分摊方法

房地产开发企业下列成本应按以下方法进行分配：

1. 土地成本，一般按占地面积法进行分配。如果确须结合其他方法进行分配的，应商税务机关同意。

土地开发同时连结房地产开发的，属于一次性取得土地分期开发房地产的情况，其土地开发成本经商税务机关同意后可先按土地整体预算成本进行分配，待土地整体开发完毕再行调整。

【提醒】对于土地成本的分摊，先进行横向分摊（即对于成片受让土地使用权后，分期分批开发、转让房地产的，分期占用的土地成本应按占地面积法分摊），后进行纵向分摊（即对同一项目中建造不同类型房地产开发产品的，按建筑面积法分摊土地成本，占地相对独立的除外）。

2. 单独作为过渡性成本对象核算的公共配套设施开发成本，应按建筑面积法进行分配。

3. 借款费用属于不同成本对象共同负担的，按直接成本法或按预算造价法进行分配。

4. 其他成本项目的分配法由企业自行确定。

3.2.1.23 地下停车场所的成本核算

房地产企业单独建造的停车场所，应作为成本对象单独核算。利用地下基础设施形成的停车场所，作为公共配套设施进行处理。

1. 房地产开发企业利用地下基础设施，修建地下停车场所的税务处理问题，天津市税务局在《2019年度企业所得税汇缴政策口径》中明确暂按以下方法处理：

（1）地下停车场所作为房地产开发企业资产管理的，应为单独建造的停车场所，成本对象单独核算，按照税法规定的年限提取折旧。房地产开发企业取得的出售地下停车场所收入，无论是一次性收取，或采取收取租金方式收取，按照配比原则，分期计算收入。

（2）地下停车场所属于利用地下基础设施形成的，并且作为公共配套设施已计入计税成本的。房地产开发企业取得的出售地下停车场所收入，无论采取一次性收取，或租金方式收取，均应按照合同（协议）约定的应收取款项日期确认收入的实现。

2. 对于利用地下基础设施形成的停车场所，后因补缴土地出让金而取得地下车库的产权，其补缴的土地出让金能否计入地下车库计税成本的问题，北京市税务局2019年11月在《企业所得税实务操作政策指引（第一期）》中明确，具有产权的地下车库应归集土地成本，不具有产权的地下车库按公共配套设施进行税务处理，不分摊土地成本。

笔者认为，北京税务的这个操作指引解释得比较清晰。地下车库能不能办理产权与是否计算容积率有关，也与是否缴纳了土地出让金相关。因此不能办理产权的地下车库不需要分摊土地成本的，土地增值税的处理亦是如此。

3.2.1.24 非货币性资产交换

1. 企业、单位以换取开发产品为目的，将土地使用权投资企业的，按下列规定进行处理：

（1）换取的开发产品如为该项土地开发、建造的，接受投资的企业在接受土地使用权时暂不确认其成本，待首次分出开发产品时，再按应分出开发产品（包括首次分出的和以后应分出的）的市场公允价值和土地使用权转移过程中应支付的相关税费计算确认该项土地使用权的成本。如涉及补价，土地使用权的取得成本还应加上应支付的补价款或减除应收到的补价款。

（2）换取的开发产品如为其他土地开发、建造的，接受投资的企业在投资交易发生时，按应付出开发产品市场公允价值和土地使用权转移过程中应支付的相关税费计算确认该项土地使用权的成本。如涉及补价，土地使用权的取得成本还应加上应支付的补价款或减除应收到的补价款。

2. 企业、单位以股权的形式，将土地使用权投资企业的，接受投资的企业应在投资交易发生时，按该项土地使用权的市场公允价值和土地使用权转移过程中应支付的相关税费计算确认该项土地使用权的取得成本。如涉及补价，土地使用权的取得成本还应加上应支付的补价款或减除应收到的补价款。

3.2.1.25 预提费用的扣除

国税发〔2009〕31号文第三十二条规定：除以下几项预提（应付）费用外，计税成本均应为实际发生的成本。

1. 出包工程未最终办理结算而未取得全额发票的，在证明资料充分的前提下，其发票不足金额可以预提，但最高不得超过合同总金额的10%。

【提醒】可以预提的出包工程，是指承建方已按出包合同完成全部工程作业量但尚未最终办理结算的工程项目。房地产开发企业对发票不足金额据以预提的出包工程合同总金额，不包括甲供材料的金额。预提费用最高不得超过合同总金额的10%，且已开发票金额与预提费用总计不超过合同总金额。

2. 公共配套设施尚未建造或尚未完工的，可按预算造价合理预提建造费用。此类公共配套设施必须符合已在售房合同、协议或广告、模型中明确承诺建造且不可撤销，或按照法律法规规定必须配套建造的条件。

【提醒】预提的公共配套设施建造费用，如售房合同、协议、广告，或政府相关文件等明确建造期限而逾期未建造的，其以前年度已预提的该项费用在规定建造期满之日起计入当期应纳税所得额；如未有明确建造期限的，则在该开发项目最后一个可供销售的成本对象达到完工产品条件时仍未建造的，其以前年度已预提的该项费用应并入当期应纳税所得额。

3. 应向政府上交但尚未上交的报批报建费用、物业完善费用可以按规定预提。物业完善费用是指按规定应由企业承担的物业管理基金、公建维修基金或其他专项基金。

【提醒】预提的报批报建费用、物业完善费用，必须是完工产品应上交的报批报建费用、物业完善费用，同时须提供政府要求上交相关费用的正式文件。未完工产品应上交的报批报建费用、物业完善费用不可预提并税前扣除。

3.2.1.26　特定事项的税务处理

1. 合作开发

房地产开发企业以本企业为主体联合其他企业、单位、个人合作或合资开发房地产项目，且该项目未成立独立法人公司的，按下列规定进行处理：

（1）凡开发合同或协议中约定向投资各方（即合作、合资方，下同）分配开发产品的，企业在首次分配开发产品时，如该项目已经结算计税成本，其应分配给投资方开发产品的计税成本与其投资额之间的差额计入当期应纳税所得额；如未结算计税成本，则将投资方的投资额视同销售收入进行相关的税务处理。

（2）凡开发合同或协议中约定分配项目利润的，应按以下规定进行处理：

①企业应将该项目形成的营业利润额并入当期应纳税所得额统一申报缴纳企业所得税，不得在税前分配该项目的利润。同时不能因接受投资方投资额而在成本中摊销或在税前扣除相关的利息支出。

②投资方取得该项目的营业利润应视同股息、红利进行相关的税务处理。

2. 以投资方式换取开发产品的税务处理

企业以换取开发产品为目的，将土地使用权投资其他企业房地产开发项目的，按以下规定进行处理：

企业应在首次取得开发产品时，将其分解为转让土地使用权和购入开发产品两项经济业务进行所得税处理，并按应从该项目取得的开发产品（包括首次取得的和以后应取得的）的市场公允价值计算确认土地使用权转让所得或损失。

3.2.1.27 棚户区改造支出的扣除

企业参与政府统一组织的工矿（含中央下放煤矿）棚户区改造、林区棚户区改造、垦区危房改造并同时符合一定条件的棚户区改造支出，准予在企业所得税前扣除。同时符合一定条件的棚户区改造支出是指满足以下条件：

1. 棚户区位于远离城镇、交通不便，市政公用、教育医疗等社会公共服务缺乏城镇依托的独立矿区、林区或垦区；

2. 该独立矿区、林区或垦区不具备商业性房地产开发条件；

3. 棚户区市政排水、给水、供电、供暖、供气、垃圾处理、绿化、消防等市政服务或公共配套设施不齐全；

4. 棚户区房屋集中连片户数不低于50户，其中，实际在该棚户区居住且在本地区无其他住房的职工（含离退休职工）户数占总户数的比例不低于75%；

5. 棚户区房屋按照《房屋完损等级评定标准》和《危险房屋鉴定标准》评定属于危险房屋、严重损坏房屋的套内面积不低于该片棚户区建筑面积的25%；

6. 棚户区改造已纳入地方政府保障性安居工程建设规划和年度计划，并由地方政府牵头按照保障性住房标准组织实施；异地建设的，原棚户区土地由地方政府统一规划使用或者按规定实行土地复垦、生态恢复。

房地产开发企业参与政府统一组织的工矿（含中央下放煤矿）棚户区改造、林区棚户区改造、垦区危房改造，在企业所得税年度纳税申报时，应向主管税务机关提供其棚户区改造支出同时符合以上条件的书面说明材料。

3.2.2 汇算清缴常规调整事项

根据《企业所得税法》及其实施条例、《税收征收管理法》及其实施细则，国税发〔2009〕31号文及《国家税务总局关于印发企业所得税汇算清缴管理办法的通知》（国税发〔2009〕79号）等法律法规的规定，企业所得税汇算清缴常规调整事项归类见表3-6。

表3-6　　企业所得税汇算清缴常规调整事项归类表

类别Ⅰ	类别Ⅱ	扣除标准/限额比例	备注
收入类	视同销售收入	按本企业近期或本年度最近月份同类开发产品市场销售价格确定	房地产开发企业将开发产品用于捐赠、赞助、职工福利、奖励、对外投资、分配给股东或投资人、抵偿债务、换取其他企事业单位和个人的非货币性资产等行为，应视同销售，于开发产品所有权或使用权转移，或于实际取得利益权利时确认收入（或利润）的实现
		由主管税务机关参照当地同类开发产品市场公允价值确定	
		按开发产品的成本利润率确定。开发产品的成本利润率不得低于15%，具体比例由主管税务机关确定	
	投资收入	国债利息收入	免税
		符合条件的居民企业之间的股息、红利等权益性投资收益	
		在中国境内设立机构、场所的非居民企业从居民企业取得与该机构、场所有实际联系的股息、红利等权益性投资收益	
		符合条件的非营利组织的收入	

续表

类别Ⅰ	类别Ⅱ	扣除标准/限额比例	备注
资产类	固定资产折旧	规定范围内可扣	不超过最低折旧年限
	资产损失	实际资产损失	清单申报扣除、专项申报扣除
		法定资产损失	
	减值准备	未实际发生不得扣除	
扣除类	以前年度实际发生的、应扣而未扣或者少扣的支出		专项申报及说明后，准予追补至该项目发生年度计算扣除，但期限不得超过5年
	当年度实际发生的相关成本、费用		未能及时取得该成本、费用的有效凭证的，预缴季度所得税时，可暂按账面发生金额进行核算；在汇算清缴时，应补充提供该成本、费用的有效凭证
	业务招待费	60%，5‰	发生额的60%，且不超过销售或营业收入的5‰；股权投资业务企业分回的股息、红利及股权转让收入可作为收入计算基数
	广告费和业务宣传费	15%	当年销售（营业）收入，超过部分向以后结转
	捐赠支出	12%	年度利润（会计利润）总额；公益性捐赠；有捐赠票据，名单内所属年度内可扣；超过限额部分准许结转以后3年扣除会计利润≤0不能算限额
	利息支出（向企业借款）	据实（非关联企业向金融企业借款）	非金融向金融借款的利息支出、金融企业的各项存款利息支出和同业拆借利息支出、企业经批准发行债券的利息支出
		同期同类范围内可扣（非关联企业间借款）	非金融向金融借款的利息支出、金融企业的各项存款利息支出和同业拆借利息支出、企业经批准发行债券的利息支出
			并提供“金融企业的同期同类贷款利率情况说明”（本省任何一家金融企业提供同期同类贷款利率情况）

续表

类别Ⅰ	类别Ⅱ	扣除标准/限额比例	备注
扣除类	利息支出（向企业借款）	同期同类范围内可扣（非关联企业间借款）	利率，既可以是金融企业公布的同期同类平均利率，也可以是金融企业对某些企业提供的实际贷款利率
		关联企业付给境内关联方的利息，金融企业为5∶1；其他企业为2∶1	企业实际支付给关联方的利息支出，除符合下栏条件的以外，不超过其接受关联方债权性投资与其权益性投资规定比例和税法及其实施条例有关规定计算的部分，准予扣除，超过的部分不得在发生当期和以后年度扣除
			同时不超过金融企业同期同类利率
			注：绝不能简单理解为关联方出资额或股权（权益性投资）的5倍或2倍
		据实（关联企业付给境内关联方的利息）	提供资料证明交易符合独立交易原则或企业实际税负不高于境内关联方
	职工工资	据实	
		加计100%扣除	支付残疾人员的工资
	职工福利费	14%	工资薪金总额，比例内据实扣除
	职工教育经费	8%	工资薪金总额；超过部分，准予在以后纳税年度结转扣除
	职工工会经费	2%	工资薪金总额；凭工会组织开具的“工会经费收入专用收据”和税务机关代收工会经费凭据扣除
	各类基本社会保障性缴款	据实	规定范围内（“五险一金”：基本养老保险费、基本医疗保险费、失业保险费、工伤保险费、生育保险费等基本社会保险费和住房公积金）
	住房公积金	据实	
	税金	可以扣除	企业所得税不得扣除
			代缴的个人所得税不得直接扣除
			允许抵扣的增值税不得扣除
	手续费和佣金支出	5%（一般企业）	按服务协议或合同确认的收入金额的5%计算限额，企业须转账支付，否则不可扣

续表

类别Ⅰ	类别Ⅱ	扣除标准/限额比例	备注
扣除类	手续费和佣金支出	10%（境外销售机构）	委托境外机构销售开发产品的，其支付境外机构的销售费用（含佣金或手续费）不超过委托销售收入10%的部分准予据实扣除
	其他商业保险	不得扣除	国务院财政、税务主管部门规定可以扣除的除外
	罚款、罚金和被没收财物损失	不得扣除	
	税收滞纳金	不得扣除	
	赞助支出	不得扣除	
	与取得收入无关支出	不得扣除	
	向投资者支付的股息、红利等权益性投资收益	不得扣除	

3.2.3 税前扣除凭证

企业所得税税前扣除凭证见表3－7。

表3－7　　企业所得税税前扣除凭证

项目	内容	
税前扣除凭证概念	是指企业在计算企业所得税应纳税所得额时，证明与取得收入有关的、合理的支出实际发生，并据以税前扣除的各类凭证	
适用对象	企业所得税的纳税人：居民企业和非居民企业	
遵循的原则	真实性	反映的经济业务真实，且支出已经实际发生
	合法性	形式、来源符合国家法律、法规等相关规定
	关联性	与其反映的支出相关联且有证明力
分类（内部外部）	内部凭证	企业自制凭证，例如：工资表、出库单、付款审批表、费用报销单、入库单等

续表

项目	内容	
分类（内部外部）	外部凭证	发票，分为纸质发票和电子发票，包括税务机关代开的发票
		财政票据、完税凭证、收款凭证、分割单等
在境内发生的支出项目	支出属于增值税应税项目	对方为已办理税务登记的增值税纳税人，其支出以发票（包括按照规定由税务机关代开的发票）作为税前扣除凭证
		对方为依法无须办理税务登记的单位或者从事小额零星经营业务的个人，其支出以税务机关代开的发票或者收款凭证及内部凭证作为税前扣除凭证，收款凭证应载明收款单位名称、个人姓名及身份证号码、支出项目、收款金额等相关信息
	支出不属于增值税应税项目	对方为单位的，以对方开具的发票以外的其他外部凭证作为税前扣除凭证 对方为个人的，以内部凭证作为税前扣除凭证 按税务总局规定可以开具发票的，可以发票作为税前扣除凭证，如《国家税务总局关于增值税发票管理若干事项的公告》（国家税务总局公告 2017 年第 45 号）附件“商品和服务税收分类编码表”中规定的不征税项目等
境外购进货物或者劳务发生的支出	以对方开具的发票或者具有发票性质的收款凭证、相关税费缴纳凭证作为税前扣除凭证	
不得税前扣除凭证种类	不合规发票	企业取得私自印制、伪造、变造、作废、开票方非法取得、虚开、填写不规范等不符合规定的发票
	不合规其他外部凭证	企业取得不符合国家法律、法规等相关规定的其他外部凭证
特殊事项	与其他企业、个人共同接受劳务发生支出的处理	与其他企业（包括关联企业）、个人在境内共同接受应税劳务发生的支出，采取分摊方式的，企业以发票和分割单作为税前扣除凭证，共同接受应税劳务的其他企业以企业开具的分割单作为税前扣除凭证
		与其他企业、个人在境内共同接受非应税劳务发生的支出，采取分摊方式的，企业以发票外的其他外部凭证和分割单作为税前扣除凭证，共同接受非应税劳务的其他企业以企业开具的分割单作为税前扣除凭证
	租用办公、生产用房发生的日常办公费用的处理	出租方作为应税项目开具发票的，企业以发票作为税前扣除凭证 出租方采取分摊方式的，企业以出租方开具的其他外部凭证作为税前扣除凭证

续表

项目	内容	
税前扣除凭证替代	补开、换开发票、其他外部凭证过程中，因对方注销、撤销、依法被吊销营业执照、被税务机关认定为非正常户等特殊原因无法补开、换开发票、其他外部凭证的	（一）无法补开、换开发票、其他外部凭证原因的证明资料（包括工商注销、机构撤销、列入非正常经营户、破产公告等证明资料） （二）相关业务活动的合同或者协议 （三）采用非现金方式支付的付款凭证 （四）货物运输的证明资料 （五）货物入库、出库内部凭证 （六）企业会计核算记录以及其他资料 前款第一项至第三项为必备资料
	与税前扣除凭证相关的资料	合同协议、支出依据、付款凭证等留存备查
取得的时间要求	若支出真实且已实际发生，在当年度汇算清缴期结束前取得	
补救措施	汇算清缴期结束前	应当取得而未取得合规发票、其他外部凭证的： 1. 补开、换开合规发票、其他外部凭证 2. 因对方特殊原因无法补开、换开发票、其他外部凭证的，凭相关资料证实支出真实性
	汇算清缴期结束后	税务机关发现企业应当取得而未取得发票、其他外部凭证或者取得不合规发票、不合规其他外部凭证并且告知企业的，企业应当自被告知之日起 60 日内补开、换开符合规定的发票、其他外部凭证或可以证实其支出真实性的相关资料
追补扣除	以前年度应取得未取得符合规定的税前扣除凭证，且相应支出未在当年扣除的，在以后年度取得的，可以追补至该支出发生年度税前扣除，但追补年限不得超过五年	
其他相关资料要求	企业应将与税前扣除凭证相关的资料，包括合同协议、支出依据、付款凭证等留存备查，以证实税前扣除凭证的真实性	
施行时间	本办法自 2018 年 7 月 1 日起施行	

3.2.3.1 税前扣除基本原则

税前扣除凭证，是指企业在计算企业所得税应纳税所得额时，证明与取得收入有关的、合理的支出实际发生，并据以税前扣除的各类凭证。所有的凭证类型都需要遵循以下三个基本原则。

1. 合法性

合法性是指税前扣除凭证的形式、来源符合国家法律、法规等相关规定。

【例3-9】甲房地产公司向乙公司购买货物，乙公司不想开具发票，遂经协商，由丙公司开具了一张增值税专用发票。后来，该发票被税务机关认定为虚开。甲公司取得的这张发票属于不合规发票，不能作为税前扣除凭证，其支出不能税前扣除。

2. 关联性

关联性是指税前扣除凭证与其反映的支出相关联且有证明力。

3. 真实性

真实性是指税前扣除凭证反映的经济业务真实，且支出已经实际发生。若企业的经济业务及支出不具备真实性，取得的凭证不得作为税前扣除凭证。没有发生的支出业务，即使取得增值税发票，也不能税前扣除。

3.2.3.2　扣除凭证的种类

税前扣除凭证按照来源分为两类，一种是内部凭证，另一种是外部凭证。

1. 内部凭证

内部凭证是指企业自制用于成本、费用、损失和其他支出核算的会计原始凭证。内部凭证的填制和使用应当符合国家会计法律、法规等相关规定。如企业支付给员工的工资，工资表等会计原始凭证即为内部凭证。

2. 外部凭证

外部凭证是指企业发生经营活动和其他事项时，从其他单位、个人取得的用于证明其支出发生的凭证，包括但不限于发票（包括纸质发票和电子发票）、财政票据、完税凭证、收款凭证、分割单等。

【提醒】法院判决书不能单独作为税前扣除凭证，需要收款证明、内部凭证、分割单等其他资料支撑。

3.2.3.3 不同情形下的凭证要求

不同的情形对税前扣除凭证的种类有不同的要求，具体分为以下三种情况：

1. 境内应税行为

交易地点在境内，项目属应税行为，按销售方类型有不同要求。

（1）销售方已办理税务登记的，只能以发票（包括按照规定由税务机关代开的发票）作为税前扣除凭证。

以往一些企业（如银行）用利息单代替发票给予企业，而没有按照规定开具发票，2018 年《企业所得税税前扣除凭证管理办法》发布后，必须统一按照规定开具发票。否则，相关企业发生的利息，将无法税前扣除。

（2）销售方是依法无须办理税务登记的单位或者从事小额零星经营业务的个人的，可选择以下凭证作为税前扣除凭证：

①税务机关代开的发票；

②收款凭证及内部凭证（收款凭证应载明收款单位名称、个人姓名及身份证号码、支出项目、收款金额等相关信息）。

如从政府机关、团体收购废旧物资，销售方是依法无须办理税务登记的单位，这些单位无法开具增值税发票，要么代开，要么以收款凭证即可作为税前扣除凭证。

【例 3－10】 某房地产开发企业从菜市场个人摊位上购买蔬菜，一个摊位一次不超过 500 元，收款凭证及内部凭证（收款凭证应载明收款单位名称、个人姓名及身份证号、支出项目、收款金额等相关信息）可作为税前扣除凭证。

需要注意的是，小额零星经营业务的判断标准是个人从事应税项目经营业务的销售额不超过增值税相关政策规定的起征点。这里的“个人”主要指自然人和未被认定为增值税一般纳税人的个体工商户。《国家税务总局 2019 年减税降费政策答复汇编（第一辑）》就“小额零星经营业务的判断标准”进行答复，考虑到小规模增值税纳税人符合条件可以享受免征增值税优惠政策，根据《中华人民共和国增值税暂行条例》及实施细则、《财政部 税务总局关于实施小微企业普惠性税收减免政策的通知》（财税

〔2019〕13号）规定，小额零星经营业务可按以下标准判断：按月纳税的，月销售额不超过10万元；按次纳税的，每次（日）销售额不超过300～500元。

不过，《国家税务总局关于小规模纳税人免征增值税征管问题的公告》（国家税务总局公告2021年第5号）规定，小规模纳税人发生增值税应税销售行为，合计月销售额未超过15万元（以1个季度为1个纳税期的，季度销售额未超过45万元）的，免征增值税。也就是说，自2021年4月1日起，增值税小规模纳税人免税标准由月销售额不超过10万元提高到月销售额不超过15万元。目前国家税务总局层面没有再对“小额零星经营业务的判断标准”发布统一口径，但根据总局2019年的答复口径，笔者认为，对于2021年4月1日后按月纳税的小额零星经营业务的判断标准，月销售额可由不超过10万元提高到15万元。

2. 境内非应税行为

企业在境内发生的不属于应税项目的支出，如企业按照规定缴纳的政府性基金、行政事业性收费、税金、土地出让金、社会保险费、工会经费、住房公积金、公益事业捐赠支出、向法院支付的诉讼费用等，一般情况下按以下规定处理：

（1）对方为单位。企业以对方开具的发票以外的其他外部凭证，如财政票据、完税凭证、收款凭证等作为税前扣除凭证。

（2）对方为个人。企业以内部凭证作为税前扣除凭证。

【提醒】企业在境内发生的支出项目虽不属于应税项目，但按税务总局规定可以开具发票的，可以发票作为税前扣除凭证。

3. 境外购入或劳务

货物或劳务是境外购入的，以对方开具的发票或者具有发票性质的收款凭证、相关税费缴纳凭证作为税前扣除凭证。

3.2.3.4 税前扣除凭证不合规的救济

《企业所得税税前扣除凭证管理办法》第十二条规定，企业取得私自印制、伪造、变造、作废、开票方非法取得、虚开、填写不规范等不符合规定的发票（以下简称“不合规发票”），以及取得不符合国家法律、法规等相关规定的其他外部凭证（以下简称“不合规其他外部凭证”），不得作为税前扣除凭证。税前扣除凭证不合规的救济途径根据发现时间可分以下几种：

1. 在汇算清缴结束前发现

情形一：应当取得而未取得发票、其他外部凭证。

情形二：取得不合规发票、不合规其他外部凭证的。

前提：支出真实且已实际发生（真实性原则）。

期限：当年度汇算清缴期结束前（如 2021 年应当取得的，期限为 2022 年 5 月）。

处理方式：应当要求对方补开、换开发票、其他外部凭证。补开、换开后的发票、其他外部凭证符合规定的，可以作为税前扣除凭证。

2. 在汇算清缴结束后发现

（1）税务机关通知企业。汇算清缴期结束后，税务机关发现企业应当取得而未取得发票、其他外部凭证或者取得不合规发票、不合规其他外部凭证并且告知企业的，企业应当自被告知之日起60 日内补开、换开符合规定的发票、其他外部凭证。

（2）企业自行发现。企业以前年度应当取得而未取得发票、其他外部凭证，且相应支出在该年度没有税前扣除的，在以后年度取得符合规定的发票、其他外部凭证或者按照规定提供可以证实其支出真实性的相关资料，相应支出可以追补至该支出发生年度税前扣除，但追补年限不得超过五年

3. 无法补开或换开发票的特殊处理

企业在补开、换开发票、其他外部凭证过程中，因对方注销、撤销、依法被吊销营业执照、被税务机关认定为非正常户等特殊原因无法补开、换开发票、其他外部凭证的，可凭以下资料证实支出真实性后，其支出允许税前扣除：

①无法补开、换开发票、其他外部凭证原因的证明资料（包括工商注销、机构撤销、列入非正常经营户、破产公告等证明资料）；（必备）

②相关业务活动的合同或者协议；（必备）

③采用非现金方式支付的付款凭证；（必备）

④货物运输的证明资料；

⑤货物入库、出库内部凭证；

⑥企业会计核算记录以及其他资料。

【提醒】 在对方法律主体消失或者处于“停滞”状态的情况下，现金方式支付的真实性将无从考证，为此相关规定对支付方式作出了限制性的规定。

3.2.3.5　分割单

分割单作为税前扣除凭证，仅适用于两个以上单位共同支出，共享一张凭证的企业。

1. 何为分割单

一张原始凭证所列的支出，需要由两个以上单位共同负担时，应当由保存该原始凭证的单位，开给其他应负担支出的单位原始凭证分割单。相当于一张自制原始凭证。

2. 应税行为“分割”

企业与其他企业（包括关联企业）、个人在境内共同接受应纳增值税劳务（以下简称“应税劳务”）发生的支出，采取分摊方式的，应当按照独立交易原则进行分摊。

保存发票的企业：以发票和分割单作为税前扣除凭证

共同接受应税劳务的其他企业：以保存发票的企业开具的分割单作为税前扣除凭证。

如在出租方和承租方共用水电费的情形下，承租方可以出租方开具的水电费分割单作为税前扣除凭证。

3. 非应税行为“分割”

企业与其他企业、个人在境内共同接受非应税劳务发生的支出，采取分摊方式的：

保存外部凭证的企业，以发票外的其他外部凭证和分割单作为税前扣除凭证

共同接受非应税劳务的其他企业，以保存外部凭证的企业开具的分割单作为税前扣除凭证。

3.2.3.6　违约金的扣除凭证

违约金是合同一方当事人不履行合同或者履行合同不符合约定时，由

违约的一方对另一方当事人支付的用于赔偿损失的金额。属于增值税应税范围的违约金可凭发票、当事双方签订的合同协议在税前扣除；不属于增值税应税范围的违约金可凭当事双方签订的合同协议、支付凭证（即银行划款凭证或生效的法律文书）、收款方开具的收款凭证在税前扣除。

1. 合同履行，发生经营业务，销售方违约支付违约金，不属于增值税应税范围，可凭当事双方签订的合同协议、非现金支付凭证、收款方开具的收款凭证在税前扣除，对方为个人的，以内部凭证作为税前扣除凭证。

【例3-11】 甲房地产开发企业和乙建筑企业签订合同，约定由乙企业为甲企业建造办公楼一栋。后因施工过程中工程延期，按合同约定，乙企业支付给甲企业违约金50万元，甲企业收到违约金不需要缴纳增值税，所以乙企业支付给甲企业违约金50万元在税前扣除不需要发票作为税前扣除凭证。

另一种处理方案：乙企业支付给甲企业违约金50万元，可以作为销售折让，开具红字发票。

2. 合同未履行，经营业务未发生，购买方违约支付违约金，不属于增值税应税范围，可凭当事双方签订的合同协议、非现金支付凭证、收款方开具的收款凭证在税前扣除，对方为个人的，以内部凭证作为税前扣除凭证。

【例3-12】 甲乙两家企业签订购销合同，约定甲企业向乙企业采购特种钢材一批，后因甲企业经营策略调整，不需要上述特种钢材，合同不能正常履行。经协商，甲企业向乙企业支付违约金5万元。因销售行为未发生，乙企业收到违约金，不应开具发票，不需要缴纳增值税，甲企业可凭当事双方签订的合同协议、非现金支付凭证、收款方开具的收款凭证在税前扣除。

3. 合同履行，发生经营业务，购买方违约支付违约金，属于价外费用，可凭发票、当事双方签订的合同协议作为税前扣除凭证。

【例3-13】 甲乙两家企业签订购销合同，约定甲企业向乙企业采购建筑材料一批，乙企业按约定供应了建筑材料，而甲企业未能按合同要求及时支付货款，延迟1个月才付清货款。依合同约定，甲企业向乙企业支付违约金10万元。这10万元的违约金就属于价外费用，乙企业应将违约金并入销售额计算缴纳增值税，同时给甲企业开具发票（且可以开具增值税专用发票）。

应当注意的是，此处违约金计算缴纳增值税时应适用建筑材料13%的税率，并换算成不含税金额，增值税销项税额为1.15[10÷(1+13%)×13%]万元。

【提醒】房地产开发企业在项目工地等对建筑施工企业的违约金或罚款，一般情况下不允许建筑施工企业开红字发票或按照扣除违约金或罚款净额开具增值税发票，应该由房地产开发企业给建筑施工企业开具收款收据同时建筑施工企业全额开具建筑服务发票，避免降低土地增值税清算成本（开发成本）。

3.2.3.7　房地产企业特殊税前扣除凭证

房地产项目建设周期长，业务复杂，涉及的单位较多，取得的凭证多样，除取得发票以外，还有其他税前扣除凭证，详见表3－8。

表3－8　　房地产开发企业特殊税前扣除凭证

业务事项	税前扣除凭证
向政府部门支付的土地出让金（土地价款）	财政收据（非税收入一般缴款书）
向政府部门支付的征地和拆迁补偿费	财政收据（非税收入一般缴款书）
向政府部门支付的土地前期开发费用	财政收据（非税收入一般缴款书）
向政府各部门支付的报建等费用	财政收据（非税收入一般缴款书）
向其他单位或个人支付的拆迁补偿费	拆迁协议、拆迁双方支付和取得拆迁补偿费用凭证等能够证明拆迁补偿费用真实性的材料
逾期开发缴纳的土地闲置费	缴费凭证
安置回迁户视同销售并确认拆迁补偿费	拆迁补偿协议、视同销售开具的销售发票复印件、安置回迁户房屋移交明细表等内部凭证
与其他单位或个人在境内共同接受应税劳务	发票和分割单
与其他单位或个人在境内共同接受非应税劳务	其他外部凭证和分割单
租用办公、生产用房等资产发生的水、电、燃气、冷气、暖气、通信线路、有线电视、网络等费用，出租方采取分摊方式的	出租方开具的其他外部凭证
向业主支付违约金	费用支付凭据和收款凭证
向无须办理税务登记的单位或经营小额零星业务的个人支付费用	代开发票或收款凭证及内部凭证

3.2.4 税率

企业所得税税率见表3-9。

表3-9　企业所得税税率

税目	税率（%）
企业所得税基本税率	25
符合条件的小型微利企业（2019年1月1日至2021年12月31日，对年应纳税所得额超过100万元但不超过300万元的部分，减按50%计入应纳税所得额；2021年1月1日至2022年12月31日，对小型微利企业年应纳税所得额不超过100万元的部分，减按12.5%计入应纳税所得额，按20%的税率缴纳企业所得税）	20
国家需要重点扶持的高新技术企业	15
技术先进型服务企业（中国服务外包示范城市）	15
线宽小于0.25微米的集成电路生产企业	15
投资额超过80亿元的集成电路生产企业	15
设在西部地区的鼓励类产业企业	15
广东横琴、福建平潭、深圳前海等地区的鼓励类产业企业	15
注册在海南自由贸易港并实质性运营的鼓励类产业企业	15
国家规划布局内的重点软件企业和集成电路设计企业	10
对从事污染防治的第三方企业（从2019年1月1日至2021年底）	15
非居民企业在中国境内未设立机构、场所的，或者虽设立机构、场所但取得的所得与其所设机构、场所没有实际联系的，应当就其来源于中国境内的所得缴纳企业所得税	10

3.2.5 纳税地点

《企业所得税法》第五十条规定，除税收法律、行政法规另有规定外，居民企业以企业登记注册地为纳税地点；但登记注册地在境外的，以实际管理机构所在地为纳税地点。

居民企业在中国境内设立不具有法人资格的营业机构的，应当汇总计算并缴纳企业所得税。

3.2.6 申报期限

纳税人应当自纳税年度终了之日起5个月内，进行汇算清缴，结清应缴应退企业所得税税款。

汇算清缴期内，纳税人如发现企业所得税年度申报有误的，可以进行更正申报，涉及补缴税款的不加收滞纳金。

汇算清缴期后，纳税人如发现企业所得税年度申报有误的，可以进行更正申报，需要补缴税款的，应自汇算清缴期后起按日加收滞纳税款万分之五的滞纳金。

纳税人12月份或者第四季度的企业所得税预缴纳税申报，应在纳税年度终了后15日内完成，预缴申报后进行当年企业所得税汇算清缴。

纳税人在年度中间发生解散、破产、撤销等终止生产经营情形，需进行企业所得税清算的，应在清算前报告主管税务机关，并自实际经营终止之日起60日内进行汇算清缴，结清应缴应退企业所得税款；纳税人有其他情形依法终止纳税义务的，应当自停止生产、经营之日起60日内，向主管税务机关办理当期企业所得税汇算清缴。

3.3 企业所得税优惠

3.3.1 西部大开发

自2021年1月1日至2030年12月31日，对设在西部地区的鼓励类产业企业减按15%的税率征收企业所得税。本条所称鼓励类产业企业是指以《西部地区鼓励类产业目录》中规定的产业项目为主营业务，且其主营业务收入占企业收入总额60%以上的企业。

——《财政部 税务总局 国家发展改革委关于延续西部大开发企业所得税政策的公告》（财政部 税务总局 国家发展改革委公告2020年第23号）第一条

如城镇园林绿化及生态小区建设、保障性住房建设与管理、租赁住房建设运营和管理等产业项目。

——参考《产业结构调整指导目录（2019年本）》（国家发展和改革

委员会令第29号）

【提醒1】西部地区包括内蒙古自治区、广西壮族自治区、重庆市、四川省、贵州省、云南省、西藏自治区、陕西省、甘肃省、青海省、宁夏回族自治区、新疆维吾尔自治区和新疆生产建设兵团。湖南省湘西土家族苗族自治州、湖北省恩施土家族苗族自治州、吉林省延边朝鲜族自治州和江西省赣州市，可以比照西部地区的企业所得税政策执行。

【提醒2】房地产开发企业可以享受西部大开发税收优惠政策。国家税务总局2019年9月29日答复，现行政策对房地产开发企业享受西部大开发税收优惠政策没有限制性的规定。设立在西部的房地产开发企业以《西部地区鼓励类产业目录》规定的保障性住房建设与管理、生态小区建设等产业项目为主营业务，且符合相关条件的，可以享受西部大开发税收优惠政策。

3.3.2 捐赠支出

3.3.2.1 公益性捐赠

1. 企业发生的公益性捐赠支出，在年度利润总额12%以内的部分，准予在计算应纳税所得额时扣除；超过年度利润总额12%的部分，准予结转以后三年内在计算应纳税所得额时扣除。

——《全国人民代表大会常务委员会关于修改〈中华人民共和国企业所得税法〉的决定》（主席令第六十四号）

2. 自2008年1月1日至2020年12月31日，企业通过公益性群众团体用于公益事业的捐赠支出，在年度利润总额12%以内的部分，准予在计算应纳税所得额时扣除。年度利润总额，是指企业依照国家统一会计制度的规定计算的大于零的数额。

——《财政部 国家税务总局关于通过公益性群众团体的公益性捐赠税前扣除有关问题的通知》（财税〔2009〕124号）

3. 自2021年1月1日起，企业通过公益性群众团体用于符合法律规定的公益慈善事业捐赠支出，准予按税法规定在计算应纳税所得额时扣除。

——《财政部 税务总局关于通过公益性群众团体的公益性捐赠税前扣

除有关事项的公告》（财政部 税务总局公告2021年第20号）

4. 自2019年1月1日至2023年12月31日，企事业单位、社会团体以及其他组织捐赠住房作为公租房，符合税收法律法规规定的，对其公益性捐赠支出在年度利润总额12%以内的部分，准予在计算应纳税所得额时扣除，超过年度利润总额12%的部分，准予结转以后三年内在计算应纳税所得额时扣除。

——《财政部 国家税务总局关于公共租赁住房税收优惠政策的公告》（财政部 税务总局公告2019年第61号）第五条第一款及《财政部 税务总局关于延长部分税收优惠政策执行期限的公告》（财政部 税务总局公告2021年第6号）第一条

5. 企业在非货币性资产捐赠过程中发生的运费、保险费、人工费用等相关支出，凡纳入国家机关、公益性社会组织开具的公益捐赠票据记载的数额中的，作为公益性捐赠支出按照规定在税前扣除；上述费用未纳入公益性捐赠票据记载的数额中的，作为企业相关费用按照规定在税前扣除。

——《国家税务总局关于企业所得税若干政策征管口径问题的公告》（国家税务总局公告2021年第17号）第一条

3.3.2.2 支持新型冠状病毒感染的肺炎疫情防控捐赠支出

自2020年1月1日至2021年3月31日，企业直接向承担疫情防治任务的医院捐赠用于应对新型冠状病毒感染的肺炎疫情的物品，允许在计算应纳税所得额时全额扣除。

企业直接向承担疫情防治任务的医院捐赠用于应对新型冠状病毒感染的肺炎疫情的物品，允许在计算应纳税所得额时全额扣除。捐赠人凭承担疫情防治任务的医院开具的捐赠接收函办理税前扣除事宜。

——《财政部 国家税务总局关于支持新型冠状病毒感染的肺炎疫情防控有关捐赠税收政策的公告》（财政部 国家税务总局公告2020年第9号）及《财政部 税务总局关于延续实施应对疫情部分税费优惠政策的公告》（财政部 税务总局公告2021年第7号）第二条

3.3.2.3 扶贫捐赠

自2019年1月1日至2025年12月31日，企业通过公益性社会组织或者县级（含县级）以上人民政府及其组成部门和直属机构，用于目标脱贫地区的扶贫捐赠支出，准予在计算企业所得税应纳税所得额时据实扣除。在政策执行期限内，目标脱贫地区实现脱贫的，可继续适用上述政策。

——《财政部 税务总局 国务院扶贫办关于企业扶贫捐赠所得税税前扣除政策的公告》（财政部 税务总局 国务院扶贫办公告 2019 年第 49 号）第一条及《财政部 税务总局 人力资源社会保障部 国家乡村振兴局关于延长部分扶贫税收优惠政策执行期限的公告》（财政部 税务总局 人力资源社会保障部 国家乡村振兴局公告 2021 年第 18 号）

3.3.2.4 运动会捐赠

1. 北京冬奥会

自 2017 年 7 月 12 日起，对企业、社会组织和团体赞助、捐赠北京 2022 年冬奥会、冬残奥会、测试赛的资金、物资、服务支出，在计算企业应纳税所得额时予以全额扣除。

——《财政部 国家税务总局 海关总署关于北京 2022 年冬奥会和冬残奥会税收政策的通知》（财税〔2017〕60 号）第三条第（一）项

2. 杭州亚运会

自 2020 年 4 月 9 日起，对企业、社会组织和团体赞助、捐赠杭州亚运会的资金、物资、服务支出，在计算企业应纳税所得额时予以全额扣除。

——《财政部 税务总局 海关总署关于杭州 2022 年亚运会和亚残运会税收政策的公告》（财政部 税务总局 海关总署公告 2020 年第 18 号）第九条

3.3.3 扣除项目

3.3.3.1 资产一次性扣除

企业在 2018 年 1 月 1 日至 2023 年 12 月 31 日期间新购进的设备、器具，单位价值不超过 500 万元的，允许一次性计入当期成本费用在计算应纳税所得额时扣除，不再分年度计算折旧。

——《财政部 税务总局关于设备、器具扣除有关企业所得税政策的通知》（财税〔2018〕54号）第一条及《财政部 税务总局关于延长部分税收优惠政策执行期限的公告》（财政部 税务总局公告2021年第6号）第一条

3.3.3.2　残疾人工资加计扣除

1. 企业安置残疾人员及国家鼓励安置的其他就业人员所支付的工资，可以在计算应纳税所得额时加计扣除。

——《企业所得税法》第三十条第（二）项

2. 企业所得税法第三十条第（二）项所称企业安置残疾人员所支付的工资的加计扣除，是指企业安置残疾人员的，在按照支付给残疾职工工资据实扣除的基础上，按照支付给残疾职工工资的100%加计扣除。残疾人员的范围适用《残疾人保障法》的有关规定。

——《企业所得税法实施条例》第九十六条

3. 企业安置残疾人员的，在按照支付给残疾职工工资据实扣除的基础上，可以在计算应纳税所得额时按照支付给残疾职工工资的100%加计扣除。

企业就支付给残疾职工的工资，在进行企业所得税预缴申报时，允许据实计算扣除；在年度终了进行企业所得税年度申报和汇算清缴时，再依照本条第一款的规定计算加计扣除。

——《财政部 国家税务总局关于安置残疾人员就业有关企业所得税优惠政策问题的通知》（财税〔2009〕70号）第一条

第四章　个人所得税

4.1　个人所得税基本规定与扣缴范围

4.1.1　个人所得税基本规定

4.1.1.1　个人所得税纳税人

个人所得税是以个人（含个体工商户、个人独资企业、合伙企业中的个人投资者、承租承包者个人）取得的各项应税所得为征税对象所征收的一种税。

居民个人从中国境内和境外取得的所得，依照相关规定缴纳个人所得税；非居民个人从中国境内取得的所得，依照相关规定缴纳个人所得税。

居民个人与非居民个人的判断标准详见表 4 – 1。

表 4 – 1　　居民个人与非居民个人的判断标准

纳税人	判断标准	征税范围
居民个人	境内有住所	境内外所得
	境内无住所而在一个纳税年度内在境内居住满 183 天	
非居民个人	境内无住所又不居住	境内所得
	境内无住所而在一个纳税年度内在境内居住不满 183 天	

4.1.1.2　个人所得税征税范围

1. 工资、薪金所得；

2. 劳务报酬所得；

3. 稿酬所得；

4. 特许权使用费所得；

5. 经营所得；

6. 利息、股息、红利所得；

7. 财产租赁所得；

8. 财产转让所得；

9. 偶然所得。

居民个人取得以上前四项所得（以下称综合所得），以每一纳税年度的收入额减除费用六万元以及专项扣除、专项附加扣除和依法确定的其他扣除后的余额，为应纳税所得额，按纳税年度合并计算个人所得税；非居民个人取得以上前四项所得，按月或者按次分项计算个人所得税。纳税人取得以上后五项所得，依照规定分别计算个人所得税。

4.1.2　个人所得税扣缴范围

1.《国家税务总局关于发布〈个人所得税扣缴申报管理办法（试行）〉的公告》（国家税务总局公告2018年第61号）第四条规定，实行个人所得税全员全额扣缴申报的应税所得包括：

（1）工资、薪金所得；

（2）劳务报酬所得；

（3）稿酬所得；

（4）特许权使用费所得；

（5）利息、股息、红利所得；

（6）财产租赁所得；

（7）财产转让所得；

（8）偶然所得。

扣缴义务人首次向纳税人支付所得时，应当按照纳税人提供的纳税人识别号等基础信息，填写“个人所得税基础信息表（A表）”，并于次月扣缴申报时向税务机关报送。

扣缴义务人对纳税人向其报告的相关基础信息变化情况，应当于次月扣缴申报时向税务机关报送。

2. 申报风险提示。

扣缴义务人应扣未扣、应收而不收税款的，由税务机关向纳税人追缴税款，对扣缴义务人处应扣未扣、应收未收税款50%以上3倍以下的罚款。

4.2 个人所得税应纳税额的计算

4.2.1 工资薪金所得

4.2.1.1 有住所居民个人正常工资薪金所得

工资、薪金所得，是指个人因任职或者受雇而取得的工资、薪金、奖金、年终加薪、劳动分红、津贴、补贴以及与任职或者受雇有关的其他所得。

【提醒1】工资、薪金所得属于非独立个人劳动所得，强调个人所从事的是他人指定、安排并接受管理的劳动、工作，或服务于公司、工厂、行政、事业单位（私营企业主除外）。

【提醒2】奖金是指所有具有工资性质的奖金，免税奖金的范围在税法中另有规定；年终加薪、劳动分红不分种类和取得情况，一律按工资、薪金所得课税；津贴、补贴等则有例外。

【提醒3】不征税项目包括：独生子女补贴；执行公务员工资制度未纳入基本工资总额的补贴、津贴差额和家属成员的副食品补贴；托儿补助费；差旅费津贴、误餐补助。需要注意的是，误餐补助是指按照财政部门规定，个人因公在城区、郊区工作，不能在工作单位或返回就餐，根据实际误餐顿数，按规定的标准领取的误餐费。单位以误餐补助名义发给职工的补助、津贴不包括在内。

【提醒4】个人因公务用车和通讯制度改革而取得的公务用车、通信补贴收入，扣除一定标准的公务费用后，按照“工资、薪金所得”项目计征个人所得税。按月发放的，并入当月“工资、薪金所得”计征个人所得税；不按月发放的，分解到所属月份并与该月“工资、薪金所得”合并后计征个人所得税。

【提醒5】 单位超过规定比例和标准为个人缴付“三险一金”的，超过部分应并入个人当期的工资薪金收入，计征个人所得税。

【提醒6】 离退休人员除按规定领取离退休工资或养老金外，另从原任职单位取得的各类补贴、奖金、实物，不属于《个人所得税法》第四条规定可以免税的退休工资、离休工资、离休生活补助费，应在减除按《个人所得税法》规定的费用扣除标准后，按“工资、薪金所得”应税项目缴纳个人所得税。需要办理年度汇算的，按照规定办理年度汇算。

有住所居民个人正常工资薪金所得计算公式为：

应预扣预缴税额 =（累计预扣预缴应纳税所得额 × 税率 – 速算扣除数）– 累计减免税额 – 累计已预扣预缴税额

累计预缴应纳税所得额 = 累计收入 – 累计免税收入 – 累计减除费用 – 累计专项扣除 – 累计专项附加扣除 – 累计依法确定的其他扣除

累计减除费用 = 5 000 元/月 × 当年截至本月在本单位的任职受雇月份数

【提醒】 自2020年7月1日起，对一个纳税年度内首次取得工资、薪金所得的居民个人，扣缴义务人在预扣预缴个人所得税时，可按照5 000元/月乘以纳税人当年截至本月月份数计算累计减除费用。

专项扣除包括居民个人按照国家规定的范围和标准缴纳的基本养老保险、基本医疗保险、失业保险等社会保险费和住房公积金等。

专项附加扣除：包括子女教育、继续教育、大病医疗、住房贷款利息或者住房租金、赡养老人等支出，详见表4–2。除大病医疗以外，子女教育、赡养老人、住房贷款利息、住房租金、继续教育，纳税人可以选择在单位发放工资薪金时，按月享受专项附加扣除政策。

表4–2　　专项附加扣除具体标准及扣除发放

项目	扣除内容	计算时间	扣除标准
子女教育	学前教育阶段	子女年满3周岁当月至小学入学前一月	每个子女每月1 000元的标准定额扣除
	学历教育	子女接受全日制学历教育入学的当月至全日制学历教育结束的当月	

续表

项目	扣除内容	计算时间	扣除标准
继续教育	学历（学位）继续教育	在中国境内接受学历（学位）继续教育入学的当月至学历（学位）继续教育结束的当月	每月 400 元定额扣除，同一学历（学位）继续教育的扣除期限最长不得超过 48 个月
	技能人员职业资格继续教育、专业技术人员职业资格继续教育	取得相关证书的当年	按照 3 600 元定额扣除
大病医疗	发生的与基本医保相关的医药费用支出，扣除医保报销后个人负担（指医保目录范围内的自付部分）累计超过 15 000 元的部分	为医疗保障信息系统记录的医药费用实际支出的当年	80 000 元限额内据实扣除
住房贷款利息	本人或者配偶单独或者共同使用商业银行或者住房公积金个人住房贷款为本人或者其配偶购买中国境内住房，发生的首套住房贷款利息支出	贷款合同约定开始还款的当月至贷款全部归还或贷款合同终止的当月	每月 1 000 元的标准定额扣除，扣除期限最长不超过 240 个月
住房租金	在主要工作城市没有自有住房而发生的住房租金支出	租赁合同（协议）约定的房屋租赁期开始的当月至租赁期结束的当月，提前终止合同（协议）的，以实际租赁期限为准	直辖市、省会（首府）城市、计划单列市以及国务院确定的其他城市，扣除标准为每月 1 500 元
			除前项所列城市以外，市辖区户籍人口超过 100 万的城市，扣除标准为每月 1 100 元；市辖区户籍人口不超过 100 万的城市，扣除标准为每月 800 元
赡养老人	赡养一位及以上被赡养人的赡养支出	被赡养人年满 60 周岁的当月至赡养义务终止的年末	纳税人为独生子女的，按照每月 2 000 元的标准定额扣除
			纳税人为非独生子女的，由其与兄弟姐妹分摊每月 2 000 元的扣除额度，每人分摊的额度不能超过每月 1 000 元

【提醒1】一个纳税年度内，如果没有及时将扣除信息报送任职受雇单位，以致在单位预扣预缴工资、薪金所得税未享受扣除或未足额享受扣除的，可以在当年剩余月份内向单位申请补充扣除，也可以在次年3月1日至6月30日内，向汇缴地主管税务机关进行汇算清缴申报时办理扣除。

其他扣除包括个人缴付符合国家规定的企业年金、职业年金，个人购买符合国家规定的商业健康保险、税收递延型商业养老保险的支出，以及国务院规定可以扣除的其他项目。

【提醒2】专项扣除、专项附加扣除和依法确定的其他扣除，以居民个人一个纳税年度的应纳税所得额为限额；一个纳税年度扣除不完的，不结转以后年度扣除。

【提醒3】根据《中共中央国务院关于优化生育政策促进人口长期均衡发展的决定》，3岁以下婴幼儿照护费用将纳入个人所得税专项附加扣除。

4.2.1.2 无住所居民个人正常工资薪金所得

1. 无住所居民个人在境内居住累计满183天的年度连续不满六年（含无住所居民个人为高管人员）

应纳税所得额 = 当月境内外工资薪金总额 ×［1 –（当月境外支付工资薪金数额 ÷ 当月境内外工资薪金总额）×（当月工资薪金所属工作期间境外工作天数 ÷ 当月工资薪金所属工作期间公历天数）］– 减除费用

应纳税额 = 应纳税所得额 × 适用税率 – 速算扣除数

2. 无住所居民个人在境内居住累计满183天的年度连续满六年（含无住所居民个人为高管人员）

应纳税所得额 = 当月境内外工资薪金总额 – 减除费用

应纳税额 = 应纳税所得额 × 税率 – 速算扣除数

无住所个人此前六年的任一年在中国境内累计居住天数不满183天或者单次离境超过30天。该纳税年度来源于中国境外且由境外单位或者个人支付的所得，免予缴纳个人所得税。重新计算连续居住年限。

4.2.1.3 支付非居民个人工资薪金所得

1. 非高层管理人员应纳税额

（1）非居民个人境内居住时间累积不超过90天。

应纳税所得额 = 当月境内外工资薪金总额 ×（当月境内支付工资薪金数额 ÷ 当月境内外工资薪金总额）×（当月工资薪金所属工作期间境内工作天数 ÷ 当月工资薪金所属工作期间公历天数）－减除费用

应纳税额 = 应纳税所得额 × 适用税率 － 速算扣除数

（2）非居民个人境内居住时间累积超过 90 天不满 183 天。

应纳税所得额 = 当月境内外工资薪金总额 ×（当月工资薪金所属工作期间境内工作天数 ÷ 当月工资薪金所属工作期间公历天数）－减除费用

应纳税额 = 应纳税所得额 × 适用税率 － 速算扣除数

2. 高级管理人员应纳税额

（1）高级管理人员在境内居住时间累积不超过 90 天。

应纳税所得额 = 当月境内外工资薪金总额 ×（当月境内支付工资 ÷ 当月境内外支付工资总额）－减除费用

应纳税额 = 应纳税所得额 × 税率 － 速算扣除数

（2）高级管理人员在境内居住时间累积超过 90 天不满 183 天。

应纳税所得额 = 当月境内外工资薪金总额 × ［1 －（当月境外支付工资薪金数额 ÷ 当月境内外工资薪金总额）×（当月工资薪金所属工作期间境外工作天数 ÷ 当月工资薪金所属工作期间公历天数）］－减除费用

应纳税额 = 应纳税所得额 × 适用税率 － 速算扣除数

注：非居民个人在一个纳税年度内税款扣缴方法保持不变，达到居民个人条件时，应当告知扣缴义务人基础信息变化情况，年度终了后按照居民个人有关规定办理汇算清缴。

4.2.2 全年一次性奖金收入

4.2.2.1 居民个人取得全年一次性奖金个人所得税的计算方法

居民个人取得全年一次性奖金，符合《国家税务总局关于调整个人取得全年一次性奖金等计算征收个人所得税方法问题的通知》（国税发〔2005〕9 号）规定的，在 2023 年 12 月 31 日前，不并入当年综合所得，以全年一次性奖金收入除以 12 个月得到的数额，按照本通知所附按月换算后的综合所得税率表（以下简称月度税率表），确定适用税率和速算扣除数，单独计算纳税。

计算公式为：

应纳税额 = 全年一次性奖金 × 适用税率 − 速算扣除数

居民个人取得全年一次性奖金，也可以选择并入当年综合所得计算纳税。

自2024年1月1日起，居民个人取得全年一次性奖金，应并入当年综合所得计算缴纳个人所得税。

【提醒】 在一个纳税年度内，对每一个纳税人，全年一次性奖金特殊计税办法只允许采用一次。

【例4－1】 居民个人张某2020年12月取得全年一次性奖金288 000元，张某选择全年一次性奖金不并入当年综合所得。计算张某2020年度全年一次性奖金应缴纳的个人所得税。

每月奖金＝288 000÷12＝24 000元，适用税率为20%，速算扣除数为1 410。

全年一次性奖金应缴纳个人所得税＝288 000×20%－1 410
＝56 190（元）

4.2.2.2 全年一次性奖金个人所得税临界点或无效区间

全年一次性奖金所得无效区间，是指在此区间发放全年一次性奖金的税后所得，将低于或等于区间下限相邻整数发放的全年一次性奖金税后所得。

如表4－3中，取得全年一次性奖金36 000元和38 566.67元，居民个人扣除应纳所得税税额后所得都为34 920元，所以把36 000元和38 566.67元之间称为无效区间，把36 000元称为临界点，即发放全年一次性奖金38 000元比36 000的税后年终奖数额少。

表4－3　　全年一次性奖金临界点/无效区间表　　单位：元

全年一次性奖金	除以12的商数	税率（%）	速算扣除数	应纳税额	多发奖金数额	增加税额	税后数额
36 000.00	3 000.00	3	0	1 080.00			34 920.00
36 001.00	3 000.08	10	210	3 390.10	1.00	2 310.10	32 610.90
38 566.67	3 213.89	10	210	3 646.67	2 566.67	2 566.67	34 920.00

续表

全年一次性奖金	除以12的商数	税率（%）	速算扣除数	应纳税额	多发奖金数额	增加税额	税后数额
42 600.00	3 550.00	10	210	4 050.00	6 600.00	2 970.00	38 550.00
144 000.00	12 000.00	10	210	14 190.00			129 810.00
144 001.00	12 000.08	20	1 410	27 390.20	1.00	13 200.20	116 610.80
160 500.00	13 375.00	20	1 410	30 690.00	16 500.00	16 500.00	129 810.00
196 800.00	16 400.00	20	1 410	37 950.00	52 800.00	23 760.00	158 850.00
300 000.00	25 000.00	20	1 410	58 590.00			241 410.00
300 001.00	25 000.08	25	2 660	72 340.25	1.00	13 750.25	227 660.75
318 333.33	26 527.78	25	2 660	76 923.33	18 333.33	18 333.33	241 410.00
368 750.00	30 729.17	25	2 660	89 527.50	68 750.00	30 937.50	279 222.50
420 000.00	35 000.00	25	2 660	102 340.00			317 660.00
420 001.00	35 000.08	30	4 410	121 590.30	1.00	19 250.30	298 410.70
447 500.00	37 291.67	30	4 410	129 840.00	27 500.00	27 500.00	317 660.00
548 333.33	45 694.44	30	4 410	160 090.00	128 333.33	57 750.00	388 243.33
660 000.00	55 000.00	30	4 410	193 590.00			466 410.00
660 001.00	55 000.08	35	7 160	223 840.35	1.00	30 250.35	436 160.65
706 538.46	58 878.21	35	7 160	240 128.46	46 538.46	46 538.46	466 410.00
962 500.00	80 208.33	35	7 160	329 715.00	302 500.00	136 125.00	632 785.00
960 000.00	80 000.00	35	7 160	328 840.00			631 160.00
960 001.00	80 000.08	45	15 160	416 840.45	1.00	88 000.45	543 160.55
1 120 000.00	93 333.33	45	15 160	488 840.00	160 000.00	160 000.00	631 160.00

【提醒】纳税人若在取得全年一次性奖金时是单独计算纳税的，年度汇算时也可选择并入综合所得计算纳税。但是纳税人若在取得全年一次性奖金时选择并入综合所得计算纳税，年度汇算时不可选择单独计算纳税。

【涉税安排】发放全年一次性奖金时选择单独计算纳税，方便后续重新选择。

4.2.3 劳务报酬所得

4.2.3.1 支付居民个人劳务报酬所得预扣预缴

1. 劳务报酬所得，是指个人独立从事劳务取得的所得，具体包括个人从事设计、装潢、安装、制图、化验、测试、医疗、法律、会计、咨询、讲学、翻译、审稿、书画、雕刻、影视、录音、录像、演出、表演、广告、展览、技术服务、介绍服务、经纪服务、代办服务以及其他劳务取得的所得。

劳务报酬属于一次性收入的，以取得该项收入为一次；属于同一项目连续性收入的，以一个月内取得的收入为一次。

【提醒1】任职雇佣的非独立个人劳动，按"工资、薪金所得"征税，非任职雇佣的独立个人劳动按"劳务报酬所得"征税。如个人担任公司董事监事且不在公司任职受雇的，按劳务报酬所得项目征税；个人在公司（包括关联公司）任职、受雇同时兼任董事、监事，按"工资、薪金所得"征税。

【提醒2】自2020年7月1日起，正在接受全日制学历教育的学生因实习取得劳务报酬所得的，扣缴义务人预扣预缴个人所得税时，可按照《国家税务总局关于发布〈个人所得税扣缴申报管理办法（试行）〉的公告》（国家税务总局公告2018年第61号）规定的累计预扣法计算并预扣预缴税款。

【提醒3】单位以免费旅游方式对非本单位员工的营销人员进行奖励的，应作为营销人员当期劳务收入，按照"劳务报酬所得"项目征收个人所得税，需要并入综合所得进行年度汇算。

2. 劳务报酬所得——一般劳务、其他劳务。

劳务报酬所得以每次收入减除费用后的余额为收入额；每次收入不超过4 000元的，减除费用按800元计算；每次收入4 000元以上的，减除费用按20%计算。

计算公式为：应预扣预缴税额＝预扣预缴应纳税所得额×预扣率－速算扣除数

适用个人所得税预扣率表二计算应纳税额。

3. 劳务报酬所得——保险营销员、证券经纪人。

保险营销员、证券经纪人取得的佣金收入，属于劳务报酬所得，以不含增值税的收入减除20%的费用后的余额为收入额，收入额减去展业成本以及附加税费后，并入当年综合所得，计算缴纳个人所得税。保险营销员、证券经纪人展业成本按照收入额的25%计算。

【例 4-2】居民个人小李是某保险公司营销员，2019 年 1 月取得保险营销佣金收入 20 600 元，该保险公司接受税务机关委托代征税款，向个人保险代理人支付佣金费用后，代个人保险代理人统一向主管税务机关申请汇总代开增值税普通发票。月收入低于 10 万元，免征增值税，保险公司应预扣小李 2019 年 1 月的个人所得税 = [20 600 × (1 - 20%) × (1 - 25%) - 5 000] × 3% = 220.8 元。

4.2.3.2 非居民个人劳务报酬所得

劳务报酬所得以每次收入减除 20% 的费用后的余额为应纳税所得额，按适用个人所得税税率表计算应纳税额。

计算公式为：

应纳税所得额 = 每次收入 × (1 - 20%)

应纳税额 = 应纳税所得额 × 适用税率 - 速算扣除数

其中适用税率和速算扣除数：按照综合所得适用的个人所得税税率按月换算。

4.2.4 稿酬所得

4.2.4.1 支付居民个人稿酬所得预扣预缴

稿酬所得，是指个人因其作品以图书、报刊等形式出版、发表而取得的所得。

稿酬所得属于一次性收入的，以取得该项收入为一次；属于同一项目连续性收入的，以一个月内取得的收入为一次。以收入减除费用后的余额为收入额，收入额减按 70% 计算。每次收入不超过 4 000 元的，减除费用按 800 元计算；每次收入 4 000 以上的，减除费用按 20% 计算。

计算公式为：

应预扣预缴税额 = 预扣预缴应纳税所得额 × 适用税率 (20%)

【例 4-3】2019 年 8 月某出版社要出版作家的一本小说，由作家提供书稿，出版社支付给作者 2.5 万元。2019 年 8 月出版社应预扣作者个人所得税 = 25 000 × (1 - 20%) × 70% × 20% = 2 800 元。

4.2.4.2　非居民个人稿酬所得

稿酬所得以每次收入减除费用后的余额为收入额，收入额减按 70% 计算为应纳税所得额，按适用个人所得税税率表计算应纳税额。

计算公式为：

应纳税所得额 = 每次收入 ×（1 − 20%）×70%

应纳税额 = 应纳税所得额 × 适用税率 − 速算扣除数

其中适用税率和速算扣除数：按照综合所得适用的个人所得税税率按月换算。

4.2.5　特许权使用费所得

4.2.5.1　支付居民个人特许权使用费所得预扣预缴

特许权使用费所得，是指个人提供专利权、商标权、著作权、非专利技术以及其他特许权的使用权取得的所得；包括提供著作权的使用权取得的所得，不包括稿酬所得。

【提醒】对于剧本作者从电影电视剧的制作单位取得的剧本使用费、作者将自己的文字作品手稿原件或复印件拍卖取得的所得以及个人获得的专利赔偿款，按照“特许权使用费”所得项目缴纳个人所得税，并入综合所得进行年度汇算。

特许权使用费所得属于一次性收入的，以取得该项收入为一次；属于同一项目连续性收入的，以一个月内取得的收入为一次。以每次收入减除费用后的余额为收入额。每次收入不超过 4 000 的，减除费用按 800 元计算；每次收入 4 000 元以上的，减除费用按 20% 计算。

特许权使用费所得个人所得税计算公式为：

应预扣预缴税额 = 预扣预缴应纳税所得额 × 适用税率（20%）

4.2.5.2　非居民个人特许权使用费所得

特许权使用费所得以收入减除 20% 的费用后的余额为应纳税所得额，按适用个人所得税税率表计算应纳税额。

计算公式为：

$$应纳税所得额 = 每次收入 \times (1 - 20\%)$$

$$应纳税额 = 应纳税所得额 \times 适用税率 - 速算扣除数$$

其中适用税率和速算扣除数：按照综合所得适用的个人所得税税率按月换算。

4.2.6 利息、股息、红利所得

利息、股息、红利所得，是指个人拥有债权、股权等而取得的利息、股息、红利所得。

利息、股息、红利所得，以支付利息、股息、红利时取得的收入为一次。所得适用比例税率，税率为20%。

利息、股息、红利所得个人所得税计算公式为：

应纳税额 = 利息、股息、红利所得收入 × 适用税率（20%）

4.2.7 财产租赁所得

财产租赁所得，是指个人出租不动产、机器设备、车船以及其他财产取得的所得。

财产租赁所得适用比例税率，税率为20%，以一个月内取得的收入为一次。每次收入不超过4 000元的，减除费用800元；4 000元以上的，减除20%的费用，其余额为应纳税所得额，乘以20%的比例税率计算税款。

【提醒1】纳税义务人在出租财产过程中缴纳的税金和国家能源交通重点建设基金、国家预算调节基金、教育费附加，可持完税（缴款）凭证，从其财产租赁收入中扣除。

【提醒2】纳税义务人出租财产取得财产租赁收入，在计算征税时，除可依法减除规定费用和有关税、费外，还准予扣除能够提供有效、准确凭证，证明由纳税义务人负担的该出租财产实际开支的修缮费用。允许扣除的修缮费用，以每次800元为限，一次扣除不完的，准予在下一次继续扣除，直至扣完为止。

【提醒3】个人将其所得对教育事业和其他公益事业捐赠的部分，按照国务院有关规定从应纳税所得中扣除。

【提醒4】财产租赁所得个人所得税前扣除次序为：财产租赁过程中缴

纳的税费、向出租房支付的租金、由纳税人负担的该出租财产实际开支的修缮费用、税法规定的费用扣除标准。

财产租赁所得个人所得税计算公式如下。

每次（月）收入不超过4 000元：

应纳税额=[每次(月)收入额-准予扣除项目-修缮费用(800元为限)-800元]×20%

每次（月）收入超过4 000元：

应纳税额=[每次(月)收入额-准予扣除项目-修缮费用(800元为限)]×(1-20%)×20%

4.2.8 财产转让所得

1. 财产转让所得，是指个人转让有价证券、股权、合伙企业中的财产份额、不动产、机器设备、车船以及其他财产取得的所得。

【提醒1】境内股票转让所得暂不征收个人所得税。

【提醒2】个人转让自用5年以上并且是家庭唯一生活用房取得的所得免税。

财产转让所得适用比例税率，税率为20%，按照一次转让财产的收入额减除财产原值和合理费用后的余额计算纳税。

财产转让所得个人所得税的计算公式：

应纳税所得额=收入总额-财产原值-合理费用

应纳税额=应纳税所得额×适用税率（20%）

2. 财产转让原值的确定。

（1）有价证券。其原值为买入价以及买入时按规定缴纳的有关费用。转让债权采用“加权平均法”确定其应予减除的财产原值和合理费用，计算公式如下：

每次卖出债券应纳个人所得税额=（该次卖出该类债券收入-该次卖出该类债券允许扣除的买价和费用）×20%

一次卖出某一种类的债券允许扣除的买价和费用=购进该种债券买入价和买进过程中缴纳的税费总和÷购进该种类债券总数量×本次卖出的该种类债券数量+卖出的该种类债券过程中缴纳的税费

（2）建筑物。为建造费或者购进价格以及其他有关税费。

（3）土地使用权。为取得土地使用权所支付的金额、开发土地的费用以及其他有关税费。

（4）机器设备、车船：原值为购进价格、运输费用、安装费以及其他相关费用。

（5）其他财产，参照前款规定的方法确定财产原值。

4.2.9 偶然所得

偶然所得，是指个人得奖、中奖、中彩以及其他偶然性质的所得。

【提醒1】 个人为单位或他人提供担保获得收入，按照“偶然所得”项目计算缴纳个人所得税。

【提醒2】 房屋产权所有人将房屋产权无偿赠与他人的，受赠人因无偿受赠房屋取得的受赠收入，按照“偶然所得”项目计算缴纳个人所得税。但房屋产权所有人将房屋产权无偿赠与配偶、父母、子女、祖父母、外祖父母、孙子女、外孙子女、兄弟姐妹；对其承担直接抚养或者赡养义务的抚养人或者赡养人；房屋产权所有人死亡，依法取得房屋产权的法定继承人、遗嘱继承人或者受遗赠人的，对当事双方不征收个人所得税。

【提醒3】 个人因在各行各业做出突出贡献而从省级以下人民政府及其所属部门取得的一次性奖励收入，不论其奖金来源于何处，均不属于税法所规定的免税范畴，应按“偶然所得”项目征收个人所得税。

偶然所得适用比例税率，税率为20%，以每次取得该项收入为一次，以每次收入额为应纳税所得额。

偶然所得个人所得税计算公式为：

$$应纳税所得额 = 每次收入额$$

$$应纳税额 = 应纳税所得额 \times 适用税率（20\%）$$

4.2.10 股权激励

4.2.10.1 居民个人股权激励收入

居民个人取得股票期权、股票增值权、限制性股票、股权奖励等股权激励（以下简称股权激励），符合《财政部 国家税务总局关于个人股票期权所得征收个人所得税问题的通知》（财税〔2005〕35号）、《财政部 国家税务总局关于股票增值权所得和限制性股票所得征收个人所得税有关问题的通知》（财税〔2009〕5号）、《财政部 国家税务总局关于将国家自主创新示范区有关税收试点政策推广到全国范围实施的通知》（财税〔2015〕116号）第四条、《财政部 国家税务总局关于完善股权激励和技术入股有关所得税政策的通知》（财税〔2016〕101号）第四条第（一）项规定的相关条件的，在2022年12月31日前，不并入当年综合所得，全额单独适用综合所得税率表，计算纳税。

计算公式为：

应纳税额=应纳税所得额×适用税率-速算扣除数

股票期权应纳税所得额=（行权股票的每股市场价-员工取得该股票期权支付的每股施权价）×股票数量

股票增值权应纳税所得额=（行权日股票价格-授权日股票价格）×行权股票份数

限制性股票应纳税所得额=(股票登记日股票市价+本批次解禁股票当日市价)÷2×本批次解禁股票份数-被激励对象实际支付的资金总额×(本批次解禁股票份数÷被激励对象获取的限制性股票总份数)

居民个人一个纳税年度内取得两次以上（含两次）股权激励的，应合并计算纳税。

4.2.10.2　非居民个人股权激励所得

非居民个人一个月内取得股权激励所得，单独计算当月收入额，不与当月其他工资薪金合并，按6个月分摊计税（一个公历年度内的股权激励所得应合并计算），不减除费用。

非居民个人股权激励所得个人所得税计算公式为：

应纳税额=[(本公历年度内股权激励所得合计额)÷6×税率-速算扣除数]×6-本公历年度内股权激励所得已纳税额

4.2.11　其他事项个人所得税的计算

4.2.11.1　单位低价向职工售房

单位按低于购置或建造成本价格出售住房给职工，职工因此而少支出的差价部分，符合《财政部 国家税务总局关于单位低价向职工售房有关个人所得税问题的通知》（财税〔2007〕13号）第二条规定的，不并入当年综合所得，以差价收入除以12个月得到的数额，按照月度税率表确定适用税率和速算扣除数，单独计算纳税。

计算公式为：

应纳税额 = 职工实际支付的购房价款低于该房屋的购置或建造成本价格的差额 × 适用税率 - 速算扣除数

【提醒1】除符合住房制度改革政策的之外，单位按低于购置或建造成本价格出售住房给职工，职工因此而少支出的差价部分，属于个人所得税应税所得，应按照“工资、薪金所得”项目缴纳个人所得税。

【提醒2】差价部分是指职工实际支付的购房价款低于该房屋的购置或建造成本价格的差额。

4.2.11.2 年金领取

个人达到国家规定的退休年龄，领取的企业年金、职业年金，符合《财政部 人力资源社会保障部 国家税务总局关于企业年金职业年金个人所得税有关问题的通知》（财税〔2013〕103号）规定的，不并入综合所得，全额单独计算应纳税额。按月领取的，适用月度税率表计算纳税；按季领取的，平均分摊计入各月，按每月领取额适用月度税率表计算纳税；按年领取的，适用综合所得税率表计算纳税。

个人因出境定居而一次性领取的年金个人账户资金，或个人死亡后，其指定的受益人或法定继承人一次性领取的年金个人账户余额，适用综合所得税率表计算纳税。对个人除上述特殊原因外一次性领取年金个人账户资金或余额的，适用月度税率表计算纳税。

企业年金、职业年金个人所得税计算公式为：

应纳税额 = 年金领取收入额 × 适用税率 - 速算扣除数

【涉税安排】个人在领取年金前须测算好各种领取方式应缴纳的个人所得税，合理安排领取方式。

4.2.11.3 提前退休一次性补贴

个人办理提前退休手续而取得的一次性补贴收入，应按照办理提前退休手续至法定离退休年龄之间实际年度数平均分摊，确定适用税率和速算扣除数，单独适用综合所得税率表，计算纳税。

计算公式为：

应纳税额 =｛[（一次性补贴收入 ÷ 办理提前退休手续至法定退休年龄的实际年度数）－费用扣除标准] × 适用税率 － 速算扣除数｝× 办理提前退休手续至法定退休年龄的实际年度数

4.2.11.4 内部退养一次性补贴

1. 实行内部退养的个人在其办理内部退养手续后至法定离退休年龄之间从原任职单位取得的工资、薪金，不属于离退休工资，应按“工资、薪金所得”项目计征个人所得税。

2. 个人办理内部退养手续从原任职单位取得一次性补贴收入，不需纳入综合所得进行年度汇算。计税时，按照办理内部退养手续后至法定离退休年龄之间的所属月份进行平均后的商数，先与当月工资合并查找税率、计算税额，再减除当月工资收入应缴的税额，即为该项补贴收入应纳税额。

发放一次性补贴收入当月取得的工资收入，仍需要并入综合所得计算缴税。在年终汇算时，正常按照税法规定扣除基本减除费用。

【例 4－4】 李某 2019 年每月取得工资 7 000 元。2019 年 5 月李某办理了内部退养手续，从单位取得了一次性内部退养收入 10 万元。李某离正式退休时间还有 20 个月，假定李某 2019 年度没有其他综合所得，可享受子女教育专项附加扣除，如何计算李某应缴纳的个人所得税？

（1）李某离正式退休时间还有 20 个月，平均分摊一次性收入 100 000 ÷ 20 = 5 000 元。

（2）5 000 元与当月工资 7 000 元合并，减除当月费用扣除标准 5 000 元，以其余额为基数确定使用税率和速算扣除数：（5 000 + 7 000）－ 5 000 = 7 000 元，应适用税率 10%，速算扣除数 210。

（3）将当月工资 7 000 元加上当月取得的一次性收入 100 000 元，减去费用扣除标准 5 000 元，计算税款（7 000 + 100 000 － 5 000）× 10% － 210 = 9 990 元。

模拟计算单月工资应计算的税款 =（7 000 － 5 000）× 3% = 60（元）

内部退养应缴纳的税款 =9 990 - 60 =9 930（元）

（4）李某 2019 年度取得内部退养一次性收入不并入当月外，其他月份另行累计预扣预缴税款（7 000 × 12 - 5 000 × 12 - 1 000 × 12）× 3% = 360 元。

（5）李某 2019 年全年应缴纳个人所得税为 9 930 + 360 = 10 290 元。

3. 个人在办理内部退养手续后至法定离退休年龄之间重新就业取得的“工资、薪金”所得，应与其从原任职单位取得的同一月份的“工资、薪金”所得合并，并依法自行向主管税务机关申报缴纳个人所得税。

4.2.11.5 解除劳动合同一次性补偿金

个人与用人单位解除劳动关系取得一次性补偿收入（包括用人单位发放的经济补偿金、生活补助费和其他补助费），在当地上年职工平均工资 3 倍数额以内的部分，免征个人所得税；超过 3 倍数额的部分，不并入当年综合所得，单独适用综合所得税率表，计算纳税。

计算公式为：

应纳税所得额 = 一次性补偿收入 - 当地社平工资 × 3

应纳税额 = 应纳税所得额 × 适用税率 - 速算扣除数

4.2.11.6 个人转让股权

个人转让股权，是指个人将股权转让给其他个人或法人的行为，以股权转让收入减除股权原值和合理费用后的余额为应纳税所得额，按“财产转让所得”缴纳个人所得税。

合理费用是指股权转让时按照规定支付的有关税费。

个人股权转让所得个人所得税计算公式为：

应纳税额 =（股权转让收入 - 股权原值 - 合理费用）× 20%

4.2.11.7 转让限售股

限售股转让所得适用比例税率，税率为 20%。按照一次限售股转让收入减除股票原值和合理税费后的余额计算纳税。限售股原值，是指限售股买入时的买入价及按照规定缴纳的有关费用。合理税费，是指转让限售股过程中发生的印花税、佣金、过户费等与交易相关的税费。

转让限售股个人所得税计算公式为：

应纳税所得额 = 限售股转让收入 - 限售股原值 - 合理税费

应纳税额 = 应纳税所得额 × 适用税率（20%）

4.2.11.8　非居民人员数月奖金所得

非居民个人一个月内取得数月奖金，单独计算当月收入额，不与当月其他工资薪金合并，按6个月分摊计税，不减除费用，在一个公历年度内，对每一个非居民个人，该计税办法只允许适用一次。

非居民个人数月奖金个人所得税计算公式为：

应纳税额 =（数月奖金收入额 ÷ 6 × 税率 - 速算扣除数）× 6

4.3　特殊事项个人所得税处理

4.3.1　员工保险、保障

4.3.1.1　超标准的养老、失业、医疗保险及住房公积金

1. 养老保险费、基本医疗保险费、失业保险费。

企事业单位按照国家或省（自治区、直辖市）人民政府规定的缴费比例或办法实际缴付的基本养老保险费、基本医疗保险费和失业保险费，免征个人所得税；个人按照国家或省（自治区、直辖市）人民政府规定的缴费比例或办法实际缴付的基本养老保险费、基本医疗保险费和失业保险费，允许在个人应纳税所得额中扣除。

企事业单位和个人超过规定的比例和标准缴付的基本养老保险费、基本医疗保险费和失业保险费，应将超过部分并入个人当期的工资、薪金收入，计征个人所得税。

2. 住房公积金。

单位和个人分别在不超过职工本人上一年度月平均工资12%的幅度内，其实际缴存的住房公积金，允许在个人应纳税所得额中扣除。单位和职工个人缴存住房公积金的月平均工资不得超过职工工作地所在设区城市上一年度职工月平均工资的3倍，具体标准按照各地有关规定执行。

单位和个人超过上述规定比例和标准缴付的住房公积金，应将超过部分并入个人当期的工资、薪金收入，计征个人所得税。

3. 个人实际领（支）取原提存的基本养老保险金、基本医疗保险金、失业保险金和住房公积金时，免征个人所得税。

——摘自《关于基本养老保险费基本医疗保险费失业保险费住房公积金有关个人所得税政策的通知》（财税〔2006〕10号）

4.3.1.2 超标准缴付的年金

1. 企业根据国家有关政策规定的办法和标准，为在本单位任职或者受雇的全体职工缴付的企业年金或职业年金（以下统称年金）单位缴费部分，在计入个人账户时，个人暂不缴纳个人所得税。

个人根据国家有关政策规定缴付的年金个人缴费部分，在不超过本人缴费工资计税基数的4%标准内的部分，暂从个人当期的应纳税所得额中扣除。

超过以上标准缴付的年金单位缴费和个人缴费部分，应并入个人当期的工资、薪金所得，依法计征个人所得税。税款由建立年金的单位代扣代缴，并向主管税务机关申报解缴。

企业年金个人缴费工资计税基数为本人上一年度月平均工资。月平均工资按国家统计局规定列入工资总额统计的项目计算。月平均工资超过职工工作地所在设区城市上一年度职工月平均工资300%以上的部分，不计入个人缴费工资计税基数。

职业年金个人缴费工资计税基数为职工岗位工资和薪级工资之和。职工岗位工资和薪级工资之和超过职工工作地所在设区城市上一年度职工月平均工资300%以上的部分，不计入个人缴费工资计税基数。

2. 年金基金投资运营收益分配计入个人账户时，个人暂不缴纳个人所得税。（财税〔2013〕103号）

【提醒】《企业年金办法》（人社部令第36号）第十五条规定，企业缴费每年不超过本企业职工工资总额的8%。企业和职工个人缴费合计不超过本企业职工工资总额的12%。

4.3.1.3 取得工伤保险待遇

工伤职工及其近亲属按照《工伤保险条例》（国务院令第586号）规定取得的工伤保险待遇，免征个人所得税。

工伤保险待遇，包括工伤职工按照《工伤保险条例》（国务院令第586号）规定取得的一次性伤残补助金、伤残津贴、一次性工伤医疗补助金、一次性伤残就业补助金、工伤医疗待遇、住院伙食补助费、外地就医交通食宿费用、工伤康复费用、辅助器具费用、生活护理费等，以及职工因工死亡，其近亲属按照《工伤保险条例》（国务院令第586号）规定取得的丧葬补助金、供养亲属抚恤金和一次性工亡补助金等。（财税〔2012〕40号）

4.3.1.4 超标准或不符合规定的商业保险

1. 商业健康保险

自2017年7月1日起，对个人购买符合规定的商业健康保险产品的支出，允许在当年（月）计算应纳税所得额时予以税前扣除，扣除限额为2 400元/年（200元/月）。

单位统一为员工购买符合规定的商业健康保险产品的支出，应分别计入员工个人工资薪金，视同个人购买，按上述限额予以扣除。

即：在不超过200元/月的标准内按月扣除，一年内保费金额超过2 400元的部分，不得税前扣除。

2. 非商业健康保险

（1）单位为职工个人购买商业性补充养老保险等，在办理投保手续时应作为个人所得税的“工资、薪金所得”项目，按税法规定缴纳个人所得税；因各种原因退保，个人未取得实际收入的，已缴纳的个人所得税应予以退回。（财税〔2005〕94号）

（2）企业为员工支付各项免税之外的保险金，应在企业向保险公司缴付时（即该保险落到被保险人的保险账户）并入员工当期的工资收入，按“工资、薪金所得”项目计征个人所得税，税款由企业负责代扣代缴。

4.3.1.5 税收递延型商业养老保险

自2018年5月1日起，对上海市、福建省（含厦门市）和苏州工业园区地区个人通过个人商业养老资金账户购买符合规定的商业养老保险产品的支出，允许在一定标准内税前扣除；计入个人商业养老资金账户的投资收益，暂不征收个人所得税；个人领取商业养老金时再征收个人所得税。（财税〔2018〕22号）

个人按照财税〔2018〕22号文件规定领取的税收递延型商业养老保险的养老金收入，其中25%部分予以免税，其余75%部分按照10%的比例税率计算缴纳个人所得税，税款计入“工资、薪金所得”项目。由保险机构代扣代缴后，在个人购买税延养老保险的机构所在地办理全员全额扣缴申报。（财政部 税务总局公告2019年第74号）

【提醒】个人领取税收递延型商业养老保险的养老金收入，不需要并入综合所得进行年度汇算。

4.3.2 非货币形式发放应税收入

个人所得的形式，包括现金、实物、有价证券和其他形式的经济利益。所得为实物的，应当按照取得的凭证上所注明的价格计算应纳税所得额；无凭证的实物或者凭证上所注明的价格明显偏低的，参照市场价格核定应纳税所得额。所得为有价证券的，根据票面价格和市场价格核定应纳税所得额。所得为其他形式的经济利益的，参照市场价格核定应纳税所得额。

【提醒1】企业通过非货币形式为员工发放的各类收入，如实物奖励，应并入当期工资、薪金收入，计征个人所得税。

【提醒2】企业以现金形式发给个人的住房补贴、医疗补助费，应全额计入领取人的当期工资、薪金收入计征个人所得税。但对外籍个人以实报实销形式取得的住房补贴，暂免征收个人所得税。

4.3.3 员工津补贴、补助

4.3.3.1 交通、通信补贴

个人因公务用车和通信制度改革而取得的公务用车、通信补贴收入，

扣除一定标准的公务费用后，按照“工资、薪金”所得项目计征个人所得税。按月发放的，并入当月“工资、薪金”所得计征个人所得税；不按月发放的，分解到所属月份并与该月份“工资、薪金”所得合并后计征个人所得税。

公务费用的扣除标准，由省税务局根据纳税人公务交通、通信费用的实际发生情况调查测算，报经省级人民政府批准后确定，并报国家税务总局备案。（国税发〔1999〕58号）第二条

【提醒】单位为个人通信工具（因公需要）负担通信费，区分是否实报实销或限额实报实销部分形式，还是补贴形式，决定是否并入当月工资、薪金计征个人所得税。房地产开发企业销售人员的通信费，如采用实报实销或限额实报实销部分形式，可不并入当月工资、薪金征收个人所得税。

部分省市公务交通、通信费用相关规定如下：

1. 北京市

单位为个人通信工具（因公需要）负担通信费采取金额实报实销或限额实报实销部分的，可不并入当月工资、薪金征收个人所得税。

单位为个人通信工具负担通信费采取发放补贴形式的，应并入当月工资、薪金计征个人所得税。（京地税个〔2002〕116号）

2. 天津市

自2017年11月1日起，个人取得的通信补贴收入，扣除一定标准的费用后，按照《国家税务总局关于个人所得税有关政策问题的通知》（国税发〔1999〕58号）第二条规定计征个人所得税。

以现金形式发放给个人的办公通信补贴，或以报销方式支付给个人的办公通信费用，费用扣除标准为每月不超过500元（含500元）。（天津市地方税务局公告2017年第7号）

3. 湖南省

自2018年4月12日起，单位为个人通信工具（因公需要）负担通信费采取实报实销的，可不并入“工资、薪金所得”征收个人所得税。采取发放补贴形式的，一律并入当月“工资、薪金所得”计征个人所得税。（湖南省地方税务局公告2018年第2号）

4. 广西壮族自治区

自2018年9月1日起，个人取得的公务交通补贴收入，未超出标准

（高级管理人员每人每月 1950 元，其他人员每人每月 1200 元）的费用，不并入当月“工资、薪金”所得计征个人所得税，超出规定标准部分按照“工资、薪金”所得项目计征个人所得税。（广西壮族自治区税务局公告 2018 年第 12 号）

自 2018 年 9 月 1 日起，对我区企业职工取得的通信补贴收入，无论是以现金形式，还是以报销方式取得的通信补贴收入，在计征个人所得税时，准予在每人每月不超过 240 元的标准内据实税前扣除，超出规定标准部分按照“工资、薪金”所得项目计征个人所得税。（广西壮族自治区税务局公告 2018 年第 13 号）

4.3.3.2 生育津贴和生育医疗费

生育妇女按照县级以上人民政府根据国家有关规定制定的生育保险办法，取得的生育津贴、生育医疗费或其他属于生育保险性质的津贴、补贴，免征个人所得税。（财税〔2008〕8 号）

【提醒】《社会保险法》第五十四条规定，职工未就业配偶按照国家规定享受生育医疗费用待遇。也就是说，参加生育保险并按时足额缴纳生育保险费的用人单位的男职工如配偶无工作单位，未享受生育保险待遇，在男职工参保后怀孕并生产、自然流产或需要终止妊娠的，可按规定享受生育医疗费用补贴。因此，除当地另有规定外，男职工按规定取得的生育医疗费，也应比照财税〔2008〕8 号的规定免征个人所得税。

4.3.3.3 误餐补助

不征税的误餐补助，是指按财政部门规定，个人因公在城区、郊区工作，不能在工作单位或返回就餐，确实需要在外就餐的，根据实际误餐顿数，按规定的标准领取的误餐费。除上述情形外，单位以误餐补助名义发给职工的补贴、津贴，应当并入当月工资、薪金所得计征个人所得税。（财税字〔1995〕82 号）

【提醒】 个人按规定的标准领取的误餐费，不需要提供发票，按照相关报销流程审核，不应并入当月工资、薪金所得计征个人所得税。但以误餐补助名义发给职工的补贴、津贴，应当并入当月工资、薪金所得计征个人所得税。

4.3.3.4 外籍个人津补贴

2019 年 1 月 1 日至 2023 年 12 月 31 日期间，外籍个人符合居民个人条件的，可以选择享受个人所得税专项附加扣除，也可以选择按照《财政部 国家税务总局关于个人所得税若干政策问题的通知》（财税〔1994〕20 号）、《国家税务总局关于外籍个人取得有关补贴征免个人所得税执行问题的通知》（国税发〔1997〕54 号）和《财政部 国家税务总局关于外籍个人取得港澳地区住房等补贴征免个人所得税的通知》（财税〔2004〕29 号）规定，享受住房补贴、语言训练费、子女教育费等津补贴免税优惠政策，但不得同时享受。外籍个人一经选择，在一个纳税年度内不得变更。

自 2024 年 1 月 1 日起，外籍个人不再享受住房补贴、语言训练费、子女教育费津补贴免税优惠政策，应按规定享受专项附加扣除。

4.3.4 福利费

《个人所得税法》第四条规定，福利费、抚恤金、救济金免缴个人所得税。

《个人所得税法实施条例》第十一条规定，福利费是指根据国家有关规定，从企业、事业单位、国家机关、社会组织提留的福利费或者工会经费中支付给个人的生活补助费。

从福利费或者工会经费中支付给个人的免税生活补助费，是指由于某些特定事件或原因而给纳税人或其家庭的正常生活造成一定困难，其任职单位按国家规定从提留的福利费或者工会经费中向其支付的临时性生活困难补助。

下列收入不属于免税的福利费范围，应当并入纳税人的工资、薪金收入计征个人所得税：

1. 从超出国家规定的比例或基数计提的福利费、工会经费中支付给个人的各种补贴、补助；

2. 从福利费和工会经费中支付给单位职工的人人有份的补贴、补助；

3. 单位为个人购买汽车、住房、电子计算机等不属于临时性生活困难补助性质的支出。（国税发〔1998〕155 号）

2012 年 4 月 11 日所得税司巡视员卢云在国家税务总局开展的《所得

税相关政策交流》活动上回复网友的提问时指出：根据个人所得税法的规定原则，对于发给个人的福利，不论是现金还是实物，均应缴纳个人所得税。但目前我们对于集体（非人人有份）享受的、不可分割的、非现金方式的福利，原则上不征收个人所得税。

【提醒1】出现某些特定事件或原因而给纳税人或其家庭的正常生活造成一定困难，其任职单位按国家规定从提留的福利费或者工会经费中向其支付的临时性生活困难补助，属于免征个人所得税的“个人生活补助费”。如《北京市地方税务局关于个人所得税有关业务政策问题的通知》（京地税个〔2002〕568号）规定，对个人取得的无偿献血补助视同一次性生活困难补助免予征税。

【提醒2】集体（非人人有份）享受的、不可分割的、非现金方式的福利，不征个人所得税，如端午、中秋等重要时刻组织聚餐。

【提醒3】支付抚恤金、救济金，不征个人所得税，其中救济金是指各级人民政府民政部门支付给个人的生活困难补助费。

【提醒4】其他发放的住房、交通等各种补贴和非货币性福利，也有组织员工旅游、疗养等支出，人人有份享受的、可分割的、现金或非现金方式的福利，对于有地方政策明确规定的，按地方政策执行，有免税标准的，在标准内的部分不缴纳个人所得税，超过标准的部分并入当月工资、薪金计算缴纳个人所得税。

4.3.5 董事费

董事费按劳务报酬所得项目征税方法，仅适用于个人担任公司董事、监事，且不在公司任职、受雇的情形。

个人在公司（包括关联公司）任职、受雇，同时兼任董事、监事的，应将董事费、监事费与个人工资收入合并，统一按工资、薪金所得项目缴纳个人所得税。（国税发〔2009〕121号）

【提醒1】个人担任公司董事、监事，且不在公司任职、受雇的情形，按照劳务报酬所得预扣预缴/代扣代缴个人所得税，同时需要提供税务机关代开发票作为税前扣除凭证。

【提醒2】居民个人担任公司董事、监事，无论按照劳务报酬所得还是工资、薪金所得预扣预缴个人所得税，都将合并到综合所得，按照年度计算缴纳个人所得税。

4.3.6　捐赠支出

个人通过境内公益性社会组织、县级以上人民政府及其部门等国家机关，向教育、扶贫、济困等公益慈善事业的捐赠，发生的公益捐赠支出，可按照个人所得税法有关规定在计算应纳税所得额时扣除。

上述所称境内公益性社会组织，包括依法设立或登记并按规定条件和程序取得公益性捐赠税前扣除资格的慈善组织，其他社会组织和群众团体。

居民个人取得工资薪金所得的，可以选择在预扣预缴时扣除，也可以选择在年度汇算清缴时扣除。居民个人取得劳务报酬所得、稿酬所得、特许权使用费所得的，预扣预缴时不扣除公益捐赠支出，统一在汇算清缴时扣除。

居民个人发生的公益捐赠支出，在综合所得、经营所得中扣除的，扣除限额分别为当年综合所得、当年经营所得应纳税所得额的30%；在分类所得中扣除的，扣除限额为当月分类所得应纳税所得额的30%。

机关、企事业单位统一组织员工开展公益捐赠的，纳税人可以凭汇总开具的捐赠票据和员工明细单扣除。

【提醒1】单位统一组织员工开展公益捐赠的，纳税人可以凭汇总开具的捐赠票据和员工明细单扣除。

【提醒2】单位通过党组织开展公益捐赠，按照相关规定可以税前扣除。

【提醒3】个人通过支付宝公益、腾讯公益等平台进行捐款，平台上接收款项的单位提供的电子捐赠证书，证书上有证书编号和捐款金额以及盖有接收款项公益性组织电子章和捐赠时间的，可凭捐赠证书以及查询到的公益性社会组织的相关信息进行扣除。

【提醒4】居民个人在综合所得年度汇算时扣除公益捐赠支出应在税法规定的额度范围内扣除公益捐赠支出，要着重关注自己公益捐赠支出扣除的上限，以便准确享受公益捐赠政策。同时要留存并妥善保管好捐赠票据，以便在税务机关后续有核查需求时予以配合。

【提醒5】个人捐赠货币性资产的，按照实际捐赠金额确定捐赠额。个人捐赠股权、房产的，按照个人持有股权、房产的财产原值确定捐赠额。个人捐赠除股权、房产以外的其他非货币性资产的，按照非货币性资产市场价格确定捐赠额。

【提醒6】个人公益捐赠支出的扣除基数为扣除捐赠额之前的应纳税所得税额，同时存在限额扣除和全额扣除的公益捐赠，两者扣除的先后顺序不会影响最终缴纳税款金额。

4.3.7 礼品促销

1. 企业在销售商品（产品）和提供服务过程中向个人赠送礼品，属于下列情形之一的，不征收个人所得税：

（1）企业通过价格折扣、折让方式向个人销售商品（产品）和提供服务；

（2）企业在向个人销售商品（产品）和提供服务的同时给予赠品，如通信企业对个人购买手机赠话费、入网费，或者购话费赠手机等；

（3）企业对累积消费达到一定额度的个人按消费积分反馈礼品。

2. 企业向个人赠送礼品，属于下列情形之一的，取得该项所得的个人应依法缴纳个人所得税，税款由赠送礼品的企业代扣代缴：

（1）企业在业务宣传、广告等活动中，随机向本单位以外的个人赠送礼品（包括网络红包，下同），以及企业在年会、座谈会、庆典以及其他活动中向本单位以外的个人赠送礼品，个人取得的礼品收入，按照“偶然所得”项目计算缴纳个人所得税，但企业赠送的具有价格折扣或折让性质的消费券、代金券、抵用券、优惠券等礼品除外。

企业赠送的礼品是自产产品（服务）的，按该产品（服务）的市场销售价格确定个人的应税所得；是外购商品（服务）的，按该商品（服务）的实际购置价格确定个人的应税所得。

（2）企业对累积消费达到一定额度的顾客，给予额外抽奖机会，个人的获奖所得，按照“偶然所得”项目，全额适用20%的税率缴纳个人所得税。

——摘自《财政部 国家税务总局关于企业促销展业赠送礼品有关个人所得税问题的通知》（财税〔2011〕50号）和《财政部 税务总局关于个人取得有关收入适用个人所得税应税所得项目的公告》（财政部 税务总局

公告2019年第74号）

3. 按照“偶然所得”代扣代缴个人所得税的计算：

（1）个人承担税款。

代扣代缴个人所得税税额 = 礼品市场销售价格 ÷ 购置价格或货币价值 × 20%

（2）单位承担税款。

代扣代缴个人所得税税额 = 礼品市场销售价格 ÷ 购置价格或货币价值 ÷（1 − 20%）× 20%

【提醒】 房地产开发企业下列促销行为不征收个人所得税：

（1）打折销售房屋、打折收取物业费等通过价格折扣、折让方式向个人销售商品（产品）和提供服务；

（2）在销售房屋同时赠送家电等在向个人销售商品（产品）和提供服务的同时给予赠品行为；

（3）赠送的具有价格折扣或折让性质的消费券、代金券、抵用券（如抵房款10 000元等）、优惠券。

4.3.8　免费旅游

对商品营销活动中，企业和单位对营销业绩突出人员以培训班、研讨会、工作考察等名义组织旅游活动，通过免收差旅费、旅游费对个人实行的营销业绩奖励（包括实物、有价证券等），应根据所发生费用全额计入营销人员应税所得，依法征收个人所得税，并由提供上述费用的企业和单位代扣代缴。其中，对企业雇员享受的此类奖励，应与当期的工资薪金合并，按照“工资、薪金所得”项目征收个人所得税；对其他人员享受的此类奖励，应作为当期的劳务收入，按照“劳务报酬所得”项目征收个人所得税。（财税〔2004〕11号）

4.3.9　利息股息红利所得

4.3.9.1　个人股东获得转增股本

个人股东获得转增的股本，应按照“利息、股息、红利所得”项目，适用20%税率征收个人所得税。（财税〔2015〕116号）

个人股东获得转增的股本是指企业以未分配利润、盈余公积、资本公积向个人股东转增股本。

4.3.9.2 房屋买受人按照约定退房取得补偿款

房屋买受人在未办理房屋产权证的情况下，按照与房地产公司约定条件（如对房屋的占有、使用、收益和处分权进行限制）在一定时期后无条件退房而取得的补偿款，应按照“利息、股息、红利所得”项目缴纳个人所得税，税款由支付补偿款的房地产公司代扣代缴。（税总函〔2013〕748 号）

【例 4 -5】 某房地产开发企业向李某销售一套住房，双方约定首付款 100 万元，如房地产开发企业在收到首付款后 3 个月内不能办理好按揭手续，则李某可退还该住房，同时李某可获得该房地产公司返还的首付款和资金占用费 4.5 万元。3 个月后，该房地产公司未按约定办理好按揭手续，李某收到返还的首付款 100 万和资金占用费 4.5 万元。假设不考虑其他因素，李某收到的 104.5 万元如何缴纳个人所得税。

李某收到的首付款 100 不属于个人所得税征税范围，不交个人所得税。收到的 4.5 万元资金占用费需按“利息、股息、红利所得”项目缴纳个人所得税 0.9 万元（4.5 ×20%），由房地产开发企业代扣代缴。

4.3.9.3 个人投资者收购企业股权后将原盈余积累转增股本

一名或多名个人投资者以股权收购方式取得被收购企业 100% 股权，股权收购前，被收购企业原账面金额中的“资本公积、盈余公积、未分配利润”等盈余积累未转增股本，而在股权交易时将其一并计入股权转让价格并履行了所得税纳税义务。股权收购后，企业将原账面金额中的盈余积累向个人投资者（新股东）转增股本，新股东以低于净资产价格收购股权的，企业原盈余积累中，对于股权收购价格减去原股本的差额部分已经计入股权交易价格，新股东取得盈余积累转增股本的部分，不征收个人所得税；对于股权收购价格低于原所有者权益的差额部分未计入股权交易价格，新股东取得盈余积累转增股本的部分，应按照“利息、股息、红利所得”项目征收个人所得税。（国家税务总局公告 2013 年第 23 号）

【例 4 -6】 某房地产开发企业原账面资产总额 8 000 万元，负债

3 000万元，所有者权益5 000万元，其中：实收资本（股本）1 000万元，资本公积、盈余公积、未分配利润等盈余积累合计4 000万元。假定多名自然人投资者（新股东）向该房地产开发企业原股东购买该企业100%股权，股权收购价4 500万元，新股东收购企业后，该房地产开发企业将资本公积、盈余公积、未分配利润等盈余积累4 000万元向新股东转增实收资本。

在新股东4 500万元股权收购价格中，除了实收资本1 000万元外，实际上相当于以3 500万元购买了原股东4 000万元的盈余积累，即：4 000万元盈余积累中，有3 500万元计入了股权交易价格，剩余500万元未计入股权交易价格。该房地产开发企业向新股东转增实收资本时，其中所转增的3 500万元不征收个人所得税，所转增的500万元应按“利息、股息、红利所得”项目缴纳个人所得税。

4.3.9.4　企业为个人购买房屋或其他财产

企业出资购买房屋及其他财产，将所有权登记为投资者个人、投资者家庭成员或企业其他人员的或企业投资者个人、投资者家庭成员或企业其他人员向企业借款用于购买房屋及其他财产，将所有权登记为投资者、投资者家庭成员或企业其他人员，且借款年度终了后未归还借款的，不论所有权人是否将财产无偿或有偿交付企业使用，其实质均为企业对个人进行了实物性质的分配，除个人独资企业、合伙企业以外其他企业的个人投资者或其家庭成员取得的上述所得，视为企业对个人投资者的红利分配，按照“利息、股息、红利所得”项目计征个人所得税；对企业其他人员取得的上述所得，按照“工资、薪金所得”项目计征个人所得税。（财税〔2008〕83号）

4.3.9.5　企业为股东个人购买汽车

企业购买车辆并将车辆所有权办到股东个人名下，其实质为企业对股东进行了红利性质的实物分配，应按照“利息、股息、红利所得”项目征收个人所得税。（国税函〔2005〕364号）

4.3.9.6 个人股东从企业借款长期不还

纳税年度内个人投资者从其投资企业（个人独资企业、合伙企业除外）借款，在该纳税年度终了后既不归还，又未用于企业生产经营的，其未归还的借款可视为企业对个人投资者的红利分配，依照“利息、股息、红利所得”项目计征个人所得税。（财税〔2003〕158号）

4.3.9.7 个人股票期权所得参与税后利润分配

参与企业股票期权计划的员工因拥有股权而参与企业税后利润分配取得的所得，应按照“利息、股息、红利所得”适用的规定计算缴纳个人所得税。（财税〔2005〕35号）

4.3.10 个人出租房屋

4.3.10.1 个人出租住房

1.《财政部 国家税务总局关于廉租住房、经济适用住房和住房租赁有关税收政策的通知》（财税〔2008〕24号）第二条规定，自2008年3月1日起，对个人出租住房取得的所得减按10%的税率征收个人所得税。

2. 个人将承租房屋转租取得的租金收入，属于个人所得税应税所得，应按“财产租赁所得”项目计算缴纳个人所得税。

取得转租收入的个人向房屋出租方支付的租金，凭房屋租赁合同和合法支付凭据允许在计算个人所得税时，从该项转租收入中扣除。（国税函〔2009〕639号）

4.3.10.2 个人出租非住房

1. 个人出租非住房根据财产租赁所得的规定进行个人所得税处理，不适用10%的税率。

2.《国家税务总局关于酒店产权式经营业主税收问题的批复》（国税函〔2006〕478号）规定，酒店产权式经营业主在约定的时间内提供房产使用权与酒店进行合作经营，如房产产权并未归属新的经济实体，业主按照约定取得的固定收入和分红收入均应视为租金收入，按照“财产租赁所得”项目征收个人所得税。

3. 房地产开发企业需要特别注意的是，房地产开发企业与商铺购买者个人签订协议，以优惠价格出售其开发的商铺给购买者个人，购买者个人在一定期限内必须将购买的商铺无偿提供给房地产开发企业对外出租使用。该行为实质上是购买者个人以所购商铺交由房地产开发企业出租而取得的房屋租赁收入支付了部分购房价款。对购买者个人少支出的购房价款，应视同个人财产租赁所得，按照“财产租赁所得”项目征收个人所得税。每次财产租赁所得的收入额，按照少支出的购房价款和协议约定的租赁月份数平均计算确定。（国税函〔2008〕576号）

【例4-7】某房地产开发企业对其开发的商铺进行售后回租方式销售。该房地产开发企业与购买者约定两种方案，一是商铺面积为500平方，单价为每平方米10万元；二是商铺在5年内交由房地产开发企业统一对外租赁，可优惠15%，但房款须一次性付清。不考虑其他税费，购房者如选择优惠方案该如何缴纳个人所得税。

购房者少支付的房屋价款视同个人财产租赁所得，按照“财产租赁所得”项目征收个人所得税。

应缴个人所得税 $=10\times500\times15\%\div60\times(1-20\%)\times20\%=2$（万元）

4.3.11 财产转让所得

4.3.11.1 个人出售自有住房

1. 个人出售自有住房取得的所得应按照“财产转让所得”项目征收个人所得税。

2. 个人住房转让的具体规定。

《国家税务总局关于个人住房转让所得征收个人所得税有关问题的通知》（国税发〔2006〕108号）规定：

（1）住房转让所得以实际成交价格为转让收入。纳税人申报的住房成交价格明显低于市场价格且无正当理由的，征收机关依法有权根据有关信息核定其转让收入，但必须保证各税种计税价格一致。

（2）对转让住房收入计算个人所得税应纳税所得额时，可凭原购房合同、发票等有效凭证，经税务机关审核后，允许从其转让收入中减除房屋原值、转让住房过程中缴纳的税金及有关合理费用。

（3）房屋原值。房屋原值确定的具体规定详见表4－4。

表4－4　　个人转让住房的房屋原值确定表

房屋来源	房屋原值确定依据
商品房	购置该房屋时实际支付的房价款及交纳的相关税费
自建住房	原购房人实际支付的房价款及相关税费，以及按规定交纳的土地出让金
已购公有住房	原购公有住房标准面积按当地经济适用房价格计算的房价款，加上原购公有住房超标准面积实际支付的房价款以及按规定向财政部门（或原产权单位）交纳的所得收益及相关税费
房屋拆迁取得货币补偿后购置房屋的城镇拆迁安置住房	购置该房屋实际支付的房价款及交纳的相关税费
房屋拆迁采取产权调换方式的城镇拆迁安置住房	《房屋拆迁补偿安置协议》注明的价款及交纳的相关税费
房屋拆迁采取产权调换方式，被拆迁人除取得所调换房屋，又取得部分货币补偿的城镇拆迁安置住房	《房屋拆迁补偿安置协议》注明的价款和交纳的相关税费，减去货币补偿后的余额
房屋拆迁采取产权调换方式，被拆迁人取得所调换房屋，又支付部分货币的城镇拆迁安置住房	《房屋拆迁补偿安置协议》注明的价款，加上所支付的货币及交纳的相关税费

（4）转让住房过程中缴纳的税金。转让住房过程中缴纳的税金是指纳税人在转让住房时实际缴纳的城市维护建设税、教育费附加、土地增值税、印花税等税金。

（5）合理费用。合理费用是指纳税人按照规定实际支付的住房装修费用、住房贷款利息、手续费、公证费等费用。

①支付的住房装修费用。纳税人能提供实际支付装修费用的税务统一发票，并且发票上所列付款人姓名与转让房屋产权人一致的，经税务机关审核，其转让的住房在转让前实际发生的装修费用，可在以下规定比例内扣除：

已购公有住房、经济适用房：最高扣除限额为房屋原值的 15%；商品房及其他住房：最高扣除限额为房屋原值的 10%。

纳税人原购房为装修房，即合同注明房价款中含有装修费（铺装了地板，装配了洁具、厨具等）的，不得再重复扣除装修费用。

②支付的住房贷款利息。纳税人出售以按揭贷款方式购置的住房的，其向贷款银行实际支付的住房贷款利息，凭贷款银行出具的有效证明据实扣除。

③纳税人按照有关规定实际支付的手续费、公证费等，凭有关部门出具的有效证明据实扣除。

3. 个人转让自用 5 年以上且家庭唯一生活用房免征个人所得税。

根据《财政部 国家税务总局 建设部关于个人住房所得征收个人所得税有关问题的通知》（财税字〔1999〕278 号）的规定，个人转让自用 5 年以上，并且是家庭唯一生活用房，取得的所得免征个人所得税。

"自用 5 年以上"，是指个人购房至转让房屋的时间达 5 年以上。其中个人购房日期的确定。个人按照国家房改政策购买的公有住房，以其购房合同的生效时间、房款收据开具日期或房屋产权证上注明的时间，依照孰先原则确定；个人购买的其他住房，以其房屋产权证注明日期或契税完税凭证注明日期，按照孰先原则确定。个人转让房屋的日期，以销售发票上注明的时间为准。

"家庭唯一生活用房"是指在同一省、自治区、直辖市范围内纳税人（有配偶的为夫妻双方）仅拥有一套住房。

注意，自 2010 年 10 月 1 日起出售自有住房并在 1 年内重新购房的纳税人不再减免个人所得税。

4. 个人转让住房享受税收优惠政策购房时间的判定。

《国家税务总局关于个人转让住房享受税收优惠政策判定购房时间问题的公告》（国家税务总局公告 2017 年第 8 号）规定，个人转让住房，因产权纠纷等原因未能及时取得房屋所有权证书（包括不动产权证书，下同），对于人民法院、仲裁委员会出具的法律文书确认个人购买住房的，法律文书的生效日期视同房屋所有权证书的注明时间，据以确定纳税人是否享受税收优惠政策。

5. 离婚析产。

《国家税务总局关于明确个人所得税若干政策执行问题的通知》（国税

发〔2009〕121号）第四条规定，通过离婚析产的方式分割房屋产权是夫妻双方对共同共有财产的处置，个人因离婚办理房屋产权过户手续，不征收个人所得税。

个人转让离婚析产房屋所取得的收入，允许扣除其相应的财产原值和合理费用后，余额按照规定的税率缴纳个人所得税；其相应的财产原值，为房屋初次购置全部原值和相关税费之和乘以转让者占房屋所有权的比例。

个人转让离婚析产房屋所取得的收入，符合家庭生活自用五年以上唯一住房的，可以申请免征个人所得税，其购置时间按发生离婚财产分割行为前的购房时间确定。

4.3.11.2 非货币性资产投资

1. 个人以非货币性资产（现金、银行存款等货币性资产以外的资产，包括股权、不动产、技术发明成果以及其他形式的非货币性资产）投资，属于个人转让非货币性资产和投资同时发生。对个人转让非货币性资产的所得，应按照“财产转让所得”项目，依法计算缴纳个人所得税。

非货币性资产投资，包括以非货币性资产出资设立新的企业，以及以非货币性资产出资参与企业增资扩股、定向增发股票、股权置换、重组改制等投资行为。

2. 个人以非货币性资产投资，应按评估后的公允价值确认非货币性资产转让收入。非货币性资产转让收入减除该资产原值及合理税费后的余额为应纳税所得额。个人以非货币性资产投资，应于非货币性资产转让、取得被投资企业股权时，确认非货币性资产转让收入的实现。

3. 个人应在发生上述应税行为的次月15日内向主管税务机关申报纳税。纳税人一次性缴税有困难的，可合理确定分期缴纳计划并报主管税务机关备案后，自发生上述应税行为之日起不超过5个公历年度内（含）分期缴纳个人所得税。

4. 个人以非货币性资产投资交易过程中取得现金补价的，现金部分应优先用于缴税；现金不足以缴纳的部分，可分期缴纳。个人在分期缴税期间转让其持有的上述全部或部分股权，并取得现金收入的，该现金收入应

优先用于缴纳尚未缴清的税款。（财税〔2015〕41号）

4.3.11.3　个人转让股权

1. 转让非上市公司股权的基本规定

个人转让股权，是指个人将股权转让给其他个人或法人的行为，以股权转让收入减除股权原值和合理费用后的余额为应纳税所得额，按“财产转让所得”缴纳个人所得税。合理费用是指股权转让时按照规定支付的有关税费。

个人股权转让所得个人所得税计算公式为：

应纳税额 =（股权转让收入 - 股权原值 - 合理费用）×20%

个人股权转让包括：出售股权；公司回购股权；发行人首次公开发行新股时，被投资企业股东将其持有的股份以公开发行方式一并向投资者发售；股权被司法或行政机关强制过户；以股权对外投资或进行其他非货币性交易；以股权抵偿债务；其他股权转移行为。

个人股权转让所得个人所得税，以股权转让方为纳税人，以受让方为扣缴义务人。扣缴义务人应于股权转让相关协议签订后5个工作日内，将股权转让的有关情况报告主管税务机关（被投资企业所在地税务机关）。

2. 非上市公司股权转让收入的确认

（1）个人转让股权应税收入的确定。股权转让收入是指转让方因股权转让而获得的现金、实物、有价证券和其他形式的经济利益。股权转让收入应当按照公平交易原则确定。

转让方取得与股权转让相关的各种款项，包括违约金、补偿金以及其他名目的款项、资产、权益等，均应当并入股权转让收入。

纳税人按照合同约定，在满足约定条件后取得的后续收入，应当作为股权转让收入。

（2）股权转让收入的核定。

①核定股权转让收入的情形有：

申报的股权转让收入明显偏低且无正当理由的；未按照规定期限办理纳税申报，经税务机关责令限期申报，逾期仍不申报的；转让方无法提供或拒不提供股权转让收入的有关资料；其他应核定股权转让收入的情形。

②核定股权转让收入的方法。

符合核定股权转让收入的情形的，主管税务机关依次按照下列方法核定股权转让收入：

A. 净资产核定法。股权转让收入按照每股净资产或股权对应的净资产份额核定。被投资企业的土地使用权、房屋、房地产企业未销售房产、知识产权、探矿权、采矿权、股权等资产占企业总资产比例超过20%的，主管税务机关可参照纳税人提供的具有法定资质的中介机构出具的资产评估报告核定股权转让收入。6个月内再次发生股权转让且被投资企业净资产未发生重大变化的，主管税务机关可参照上一次股权转让时被投资企业的资产评估报告核定此次股权转让收入。

B. 类比法。参照相同或类似条件下同一企业同一股东或其他股东股权转让收入核定；参照相同或类似条件下同类行业企业股权转让收入核定。

C. 其他合理方法。主管税务机关采用以上方法核定股权转让收入存在困难的，可以采取其他合理方法核定。

（3）明显偏低的股权转让收入。股权转让收入明显偏低的情形主要有：

①申报的股权转让收入低于股权对应的净资产份额的。其中，被投资企业拥有土地使用权、房屋、房地产企业未销售房产、知识产权、探矿权、采矿权、股权等资产的，申报的股权转让收入低于股权对应的净资产公允价值份额的；

②申报的股权转让收入低于初始投资成本或低于取得该股权所支付的价款及相关税费的；

③申报的股权转让收入低于相同或类似条件下同一企业同一股东或其他股东股权转让收入的；

④申报的股权转让收入低于相同或类似条件下同类行业的企业股权转让收入的；

⑤不具合理性的无偿让渡股权或股份；

⑥主管税务机关认定的其他情形。

（4）有正当理由的明显偏低。满足下列条件之一，可视为股权转让收入明显偏低是有正当理由的：

①能出具有效文件，证明被投资企业因国家政策调整，生产经营受到

重大影响，导致低价转让股权；

②继承或将股权转让给其能提供具有法律效力身份关系证明的配偶、父母、子女、祖父母、外祖父母、孙子女、外孙子女、兄弟姐妹以及对转让人承担直接抚养或者赡养义务的抚养人或者赡养人；

③相关法律、政府文件或企业章程规定，并有相关资料充分证明转让价格合理且真实的本企业员工持有的不能对外转让股权的内部转让；

④股权转让双方能够提供有效证据证明其合理性的其他合理情形。

3. 非上市公司股权原值的确认

（1）个人转让股权的原值依照以下方法确认：

①以现金出资方式取得的股权，按照实际支付的价款与取得股权直接相关的合理税费之和确认股权原值。

②以非货币性资产出资方式取得的股权，按照税务机关认可或核定的投资入股时非货币性资产价格与取得股权直接相关的合理税费之和确认股权原值；

③通过无偿让渡方式取得股权，具备上述“有正当理由的明显偏低②”情形的，按取得股权发生的合理税费与原持有人的股权原值之和确认股权原值；

④被投资企业以资本公积、盈余公积、未分配利润转增股本，个人股东已依法缴纳个人所得税的，以转增额和相关税费之和确认其新转增股本的股权原值；

⑤除以上情形外，由主管税务机关按照避免重复征收个人所得税的原则合理确认股权原值。

（2）股权转让人已被主管税务机关核定股权转让收入并依法征收个人所得税的，该股权受让人的股权原值以取得股权时发生的合理税费与股权转让人被主管税务机关核定的股权转让收入之和确认。

（3）个人转让股权未提供完整、准确的股权原值凭证，不能正确计算股权原值的，由主管税务机关核定其股权原值。

（4）对个人多次取得同一被投资企业股权的，转让部分股权时，采用“加权平均法”确定其股权原值。（国家税务总局公告 2014 年第 67 号）

4. 转让上市公司股票

（1）《财政部 国家税务总局关于个人转让股票所得继续暂免征收个人

所得税的通知》（财税字〔1998〕61 号）规定，为了配合企业改制，促进股票市场的稳健发展，经报国务院批准，从 1997 年 1 月 1 日起，对个人转让上市公司股票取得的所得继续暂免征收个人所得税。

注意，个人将行权后的境内上市公司股票再行转让而取得的所得，暂不征收个人所得税。个人转让境外上市公司的股票而取得的所得，应按税法的规定计算应纳税所得额和应纳税额，依法缴纳税款。

（2）《财政部 税务总局 证监会关于继续执行沪港、深港股票市场交易互联互通机制和内地与香港基金互认有关个人所得税政策的公告》（财政部 税务总局 证监会公告 2019 年第 93 号）规定，内地个人投资者通过沪港通、深港通投资香港联交所上市股票取得的转让差价所得和通过基金互认买卖香港基金份额取得的转让差价所得，自 2019 年 12 月 5 日起至 2022 年 12 月 31 日止，继续暂免征收个人所得税。

5. 约定某时间前的债权债务由原股东负责的股权转让

（1）原全体股东通过签订股权转让协议，以转让公司全部资产方式将股权转让给新股东，协议约定时间以前的债权债务由原股东负责，协议约定时间以后的债权债务由新股东负责。根据《个人所得税法》及其实施条例的规定，原股东取得股权转让所得，应按“财产转让所得”项目征收个人所得税。

（2）应纳税额的计算。

①对于原股东取得转让收入后，根据持股比例先清收债权、归还债务后，再对每个股东进行分配的，应纳税所得额的计算公式为：

应纳税所得额 =（原股东股权转让总收入 − 原股东承担的债务总额 + 原股东所收回的债权总额 − 注册资本额 − 股权转让过程中的有关税费）× 原股东持股比例

原股东承担的债务不包括应付未付股东的利润。

②对于原股东取得转让收入后，根据持股比例对股权转让收入、债权债务进行分配的，应纳税所得额的计算公式为：

应纳税所得额 = 原股东分配取得股权转让收入 + 原股东清收公司债权收入 − 原股东承担公司债务支出 − 原股东向公司投资成本

原股东承担的债务不包括应付未付股东的利润。（国税函〔2007〕244 号）

4.3.11.4　个人收回转让股权

1. 根据《个人所得税法》及其实施条例和《税收征收管理法》的有关规定，股权转让合同履行完毕、股权已作变更登记，且所得已经实现的，转让人取得的股权转让收入应当依法缴纳个人所得税。转让行为结束后，当事人双方签订并执行解除原股权转让合同、退回股权的协议，是另一次股权转让行为，对前次转让行为征收的个人所得税款不予退回。

2. 股权转让合同未履行完毕，因执行仲裁委员会作出的解除股权转让合同及补充协议的裁决、停止执行原股权转让合同，并原价收回已转让股权的，由于其股权转让行为尚未完成、收入未完全实现，随着股权转让关系的解除，股权收益不复存在，根据个人所得税法和征管法的有关规定，以及从行政行为合理性原则出发，纳税人不应缴纳个人所得税。（国税函〔2005〕130号）

3. 根据国税函〔2005〕130号文件，股权转让协议是否履行完毕在于股权是否已作变更登记和股权转让所得是否实现，因此可判断有以下四种解除股权转让协议的情形不发生个人所得税的纳税义务：

（1）已付款，股权未变更登记；

（2）股权已变更登记完成，未付款；

（3）未付款，股权未变更登记；

（4）因上述三种情形被仲裁、司法等被动原因解除。

【提醒】实务中，股权转让协议履行完毕后，转让双方可能因争议、纠纷诉诸法律而被动解除的情形，会认定为转让方发生个人所得税的纳税义务。

【涉税安排】个人如发生收回转让股权的行为，应关注《个人所得税法》第十五条“个人转让股权办理变更登记的，市场主体登记机关应当查验与该股权交易相关的个人所得税的完税凭证”及当地“个人股权变更登记需查验完税凭证”的相关规定，避免认定发生个人所得税纳税义务的风险。

4.3.11.5　个人购置和处置债权

1. 个人通过招标、竞拍或其他方式购置债权以后，通过相关司法或行政程序主张债权而取得的所得，应按照“财产转让所得”项目缴纳个人所得税。

2. 个人通过上述方式取得“打包”债权，只处置部分债权的，其应纳税所得额按以下方式确定：

（1）以每次处置部分债权的所得，作为一次财产转让所得征税。

（2）其应税收入按照个人取得的货币资产和非货币资产的评估价值或市场价值的合计数确定。

（3）所处置债权成本费用（即财产原值），按下列公式计算：

当次处置债权成本费用 = 个人购置“打包”债权实际支出 × 当次处置债权账面价值（或拍卖机构公布价值） ÷ “打包”债权账面价值（或拍卖机构公布价值）。

（4）个人购买和和处置债权过程中发生的拍卖招标手续费、诉讼费、审计评估费以及缴纳的税金等合理税费，在计算个人所得税时允许扣除。（国税函〔2005〕655 号）

【例 4－8】 2019 年 8 月，李某在不良资产拍卖会上以 660 万元取得一项“打包”债权，包括对某房地产公司的应收账款 1 000 万元和对某个人的应收款项 200 万元。2020 年 4 月李某从房地产公司取得抵债房一套，评估价值为 720 万元，发生诉讼费、评估费等相关税费合计 50 万元。预计对个人的应收账款款项追回难度较大，李某于 2020 年 5 月将该债权以 50 万元转让给某投资公司。

李某取得“打包”债权后分次处置，应以每次处置部分债权的所得，作为一次财产转让所得，按照“财产转让所得”计算个人所得税。

取得抵债房产：

收入为 720 元，处置债权成本 = 660 × 1 000 ÷（1 000 + 200）= 550 万元，允许扣除的相关税费为 50 万元，应纳个人所得税 =（720 − 550 − 50）× 20% = 24 万元。

转让对个人债权：

收入为 50 万元，处置债权成本 = 660 × 200 ÷（1 000 + 200）= 110 万元，由于处置该笔债权的收入 50 万元低于取得该笔债权的成本费用 110 万元，因此该项转让行为不需要缴纳个人所得税。

4.4　综合所得年度汇算清缴

4.4.1　政策指引

4.4.1.1　法律依据

居民个人取得综合所得，按年计算个人所得税；有扣缴义务人的，由扣缴义务人按月或者按次预扣预缴税款；需要办理汇算清缴的，应当在取得所得的次年3月1日至6月30日内办理汇算清缴。

非居民个人取得工资、薪金所得，劳务报酬所得，稿酬所得和特许权使用费所得，有扣缴义务人的，由扣缴义务人按月或者按次代扣代缴税款，不办理汇算清缴。

4.4.1.2　需要办理汇缴申报情形

1. 法定情形

取得综合所得需要办理汇算清缴的情形有四种。

（1）第一种情形：从两处以上取得综合所得，且综合所得年收入额减除专项扣除的余额超过6万元。

对个人取得两处以上综合所得且合计超过6万元的，日常没有合并预扣预缴机制，难以做到预扣税款与汇算清缴税款一致，因此需要汇算清缴。

①从两处以上：包括不同的扣缴义务人和同一扣缴义务人不同的所得项目。如出版社的员工在本单位出版书籍，从出版社取得工资薪金所得和稿酬所得，也属于“从两处以上取得综合所得”的情形。

②“收入额”与“收入”不同。“收入”通俗讲就是毛收入，也就是税前收入。“收入额”是计算税款过程中的一个名词。工资薪金所得以全部收入为收入额，劳务报酬所得、稿酬所得、特许权使用费所得以收入减除费用后的余额为收入额；稿酬所得的收入额减按70%计算。

③“余额”是指收入额减除专项扣除，不包括减除专项附加扣除和其他扣除。

④“超过6万元”不包括等于6万元的情形。

（2）第二种情形：取得劳务报酬所得、稿酬所得、特许权使用费所得中一项或者多项所得，且综合所得年收入额减除专项扣除的余额超过6万元。

劳务报酬所得、稿酬所得、特许权使用费所得，收入来源分散，收入不稳定，可能存在多个扣缴义务，难以做到预扣税款与汇算清缴税款一致，因此需要汇算清缴。

（3）第三种情形：纳税年度内预缴税额低于应纳税额。

纳税年度内预缴税额低于应纳税额，具体包括：

①预扣预缴申报的收入额低于纳税人实际取得的收入额，导致预缴税额低于应纳税额的；

②从两处以上取得综合所得年度收入额合并后，使用税率提高；或者累计扣除的专项扣除、专项附加扣除、依法确定的其他扣除，不符合税法规定条件或者超过规定标准，导致预缴税额低于应纳税额的；

③预扣预缴时享受的税收优惠，不符合税法规定条件或者超过规定标准，导致预缴税额低于应纳税额的；

④其他预缴税额低于应纳税额的情形。

（4）第四种情形：纳税人申请退税。

纳税人申请退税，具体包括：

①纳税年度内预扣预缴了个税，但全年累计扣除的基本减除费用不足6万元的；

②预扣预缴时，未扣除或者未足额扣除专项扣除、专项附加扣除、依法确定的其他扣除的，导致预缴税额高于应纳税额的；

③预扣预缴时，未享受或者未足额享受综合所得税收优惠的，导致预缴税额高于应纳税额的；

④发生符合税前扣除条件的捐赠支出，在综合所得中扣除的；

⑤其他预缴税额高于应纳税额，申请退税的情形。

2. 2020年度需要办理汇算清缴的情形

依据税法规定，符合下列情形之一的，纳税人需要办理年度汇算：

（1）已预缴税额大于年度应纳税额且申请退税的。

【提醒】 只要纳税人因为平时扣除不足或未申报扣除等原因导致多预缴了税款，无论收入高低，无论退税额多少，纳税人都可以申请退税。

（2）综合所得收入全年超过12万元且需要补税金额超过400元的。

4.4.1.3 无须办理汇缴申报情形

《财政部 税务总局关于个人所得税综合所得汇算清缴涉及有关政策问题的公告》（财政部 税务总局公告2019年第94号）第一条规定，2019年1月1日至2020年12月31日居民个人取得的综合所得，年度综合所得收入不超过12万元且需要汇算清缴补税的，或者年度汇算清缴补税金额不超过400元的，居民个人可免于办理个人所得税综合所得汇算清缴。

需要注意的是，根据《财政部 税务总局关于延续实施全年一次性奖金等个人所得税优惠政策的公告》（财政部 税务总局公告2021年第42号），以上免于办理个人所得税综合所得汇算清缴优惠政策，执行延长期限至2023年12月31日。

此外，根据《国家税务总局关于办理2020年度个人所得税综合所得汇算清缴事项的公告》（国家税务总局公告2021年第2号）规定，已预缴税额与年度应纳税额一致或者不申请退税的也无须办理年度汇算。

4.4.1.4 年度汇算计算公式

依据税法规定，2020年度终了后，居民个人（以下称“纳税人”）需要汇总2020年1月1日至12月31日取得的工资薪金、劳务报酬、稿酬、特许权使用费等四项所得（以下称“综合所得”）的收入额，减除费用6万元以及专项扣除、专项附加扣除、依法确定的其他扣除和符合条件的公益慈善事业捐赠（以下简称“捐赠”）后，适用综合所得个人所得税税率并减去速算扣除数，计算本年度最终应纳税额，再减去2020年度已预缴税额，得出应退或应补税额，向税务机关申报并办理退税或补税。具体计算公式如下：

应退或应补税额＝［（综合所得收入额－60 000元－“三险一金”等专项扣除－子女教育等专项附加扣除－依法确定的其他扣除－捐赠）×适用税率－速算扣除数］－2020年已预缴税额

其中：

综合所得收入额＝工资薪金所得收入额＋劳务报酬所得收入额＋特殊权使用费所得收入额＋稿酬所得收入额

工资薪金所得收入额＝工资薪金所得收入全额

劳务报酬所得收入额 = 劳务报酬所得收入 ×（1 - 20%）

特许权使用费所得收入额 = 特许权使用费所得收入 ×（1 - 20%）

稿酬所得收入额 = 稿酬所得收入 ×（1 - 20%）×70%

依据税法规定，年度汇算不涉及财产租赁等分类所得，以及纳税人按规定选择不并入综合所得计算纳税的全年一次性奖金等所得。

4.4.1.5 减征个人所得税优惠政策的选择

优惠政策选择根据《个人所得税法》第五条规定，残疾、孤老人员和烈属的所得可以减征个人所得税，具体幅度和期限，由省、自治区、直辖市人民政府规定，并报同级人民代表大会常务委员会备案（见表 4 - 5）。

表 4 - 5　　各省市个人所得税减征优惠表

地区	所得范围	减征比例或幅度	文号
青海	综合所得 经营所得	应纳税额在 8 000 元（含）以下的，据实减征；8 000 元以上的，定额减征 8 000 元	青政〔2020〕26 号
上海	综合所得 经营所得	减征个人所得税的税款以 7 320 元为限额，不足 7 320 元的，据实减征	沪财发〔2020〕1 号
山西	综合所得 经营所得	个人所得税减征 90%，但减征税额每人每年不超过 8 000 元	晋政发〔2020〕3 号
陕西	综合所得	应纳个人所得税在 3 500 元（含）以下的，减征 100%；应纳个人所得税在 3 500 元以上的，定额减征 3 500 元	陕政字〔2020〕5 号
	经营所得	应纳个人所得税在 2 500 元（含）以下的，减征 100%；应纳个人所得税在 2 500 元以上的，定额减征 2 500 元	
四川	综合所得 经营所得	残疾人限额减征年应纳税额 6 000 元；孤老人员、烈属限额减征年应纳税额 10 000 元	川府发〔2019〕26 号
云南	综合所得 经营所得	每年应纳税额 7 000 元的限额内减征 100% 的个人所得税，超过限额部分不予减征	云财税〔2019〕31 号
浙江	综合所得	税额在 6 000 元（含）以下的，减征 100%；6 000元以上的，定额减征 6 000 元。不可同时选经营所得优惠	浙财税政〔2019〕9 号
	经营所得	税额在 6 000 元（含）以下的，减征 100%；6 000元以上的，定额减征 6 000 元。不可同时选综合所得优惠	

续表

地区	所得范围	减征比例或幅度	文号
安徽	综合所得 经营所得	每人每年 8 000 元税额的范围内实行限额减免	皖财税法〔2019〕157 号
黑龙江	综合所得 经营所得	减征个人所得税的幅度以 6 000 元为限；不足 6 000元的，据实减征	黑政规〔2019〕1 号
内蒙古	综合所得 经营所得	残疾人员、烈属所得，减征 50% 个人所得税；孤老人员所得，减征 100% 个人所得税	内政发〔2019〕3 号
北京	综合所得	应纳税额减征 50%	京财税〔2006〕947 号
	经营所得	应纳税额减征 100%	
大连	综合所得	应纳税额减征 50%	大地税函〔2009〕180 号
	经营所得	年应纳税所得额不超过 3 万元的，免税；年应纳税所得额超过 3 万元不超过 5 万元的，减征 50%	
广东	综合所得	应纳税额减征 80%	粤地税发〔2016〕8 号
	经营所得	年应纳税所得额 10 万元（含 10 万元）以下的：按应纳税额减征 100%；年应纳税所得额超过 10 万元的部分，按应纳税额减征 60%。个人减免税额在一个纳税年度内不超过 9 万元	
福建	综合所得 经营所得	每人每年 12 000 元的限额减免年应纳个人所得税税额	闽财税〔2019〕23 号
山东	综合所得	年应纳个人所得税减征额不超过 6 000 元，不可同时选经营所得优惠	鲁政字〔2019〕129 号
	经营所得	年应纳个人所得税减征额不超过 6 000 元，不可同时选综合所得优惠	
广西	综合所得 经营所得	减征 50%，重度残疾减征 100% 的个人所得税	桂政发〔2019〕21 号
湖南	综合所得 经营所得	减征 80% 个人所得税	湘政发〔2019〕7 号

财政部 国家税务总局公告 2019 年第 94 号文件第二条规定，残疾、孤老人员和烈属取得综合所得办理汇算清缴时，汇算清缴地与预扣预缴地规定不一致的，用预扣预缴地规定计算的减免税额与用汇算清缴地规定计算的减免税额相比较，按照孰高值确定减免税额。

由于残疾、孤老人员和烈属的所得的减征幅度与期限由各地自行规定，如符合条件的居民个人综合所得的汇算清缴地与预扣预缴地的规定不一致，其适用的减免税规定可能不一样。同时，财政部 国家税务总局公告

2019年第94号文件对“预扣预缴地”未限定为具体哪一种综合所得，因此只要是综合所得的预扣预缴地都可以适用。

【例4-9】 某纳税人（残疾人）2019年度在北京任职领取工资薪金并预扣预缴工资薪金个人所得税，但其在2019年度取得岳阳市某公司支付的劳务报酬，且岳阳某公司为其预扣预缴劳务报酬个人所得税。北京市对残疾人综合所得个人所得税应纳税额减征50%，湖南省对残疾人综合所得减征80%个人所得税。因此，该纳税人可以选择预扣预缴地（湖南省）的规定确定减免税额。

4.4.2 综合所得年度汇算计算案例

【例4-10】 某居民个人2020年度取得以下综合所得，不考虑其他情况：

1. 每个月都取得工资12 000元，三险一金每月扣除1 200元，专项附加扣除每月2 000元，其他扣除每月200元，单位全年按规定已预扣预缴税额1 800元。

2. 2020年12月份取得全年一次性奖金60 000元，按照不合并综合所得收入，计算缴纳个人所得税5 790元。

3. 2020年6月份，在外单位讲课，取得劳务报酬含增值税6 180元，按规定代开发票缴纳增值税180元，附加10.8元，不考虑其他情况，单位已预扣预缴税款957.84元。

4. 8月份，该居民个人取得一笔稿酬8 000元，已预缴税款896元。

5. 该居民个人2020年度每个月取得房租收入15 000元，不考虑其他情况，缴纳个人所得税28 000元。

6. 10月份，该居民个人取得一笔特许权使用费15 000元，预缴税款2 400元。

方案一：全年一次性奖金按照不合并综合所得收入年度汇算。

1. 综合所得收入额 $=12\ 000\times12+(6\ 180-180)\times(1-20\%)+8\ 000\times(1-20\%)\times70\%+15\ 000\times(1-20\%)=165\ 280$ 元，房租收入不属于综合所得，不计入。

2. 年度汇算应纳税额 $=(165\ 280-60\ 000-1\ 200\times12-2\ 000\times12-200\times12-10.8)\times10\%-2\ 520=3\ 926.92$（元）

3. 年度汇算应补税额 $=3\ 926.92-(1\ 800+957.84+896+2\ 400)$

$=-2\ 126.92$（元）

该居民个人可按规定办理年度汇算申报，并申请退税2 126.92元。

方案二：全年一次性奖金按照不合并综合所得收入年度汇算。

1. 综合所得收入额 $=12\ 000\times12+60\ 000+(6\ 180-180)\times(1-20\%)+8\ 000\times(1-20\%)\times70\%+15\ 000\times(1-20\%)=225\ 280$（元）

2. 年度汇算应纳税额 $=(225\ 280-60\ 000-1\ 200\times12-2\ 000\times12-200\times12-10.8)\times10\%-2\ 520=9\ 926.92$（元）

3. 年度汇算应补税额 $=9\ 926.92-(1\ 800+5\ 790+957.84+896+2\ 400)=-1\ 916.92$（元）

该居民个人可按规定办理年度汇算申报，并申请退税1 916.92元。

对比两种方案，该居民个人应选择全年一次性奖金不并入综合所得计算缴纳个人所得税。

4.5　个人所得税税率

4.5.1　个人所得税税率基本规定

1. 居民个人的综合所得，以每一纳税年度的收入额减除费用6万元以及专项扣除、专项附加扣除和依法确定的其他扣除后的余额，为应纳税所得额，适用3% ~45%的超额累进税率，详见表4 -6“个人所得税税率表一”。

居民个人取得综合所得，按年计算个人所得税；有扣缴义务人的，由扣缴义务人按月或者按次预扣预缴税款（详见个人所得税税率表一）。

2. 非居民个人的工资、薪金所得，以每月收入额减除费用5千元后的余额为应纳税所得额；劳务报酬所得、稿酬所得、特许权使用费所得，以每次收入额为应纳税所得额。依照表4 -6“个人所得税税率表一”按月换算成表4 -9“个人所得税税率表四”计算应纳税额。

3. 经营所得，以每一纳税年度的收入总额减除成本、费用以及损失后的余额，为应纳税所得额，适用5% ~35%的超额累进税率，详见表4 -7“个人所得税税率表二”。

4. 财产租赁所得，每次收入不超过4 000元的，减除费用800元；4 000元以上的，减除20%的费用，其余额为应纳税所得额，适用比例税率，税率为20%。

5. 财产转让所得，以转让财产的收入额减除财产原值和合理费用后的余额，为应纳税所得额，适用比例税率，税率为20%。

6. 利息、股息、红利所得和偶然所得，以每次收入额为应纳税所得额，适用比例税率，税率为20%。

4.5.2 个人所得税税率表及适用范围

个人所得税税率见表4－6、表4－7、表4－8、表4－9。

表4－6　　个人所得税税率表一

（综合所得适用）

级数	全年应纳税所得额	税率（%）	速算扣除数
1	不超过36 000元的	3	0
2	超过36 000元至144 000元的	10	2 520
3	超过144 000元至300 000元的	20	16 920
4	超过300 000元至420 000元的	25	31 920
5	超过420 000元至660 000元的	30	52 920
6	超过660 000元至960 000元的	35	85 920
7	超过960 000元的	45	181 920

注1：适用居民个人取得综合所得，综合所得以每一纳税年度收入额减除费用6万元以及专项扣除、专项附加扣除和依法确定的其他扣除后的余额。

注2：适用居民个人工资、薪金所得预扣预缴按照累计预扣法计算预扣税款。

注3：适用在2023年12月31日前，居民个人取得全年一次性奖金如选择并入当年综合所得计算缴纳税款。

注4：适用自2024年1月1日起，居民个人取得全年一次性奖金并入当年综合所得计算缴纳个人所得税计算缴纳税款。

注5：在2022年12月31日前，居民个人取得股票期权、股票增值权、限制性股票、股权奖励等股权激励，符合相关规定条件，不并入当年综合所得，全额单独适用综合所得税率表计算缴纳税款。

注6：个人达到国家规定的退休年龄，领取的企业年金、职业年金，按年领取的，适用综合所得税率表计算缴纳税款。

个人因出境定居而一次性领取的年金个人账户资金，或个人死亡后，其指定的受益人或法定继承人一次性领取的年金个人账户余额，适用综合所得税率表计算缴纳税款。

注7：个人与用人单位解除劳动关系取得一次性补偿收入（包括用人单位发放的经济补偿金、生活补助费和其他补助费），在当地上年职工平均工资3倍数额以内的部分，免征个人所得税；超过3倍数额的部分，不并入当年综合所得，单独适用综合所得税率表，计算纳税。

注8：个人办理提前退休手续而取得的一次性补贴收入，应按照办理提前退休手续至法定离退休年龄之间实际年度数平均分摊，确定适用税率和速算扣除数，单独适用综合所得税率表，计算纳税。

表 4－7　　　　个人所得税税率表二

（个体工商户的生产、经营所得和对企事业单位的承包经营、承租经营所得适用）

级数	全年应纳税所得额	税率（%）	速算扣除数
1	不超过 30 000 元的	5	0
2	超过 30 000 元至 90 000 元的部分	10	1 500
3	超过 90 000 元至 300 000 元的部分	20	10 500
4	超过 300 000 元至 500 000 元的部分	30	40 500
5	超过 500 000 元的部分	35	65 500

注：经营所得适用，本表所称全年应纳税所得额是指依照本法第六条的规定，以每一纳税年度的收入总额减除成本、费用以及损失后的余额。

表 4－8　　　　个人所得税预扣率表三

（居民个人劳务报酬所得预扣预缴适用）

级数	预扣预缴应纳税所得额	预扣率（%）	速算扣除数
1	不超过 20 000 元的	20	0
2	超过 20 000 元至 50 000 元的部分	30	2 000
3	超过 50 000 元的部分	40	7 000

注：适用居民个人劳务报酬所得预扣预缴。

表 4－9　　　　个人所得税税率表四

（非居民个人工资、薪金所得，劳务报酬所得，稿酬所得，特许权使用费所得适用）

级数	应纳税所得额	税率（%）	速算扣除数
1	不超过 3 000 元的	3	0
2	超过 3 000 元至 12 000 元的部分	10	210
3	超过 12 000 元至 25 000 元的部分	20	1 410
4	超过 25 000 元至 35 000 元的部分	25	2 660
5	超过 35 000 元至 55 000 元的部分	30	4 410
6	超过 55 000 元至 80 000 元的部分	35	7 160
7	超过 80 000 元的部分	45	15 160

注 1：本表也称月度税率表。

注 2：非居民个人取得工资、薪金所得，劳务报酬所得，稿酬所得和特许权使用费所得，依照本表按月换算后计算应纳税额。

注 3：在 2022 年 12 月 31 日前，取得全年一次性奖金收入，不并入当年综合所得，以全年一次性奖金收入除以 12 个月得到的数额，按照本通知所附按月换算后的综合所得税率表。

注 4：个人达到国家规定的退休年龄，领取的企业年金、职业年金，按月领取的，适用月度税率表计算纳税；按季领取的，平均分摊计入各月，按每月领取额适用月度税率表计算纳税。

注 5：单位按低于购置或建造成本价格出售住房给职工，职工因此而少支出的差价部分，符合财税〔2007〕13 号文件第二条规定的，不并入当年综合所得，以差价收入除以 12 个月得到的数额，按照月度税率表确定适用税率和速算扣除数，单独计算纳税。

4.6　个人所得税优惠

4.6.1　（减）免征政策

4.6.1.1　转让五年以上唯一住房

对个人转让自用5年以上、并且是家庭唯一生活用房取得的所得，继续免征个人所得税。

——《财政部 国家税务总局 建设部关于个人出售住房所得征收个人所得税有关问题的通知》（财税字〔1999〕278号）第四条

4.6.1.2　符合条件的拆迁补偿款或住房租赁补贴

1. 拆迁补偿款

对被拆迁人按照国家有关城镇房屋拆迁管理办法规定的标准取得的拆迁补偿款，免征个人所得税。

——《财政部 国家税务总局关于城镇房屋拆迁有关税收政策的通知》（财税〔2005〕45号）第一条

2. 住房租赁补贴

对符合地方政府规定条件的城镇住房保障家庭从地方政府领取的住房租赁补贴，免征个人所得税。

——《财政部 国家税务总局关于公共租赁住房税收优惠政策的公告》（财政部 税务总局公告2019年第61号）第六条

4.6.1.3　易地扶贫搬迁

对易地扶贫搬迁贫困人口按规定取得的住房建设补助资金、拆旧复垦奖励资金等与易地扶贫搬迁相关的货币化补偿和易地扶贫搬迁安置住房，免征个人所得税。

——《财政部 国家税务总局关于易地扶贫搬迁税收优惠政策的通知》（财税〔2018〕135号）第一条第（一）项

4.6.1.4 符合政策的单位低价向职工售房

根据住房制度改革政策的有关规定，国家机关、企事业单位及其他组织在住房制度改革期间，按照所在地县级以上人民政府规定的房改成本价格向职工出售公有住房，职工因支付的房改成本价格低于房屋建造成本价格或市场价格而取得的差价收益，免征个人所得税。

——《财政部 国家税务总局关于单位低价向职工售房有关个人所得税问题的通知》（财税〔2007〕13号）第一条

4.6.1.5 发放预防新冠肺炎的物品

自2020年1月1日至2020年12月31日，单位发给个人用于预防新型冠状病毒感染的肺炎的药品、医疗用品和防护用品等实物（不包括现金），不计入工资、薪金收入，免征个人所得税。

——《财政部 税务总局关于支持新型冠状病毒感染的肺炎疫情防控有关个人所得税政策的公告》（财政部 税务总局公告2020年第10号）第二条及《财政部 税务总局关于延续实施应对疫情部分税费优惠政策的公告》（财政部 税务总局公告2021年第7号）第二条

4.6.1.6 出租住房

对个人出租住房取得的所得减按10%的税率征收个人所得税。

——《财政部 国家税务总局关于廉租住房、经济适用住房和住房租赁有关税收政策的通知》（财税〔2008〕24号）第二条第（一）项

4.6.1.7 法定减征情形

有下列情形之一的，可以减征个人所得税，具体幅度和期限，由省、自治区、直辖市人民政府规定，并报同级人民代表大会常务委员会备案：

1. 残疾、孤老人员和烈属的所得；
2. 因自然灾害遭受重大损失的。

国务院可以规定其他减税情形，报全国人民代表大会常务委员会备案。

——《中华人民共和国个人所得税法》第五条

4.6.2 （暂）不征税政策

4.6.2.1 无偿受赠房屋

以下情形的房屋产权无偿赠与，对当事双方不征收个人所得税：

1. 房屋产权所有人将房屋产权无偿赠与配偶、父母、子女、祖父母、外祖父母、孙子女、外孙子女、兄弟姐妹；

2. 房屋产权所有人将房屋产权无偿赠与对其承担直接抚养或者赡养义务的抚养人或者赡养人；

3. 房屋产权所有人死亡，依法取得房屋产权的法定继承人、遗嘱继承人或者受遗赠人。

——《财政部 国家税务总局关于个人无偿受赠房屋有关个人所得税问题的通知》（财税〔2009〕78号）第一条

4.6.2.2 青苗补偿费

乡镇企业的职工和农民取得的青苗补偿费，属种植业的收益范围，同时，也属经济损失的补偿性收入，因此，对他们取得的青苗补偿费收入暂不征收个人所得税。

——《国家税务总局关于个人取得青苗补偿费收入征免个人所得税的批复》（国税函发〔1995〕079号）及《财政部 税务总局关于继续有效的个人所得税优惠政策目录的公告》（财政部 税务总局公告2018年第177号）

4.6.3 捐赠扣除政策

4.6.3.1 公益性捐赠

1. 个人将其所得对教育、扶贫、济困等公益慈善事业进行捐赠，捐赠额未超过纳税人申报的应纳税所得额30%的部分，可以从其应纳税所得额中扣除；国务院规定对公益慈善事业捐赠实行全额税前扣除的，从其规定。

——《全国人民代表大会常务委员会关于修改〈中华人民共和国个人所得税法〉的决定》（主席令第九号）

2. 自2019年1月1日起，个人通过中华人民共和国境内公益性社会组织、县级以上人民政府及其部门等国家机关，向教育、扶贫、济困等公益慈善事业的捐赠（简称公益捐赠），发生的公益捐赠支出，可以按照个人所得税法有关规定在计算应纳税所得额时扣除。

——《财政部 税务总局关于公益慈善事业捐赠个人所得税政策的公告》（财政部 税务总局公告2019年第99号）

3. 自2021年1月1日起，个人通过公益性群众团体用于符合法律规定的公益慈善事业捐赠支出，准予按税法规定在计算应纳税所得额时扣除。

——《财政部 税务总局关于通过公益性群众团体的公益性捐赠税前扣除有关事项的公告》（财政部 税务总局公告2021年第20号）

4. 自2019年1月1日至2023年12月31日，个人捐赠住房作为公租房，符合税收法律法规规定的，对其公益性捐赠支出未超过其申报的应纳税所得额30%的部分，准予从其应纳税所得额中扣除。

——《财政部 国家税务总局关于公共租赁住房税收优惠政策的公告》（财政部 税务总局公告2019年第61号）第五条第二款及《财政部 税务总局关于延长部分税收优惠政策执行期限的公告》（财政部 税务总局公告2021年第6号）第一条

4.6.3.2　支持新型冠状病毒感染的肺炎疫情防控捐赠支出

自2020年1月1日至2021年3月31日，个人直接向承担疫情防治任务的医院捐赠用于应对新型冠状病毒感染的肺炎疫情的物品，允许在计算应纳税所得额时全额扣除。

个人直接向承担疫情防治任务的医院捐赠用于应对新型冠状病毒感染的肺炎疫情的物品，允许在计算应纳税所得额时全额扣除。捐赠人凭承担疫情防治任务的医院开具的捐赠接收函办理税前扣除事宜。

——《财政部 国家税务总局关于支持新型冠状病毒感染的肺炎疫情防控有关捐赠税收政策的公告》（财政部 国家税务总局公告2020年第9号）及《财政部 税务总局关于延续实施应对疫情部分税费优惠政策的公告》（财政部 税务总局公告2021年第7号）第二条

4.6.3.3 运动会捐赠

自2017年7月12日起，个人捐赠北京2022年冬奥会、冬残奥会、测试赛的资金和物资支出可在计算个人应纳税所得额时予以全额扣除。

——《财政部 国家税务总局 海关总署关于北京2022年冬奥会和冬残奥会税收政策的通知》（财税〔2017〕60号）第三条第（三）项

第五章　财产和行为税

5.1　房产税

5.1.1　征税对象

5.1.1.1　房产

“房产”是以房屋形态表现的财产。房屋是指有屋面和围护结构（有墙或两边有柱），能够遮风避雨，可供人们在其中生产、工作、学习、娱乐、居住或储藏物资的场所。

独立于房屋之外的建筑物，如围墙、烟囱、水塔、变电塔、油池油柜、酒窖菜窖、酒精池、糖蜜池、室外游泳池、玻璃暖房、砖瓦石灰窑以及各种油气罐等，不属于房产。（财税地字〔1987〕第003号《财政部 国家税务总局关于房产税和车船使用税几个业务问题的解释与规定》）

【提醒】房地产开发企业独立于房屋之外的室外车棚、室外蓝/网球场、室外景观、休息亭、游艇码头、出租的露天车位、ATM机墙位、外墙或楼面广告位、场地使用权，不符合“房产”定义，不缴纳房产税。

5.1.1.2　房屋附属设备

房产原值应包括与房屋不可分割的各种附属设备或一般不单独计算价值的配套设施。主要有：暖气、卫生、通风、照明、煤气等设备；各种管线，如蒸气、压缩空气、石油、给水排水等管道及电力、电信、电缆导线；电梯、升降机、过道、晒台等。

属于房屋附属设备的水管、下水道、暖气管、煤气管等从最近的探视

井或三通管算起。电灯网、照明线从进线盒联接管算起。(〔1987〕财税地字第003号)

5.1.1.3 配套设施

为了维持和增加房屋的使用功能或使房屋满足设计要求，凡以房屋为载体，不可随意移动的附属设备和配套设施，如给排水、采暖、消防、中央空调、电气及智能化楼宇设备等，无论在会计核算中是否单独记账与核算，都应计入房产原值，计征房产税。(国税发〔2005〕173号)

【提醒】如以房屋为载体、不可以随意移动的消防设施性质上属于应缴纳房产税的配套设施，但可以随意移动的灭火器材，则不需要缴纳房产税。

【涉税安排】房地产开发企业自持物业部分，建议先出租，由承租方装修，通过租金价格补偿。

5.1.1.4 地下建筑

凡在房产税征收范围内的具备房屋功能的地下建筑，包括与地上房屋相连的地下建筑以及完全建在地面以下的建筑、地下人防设施等，均应当依照有关规定征收房产税。

上述具备房屋功能的地下建筑是指有屋面和维护结构，能够遮风避雨，可供人们在其中生产、经营、工作、学习、娱乐、居住或储藏物资的场所。(财税〔2005〕181号)

5.1.1.5 基建工地临时性房屋

凡是在基建工地为基建工地服务的各种工棚、材料棚、休息棚和办公室、食堂、茶炉房、汽车房等临时性房屋，不论是施工企业自行建造还是由基建单位出资建造交施工企业使用的，在施工期间，一律免征房产税。但是，如果在基建工程结束以后，施工企业将这种临时性房屋交还或者估价转让给基建单位的，应当从基建单位接收的次月起，依照规定征收房产税。(财税地字〔1986〕8号)

【提醒1】不征房产税的“临时性建筑物”必须同时满足两个条件：其一必须是为基建工地服务，其二必须处于施工期间。房地产开发企业的售楼部等临时建筑物显然不是为基建工地服务，而是为售楼服务，不能满足“临时性建筑物”免征房产税的两个条件，房地产公司建造的临时售楼部，具有屋面和维护结构，能够遮风避雨，是可供人们在其中经营、工作的场所，因此应当缴纳房产税。

【提醒 2】房地产开发企业驻工地行政办公用房（不包括临时活动板房），应按房产余值作为计税依据从价计征房产税。

5.1.1.6 房地产企业开发产品

鉴于房地产开发企业开发的商品房在出售前，对房地产开发企业而言是一种产品，因此，对房地产开发企业建造的商品房，在售出前，不征收房产税；但对售出前房地产开发企业已使用或出租、出借的商品房应按规定征收房产税。（国税发〔2003〕89 号）

【提醒 1】房地产开发企业开发的商品房在未售且未自用或出租时，不缴纳房产税。

【提醒 2】房地产开发企业将其开发产品进行装修后作为售楼部使用，应自开始使用次月起，按照房产余值缴纳房产税。在开发产品尚未竣工决算前，按土地及建安成本（按扣除不可预见费、可移动设施成本后的跟踪成本计算）作为计税依据缴纳房产税；如租用土地建造临时售楼部，按建安成本作为计税依据缴纳房产税。

【提醒 3】房地产开发企业购置的用于开发的二手房或在建工程，视同开发产品或开发成本，不申报缴纳房产税。

【涉税安排】临时样板房和作为样板房的开发产品一般不缴纳房产税。房地产开发企业应关注当地临时样板房和作为样板房的开发产品是否缴纳房产税的规定，若无明确规定但税务机关对此有争议的，应积极与其沟通，争取有利的处理方式。

5.1.1.7 投资联营房产

对于以房产投资联营，投资者参与投资利润分红，共担风险的情况，按房产原值作为计税依据计征房产税；对于以房产投资，收取固定收入，不承担联营风险的情况，实际上是以联营名义取得房产的租金，由出租方按租金收入计缴房产税。（国税函发〔1993〕368 号）

5.1.2 征税范围

1.《房产税暂行条例》规定房产税在城市、县城、建制镇和工矿区征收。

2. 城市是指经国务院批准设立的市。城市的征税范围为市区、郊区和市辖县县城。不包括农村。

县城是指未设立建制镇的县人民政府所在地。

建制镇是指经省、自治区、直辖市人民政府批准设立的建制镇。建制镇的征税范围为镇人民政府所在地。不包括所辖的行政村。

工矿区是指工商业比较发达，人口比较集中，符合国务院规定的建制镇标准，但尚未设立镇建制的大中型工矿企业所在地。开征房产税的工矿区须经省、自治区、直辖市人民政府批准。

不在开征地区范围之内的工厂、仓库，不应征收房产税。

【提醒】 房地产开发企业在城市、县城、建制镇和工矿区范围以外地区或不确定征税范围地区有房产的，建议与主管税务机关及当地政府积极沟通，确定该地区是否具备工矿区条件，避免该地区被认定为工矿区后未及时申报缴纳房产税的风险。

5.1.3 纳税人

5.1.3.1 基本规定

房产税是具有财产税性质的一种税，《房产税暂行条例》规定房产税由产权所有人缴纳。

【提醒1】 不论是否取得房产证，若属于房产税的纳税义务人，则应按规定缴纳房产税。

【提醒2】 转租者不是产权所有人，因此对转租者取得的房产转租收入不征收房产税。房产转租，不需要缴纳房产税。

【提醒3】 房地产公司承租房产作为办公用的，由房产产权所有人缴纳房产税。

【涉税安排】 房地产开发企业采用售后返租模式，将回租的商铺再出租的，回租环节的纳税义务人为出租方，再出租环节属于转租行为，不缴纳房产税；房地产开发企业通过售后代租模式销售房产取得代租手续费收入，不缴纳房产税。

5.1.3.2　产权未确定时房产税纳税人

《国家税务总局关于房屋产权未确定如何征收房产税问题的批复》（国税函〔1998〕426号）规定，对于房屋开发公司售出的房屋，不再在其会计账簿中记载及核算，而购买该房屋的单位未取得产权的，可暂按《房产税暂行条例》第二条“产权未确定的，由使用人缴纳房产税”的规定，确定房产税的纳税人。

5.1.3.3　未取得产权证书期间房产税纳税人

凡以分期付款方式购买使用商品房，且购销双方均未取得房屋产权证书期间，应确定房屋的实际使用人为房产税的纳税义务人，缴纳房产税。（国税函〔2002〕284号）

5.1.3.4　纳税单位与免税单位共同使用的房屋

财税地字〔1986〕8号文规定，纳税单位与免税单位共同使用的房屋，按各自使用的部分划分，分别征收或免征房产税。

5.1.3.5　支付修理费抵房产租金

财税地字〔1986〕8号文规定，承租人使用房产，以支付修理费抵交房产租金，仍应由房产的产权所有人依照规定缴纳房产税。

5.1.3.6　无租使用房产

无租使用其他单位房产的应税单位和个人，依照房产余值代缴纳房产税。（财税〔2009〕128号）

【提醒1】租赁收入并非仅仅指取得租金收入，还包括其他经济利益，因此无租使用的租赁双方应关注是否涉及其他经济利益，同时还要判断“无租使用”是否关联方单位之间房屋使用，避免房产税纳税风险。

【提醒2】“无租使用”应是一直无租金使用，与免租有所不同。

5.1.3.7 免租期

《财政部 国家税务总局关于安置残疾人就业单位城镇土地使用税等政策的通知》（财税〔2010〕121号）规定，对出租房产，租赁双方签订的租赁合同约定有免收租金期限的，免收租金期限由产权所有人按照房产原值缴纳房产税。

【提醒】房屋租赁免租期一定要注意合同的具体约定。

【例5-1】房屋租赁免租期的合同条款参考

1. 本合同相关词语应按如下定义解释和执行：

（1）进场日：甲方移交、乙方进入该房屋之日。甲、乙双方应签署"房屋交接确认书"确定进场日。为免疑问，"房屋交接确认书"的签署日期晚于实际进场日的，以签署"房屋交接确认书"的日期为进场日。

（2）装修期：自进场日起算的一定期间。如该房屋在前述期间内对外经营的（即乙方在该房屋内开始经营，实际接待顾客，而无论乙方是否试营业、试运行或顾客的数量及销售状况如何，或者商业广场内其他商家是否经营，但不包括按甲方要求进行试营业的情况），则装修期截止至开业日的前一日。

（3）开业日：该房屋实际用于经营（包括试营业、试运行）之日。

（4）计租日：同进场日。

2. 固定租金标准及租金支付方式：

该房屋的租金按计租面积计付，乙方自进场日开始承担该房屋的租金。

（1）第一个租约年内首期租金每月每平方米人民币____元，即每月租金为人民币____元；第一个租约年内首期之后其他各月租金按每月每平方米人民币____元，即每月租金为人民币____元；

（2）第二个租约年每月每平方米人民币____元，即每月租金为人民币____元；

（3）第三个租约年每月每平方米人民币____元，即每月租金为人民币____元。

【涉税安排】房地产开发企业自持物业出租时，租赁合同不要体现免租期，建议采用分摊租金模式签订合同。

5.1.3.8 居民住宅区内业主共有的经营性房产纳税人

《财政部 国家税务总局关于房产税城镇土地使用税有关政策通知》（财税〔2006〕186号）规定，居民住宅区内业主共有的经营性房产，由实际经营（包括自营和出租）的代管人或使用人缴纳房产税。其中自营的，依照房产原值减除10%~30%后的余值计征，没有房产原值或不能将业主共有房产与其他房产的原值准确划分开的，由房产所在地税务机关参照同类房产核定房产原值；出租的，依照租金收入计征。

5.1.3.9 出典及融资租赁房产

（1）产权出典的房产，由承典人依照房产余值缴纳房产税。

（2）融资租赁的房产，由承租人自融资租赁合同约定开始日的次月起依照房产余值缴纳房产税。合同未约定开始日的，由承租人自合同签订的次月起依照房产余值缴纳房产税。（财税〔2009〕128号）

5.1.4 计税依据

5.1.4.1 基本规定

房产税依照房产原值一次减除10%~30%后的余值计算缴纳。具体减除幅度，由省、自治区、直辖市人民政府规定。

没有房产原值作为依据的，由房产所在地税务机关参考同类房产核定。

房产出租的，以房产租金收入为房产税的计税依据。

5.1.4.2 房产原值

1. 对依照房产原值计税的房产，不论是否记载在会计账簿固定资产科目中，均应按照房屋原价计算缴纳房产税。房屋原价应根据国家有关会计制度规定进行核算。对纳税人未按国家会计制度规定核算并记载的，应按规定予以调整或重新评估。（财税〔2008〕152号）

2. 对于更换房屋附属设备和配套设施的，在将其价值计入房产原值时，可扣减原来相应设备和设施的价值；对附属设备和配套设施中易损

坏、需要经常更换的零配件，更新后不再计入房产原值。（国税发〔2005〕173号）

3. 地下建筑的应税房产原值

（1）工业用途房产，以房屋原价的50%～60%作为应税房产原值；商业和其他用途房产，以房屋原价的70%～80%作为应税房产原值。

（2）对于与地上房屋相连的地下建筑，如房屋的地下室、地下停车场、商场的地下部分等，应将地下部分与地上房屋视为一个整体按照地上房屋建筑的有关规定计算征收房产税。（财税〔2005〕181号）

房屋原价折算为应税房产原值的具体比例，各省市自行确定。如《湖南省财政厅 湖南省地方税务局转发财政部 国家税务总局关于具备房屋功能的地下建筑征收房产税的通知》（湘财税〔2006〕14号）规定纳税人自用的与地上房屋不相连的地下建筑，工业用途房产，以房屋原价的50%作为应税房产原值；商业和其他用途房产，以房屋原价为70%作为应税房产原值。

5.1.4.3 地价计入房产原值

财税〔2010〕121号文规定，对按照房产原值计税的房产，无论会计上如何核算，房产原值均应包含地价，包括为取得土地使用权支付的价款、开发土地发生的成本费用等。宗地容积率低于0.5的，按房产建筑面积的2倍计算土地面积并据此确定计入房产原值的地价。

【提醒1】计入房产原值缴纳房产税的土地价款根据房产所在宗地的容积率确定。容积率小于0.5的，以“单位土地成本×房产建筑面积×2倍”计算的价款计入房产原值，按10%～30%的扣除率计算出计税余值计税；容积率大于0.5的，将整宗土地价款并入房产原值，按10%～30%的扣除率计算出计税余值计税。

【提醒2】房地产开发企业开发商品房自用的，需要按自用建筑面积与总建筑面积的占比根据容积率确定计入房产原值的低价。

【提醒3】房地产开发企业在租赁的土地上建造临时房屋自用（如临时售楼部）时，房产税的计税基础不包括土地租金。

5.1.5　征税税率

1. 依照房产余值计算缴纳的，税率为1.2%。

房产原值一次减除10%～30%为房产余值，其中减除30%的省市有黑龙江、吉林、四川、海南、广西、山东、安徽、天津、北京、广东、重庆、上海、内蒙古、河南、甘肃、福建、河北、江西、贵州、江苏、辽宁、宁夏、青海、云南等，减除20%的有陕西、湖南等。

2. 依照房产租金收入计算缴纳的，税率为12%。

房屋租金收入，是房屋产权所有人出租房屋使用权所取得的报酬，包括货币收入和实物收入。

【提醒1】房产出租方收取承租方的违约金在增值税规定中属于应并入销售额的价外费用，而在房产税规定中房产租金收入不含违约金，因此，出租方收承租方违约金不是房产税计税基础。

【提醒2】从租计征房产税的计税基础，不包括设备租赁收入、物业费、代收代付的水电费。

【提醒3】对以劳务或其他形式作为报酬抵付房租收入的，可根据当地同类房屋的租金水平确定租金标准。

【提醒4】如果纳税人对出租房屋的租金收入申报不实或申报数与同一地段同类房屋的租金收入相比明显偏低，又无正当理由的，税务机关可采取合理的方法核定应纳税额。

3. 与个人相关的住房出租

（1）对个人出租住房，不区分用途按4%的税率征收房产税。

（2）暂免征收房产税的企业向职工出租的单位自有住房，是指按照公有住房管理或纳入县级以上政府廉租住房管理的单位自有住房。（财税〔2013〕94号）

【提醒】房地产公司向员工出租的自有住房，如该自有住房纳入县级以上政府廉租住房管理的，暂不缴纳房产税。

（3）对企事业单位、社会团体以及其他组织向个人、专业化规模化住房租赁企业出租住房的，减按4%的税率征收房产税。（财政部 税务总局 住房城乡建设部公告2021年第24号）

【提醒】根据《财政部 税务总局关于实施小微企业普惠性税收减免政

策的通知》（财税〔2019〕13号）第三条规定，自2019年1月1日至2021年12月31日对增值税小规模纳税人减半征收房产税。

5.1.6 应纳税额的计算

5.1.6.1 从价计征

1. 自用地上建筑及与地上房屋相连的地下建筑，计算公式为：

应纳房产税 = 房产原值 ×（1 – 减除比例）×1.2%

2. 不与地上房屋相连的自用地下建筑

（1）工业用途房产，计算公式为：

应纳房产税 = 房产原值 ×（50 – 60%）×（1 – 减除比例）×1.2%

（2）商业和其他用途房产，计算公式为：

应纳房产税 = 房产原值 ×（70 – 80%）×（1 – 减除比例）×1.2%

【提醒】 房地产开发企业自用建造的待出售的商品房，应按房屋原值计算缴纳房产税。

5.1.6.2 从租计征

从租计征方式下，不区分地上建筑与地下建筑，计算公式为：

应纳房产税 = 租金收入 ×12%

【提醒1】 房产出租的，计征房产税的租金收入不含增值税。

【提醒2】 出租房屋的租金应包括出租的房屋及其他不可分割、不单独计价的各种附属设施及配套设施的租金收入。对租金收入中包含的水电费、电话费、煤气费等，凡单独计价的可予以扣除；凡不能单独计价或者计价明显偏高及划分不清的，由税务部门核定扣除。

【提醒3】 房地产开发企业出租建造的待出售的商品房，应按租金收入计算缴纳房产税。

需要注意的是，实务中并非出租就要从租计征房产税，应关注当地不同的政策口径。

如对于商店（场）部分房屋出租征收房产税问题，《福建省税务局关于房产税 城镇土地使用税若干政策问题的公告》（福建省税务局公告2018年第17号）规定，某些商店（场）将部份房屋整间出租，应按租金收入征收房产税；如果仅就整间房屋中的部份柜台出租，可仍按房产原值减除25%后的余值征收房产税。

《吉林省地方税务局关于明确房产税 土地使用税有关政策的通知》（吉地税发〔2006〕42号）也明确，对商（市）场或其他纳税人将部分房屋整间出租，应按租金收入征收房产税；对未构成房屋的柜台、铺面、场地等出租的，仍按房产的原值征收房产税。

5.1.6.3 自有商业房产部分自用部分出租

自用的按照从价计征，按照房产余值计征房产税；出租的按照从租计征，按租金收入计征房产税。即：

1. 自用部分按房产原值×（自用建筑面积÷总建筑面积）作为房产原值。

2. 出租部分，按租金收入12%计算缴纳房产税。

5.1.7 计税时间

5.1.7.1 纳税义务发生时间

1. 新建房屋

（1）纳税人自建的房屋，自建成之次月起征收房产税。

（2）纳税人委托施工企业建设的房屋，从办理验收手续之次月起征收房产税。

（3）纳税人在办理验收手续前已使用或出租、出借的新建房屋，应按规定征收房产税。（财税地字〔1986〕8号）

2. 购置及出租出借房屋

（1）购置新建商品房，自房屋交付使用之次月起计征房产税。

（2）购置存量房，自办理房屋权属转移、变更登记手续，房地产权属登记机关签发房屋权属证书之次月起计征房产税。

（3）出租、出借房产，自交付出租、出借房产之次月起计征房产税。

（4）房地产开发企业自用、出租、出借本企业建造的商品房，自房屋使用或交付之次月起计征房产税。

【涉税安排】房地产开发企业出租、出借房产合同规定的交房日期或者售楼部、样板房交付使用日期，如规定的是2021年×月1日前，按照国税发〔2003〕89号文件规定，从×+1月开始发生房产税纳税义务。税务机关后期进行房产税核查时，可能会认定2021年×月1日前是指×-1月，须从×月开始缴纳房产税，则涉及少缴纳一个月房产税并产生滞纳金的风险。建议尽量避免合同出现类似表述，比较稳妥的约定是2021年×月2日—×月31日前。

3. 融资租赁租入房产

融资租赁房产的房产税自融资租赁合同约定开始日的次月起缴纳房产税；合同未约定开始日的，自合同签订的次月起缴纳房产税。

5.1.7.2 纳税义务截止时间

纳税人因房产、土地的实物或权利状态发生变化而依法终止房产税纳税义务的，其应纳税款的计算应截止到房产、土地的实物或权利状态发生变化的当月末。（财税〔2008〕152号）

【提醒】 拆除、毁损或调出房屋，从拆除、毁损或调出的次月起停征房产税。

5.1.8 纳税地点

1.《房产税暂行条例》第九条规定，房产税由房产所在地的税务机关征收。

2. 财税地字〔1986〕8号文件第八条规定，房产不在一地的纳税人，应按房产的座落地点，分别向房产所在地税务机关缴纳房产税。

5.1.9 减免规定

5.1.9.1 毁损不堪居住及危险房屋、大修停用房屋

经有关部门鉴定，对毁损不堪居住的房屋和危险房屋，在停止使用后，可免征房产税。

房屋大修停用在半年以上的，经纳税人申请，在大修期间可免征房产税。

——《财政部 税务总局关于房产税若干具体问题的解释和暂行规定》（财税地字〔1986〕8号）第十六条

【提醒】纳税人房屋大修停用半年以上需要免征房产税的，应在房屋大修前向主管税务机关报送相关的证明材料，包括大修房屋的名称、座落地点、产权证编号、房产原值、用途、房屋大修的原因、大修合同及大修的起止时间等信息和资料，以备税务机关查验。

5.1.9.2　企办学校幼儿园等

企业办的各类学校、托儿所、幼儿园自用的房产、土地，免征房产税、城镇土地使用税。

——《财政部 国家税务总局关于教育税收政策的通知》（财税〔2004〕39号）第二条

【提醒】房地产公司自持物业承办的各类学校、医院、托儿所、幼儿园，暂不缴纳房产税。作为公共配套设施的医院、学校、幼儿园建成后，无偿移交给政府部门，不缴纳房产税。如将前述公共配套设施出租给第三方经营学校、医院、幼儿园等，应从租计征房产税。

5.1.9.3　高校学生公寓

自2019年1月1日至2021年12月31日，对高校学生公寓免征房产税。

——《财政部 国家税务总局关于高校学生公寓房产税 印花税政策的通知》（财税〔2019〕14号）第一条

5.1.9.4　大型体育场馆

企业拥有并运营管理的大型体育场馆，其用于体育活动的房产、土地，减半征收房产税和城镇土地使用税。

大型体育场馆，是指由各级人民政府或社会力量投资建设、向公众开放、达到《体育建筑设计规范》（JGJ31－2003）有关规模规定的体育场（观众座位数20 000座及以上），体育馆（观众座位数3 000座及以上），游泳馆、跳水馆（观众座位数1 500座及以上）等体育建筑。

——《财政部 国家税务总局关于体育场馆房产税和城镇土地使用税政策的通知》（财税〔2015〕130号）第三条及第四条第二款

【提醒】房地产企业集团内项目公司拥有并运营管理的大型体育场馆，

其用于体育活动的房产、土地，符合财税〔2015〕130号文件规定条件的，可减半征收房产税、城镇土地使用税。

5.1.9.5 科技企业孵化器、大学科技园和众创空间

自2019年1月1日至2021年12月31日，对国家级、省级科技企业孵化器、大学科技园和国家备案众创空间自用以及无偿或通过出租等方式提供给在孵对象使用的房产、土地，免征房产税和城镇土地使用税。

——《财政部 税务总局 科技部 教育部关于科技企业孵化器 大学科技园和众创空间税收政策的通知》（财税〔2018〕120号）第一条

5.1.9.6 养老托育家政服务和老年服务机构

1. 自2019年6月1日起执行至2025年12月31日，为社区提供养老、托育、家政等服务的机构自有或其通过承租、无偿使用等方式取得并用于提供社区养老、托育、家政服务的房产、土地，免征房产税、城镇土地使用税。

——《财政部 税务总局 发展改革委 民政部 商务部 卫生健康委关于养老、托育、家政等社区家庭服务业税费优惠政策的公告》（财政部公告2019年第76号）第二条

2. 企事业单位、社会团体以及个人等社会力量投资兴办的专门为老年人提供生活照料、文化、护理、健身等多方面服务的福利性、非营利性的老年服务机构，包括老年社会福利院、敬老院（养老院）、老年服务中心、老年公寓（含老年护理院、康复中心、托老所）等，其自用房产、土地，免征房产税、城镇土地使用税。

——《财政部 国家税务总局关于对老年服务机构有关税收政策问题的通知》（财税〔2000〕97号）第一条

5.1.9.7 农产品批发市场、农贸市场经营农产品

自2019年1月1日至2021年12月31日，对农产品批发市场、农贸市场专门用于经营农产品的房产、土地，暂免征收房产税和城镇土地使用税。对同时经营其他产品的农产品批发市场和农贸市场使用的房产、土地，按其他产品与农产品交易场地面积的比例确定征免房产税和城镇土地使用税。

——《财政部 税务总局关于继续实行农产品批发市场 农贸市场房产税 城镇土地使用税优惠政策的通知》（财税〔2019〕12号）第一条

【提醒】 房地产企业集团内项目公司专门经营农产品的农产品批发市场、农贸市场使用的房产、土地，暂免征收房产税和城镇土地使用税。

5.1.9.8　房屋出租及公租房

1. 对个人出租住房，不区分用途，按4%的税率征收房产税。

——《财政部 国家税务总局关于廉租住房、经济适用住房和住房租赁有关税收政策的通知》（财税〔2008〕24号）第二条第（三）项

2. 对企事业单位、社会团体以及其他组织向个人、专业化规模化住房租赁企业出租住房的，减按4%的税率征收房产税。

——《财政部 税务总局 住房城乡建设部关于完善住房租赁有关税收政策的公告》（财政部 税务总局 住房城乡建设部公告2021年第24号）第二条

3. 自2019年1月1日至2023年12月31日，对公租房免征房产税。

——《财政部 国家税务总局关于公共租赁住房税收优惠政策的公告》（财政部 国家税务总局公告2019年第61号）第七条及《财政部 税务总局关于延长部分税收优惠政策执行期限的公告》（财政部 税务总局公告2021年第6号）第一条

5.1.9.9　工地临时工棚

凡是在基建工地为基建工地服务的各种工棚、材料棚、休息棚和办公室、食堂、茶炉房、汽车房等临时性房屋，不论是施工企业自行建造还是由基建单位出资建造交施工企业使用的，在施工期间，一律免征房产税。

——《财政部 国家税务总局关于房产税若干具体问题的解释和暂行规定》（财税地字〔1986〕8号）第二十一条

5.1.10　纳税期限

房产税按年征收、分期缴纳。纳税期限由省、自治区、直辖市人民政府规定。如《湖南省人民政府关于印发〈湖南省房产税施行细则〉的通知》（湘政发〔2003〕14号）规定，自2003年9月1日起房产税纳税期

限：以房产余值计征的，分季（定于3月、6月、9月、12月）缴纳；以房产租金收入计征的，按月缴纳。

5.2 城镇土地使用税

5.2.1 征税范围及对象

城镇土地使用税的征税范围及对象是城市、县城、建制镇、工矿区内的土地，其中城市的征收范围为市区和郊区。

【提醒】房地产开发企业应关注当地城镇土地使用税的相关规定。

如《浙江省人民政府关于印发〈浙江省城镇土地使用税实施办法〉的通知》（浙政发〔2007〕50号）规定，除乡行政区域外，本省内用于生产、经营的土地，均应依照本办法缴纳城镇土地使用税。

《海南省实施〈中华人民共和国城镇土地使用税暂行条例〉办法》（海南省人民政府令2007年第208号）规定城镇土地使用税开征范围还包括镇辖区内已转为建设用地的区域、国务院和省政府批准设立的开发区、旅游度假区。

5.2.2 纳税人

5.2.2.1 基本规定

《城镇土地使用税暂行条例》（国务院令第483号）第二条规定，在城市、县城、建制镇、工矿区范围内使用土地的单位和个人，为城镇土地使用税（以下简称土地使用税）的纳税人，应当依照本条例的规定缴纳土地使用税。

【提醒1】土地不在开征区域范围内，无须申报缴纳城镇土地使用税，且不进行免税申报。

【提醒2】房地产开发企业在城市、县城、建制镇和工矿区范围以外地区或不确定征税范围地区有土地的，建议与主管税务机关及当地政府积极沟通，确定该地区是否具备建制镇或工矿区条件，避免该地区被认定为建制镇或工矿区后未及时申报缴纳城镇土地使用税的风险。

5.2.2.2　关于纳税人的确定

土地使用税由拥有土地使用权的单位或个人缴纳。拥有土地使用权的纳税人不在土地所在地的，由代管人或实际使用人纳税；土地使用权未确定或权属纠纷未解决的，由实际使用人纳税；土地使用权共有的，由共有各方分别纳税。（国税地字〔1988〕15 号）

5.2.2.3　使用集体土地

在城镇土地使用税征税范围内实际使用应税集体所有建设用地、但未办理土地使用权流转手续的，由实际使用集体土地的单位和个人按规定缴纳城镇土地使用税。（财税〔2006〕56 号）

【提醒】 房地产开发企业在城镇土地使用税征税范围内租用集体所有的建设用地，且未办理土地使用权流转手续的，由实际使用该集体土地的企业缴纳城镇土地使用税。

5.2.2.4　承租集体所有建设用地

在城镇土地使用税征税范围内，承租集体所有建设用地的，由直接从集体经济组织承租土地的单位和个人，缴纳城镇土地使用税。（财税〔2017〕29 号）

【提醒】 房地产开发企业在城镇土地使用税征税范围内租赁国有农用地或国有建设用地的，应关注取得的租赁票据是否合规，并与税务机关沟通明确该地块土地使用税的纳税人。

5.2.3　计税依据

5.2.3.1　基本规定

《城镇土地使用税暂行条例》第三条规定，土地使用税以纳税人实际占用的土地面积为计税依据，依照规定税额计算征收。

5.2.3.2　共有土地

《国家税务局关于发布〈关于土地使用税若干具体问题的解释和暂行

规定〉的通知》(国税地字〔1988〕15号)明确,土地使用权共有的各方,应按其实际使用的土地面积占总面积的比例,分别计算缴纳土地使用税。

5.2.3.3 实际占用土地面积的确定

国税地字〔1988〕15号文件第六条规定,纳税人实际占用的土地面积,是指由省、自治区、直辖市人民政府确定的单位组织测定的土地面积。尚未组织测量,但纳税人持有政府部门核发的土地使用证书的,以证书确认的土地面积为准;尚未核发土地使用证书的,应由纳税人据实申报土地面积。

各省市对实际占用土地面积的规定略有不同。

例如《北京市人民政府关于修改〈北京市实施中华人民共和国城镇土地使用税暂行条例办法〉的决定》(北京市人民政府令第188号)第三条规定,占用的土地面积按建设用地规划许可证或者土地权属文件的土地占用面积确定;没有建设用地规划许可证或者土地权属文件的,以纳税人据实申报并经地方税务机关核实的土地占用面积确定。

而《湖南省城镇土地使用税实施办法》(湖南省人民政府令第217号)第三条规定,纳税人实际占用的土地面积的确定,以县级以上人民政府核发的土地使用证书所确认的土地面积为依据;尚未核发土地使用证书的,以县级以上人民政府国土资源部门的地籍测绘资料为依据;无土地使用证书又无地籍测绘资料的,暂以纳税人据实申报并经主管的地方税务机关核实的土地面积为依据。

【提醒1】房地产开发企业城镇土地使用税计税依据可按取得不动产权证书或国有土地使用证的,以证书确认的土地面积为准;尚未取得不动产权证书的,按土地出让或转让合同上载明的宗地面积为计税依据,待核发不动产权证书以后再作调整。其中,土地出让合同载明的代征绿化市政配套建设用地暂不计征城镇土地使用税。

【提醒2】房地产开发企业按土地出让合同或规划要点约定,在红线外配建市政道路和配套设施的占地,不缴纳城镇土地使用税。

5.2.3.4 地下建筑

对在城镇土地使用税征税范围内单独建造的地下建筑用地，按规定征收城镇土地使用税。其中，已取得地下土地使用权证的，按土地使用权证确认的土地面积计算应征税款；未取得地下土地使用权证或地下土地使用权证上未标明土地面积的，按地下建筑垂直投影面积计算应征税款。

对上述地下建筑用地暂按应征税款的50%征收城镇土地使用税。（财税〔2009〕128号）

5.2.4 适用税额

城镇土地使用税采用定额税率，按城市规模实行分级幅度税额，每平方米土地年税额如下：

（1）大城市1.5元至30元；

（2）中等城市1.2元至24元；

（3）小城市0.9元至18元；

（4）县城、建制镇、工矿区0.6元至12元。

各省政府在法定税额幅度内，根据各省情况，确定所辖地区的适用税额幅度。房地产开发企业应根据项目所在市、县税务机关颁布并经省政府批准执行的适用税额标准计算缴纳城镇土地使用税。

如北京市城镇土地使用税的纳税等级及每平方米年税额：一级土地30元；二级土地24元；三级土地18元；四级土地12元；五级土地3元；六级土地1.5元。（摘自北京市人民政府令2007年第188号《北京市人民政府关于修改〈北京市实施中华人民共和国城镇土地使用税暂行条例办法〉的决定》）

湖南省岳阳市中心城区（包括岳阳楼区、经开区、南湖风景区、城陵矶新港区等）城镇土地使用税适用大城市三级、四级、五级、六级、七级，税额标准分别为20元、16元、12元、8元、6元。（摘自岳市财税〔2015〕4号《岳阳市财政局 岳阳市地方税务局转发〈湖南省财政厅 湖南省地方税务局关于批准城镇土地使用税地段等级税额标准的通知〉的通知》）

5.2.5 应纳税额的计算

1. 取得土地使用权至施工建设阶段

城镇土地使用税应纳税额计算公式为:

应纳税额 = 计税土地面积(平方米)× 适用税额

计税土地面积 = 总土地面积 - 免税土地面积

【提醒1】 总土地面积包括出让或转让方式受让的土地、在建工程和房屋所占土地面积,以及接受投资和租赁的应税土地面积。免税面积包括公租房、经济适用房、棚户区改造安置用房占地面积,还包括拟移交的公共配套设施占地面积。

【提醒2】 总土地面积不包括土地出让合同中约定代征的绿化用地、市政道路及其他市政设施占地面积,但不得扣除建筑后退红线距离的占地面积。

【提醒3】 土地的不动产权由几方共有的,由共有各方按照各自实际使用的土地面积占总面积的比例,分别计算缴纳土地使用税。

2. 预售至现销阶段

预售及销售阶段,房地产开发企业已销售房屋的占地面积,可从房地产开发企业的计税面积中扣除,核减应税土地面积时应关注当地的政策口径。

应纳税额 = 计税土地面积 × 适用税额

计税土地面积 = 总土地面积 - 已销售房屋的占地面积

已销售房屋的占地面积 =(已销售房屋的建筑面积 ÷ 开发项目房屋总建筑面积)× 总土地面积

以上开发项目房屋总建筑面积为预售许可证或房屋实测面积报告上载明的可售建筑面积,不包括不能确权的人防车位和非人防车位面积。

5.2.6 计税时间

5.2.6.1 纳税义务发生时间

1. 新征收土地

(1)征收的耕地,自批准征用之日起满1年时开始缴纳土地使用税。

（2）征收的非耕地，自批准征用次月起缴纳土地使用税。

【提醒】征收的耕地与非耕地以土地管理机关批准征地的文件为依据确定。

【涉税安排】房地产公司通过征收方式取得土地的，如新征用耕地且已缴纳耕地占用税的，按批准征收之日、耕地占用税完税凭证载明日期、取得土地使用权证日期三者孰晚原则与税务机关沟通，确定城镇土地使用税的起征时间。

2. 购置及出租出借房产

（1）购置新建商品房，自房屋交付使用之次月起计征房产税和城镇土地使用税。

（2）购置存量房，自办理房屋权属转移、变更登记手续，房地产权属登记机关签发房屋权属证书之次月起计征房产税和城镇土地使用税。

（3）出租、出借房产，自交付出租、出借房产之次月起计征房产税和城镇土地使用税。

3. 出让或转让方式有偿取得土地使用权

《财政部 国家税务总局关于房产税 城镇土地使用税有关政策的通知》（财税〔2006〕186号）规定，以出让或转让方式有偿取得土地使用权的，应由受让方从合同约定交付土地时间的次月起缴纳城镇土地使用税；合同未约定交付土地时间的，由受让方从合同签订的次月起缴纳城镇土地使用税。

【案例5－1】2011年4月，大庆市龙凤区政府引进老城区改造“千祥雅苑”项目，项目位于卧龙路两侧、外环路东侧，规划占地面积40.54公顷，包括01#、02#、03#三个地块，其中02#、03#属于同一个整体控祥规划，占地约30公顷。2012年8月6日，大庆广达房地产开发有限公司（下称“广达公司”）通过招拍挂程序，与大庆市国土资源局就“千祥雅苑”项目中03#地块签订了《国有建设用地使用权出让合同》，受让人广达公司全额缴纳了土地出让金115 568 300元。合同同时约定，出让人在2012年9月6日前将出让宗地交付土地受让人。虽然签订了土地使用权出让合同，但02#、03#地块中涉及的部分集体土地仍未办理完成土地征转用手续，至2013年7月，黑龙江省国土资源厅方将地块中的集体土地批复为国有建设用地。因为02#地块还有部分附着物没有拆迁，导致该宗地块一直不能挂牌出让。由于02#、03#地块属于整体规划，即使广达公司先行签订了《国有建设用地使用权出让合同》，也无法单独审批03#地块的规划方案，致使项目一直未能开工建设。2016年4月，大庆市城乡规划局批复03#地块单独规划，并为广达公司办理了规划许可证，广达公司才进场开工建设，并于同年6月取得了该地块的国有土地使用权证。

2016年12月27日，大庆市龙凤区地方税务局（下称“龙凤区地税局”）向广达公司下发了龙地税通〔2016〕1231002号《税务事项通知书》，责令广达公司于2016年12月31日前申报缴纳欠缴属期2013年10月至2016年6月土地使用税6 271 290元及滞纳金。2017年1月16日，龙凤区地税局又向广达公司下发了龙地税强扣〔2017〕131002号《税收强制决定书》，截至2017年2月23日，广达公司已将欠缴的土地使用税6 721 290元、滞纳金2 501 152.71元，合计9 222 442.71元，全部缴纳入库。

2017年2月27日，广达公司向大庆市人民政府申请行政复议，请求撤销《税务事项通知书》。大庆市人民政府受理后，认为《税务事项通知书》认定的事实清楚、证据确凿、适用依据正确、程序合法、内容适当，于2017年8月1日作出庆政复决〔2017〕14号行政复议决定，维持龙凤区地税局《税务事项通知书》，并于2017年8月28日向广达公司依法送达。广达公司于2017年9月6日提起诉讼，请求撤销龙凤区地税局作出的缴费通知及大庆市人民政府作出的复议决定。

黑龙江省高级人民法院依据财税〔2006〕186号通知第二条规定的“以出让或转让方式有偿取得土地使用权的，应由受让方从合同约定交付土地时间的次月起缴纳城镇土地使用税”。该案中，广达公司与大庆市国土资源局于2012年8月6日签订，合同约定交付土地时间为2012年9月6日。合同签订后，广达公司一直未主动申报缴纳税款，龙凤区地税局于2016年12月27日作出通知，责令广达公司缴纳税款符合法律规定。

关于广达公司提出合同签订后至2016年6月，其并未实际取得土地，故不应该交纳期间的税款问题。首先，法律规定以出让或转让方式有偿取得土地使用权的，缴纳城镇土地使用税从合同约定交付土地时间的次月起计算，并非从实际取得土地的时间起计算。其次，广达公司未实际占有使用土地不是不缴纳税款的法定理由。至于其遭受的损失是大庆市国土资源局迟延履行合同造成的，相应的损失亦应由大庆市国土资源局承担，与其依法纳税不属于同一法律关系，对该项损失可另行主张权利。

——摘自《大庆广达房地产开发有限公司 国家税务总局大庆市龙凤区税务局税务行政管理（税务）再审审查与审判监督行政裁定书》（〔2018〕黑行申582号）

【提醒】实务中房地产开发企业可能会出现土地出让或转让合同约定交地日期是2020年×月1日前的情况，按照财税〔2006〕186号文件规定，应从×+1月开始缴纳城镇土地使用税。但税务机关后期进行土地使用税核查时，可能会认定2020年×月1日前是指×-1月，须从×月开始缴纳城镇土地使用税，则房地产公司会涉及少缴纳一个月城镇土地使用税并产生滞纳金的风险。建议尽量避免合同出现类似表述，比较稳妥的约定是2020年×月2日—×月31日前；如已签订此类合同，应提前向税务机关咨询得到确定答复后缴纳。

【涉税安排】对于实际交地迟于合同约定交地时间的情况，可与相关部门沟通按实际交地时间签订补充协议，据此按照实际交地时间次月缴纳土地使用税。

4. 招拍挂取得建设用地

《国家税务总局关于通过招拍挂方式取得土地缴纳城镇土地使用税问题的公告》（国家税务总局公告2014年第74号）规定，通过招标、拍卖、挂牌方式取得的建设用地，不属于新征用的耕地，纳税人应按照《财政部 国家税务总局关于房产税 城镇土地使用税有关政策的通知》（财税〔2006〕186号）第二条规定，从合同约定交付土地时间的次月起缴纳城镇土地使用税；合同未约定交付土地时间的，从合同签订的次月起缴纳城镇土地使用税。

【涉税安排】实务中可能存在已办理不动产权证却未按合同约定交付土地的情形，无论是否办理土地使用权证，房地产开发企业因政府原因未按合同约定及时交地的，可与政府签订土地出让合同补充协议，重新约定交付时间。或由政府出具未交付证明，避免未实际取得土地而须缴纳土地使用税的负担。

5. 接受投资的土地

现行政策未明确接受以不动产股权投资取得的土地具体纳税义务发生时间，但以土地投资的情况也比较多，土地投资之前投资方是权利人或土地使用权人，由投资方缴纳城镇土地使用税。根据财税〔2008〕152号的规定，投资方缴纳被投资土地的土地使用税时间截止到权利状态变化（办理过户）的当月末。因此，为保持被投资土地对应城镇土地使用税的连续性，企业接受以不动产股权投资取得的土地，可自办理过户的次月开始计征土地使用税。

6. 拆迁土地

实务中，拆迁的土地一般都是陆续交予受让人，所以存在计税面积和计税时间标准不统一的情形。此种情形应积极提供实际取得土地时间相关资料，据实计算城镇土地使用税。

5.2.6.2 纳税义务截止时间

1. 纳税人因房产、土地的实物或权利状态发生变化而依法终止城镇土地使用税纳税义务的，其应纳税款的计算应截止到房产、土地的实物或权利状态发生变化的当月末。（财税〔2008〕152号）

【提醒】 房地产开发企业国家因建设需要重新收回受让的土地，以及转让土地使用权的，应根据财税〔2008〕152号文件规定，及时停止缴纳该土地的土地使用税。

对于“权利状态发生变化”的时间的界定，应在销售合同签订之日。目前房地产开发企业销售房屋都是通过网签系统签订《商品房买卖合同》，合同都是需要进行备案的，如无特殊情况该备案是不可撤销的。另外，契税是以所有权发生转移变动的不动产为征税对象的，根据《契税法》第九条“契税的纳税义务发生时间，为纳税人签订土地、房屋权属转移合同的当日，或者纳税人取得其他具有土地、房屋权属转移合同性质凭证的当日”的规定，参照契税的纳税义务发生时间，笔者认为以《商品房买卖合同》的签订时间作为房屋权属状态变化的时间比较合适，但须关注当地纳税义务截止时间的政策口径。

2. 部分省市关于城镇土地使用税截止时间的规定

（1）重庆市

《重庆市地方税务局关于明确房地产开发企业城镇土地使用税纳税义务终止有关问题的公告》（重庆市地方税务局公告 2012 年第 6 号）规定，房地产开发企业销售房屋并终止城镇土地使用税纳税义务时间按“房屋交付时间和购房者房屋产权登记时间孰先”的原则确定。

（2）安徽省

《安徽省地方税务局关于若干税收政策问题的公告》（安徽省地方税务局公告 2012 年第 2 号）规定，房地产开发企业销售新建商品房的城镇土地使用税纳税义务截止时间，为房屋交付使用的当月末。房屋交付使用的时间为合同约定时间。未按合同约定时间交付使用的，为房屋的实物或权利状态发生变化的当月末。

（3）青岛市

《青岛市地方税务局关于明确房地产企业商品房开发期间城镇土地使用税有关问题的通知》（青地税函〔2009〕128 号）规定，纳税义务的截止时间房地产企业开发商品房已经销售的，土地使用税纳税义务的截止时间为商品房实物或权利状态发生变化即商品房交付使用的当月末。商品房交付使用，是指房地产企业将已建成的房屋转移给买受人占有，其外在表现主要是将房屋的钥匙交付给买受人。

（4）西安市

《西安市地方税务局关于明确房地产开发企业 房地产开发用地城镇土地使用税征收起止时间有关问题的通知》（西地税发〔2009〕248 号）规定，房地产开发企业房地产开发用地城镇土地使用税征收截止时间应为《商品房买卖合同》或其他协议文件约定房屋交付的当月末；未按《商品房买卖合同》或其他协议文件约定时间交付房屋的，城镇土地使用税征收截止时间为房屋实际交付的当月末。房地产开发企业商品房销售期间，应逐月统计已交付和未交付部分，并按建筑面积比例分摊计算当月应缴纳土地使用税。

（5）内蒙古自治区

《内蒙古自治区地方税务局关于进一步明确房地产企业销售商品房缴纳土地使用税截止时间的公告》（内蒙古自治区地方税务局公告2014年第7号）明确，房地产企业已经销售的商品房，自房屋交付使用之日的次月，按照交付使用商品房屋的可售建筑面积所应分摊的土地面积调减应税土地面积。房屋交付使用，是指房地产开发企业按照销售商品房合同的规定，将房屋销售给购房人且购房人已办理了房屋土地使用权证或房屋产权证，房屋所有权的土地已发生实际转移的行为。对购房人无法及时取得土地使用权证或房屋产权证的，以房地产开发企业按照销售合同的规定，将房屋的钥匙交付给购房人的日期（签订《商品房交付通知书》或《商品房验收确认书》等）确认为房屋已交付使用日期。

5.2.7 纳税地点

1.《城镇土地使用税暂行条例》（国务院令第483号）第十条规定，土地使用税由土地所在地的税务机关征收。

2. 纳税人使用的土地不属于同一省（自治区、直辖市）管辖范围的，应由纳税人分别向土地所在地的税务机关缴纳土地使用税。

在同一省（自治区、直辖市）管辖范围内，纳税人跨地区使用的土地，如何确定纳税地点，由各省、自治区、直辖市税务局确定。

5.2.8 减免规定

5.2.8.1 市政绿化等公共用地

市政街道、广场、绿化地带等公共用地免缴土地使用税。

——摘自《城镇土地使用税暂行条例》（国务院令第483号）第六条第四款

【提醒1】建筑后退红线距离的占地面积一般都需要缴纳城镇土地使用税。如能按退建筑红线后的面积重新获取土地的不动产权证，可按新的土地面积计征土地使用税。

【提醒2】对房地产开发企业开发的居民小区竣工后，其小区内按照规定标准进行绿化和修建公共道路的用地，暂免征收土地使用税（摘自吉地税发〔2006〕42号《吉林省地方税务局关于明确房产税土地使用税有关政策的通知》)。

5.2.8.2 保障性住房

1. 经济适用住房

开发商在商品住房项目中配套建造经济适用住房，如能提供政府部门出具的相关材料，可按经济适用住房建筑面积占总建筑面积的比例免征开发商应缴纳的城镇土地使用税。

——《财政部 国家税务总局关于廉租住房、经济适用住房和住房租赁有关税收政策的通知》(财税〔2008〕24号)第一条第(二)项

2. 公租房

自2019年1月1日至2023年12月31日，对公租房建设期间用地及公租房建成后占地，免征城镇土地使用税。在其他住房项目中配套建设公租房，按公租房建筑面积占总建筑面积的比例免征建设、管理公租房涉及的城镇土地使用税。

——《财政部 税务总局关于公共租赁住房税收优惠政策的公告》(财政部 税务总局公告2019年第61号)第一条及《财政部 税务总局关于延长部分税收优惠政策执行期限的公告》(财政部 税务总局公告2021年第6号)第一条

【提醒】公租房即公共租赁住房，从2014年起各地公共租赁住房和廉租住房并轨运行，并轨后统称为公共租赁住房。因此该规定包含财税〔2008〕24号文件中的廉租住房相关政策。

3. 安置房

(1)棚户区改造。自2013年7月4日起，在商品住房等开发项目中配套建造安置住房的，依据政府部门出具的相关材料、房屋征收(拆迁)补偿协议或棚户区改造合同(协议)，按改造安置住房建筑面积占总建筑面积的比例免征城镇土地使用税。

本通知所称棚户区是指简易结构房屋较多、建筑密度较大、房屋使用年限较长、使用功能不全、基础设施简陋的区域，具体包括城市棚户区、国有工矿(含煤矿)棚户区、国有林区棚户区和国有林场危旧房、

国有垦区危房。棚户区改造是指列入省级人民政府批准的棚户区改造规划或年度改造计划的改造项目；改造安置住房是指相关部门和单位与棚户区被征收人签订的房屋征收（拆迁）补偿协议或棚户区改造合同（协议）中明确用于安置被征收人的住房或通过改建、扩建、翻建等方式实施改造的住房。

——《财政部 国家税务总局关于棚户区改造有关税收政策的通知》（财税〔2013〕101 号）第一条和第六条

（2）易地扶贫搬迁。自 2018 年 1 月 1 日至 2025 年 12 月 31 日，对安置住房用地，免征城镇土地使用税。

在商品住房等开发项目中配套建设安置住房的，按安置住房建筑面积占总建筑面积的比例，计算应予免征的安置住房用地相关的城镇土地使用税。

——《财政部 国家税务总局关于易地扶贫搬迁税收优惠政策的通知》（财税〔2018〕135 号）第二条及《财政部 税务总局关于延长部分税收优惠政策执行期限的公告》（财政部 税务总局公告 2021 年第 6 号）第三条

5.2.8.3 安置残疾人就业

对在一个纳税年度内月平均实际安置残疾人就业人数占单位在职职工总数的比例高于 25%（含 25%）且实际安置残疾人人数高于 10 人（含 10 人）的单位，可减征或免征该年度城镇土地使用税。具体减免税比例及管理办法由省、自治区、直辖市财税主管部门确定。

——《财政部 国家税务总局关于安置残疾人就业单位城镇土地使用税等政策的通知》（财税〔2010〕121 号）第一条

5.2.8.4 个人出租住房

对个人出租住房，不区分用途，免征城镇土地使用税。

——《财政部 国家税务总局关于廉租住房、经济适用住房和住房租赁有关税收政策的通知》（财税〔2008〕24 号）第二条第（三）项

5.2.8.5 地下建筑

对在城镇土地使用税征税范围内单独建造的地下建筑用地，按规定征收城镇土地使用税。其中，已取得地下土地使用权证的，按土地使用权证确认的土地面积计算应征税款；未取得地下土地使用权证或地下土地使用权证上未标明土地面积的，按地下建筑垂直投影面积计算应征税款。

对上述地下建筑用地暂按应征税款的50%征收城镇土地使用税。

——《财政部 国家税务总局关于房产税 城镇土地使用税有关问题的通知》(财税〔2009〕128号) 第四条

5.2.8.6 大宗商品仓储设施用地

自2020年1月1日起至2022年12月31日止，对物流企业承租的大宗商品仓储设施用地，减按所属土地等级适用税额标准的50%计征城镇土地使用税。

——《财政部 税务总局关于继续实施物流企业大宗商品仓储设施用地城镇土地使用税优惠政策的公告》(财政部 国家税务总局公告2020年第16号) 第一条

5.2.8.7 其他减免规定

以下情形参考房产税相关的减免规定（详见“5.1.9 减免规定”）：

1. 企办学校幼儿园等自用土地；
2. 大型体育场馆；
3. 用于科技企业孵化器、大学科技园和众创空间的土地；
4. 用于养老托育家政服务的土地；
5. 老年服务机构自用土地；
6. 农产品批发市场、农贸市场专门用于经营农产品的土地。

5.2.9 纳税期限

《城镇土地使用税暂行条例》(国务院令第483号) 第八条规定，土地使用税按年计算、分期缴纳。缴纳期限由省、自治区、直辖市人民政府确定。《湖南省地方税务局关于调整房产税 城镇土地使用税 土地增值税 资源税 印花税纳税期限的通知》（湘地税发〔2010〕24 号）规定，纳税人缴纳城镇土地使用税，以季度为一个纳税期，分别于 3 月、6 月、9 月、12 月 15 日内向主管税务机关申报纳税。

5.3 契税

《中华人民共和国契税法》（以下简称《契税法》）已由中华人民共和国第十三届全国人民代表大会常务委员会第二十一次会议于 2020 年 8 月 11 日通过，自 2021 年 9 月 1 日起施行。

5.3.1 纳税人

1.《契税法》第一条规定，在中华人民共和国境内转移土地、房屋权属，承受的单位和个人为契税的纳税人，应当依照本法规定缴纳契税。

【提醒】 对所有单位和个人一视同仁。单位既包括企业单位、事业单位、国家机关、军事单位、社会团体，也包括外国企业、外国驻华机构、各种形式的组织等。个人是指个体经营者及其他个人，既包括中国公民、港澳台同胞，也包括外国国籍及无国籍人士。

2. 纳税人的确定

在房地产权属转移过程中，双方签订权属转移合同的，以合同约定的承受人为契税的纳税人；有产权证的，以房屋土地权属证确定的产权人为契税的纳税人。

【提醒 1】 一般情况下，房地产权属转移合同中约定的权属承受人为契税纳税人。

【提醒 2】 房地产权属的确定以登记为要件，实务中按登记要件的原则进行判断，也就是说不动产权证上登记（或准备登记）谁的名字，谁就是纳税人。

5.3.2 征税对象

契税是在土地、房屋权属发生转移时，向承受土地使用权、房屋所有权的单位和个人征收的一种行为税。即契税的征税对象，是纳税人承受的土地、房屋权属。

【提醒1】征收契税的土地、房屋权属，具体为土地使用权、房屋所有权。承受，是指以受让、购买、受赠、交换等方式取得土地、房屋权属的行为。具有土地、房屋权属转移合同性质的凭证包括契约、协议、合约、单据、确认书以及其他凭证。

【提醒2】股权不同于土地、房屋权属。股权是出资人按照出资比例享有资产收益、参与决策和经营管理的权利；土地、房屋是企业法人财产，法人享有独立的法人财产权，二者属性具有本质上的区别。股权变动仅仅是出资人对公司所有权的改变，而土地、房屋权属的转移则是法人财产权的变动，股权变动不会引起法人财产权的转移。因此，在股权转让中，单位、个人承受公司股权，公司土地、房屋权属不发生转移，不征收契税。

契税申报以不动产单元为基本单位。不动产单元是权属界线封闭且具有独立使用价值的空间，且不动产单元具有唯一编码。

【提醒】因共有不动产份额变化或者增减共有人导致土地、房屋权属转移的，纳税人也应以不动产单元为单位申报契税。

【例5－2】自然人A整体购买某幢住宅楼。在办理不动产权属登记时，不动产登记机构将该幢住宅楼登记为2个不动产单元，则A应就2个不动产单元分别向税务机关申报契税。

5.3.3　征税范围

5.3.3.1　土地使用权出让

土地使用权出让，是指土地使用者向国家交付土地使用权出让费用，国家将国有土地使用权在一定年限内让予土地使用者的行为。

【提醒1】土地使用权的出让方是国家，土地使用权出让是指国家以土地所有者的身份将土地使用权在一定年限内让与土地使用者，并由土地使用者向国家支付土地使用权出让金的行为。

【提醒2】以划拨方式取得土地使用权，不属于契税征税范围。但以划拨方式取得的土地使用权，经批准改为出让方式重新取得该土地使用权的，应由该土地使用权人以补缴的土地出让价款为计税依据缴纳契税。

5.3.3.2 土地使用权转让

土地使用权转让，是指土地使用者以出售、赠与、互换或者其他方式将土地使用权转移给其他单位和个人的行为，不包括土地承包经营权和土地经营权的转移。

1. 土地使用权出售，是指土地使用者以土地使用权作为交易条件，取得货币、实物、无形资产或者其他经济利益的行为。

2. 土地使用权赠与，是指土地使用者将其土地使用权无偿转让给受赠者的行为。

3. 土地使用权互换，是指土地使用者之间相互交换土地使用权的行为。

【提醒】土地使用权转让是指土地使用者将土地使用权再转移的行为，未按土地使用权出让合同规定的期限和条件投资开发、利用土地的，土地使用权不得转让或出租。

5.3.3.3 房屋买卖、赠与、互换

1. 房屋买卖，是指房屋所有者将其房屋出售，由承受者交付货币、实物、无形资产或者其他经济利益的行为。

2. 房屋赠与，是指房屋所有者将其房屋无偿转让给受赠者的行为。

3. 房屋互换，是指房屋所有者之间相互交换房屋的行为。

【提醒1】房屋买卖、赠与、互换，均指房屋所有权。互换房地产发生权属变更的，即使未取得货币收入，转让双方也应按规定分别作价计征土地增值税。

【提醒2】非法定继承人（配偶、子女、父母、兄弟姐妹、祖父母、外祖父母）根据遗嘱承受死者生前的土地、房屋权属，属于赠与行为，应征收契税。

5.3.3.4 交付经济利益方式转移土地、房屋权属的

以作价投资（入股）、偿还债务、划转、奖励等方式转移土地、房屋

权属的，应当依照契税法规定征收契税。

【提醒1】房地产抵押行为不征收契税。房地产抵押是债权人或第三人以土地使用权、房屋所有权作为履行债务的担保，当债务人逾期不履行债务时，债权人即抵押权人依法将房屋折价抵作价款或者变卖房屋优先得到清偿，抵押过程中没有改变土地、房屋权属。

【提醒2】以自有房地产投入本人独资经营的企业，属于同一自然人与其设立的个人独资企业、一人有限公司之间土地、房屋权属的划转，免征契税。

【提醒3】以划转方式转移土地房屋权属属于契税征税范围，只是目前有相关的免税政策（财政部 国家税务总局公告2021年第17号）而已，与不征税（不属于征税范围）是不同的概念。

【提醒4】以奖励等方式转移土地房屋权属，是一种无偿转移的行为，实际上是接受赠与房地产，应视同土地使用权赠与、房屋赠与征收契税。

5.3.3.5 其他应缴纳契税的行为

下列情形发生土地、房屋权属转移的，承受方应当依法缴纳契税：

1. 因共有不动产份额变化的；

2. 因共有人增加或者减少的；

3. 因人民法院、仲裁委员会的生效法律文书或者监察机关出具的监察文书等因素，发生土地、房屋权属转移的。

【提醒】婚姻关系存续期间夫妻之间变更土地、房屋权属免征契税，因此婚姻关系存续期间共有不动产份额变化、共有人增加或者减少均不用缴纳契税。夫妻因离婚分割共同财产发生土地、房屋权属变更的，免征契税。

5.3.3.6 契税退税情形

纳税人缴纳契税后发生下列情形，可依照有关法律法规申请退税：

1. 在依法办理土地、房屋权属登记前，权属转移合同、权属转移合同性质凭证不生效、无效、被撤销或者被解除的，纳税人可以向税务机关申请退还已缴纳的税款，税务机关应当依法办理。

此情形办理退税时，应提供纳税人身份证件，税收缴款书或税收完税证明复印件，合同或合同性质凭证不生效、无效、被撤销或者被解除的证明材料。

2. 因人民法院判决或者仲裁委员会裁决导致土地、房屋权属转移行为无效、被撤销或者被解除，且土地、房屋权属变更至原权利人的。

此情形办理退税时，应提供纳税人身份证件，税收缴款书或税收完税证明复印件，人民法院、仲裁委员会的生效法律文书。

3. 在出让土地使用权交付时，因容积率调整或实际交付面积小于合同约定面积须退还土地出让价款的。

此情形办理退税时，应提供纳税人身份证件，税收缴款书或税收完税证明复印件，补充合同（协议）和退款凭证。

4. 在新建商品房交付时，因实际交付面积小于合同约定面积须返还房价款的。

此情形办理退税时，应提供纳税人身份证件，税收缴款书或税收完税证明复印件，补充合同（协议）和退款凭证。

此外，营改增后纳税人按价税合计金额计算缴纳契税后也可以向税务机关申请退回多缴纳的契税。

5.3.4 计税依据

5.3.4.1 土地使用权出让、出售，房屋买卖

土地使用权出让、出售，房屋买卖的计税依据为土地、房屋权属转移合同确定的成交价格，包括应交付的货币以及实物、其他经济利益对应的价款。

《财政部 税务总局关于贯彻实施契税法若干事项执行口径的公告》（财政部 税务总局公告2021年第23号，以下简称“23号公告”）第二条第（五）项规定，土地使用权出让的，计税依据包括土地出让金、土地补偿费、安置补助费、地上附着物和青苗补偿费、征收补偿费、城市基础设施配套费、实物配建房屋等应交付的货币以及实物、其他经济利益对应的价款。

【提醒1】房地产企业因未按合同规定时间支付土地出让金而向政府部门缴纳的滞纳金，不属于合同约定的土地出让金的范畴，属于土地受

让人因迟延支付土地出让金而向出让人缴纳的滞纳金（或违约金），视延迟支付等情况是否出现而产生，具有不确定性，与土地出让金的价格没有必然关系，不属于土地出让的成交价格，不需要作为缴纳契税的计税依据。

【提醒2】房地产企业通过拍卖竞价方式取得土地使用权，另外支付的拍卖佣金不作为契税计税依据。

【提醒3】以作价投资（入股）、偿还债务等应交付经济利益的方式转移土地、房屋权属的，参照土地使用权出让、出售或房屋买卖确定契税适用税率、计税依据等。

确定土地使用权出让、出售，房屋买卖的契税计税依据时，需要关注以下几个问题：

1. 计征契税的成交价格是否包括增值税

《财政部 国家税务总局关于营改增后契税 房产税 土地增值税 个人所得税计税依据问题的通知》（财税〔2016〕43号）规定，计征契税的成交价格不含增值税。免征增值税的，确定计税依据时，成交价格不扣减增值税额。同时，根据财税〔2016〕36文规定，土地所有者出让土地使用权属于免征增值税项目。因此在确定土地使用权出让的契税计税依据时，成交价格不扣减增值税额，只有土地使用权转让（出售）时才可以扣减增值税额作为计税依据。

【例5-3】某一般纳税人A公司销售其自建的房屋，含税价为328万元，并适用一般计税方法，2019年1月，A公司向纳税人B开具第1张增值税发票，注明的增值税额为10万元、不含税价格为100万元；2021年9月，A公司向纳税人开具第2张增值税发票，注明的增值税额为18万元，不含税价格为200万元，则B申报契税的计税依据=100+200=300万元。

《国家税务总局关于契税纳税服务与征收管理若干事项的公告》（国家税务总局公告2021年第25号）第三条第（一）项规定，土地使用权出售、房屋买卖，承受方计征契税的成交价格不含增值税；实际取得增值税发票的，成交价格以发票上注明的不含税价格确定。

【例5-4】自然人A将一套购买满2年的住房销售给自然人B，合同确定的交易含税价为210万元，A符合免征增值税条件，向税务机关申请代开增值税发票上注明增值税额为0，不含税价格为210万元。则B申报缴纳契税的计税依据为210万元。

2. 拆迁补偿费（征收补偿费）并入成交价格

原《财政部 国家税务总局关于国有土地使用权出让等有关契税问题的通知》（财税〔2004〕134号）就规定支付的拆迁补偿费应并入成交价格计征契税。契税立法后，23号公告明确土地使用权出让的计税依据包括征收补偿费。

【提醒1】支付的拆迁补偿费用，应提供拆迁协议、拆迁双方支付和取得拆迁补偿费用凭证等能够证明拆迁补偿费用真实性的材料。

【提醒2】房地产开发企业以任何形式（货币资金、实物、无形资产以及其他经济利益）支付的拆迁补偿费应并入成交价格缴纳契税，如拆迁还建支出。

【提醒3】房地产开发企业受让土地使用权后，按《国有土地使用权出让合同》约定在受让的土地之外配套修建房屋，建成后无偿转让给回迁安置户，或由政府按约定的价格回购，其发生的建设支出属于房地产开发企业为承受国有土地使用权所支付的经济利益，应按规定缴纳契税。

3. 城市基础设施配套费需要计征契税

对于城市基础设施配套费是否计征契税，契税立法前争议较大，财税〔2004〕134号文件规定，支付的市政建设配套费应并入成交价格计征契税。争议焦点主要是“市政建设配套费”和“城市基础设施配套费”的区别。《契税法》实施后，23号公告明确土地使用权出让的契税计税依据包括城市基础设施配套费。也就是说从2021年9月1日起，城市基础设施配套费需要缴纳契税。

4. 以划拨方式取得土地使用权

（1）以划拨方式取得的土地使用权，经批准改为出让方式重新取得该土地使用权的，应由该土地使用权人以补缴的土地出让价款为计税依据缴纳契税。

（2）先以划拨方式取得土地使用权，后经批准转让房地产，划拨土地性质改为出让的，承受方应分别以补缴的土地出让价款和房地产权属转移合同确定的成交价格为计税依据缴纳契税。

（3）先以划拨方式取得土地使用权，后经批准转让房地产，划拨土地性质未发生改变的，承受方应以房地产权属转移合同确定的成交价格为计税依据缴纳契税。

【提醒】房地产企业原以划拨方式取得的国有土地使用权经批准再转让的，转让方和承受方均应缴纳契税。由于转让方与国家的关系转变为受让与出让的关系，因而要补缴国有土地出让的契税，承受方为国有土地转让的受让者，按国有土地转让缴纳契税。

5. 房屋附属设施及装修

23号公告第二条第（六）项规定，房屋附属设施（包括停车位、机动车库、非机动车库、顶层阁楼、储藏室及其他房屋附属设施）与房屋为同一不动产单元的，计税依据为承受方应交付的总价款，并适用与房屋相同的税率；房屋附属设施与房屋为不同不动产单元的，计税依据为转移合同确定的成交价格，并按当地确定的适用税率计税。

23号公告第二条第（七）项规定，承受已装修房屋的，应将包括装修费用在内的费用计入承受方应交付的总价款。

【提醒】承受附属设施是否缴纳契税，实务中可据其是否办理了产权证来判断。

6. 减免土地出让金

《国家税务总局关于免征土地出让金出让国有土地使用权征收契税的批复》（国税函〔2005〕436号）规定，对承受国有土地使用权所应支付的土地出让金，要计征契税，不得因减免土地出让金，而减免契税。

【提醒】房地产开发企业在依法办理土地、房屋权属登记前已缴纳契税，但权属转移合同、权属转移合同性质凭证不生效、无效、被撤销或者被解除的，可向税务机关申请退还已缴纳的税款。

7. 出售房屋使用权

《国家税务总局关于出售或租赁房屋使用权是否征收契税问题的批复》（国税函〔1999〕465号）文件规定，房屋使用权与房屋所有权是两种不同性质的权属。根据现行契税法规的规定，房屋使用权的转移行为不属于契税征收范围，不应征收契税。

8. 在建工程转让

23号公告第二条第（四）项规定，土地使用权及所附建筑物、构筑物等（包括在建的房屋、其他建筑物、构筑物和其他附着物）转让的，计税依据为承受方应交付的总价款。

【提醒】房地产企业因某些原因未建成房地产而转让在建工程的，受让方按转让的总价款缴纳契税。

9. 融租性售后回租

《财政部 国家税务总局关于企业以售后回租方式进行融资等有关契税政策的通知》（财税〔2012〕82号）第一条规定，对金融租赁公司开展售后回租业务，承受承租人房屋、土地权属的，照章征税。对售后回租合同期满，承租人回购原房屋、土地权属的，免征契税。

【提醒】房地产企业以融资为目的将开发产品销售给经批准从事融资租赁业务的金融租赁公司后，金融租赁公司应缴纳契税；回购该开发产品的，免征契税。

5.3.4.2 土地使用权互换、房屋互换

土地使用权互换、房屋互换，契税的计税依据为所互换的土地使用权、房屋价格的差额。

1. 计税依据的确定

23号公告第二条第（八）项规定，土地使用权互换、房屋互换，互换价格相等的，互换双方计税依据为零；互换价格不相等的，以其差额为计税依据，由支付差额的一方缴纳契税。

2. 计税依据不含增值税

国家税务总局公告2021年第25号第三条第（二）项规定，土地使用权互换、房屋互换，契税计税依据为不含增值税价格的差额。

【例5-5】自然人A与自然人B互换房屋，A的房屋不含税销售价格为125万元，B的房屋不含税销售价格为100万元。则A申报契税的计税依据为0，B申报契税的计税依据=125-100=25万元。

5.3.4.3 土地使用权、房屋赠与及其他没有价格的转移土地、房屋权属行为

土地使用权赠与、房屋赠与以及其他没有价格的转移土地、房屋权属行为，为税务机关参照土地使用权出售、房屋买卖的市场价格依法核定的价格。

纳税人申报的成交价格、互换价格差额明显偏低且无正当理由的，由税务机关依照《税收征收管理法》的规定核定，核定的契税计税价格为不含增值税价格。

1. 夫妻之间房屋土地权属变更

《契税法》第六条第（四）项规定，婚姻关系存续期间夫妻之间变更土地、房屋权属免征契税。《财政部 税务总局关于契税法实施后有关优惠政策衔接问题的公告》（财政部 税务总局公告 2021 年第 29 号）规定，夫妻因离婚分割共同财产发生土地、房屋权属变更的，免征契税。

【提醒 1】在婚姻关系存续期间，房屋、土地权属原归夫妻一方所有，变更为夫妻双方共有或另一方所有的，或者房屋、土地权属原归夫妻双方共有，变更为其中一方所有的，或者房屋、土地权属原归夫妻双方共有，双方约定、变更共有份额的，免征契税。婚姻关系不再存续时，夫妻离婚财产分割而将原共有房屋产权归属一方，是房产共有权的变动而不是现行契税政策规定征税的房屋产权转移行为，对离婚后原共有房屋产权的归属人不征收契税。

【提醒 2】男女恋爱关系不属于家庭关系，双方不存在房产的共有关系。在男女恋爱期间，如果男方将名下房屋转移至女方名下，后分手女方归还房屋，属于赠与行为，需要按赠与征收两次契税。

2. 法定继承

《契税法》第六条第（五）项规定，法定继承人通过继承承受土地、房屋权属，免征契税。

【提醒】将名下的房屋产权转移给子女，除了法定继承以外都应征收契税。法定继承人包括配偶、子女、父母、兄弟姐妹、祖父母、外祖父母，孙子女、外孙子女不能作为法定继承人。

3. 划转、奖励方式转移土地、房屋权属

国家税务总局公告2021年第25号第二条第二款规定，以划转、奖励等没有价格的方式转移土地、房屋权属的，参照土地使用权或房屋赠与确定契税适用税率、计税依据等。

5.3.5 征税税率

契税税率为3%～5%。

契税的具体适用税率，由省、自治区、直辖市人民政府在前款规定的税率幅度内提出，报同级人民代表大会常务委员会决定，并报全国人民代表大会常务委员会和国务院备案。

1. 湖南、河南、河北、辽宁4省契税税率为4%。其中：

（1）湖南省契税税率为4%；

（2）河南省住房权属转移契税税率为3%，其他房屋和土地权属转移契税税率为4%；

（3）河北省契税适用税率为4%，个人购买普通住房适用税率为3%；

（4）辽宁省契税税率为4%，对个人购买普通住房的税率减按3%征收。

2. 除湘豫冀辽四省外，北京、上海、广东等27个省（自治区、直辖市）契税税率为3%。

【提醒】个人购买住房的契税法定税率与优惠税率不同。

5.3.6 应纳税额的计算

《契税法》第五条规定，契税的应纳税额按照计税依据乘以具体适用税率计算。计算公式为：

应纳税额＝计税依据×税率

1. 土地使用权出让、出售，房屋买卖

应纳税额＝成交价格×税率

国有土地划拨方式改为出让方式的：

应纳税额＝补缴的土地出让金×税率

2. 土地使用权、房屋互换

应纳税额＝所交换土地使用权、房屋价格的差额×税率

3. 土地使用权、房屋赠与

应纳税额 = 该土地使用权、房屋的市场价格 × 税率

5.3.7　纳税地点

契税由土地、房屋所在地的税务机关征收管理。

5.3.8　纳税义务发生时间

契税的纳税义务发生时间，为纳税人签订土地、房屋权属转移合同的当日，或者纳税人取得其他具有土地、房屋权属转移合同性质凭证的当日。

因人民法院、仲裁委员会的生效法律文书或者监察机关出具的监察文书等发生土地、房屋权属转移的，纳税义务发生时间为法律文书等生效当日。

因改变土地、房屋用途等情形应当缴纳已经减征、免征契税的，纳税义务发生时间为改变有关土地、房屋用途等情形的当日。

因改变土地性质、容积率等土地使用条件须补缴土地出让价款，应当缴纳契税的，纳税义务发生时间为改变土地使用条件当日。

5.3.9　纳税期限

1. 纳税人应当在依法办理土地、房屋权属登记手续前申报缴纳契税。

2. 按规定不再需要办理土地、房屋权属登记的，纳税人应自纳税义务发生之日起 90 日内申报缴纳契税的情形：

（1）因人民法院、仲裁委员会的生效法律文书或者监察机关出具的监察文书等发生土地、房屋权属转移的；

（2）因改变土地、房屋用途等情形应当缴纳已经减征、免征契税的；

（3）因改变土地性质、容积率等土地使用条件需补缴土地出让价款，应当缴纳契税的。

5.3.10　办理材料

纳税人依法纳税时，应填报“财产和行为税税源明细表”（“契税税源明细表”部分），并根据具体情形提交下列资料：

1. 纳税人身份证件；

2. 土地、房屋权属转移合同或其他具有土地、房屋权属转移合同性质的凭证；

3. 交付经济利益方式转移土地、房屋权属的，提交土地、房屋权属转移相关价款支付凭证，其中，土地使用权出让为财政票据，土地使用权出售、互换和房屋买卖、互换为增值税发票；

4. 因人民法院、仲裁委员会的生效法律文书或者监察机关出具的监察文书等因素发生土地、房屋权属转移的，提交生效法律文书或监察文书等。

5.3.11 减免规定

5.3.11.1 优惠税率

对个人购买家庭唯一住房（家庭成员范围包括购房人、配偶以及未成年子女，下同），面积为90平方米及以下的，减按1%的税率征收契税；面积为90平方米以上的，减按1.5%的税率征收契税。

对个人购买家庭第二套改善性住房，面积为90平方米及以下的，减按1%的税率征收契税；面积为90平方米以上的，减按2%的税率征收契税。

家庭第二套改善性住房是指已拥有一套住房的家庭，购买的家庭第二套住房。

北京市、上海市、广州市、深圳市暂不实施本通知第一条第（二）项契税优惠政策。

——《财政部 国家税务总局 住房和城乡建设部关于调整房地产交易环节契税 营业税优惠政策的通知》（财税〔2016〕23号）第一条和第三条及《财政部 税务总局关于契税法实施后有关优惠政策衔接问题的公告》（财政部 税务总局公告2021年第29号）第四条

5.3.11.2 夫妻财产分割

夫妻因离婚分割共同财产发生土地、房屋权属变更的，免征契税。

——《财政部 税务总局关于契税法实施后有关优惠政策衔接问题的公告》（财政部 税务总局公告2021年第29号）第一条

5.3.11.3　法定继承

对于《中华人民共和国继承法》规定的法定继承人（包括配偶、子女、父母、兄弟姐妹、祖父母、外祖父母）继承土地、房屋权属，不征契税。

——《国家税务总局关于继承土地、房屋权属有关契税问题的批复》（国税函〔2004〕1036号）

5.3.11.4　售后回租

对金融租赁公司开展售后回租业务，承受承租人房屋、土地权属的，照章征税。对售后回租合同期满，承租人回购原房屋、土地权属的，免征契税。

——《财政部 国家税务总局关于企业以售后回租方式进行融资等有关契税政策的通知》（财税〔2012〕82号）第一条

5.3.11.5　合伙企业与合伙人转移房地产

合伙企业的合伙人将其名下的房屋、土地权属转移至合伙企业名下，或合伙企业将其名下的房屋、土地权属转回原合伙人名下，免征契税。

——《财政部 国家税务总局关于企业以售后回租方式进行融资等有关契税政策的通知》（财税〔2012〕82号）第六条第二款

5.3.11.6　因土地、房屋被征收、征用而重新承受

因土地、房屋被县级以上人民政府征收、征用，重新承受土地、房屋权属，由省、自治区、直辖市人民政府提出免征或者减征契税的具体办法，报同级人民代表大会常务委员会决定，并报全国人民代表大会常务委员会和国务院备案。

——参考《中华人民共和国契税法》第七条第（一）项

如《湖南省人民代表大会常务委员会关于契税具体适用税率等事项的决定》（湖南省第十三届人民代表大会常务委员会公告第71号）第二条规定：因土地、房屋被县级以上人民政府征收、征用，以房屋产权调换、土地使用权置换方式依法重新承受土地、房屋权属的，其调换、置换等值的

部分，免征契税；以货币补偿方式重新购置土地、房屋的，与货币补偿等值的部分，免征契税。超过等值部分的，应当按规定征收契税。

5.3.11.7 因不可抗力灭失住房而重新承受

因不可抗力灭失住房，重新承受住房权属，由省、自治区、直辖市决定免征或者减征契税。

——参考《中华人民共和国契税法》第七条第（二）项

如《湖南省人民代表大会常务委员会关于契税具体适用税率等事项的决定》（湖南省第十三届人民代表大会常务委员会公告第71号）第三条规定：因不可抗力灭失住房，重新承受住房权属的，没有超出原面积的，免征契税；超出原面积的部分，按照超出部分的价值征收契税。

【提醒】不可抗力，是指自然灾害、战争等不能预见、不能避免、并不能克服的客观情况。

5.3.11.8 保障性住房

1. 经济适用住房

自2007年8月1日起，对经济适用住房经营管理单位回购经济适用住房继续作为经济适用住房房源的，免征契税。

对个人购买经济适用住房，在法定税率基础上减半征收契税。

——《财政部 国家税务总局关于廉租住房、经济适用住房和住房租赁有关税收政策的通知》（财税〔2008〕24号）第一条第（五）项及第（六）项

2. 公租房

自2019年1月1日至2023年12月31日，对公租房经营管理单位购买住房作为公租房，免征契税。

——《财政部 国家税务总局关于公共租赁住房税收优惠政策的公告》（财政部税务总局公告2019年第61号）第三条及《财政部 税务总局关于延长部分税收优惠政策执行期限的公告》（财政部 税务总局公告2021年第6号）第一条

3. 安置房

（1）棚户区改造。自2013年7月4日起，对经营管理单位回购已分配的改造安置住房继续作为改造安置房源的，免征契税。

个人首次购买90平方米以下改造安置住房，按1%的税率计征契税；购买超过90平方米，但符合普通住房标准的改造安置住房，按法定税率减半计征契税。

个人因房屋被征收而取得货币补偿并用于购买改造安置住房，或因房屋被征收而进行房屋产权调换并取得改造安置住房，按有关规定减免契税。

——《财政部 国家税务总局关于棚户区改造有关税收政策的通知》（财税〔2013〕101号）第三条至第五条

（2）易地扶贫搬迁。自2018年1月1日至2025年12月31日，对易地扶贫搬迁贫困人口按规定取得的安置住房，免征契税。

对易地扶贫搬迁项目实施主体（以下简称项目实施主体）取得用于建设安置住房的土地，免征契税。

对项目实施主体购买商品住房或者回购保障性住房作为安置住房房源的，免征契税。

——《财政部 国家税务总局关于易地扶贫搬迁税收优惠政策的通知》（财税〔2018〕135号）第一条第（二）项、第二条第（一）项及第（五）项和《财政部 税务总局关于延长部分税收优惠政策执行期限的公告》（财政部 税务总局公告2021年第6号）第三条

5.3.11.9 改制重组

根据《财政部 国家税务总局关于继续执行企业事业单位改制重组有关契税政策的公告》（财政部 国家税务总局公告2021年第17号），自2021年1月1日起至2023年12月31日，以下改制重组行为免征契税：

1. 企业改制

企业按照《公司法》有关规定整体改制，包括非公司制企业改制为有限责任公司或股份有限公司，有限责任公司变更为股份有限公司，股份有限公司变更为有限责任公司，原企业投资主体存续并在改制（变更）后的

公司中所持股权（股份）比例超过75%，且改制（变更）后公司承继原企业权利、义务的，对改制（变更）后公司承受原企业土地、房屋权属，免征契税。

2. 事业单位改制

事业单位按照国家有关规定改制为企业，原投资主体存续并在改制后企业中出资（股权、股份）比例超过50%的，对改制后企业承受原事业单位土地、房屋权属，免征契税。

3. 公司合并

两个或两个以上的公司，依照法律规定、合同约定，合并为一个公司，且原投资主体存续的，对合并后公司承受原合并各方土地、房屋权属，免征契税。

4. 公司分立

公司依照法律规定、合同约定分立为两个或两个以上与原公司投资主体相同的公司，对分立后公司承受原公司土地、房屋权属，免征契税。

5. 企业破产

企业依照有关法律法规规定实施破产，债权人（包括破产企业职工）承受破产企业抵偿债务的土地、房屋权属，免征契税；对非债权人承受破产企业土地、房屋权属，凡按照《劳动法》等国家有关法律法规政策妥善安置原企业全部职工规定，与原企业全部职工签订服务年限不少于3年的劳动用工合同的，对其承受所购企业土地、房屋权属，免征契税；与原企业超过30%的职工签订服务年限不少于3年的劳动用工合同的，减半征收契税。

6. 资产划转

对承受县级以上人民政府或国有资产管理部门按规定进行行政性调整、划转国有土地、房屋权属的单位，免征契税。

同一投资主体内部所属企业之间土地、房屋权属的划转，包括母公司与其全资子公司之间，同一公司所属全资子公司之间，同一自然人与其设立的个人独资企业、一人有限公司之间土地、房屋权属的划转，免征契税。

母公司以土地、房屋权属向其全资子公司增资，视同划转，免征契税。

7. 债权转股权

经国务院批准实施债权转股权的企业，对债权转股权后新设立的公司承受原企业的土地、房屋权属，免征契税。

8. 划拨用地出让或作价出资

以出让方式或国家作价出资（入股）方式承受原改制重组企业、事业单位划拨用地的，不属上述规定的免税范围，对承受方应按规定征收契税。

9. 公司股权（股份）转让

在股权（股份）转让中，单位、个人承受公司股权（股份），公司土地、房屋权属不发生转移，不征收契税。

5.4　印花税

《中华人民共和国印花税法》已由中华人民共和国第十三届全国人民代表大会常务委员会第二十九次会议于 2021 年 6 月 10 日通过，自 2022 年 7 月 1 日起施行。

本节内容主要结合《印花税暂行条例》与《印花税法》编写。

5.4.1　纳税人

1. 在中华人民共和国境内书立应税凭证、进行证券交易的单位和个人，为印花税的纳税人，应当依照本法规定缴纳印花税。

在中华人民共和国境外书立在境内使用的应税凭证的单位和个人，应当依照本法规定缴纳印花税。

【提醒 1】 所列举凭证是指在中国境内具有法律效力，受中国法律保护的凭证。凭证无论在中国境内或者境外书立，均应按规定贴花（即缴纳印花税）。

【提醒 2】 单位和个人，是指国内各类企业、事业、机关、团体、部队以及中外合资企业、合作企业、外资企业、外国公司企业和其他经济组织及其在华机构等单位和个人。

【提醒3】证券交易印花税对证券交易的出让方征收，不对受让方征收。

【提醒4】纳税人为境外单位或者个人，在境内有代理人的，以其境内代理人为扣缴义务人；在境内没有代理人的，由纳税人自行申报缴纳印花税，具体办法由国务院税务主管部门规定。

2. 同一应税凭证由两方以上当事人书立的，按照各自涉及的金额分别计算应纳税额。

当事人，是指对凭证有直接权利义务关系的单位和个人，不包括保人、证人、鉴定人。税目税率表中的立合同人，是指合同的当事人。当事人的代理人有代理纳税的义务。

5.4.2 征税对象

印花税征税对象包括应税凭证和证券交易。

应税凭证，是指《印花税法》所附“印花税税目税率表”列明的合同、产权转移书据和营业账簿。

证券交易，是指转让在依法设立的证券交易所、国务院批准的其他全国性证券交易场所交易的股票和以股票为基础的存托凭证。

【提醒1】《印花税法》取消了原《印花税暂行条例》经财政部确定征税的其他凭证、具有合同性质的凭证的规定，并删除了原《印花税暂行条例》产权转移书据中的“等”字，是真正意义上的正列举。

【提醒2】“印花税税目税率表”列明的10个合同中除财产保险合同外，其他均与《民法典》“第三编合同”中的部分典型合同对应，不在此范围内的《民法典》中其他典型合同都是非应税合同，如供用电水气热力合同、保证合同、赠与合同、保理合同、委托合同、物业服务合同、行纪合同、中介合同、合伙合同都不是印花税应税合同。

5.4.3 征税范围

5.4.3.1 基本规定

印花税只对“印花税税目税率表”中列举的税目征税，主要包括：合同（书面合同）、产权转移书据、营业账簿、证券交易。

纳税人在确定应税合同的范围时，需要注意以下几个问题：

1. 具有合同性质的凭证应视同合同征税

具有合同效力的协议、契约、合约、单据、确认书及其他各种名称的凭证等具有合同性质的凭证，视同应税合同征税。这些凭证从属于应税合同税目的分类，而非独立列举的征税类别，具有应税合同大致相同的内容、形式和作用，即使未采用规范的合同名称，但对当事人各方仍具有特定的民事法律约束力。

2. 未按期兑现合同应贴花

纳税人签订了应税合同，就发生了应税经济行为，必须依法贴花，履行完税手续，不论合同是否兑现或能否按期兑现，都应当缴纳印花税。

3. 单据贴花的处理

对货物运输、仓储保管、财产保险、银行借款等，办理一项业务既书立合同，又开立单据的，只就合同贴花；凡不书立合同，只开立单据，以单据作为合同使用的，应按照规定贴花。对铁路、公路、航运、水陆承运快件行李、包裹开具的托运单据，暂免贴花印花。

4. 修改合同增加金额或就未履行完毕事项另签合同

纳税人修改合同增加金额的，或者就尚未履行完毕事项另签合同的，应就增加部分或另签合同金额贴花。纳税人所签订的已贴花合同到期，因合同所载权利义务关系尚未履行完毕，须继续执行合同所载内容，即继续使用已到期合同，只要该合同所载内容和金额没有增加，无须再重新贴花。

【提醒】合同内容发生变化，原则上不允许作废合同重签，应签订补充协议。

5. 实际结算金额与合同所载金额不一致

纳税人在合同签订时按合同所载金额计税贴花。实际结算金额与合同所载金额不一致的，对已履行并贴花的合同，发现实际结算金额与合同所载金额不一致的，一般不再补贴印花。

【例 5－6】某房地产开发企业与建筑施工企业签订了一份建筑安装合

同，合同不含增值税价款为 1 000 万元，单独列示增值税税额，不考虑其他因素。

（1）上述合同执行过程中，因工程调整等原因签订补充协议，增加不含增值税价款 200 万元，单独列示增值税税额，属于修改合同增加金额的，应按增加金额补贴印花。

（2）上述合同履行并贴花，因工程量调整等原因实际不含增值税结算金额是 1 200 万元，属于“实际结算金额与合同所载金额不一致的，对已履行并贴花的合同，发现实际结算金额与合同所载金额不一致的，一般不再补贴印花”。

6. 合同签订时无法确定应税金额

应税合同、产权转移书据未列明金额的，印花税的计税依据按照实际结算的金额确定。

7. 电子凭证

电子合同属于书面合同，纳税人以电子形式签订的各类应税凭证按规定征收印花税。

【提醒 1】当事人订立合同，可以采用书面形式、口头形式或者其他形式。书面形式是合同书、信件、电报、电传、传真等可以有形地表现所载内容的形式。以电子数据交换、电子邮件等方式能够有形地表现所载内容，并可以随时调取查用的数据电文，视为书面形式。

【提醒 2】个人与电子商务经营者订立的电子订单免征印花税。

8. 企业集团内部使用的凭证

对于企业集团内具有平等法律地位的主体之间自愿订立、明确双方购销关系、据以供货和结算、具有合同性质的凭证，应按规定征收印花税。对于企业集团内部执行计划使用的、不具有合同性质的凭证，不征收印花税。

9. 同一法律主体的内部合同

同一个法律主体，总机构与分公司之间、分公司与分公司之间签订的任何合同或协议，不属于具有平等法律地位的主体之间签订的应税合同或凭证，不需要贴花。

【提醒】房地产项目公司如果属于具有法人资格的独立法人公司（子公司），与母公司之间签订的应税合同或协议，按规定缴纳印花税；设立不具有法律主体资格的分支机构，与总公司之间签订的任何合同或协议，不需要贴花。

5.4.3.2 房地产主要税目

1. 产权转移书据

产权转移书据，包括土地使用权出让书据，土地使用权、房屋等建筑物和构筑物所有权转让（不包括土地承包经营权和土地经营权转移），股权转让书据（不包括应缴纳证券交易印花税的），商标专用权、著作权、专利权、专有技术使用权转让书据。房地产企业主要涉及土地使用权出让合同、商品房买卖合同等。

【提醒】房地产公司与客户签订的商品房买卖合同，适用“产权转移书据”税目，按0.5‰税率贴花，因面积差异补收房款或退款，无须再补缴或退还印花税。如发生退房，不能申请退还印花税。

2. 应税合同

（1）借款合同。借款合同是借款人向贷款人借款，到期返还借款并支付利息的合同。借款合同应税凭证指银行业金融机构、经国务院银行业监督管理机构批准设立的其他金融机构与借款人（不包括同业拆借）的借款合同。房地产企业主要涉及与银行及其他金融组织签订的借款合同。

【提醒1】其他金融组织包括经银监会或央行批准设立的政策性银行、商业银行、农村合作银行、城市信用社、农村信用社、村镇银行、贷款公司、农村资金互助社、金融资产管理公司、信托公司、企业集团财务公司、金融租赁公司、汽车金融公司、货币经纪公司等，不包括小额贷款公司。

【提醒2】借款合同缴纳印花税仅限于企业或个人与金融机构签订的合同，企业之间或企业与个人之间签订的借款合同不需要缴纳印花税。

【提醒3】房地产公司与金融企业签订的借款合同，若到期无法还款而办理展期业务使用的展期借款合同，可暂免贴花；若因无力偿还借款而将抵押的不动产转移给贷款方，按“产权转移书据”贴花。

【提醒 4】 房地产公司与金融企业签订流动资金周转性借款合同，按合同规定的最高借款限额计税贴花。合同签订以后，只要在限额内随借随还，不再签新合同的，不另贴印花。

【提醒 5】 房地产公司与信托公司签订的借款合同，按“借款合同”税目贴花；项目公司与私募基金签订的借款合同，不贴花。

（2）租赁合同。租赁合同是出租人将租赁物交付承租人使用、收益，承租人支付租金的合同，原《印花税暂行条例》租赁合同包括租赁房屋、船舶、飞机、机动车辆、机械、器具、设备等合同。房地产企业主要涉及房屋租赁合同、机械设备器具租赁合同、机动车租赁合同等。

【提醒】 租金贴花金额小于 1 角，免贴花；如大于 1 角小于 1 元，按 1 元贴花。

（3）买卖合同。买卖合同是出卖人转移标的物的所有权于买受人，买受人支付价款的合同。买卖合同应税凭证指动产买卖合同（不包括个人书立的动产买卖合同）。房地产企业主要涉及采购合同。

（4）承揽合同。承揽合同是承揽人按照定作人的要求完成工作，交付工作成果，定作人支付报酬的合同，原《印花税暂行条例》承揽合同包括加工、定作、修缮、修理、印刷、广告、测绘、测试等合同。《印花税法》没有列示承揽合同的具体范围，还须等后续文件予以明确。房地产企业主要涉及广告、测绘等合同。

（5）建设工程合同。建设工程合同是承包人进行工程建设，发包人支付价款的合同，包括工程勘察、设计、施工合同。房地产企业都会涉及建设工程合同。

【提醒】 房地产公司与境外公司（含港澳台地区）签订的户型设计、景观设计合同，适用“建筑工程勘探设计合同”税目按 0.5‰贴花，但无扣缴印花税的法定义务。

（6）运输合同。运输合同是承运人将旅客或者货物从起运地点运输到约定地点，旅客、托运人或者收货人支付票款或者运输费用的合同。运输合同应税凭证指货运合同和多式联运合同（不包括管道运输合同）。房地产企业采购材料可能会涉及公路运输合同。

（7）财产保险合同。保险合同是投保人与保险人约定保险权利义务关系的协议，财产保险是以财产及其有关利益为保险标的的保险。原《印花税暂行条例》财产保险合同包括财产、责任、保证、信用等保险合同，《印花税法》财产保险合同明确不包括再保险合同。房地产企业主要涉及财产保险合同。

（8）技术合同。技术合同是当事人就技术开发、转让、许可、咨询或者服务订立的确立相互之间权利和义务的合同。技术合同应税凭证不包括专利权、专有技术使用权转让书据。

【提醒】房地产开发企业通常情况下不存在按“技术合同”税目缴纳印花税的情况，项目可行性研究合同不属于技术咨询合同。技术咨询合同是当事人就有关项目的分析、论证、评价、预测和调查订立的技术合同，有关项目包括：有关科学技术与经济、社会协调发展的软科学研究项目；促进科技进步和管理现代化，提高经济效益和社会效益的技术项目；其他专业项目。属于这些内容的合同才按照“技术合同”税目的规定计税贴花。一般的法律、法规、会计、审计等方面的咨询也不属于技术咨询。

（9）融资租赁合同。融资租赁合同是出租人根据承租人对出卖人、租赁物的选择，向出卖人购买租赁物，提供给承租人使用，承租人支付租金的合同。

3. 营业账簿

原《印花税暂行条例》规定，营业账簿是指单位或者个人记载生产经营活动的财务会计核算账簿，分为记载资金的账簿和其他营业账簿。根据《印花税法》所附“印花税税目税率表”，自2022年7月1起，营业账簿印花税只对实收资本（股本）、资本公积征税。

【提醒1】《财政部 税务总局关于对营业账簿减免印花税的通知》（财税〔2018〕50号）规定，自2018年5月1日起，对按0.5‰税率贴花的资金账簿减半征收印花税，对按件贴花5元的其他账簿免征印花税。

【提醒2】《财政部 税务总局关于实施小微企业普惠性税收减免政策的通知》（财税〔2019〕13号）规定，自2019年1月1日至2021年12月31日，对增值税小规模纳税人可以在50%的税额幅度内减征印花税（不含证券交易印花税）。

【涉税安排】2021年12月31日前成立的房地产公司可先不登记为增值税一般纳税人，实缴注册资本时，可同时享受财税〔2018〕50号文件和财税〔2019〕13号文件双重优惠政策，即按0.5‰税率贴花的资金账簿25%征收印花税。同时在取得土地使用权时，可享受产权转移书据印花税按0.5‰的50%税额减征的优惠。但要注意的是，在按规定缴纳这两项印花税之前，建议暂不取得成本费用等增值税专用发票等进项税额抵扣凭证。

4. 权利许可证照

包括政府部门发给的房屋产权证、工商营业执照、商标注册证、专利证、土地使用证。房地产企业主要涉及不动产权证（房屋产权证和土地使用权两证合一）、营业执照的印花税。

【提醒】 自2022年7月1起，权利许可证照不再征收印花税。

5. 房地产主要涉税合同

房地产开发企业各类合同是否缴纳印花税详见表5-1。

表5-1　　房地产开发企业各类合同印花税税目归集表

类别	合同项目	内容说明	是否缴税	税目
前期合同	合作框架协议	合作、合资等	否	
	股权投资协议	涉及产权转移	是	产权转移书据
		投资协议	否	
		实收资本和资本公积	是	营业账簿
	土地合同	国有土地出让	是	产权转移书据
		土地使用权转让	是	产权转移书据
		国有划拨土地	否	
		土地租赁合同	否	
	拆迁合同	房屋租赁	是	财产租赁合同
		拆迁补偿	否	
		拆迁还建	是	产权转移书据
	委托拆迁合同	委托拆迁公司进行拆迁	是	建筑施工合同
	设计合同	各类设计	是	勘察设计合同
	勘察、监测合同	勘察、监测	是	勘察设计合同
	测绘合同	测绘	是	测绘测试合同
	检测合同	环境监测、消防检测、桩基低应变动力检测业务合同	否	

续表

类别	合同项目	内容说明	是否缴税	税目
前期合同	银行开户许可证、房地产开发企业资质证、建设用地规划许可证、建设工程规划许可证、建筑工程施工许可证		否	
	借款合同	非金融机构借款	否	
		金融机构借款	是	借款合同
		融资租赁	是	借款合同
		担保人，非印花税纳税人	否	
	商业票据贴现	不属于借款合同	否	
	银行保理合同		否	
	土石方工程	场地平整、土石方开挖回填等	是	建安合同
	项目可行性研究合同	可行性研究、市场调研	否	
	招标代理	招标代理	否	
	非正式使用类合同	具体情况具体分析		
施工合同	建筑工程	主体土建或总包工程	是	建安合同
	基础工程	地基、基坑与边坡支护、桩基	是	建安合同
	安装工程	门窗安装、电梯安装、强电、弱电、保温、外墙、隔热、防腐、防水、给排水、防雷等	是	建安合同
	装修工程	装饰、装修、样板房装修	是	建安合同
	消防工程	消防安装	是	建安合同
	人防工程	人防工程施工	是	建安合同
	基础设施工程	供气、供水、道路、排水等	是	建安合同
	园林绿化		是	建安合同
	白蚁防治工程	建筑物白蚁防治	是	建安合同
	其他	其他工程	是	建安合同
材料设备采购合同	设备购买及安装	购买设备（如电梯、人防等）	是	购销合同
	材料采购	购买材料（如商砼等）	是	购销合同
	甲供料合同	甲供料	是	购销合同
外委类合同	工程监理合同		否	
	财税类合同	会计、审计、税务、评估	否	
	法律类合同	法律代理、咨询服务	否	
	审价咨询合同	工程审计、造价	否	
	人力资源类合同	劳动合同、人力资源代理、招聘、咨询服务	否	

续表

类别	合同项目	内容说明	是否缴税	税目
外委类合同	翻译服务合同		否	
	非技术培训合同	职业、文化学习、业余教育	否	
	旅游合同		否	
营销类合同	商品房预售（销售）许可证		否	
	商品房销售	产权转移书据	是	产权转移书据
	代理合同	销售代理、广告代理、物业代理、活动代理	否	
	广告投放发布合同	投放、发布	是	加工承揽合同
	物料制作合同	印刷、现场布置、模型制作等	是	加工承揽合同
	演出合同		否	
其他类	保安服务合同		否	
	财产保险合同	财产保险	是	财产保险合同
	承包经营合同		否	
	汽车购置合同	购买新车尚未上牌	是	购销合同
		购置二手车	是	产权转移书据
	汽车转让合同	转让旧车和二手房	是	产权转移书据
	电梯维修合同		是	加工承揽合同
	供用电合同	电网与用户之间	否	
	清洁绿化服务合同	日常清洁绿化服务合同	否	
	物业管理服务合同		否	
	其他	具体情况具体分析		

5.4.4 计税依据

5.4.4.1 现行政策

根据税目的不同，印花税有从价计征和从量计征两种征收方式。

1. 从价计税

（1）各类经济合同，计税依据为合同列明的价款或者报酬（金额、收入或费用）。

【提醒】印花税计税依据不包括增值税税额。合同中所载金额和增值税分开注明的，按不含增值税的合同金额确定计税依据，未分开注明的，以合同所载金额为计税依据。（参考国家税务总局在 2016 年 4 月 25 日营改增视频会议有关政策口径）

【涉税安排】实务中可要求合同等印花税计税凭证单独列示增值税税额，如合同涉及价款的条款必须有“增值税税额____元”类似字样。

各类应税经济合同的计税依据详见表 5 - 2。

表 5 - 2　　应税经济合同的计税依据

税目	计税依据	备注
购销合同	购销金额	不作任何扣除，包括调剂、易货的全额；合同未列明金额的，应按合同所载购、销数量，依照国家牌价或者市场价格计算应纳税额
加工承揽合同	加工或承揽收入的金额	须区分加工用原材料的提供方
建设工程勘察设计合同	勘察、设计收取的费用	
建筑安装工程承包合同	承包金额	不得剔除任何费用。如果施工单位将自己承包的建筑项目再分包或转包给其他施工单位，其所签订的分包或转包合同，仍应按所载金额另行贴花
财产租赁合同	支付（收取）的保险费金额	不包括所保财产的金额
货物运输合同	取得的运输费金额	不包括所运货物的金额、装卸费和保险费等
仓储保管合同	仓储保管的费用	
借款合同	借款金额	银行及其他金融组织的融资租赁业务签订的融资租赁合同，应按合同所载租金总额，暂按借款合同计税
财产保险合同	支付（收取）的保险费金额	不包括所保财产的金额
技术合同	合同所载的价款、报酬或使用费	研究开发经费不作为计税依据

（2）产权转移书据，以书据中所载的金额为计税依据。

【提醒】房地产开发企业商品房买卖合同印花税的计税依据，既不是本期账结的主营业务收入，也不是当期实收楼款金额，而是合同注明的成交价格。由于商品房买卖合同是格式文本，无法注明增值税税额，因此商品房买卖合同印花税的计税依据包括增值税税额。

（3）记载资金的营业账簿，以实收资本和资本公积的两项合计金额为计税依据。

2. 从量计税

现行政策下，实行从量计税的只有权利、许可证照，以计税数量为计税依据。

5.4.4.2 新印花税法

1. 印花税的计税依据如下：

（1）应税合同的计税依据，为合同所列的金额，不包括列明的增值税税款；

（2）应税产权转移书据的计税依据，为产权转移书据所列的金额，不包括列明的增值税税款；

（3）应税营业账簿的计税依据，为账簿记载的实收资本（股本）、资本公积合计金额；

（4）证券交易的计税依据，为成交金额。

【提醒】如合同中未列明增值税额，而是按照价税合计金额签订，则应以价税合计金额作为计税依据。

2. 应税合同、产权转移书据未列明金额的，印花税的计税依据按照实际结算的金额确定。

计税依据按照前款规定仍不能确定的，按照书立合同、产权转移书据时的市场价格确定；依法应当执行政府定价或者政府指导价的，按照国家有关规定确定。

3. 证券交易无转让价格的，按照办理过户登记手续时该证券前一个交易日收盘价计算确定计税依据；无收盘价的，按照证券面值计算确定计税依据。

5.4.5 征税税率

5.4.5.1 现行政策印花税的税率

印花税税率有两种形式，即比例税率和定额税率，详见表 5－3。

表 5-3 印花税税目税率表

税目	范围	税率	纳税人	说明
购销合同	包括供应、预购、采购、购销结合及协作、调剂、补偿、易货等合同	按购销金额万分之三贴花	立合同人	
加工承揽合同	包括加工、定作、修缮、修理、印刷、广告、测绘、测试等合同	按加工或承揽收入万分之五贴花	立合同人	
建设工程勘察设计合同	包括勘察、设计合同	按收取费用万分之五贴花	立合同人	
建筑安装工程承包合同	包括建筑、安装工程承包合同	按承包金额万分之三贴花	立合同人	
财产租赁合同	包括租赁房屋、船舶、飞机、机动车辆、机械、器具、设备等	按租赁金额千分之一贴花。税额不足一元的按一元贴花	立合同人	
货物运输合同	包括民用航空、铁路、海上、内河、公路运输和联运合同	按运输费用万分之五贴花	立合同人	单据作为合同使用的，按合同贴花
仓储保管合同	包括仓储、保管合同	按仓储保管费用千分之一贴花	立合同人	仓单或栈单作为合同使用的，按合同贴花
借款合同	银行及其他金融组织和借款人（不含银行同业拆借）所签订的借款合同	按借款金额万分之零点五贴花	立合同人	单据作为合同使用的，按合同贴花
财产保险合同	包括财产、责任、保证、信用等保险合同	按保险费收入的千分之一贴花	立合同人	单据作为合同使用的，按合同贴花
技术合同	包括技术开发、转让、咨询、服务等合同	按所载金额万分之三贴花	立合同人	
产权转移书据	包括财产所有权和版权、商标专用权、专利权、专有技术使用权等转移书据	按所载金额万分之五贴花	立据人	

续表

税目	范围	税率	纳税人	说明
营业账簿	生产经营用账册	记载资金的账簿，按实收资本与资本公积合计金额的万分之二点五贴花，其他账簿免税	立账簿人	
权利许可证照	包括政府部门发给的房屋产权证、工商营业执照、商标注册证、专利证、土地使用证	按件贴花五元	领受人	

5.4.5.2 新印花税法的税率变化

《印花税法》税目税率（详见表5－4）基本维持现行税率水平，适当简并税目税率、减轻税负。

1. 借款合同、买卖合同、技术合同、证券交易等税目维持现行税率不变；

2. 加工承揽合同、建设工程勘察设计合同、货物运输合同的税率由万分之五降为万分之三；

3. 营业账簿的税率由万分之五降为万分之二点五；

4. 取消对权利、许可证照每件征收5元印花税的规定。

表5－4　　　　印花税税目税率表

税目		税率	备注
合同（指书面合同）	借款合同	借款金额的万分之零点五	指银行业金融机构、经国务院银行业监督管理机构批准设立的其他金融机构与借款人（不包括同业拆借）的借款合同
	融资租赁合同	租金的万分之零点五	
	买卖合同	价款的万分之三	指动产买卖合同（不包括个人书立的动产买卖合同）
	承揽合同	报酬的万分之三	
	建设工程合同	价款的万分之三	

续表

税目		税率	备注
合同（指书面合同）	运输合同	运输费用的万分之三	指货运合同和多式联运合同（不包括管道运输合同）
	技术合同	价款、报酬或者使用费的万分之三	不包括专利权、专有技术使用权转让书据
	租赁合同	租金的千分之一	
	保管合同	保管费的千分之一	
	仓储合同	仓储费的千分之一	
	财产保险合同	保险费的千分之一	不包括再保险合同
产权转移书据	土地使用权出让书据	价款的万分之五	转让包括买卖（出售）、继承、赠与、互换、分割
	土地使用权、房屋等建筑物和构筑物所有权转让（不包括土地承包经营权和土地经营权转移）	价款的万分之五	
	股权转让书据（不包括应缴纳证券交易印花税的）	价款的万分之五	
	商标专用权、著作权、专利权、专有技术使用权转让书据	价款的万分之三	
营业账簿		实收资本（股本）、资本公积合计金额的万分之二点五	
证券交易		成交金额的千分之一	

5.4.6　应纳税额的计算

1. 从价计征

从价计征情况下，印花税应纳税额计算公式为：

应纳税额 = 计税金额 × 适用税率

【提醒】 同一凭证，因载有两个或者两个以上经济事项而适用不同税目税率，如分别记载金额的，应分别计算应纳税额，相加后按合计税额贴花；如未分别记载金额的，按税率高的计税贴花。

2. 从量计征

从量计征情况下，印花税应纳税额为适用税额，即：

权利、许可证照的应纳税额 = 权利、许可证照数量 ×5

【提醒】 自 2022 年 7 月 1 日起，印花税应纳税额只有从价计征一种方式。

5.4.7 纳税义务发生时间

印花税的纳税义务发生时间为纳税人书立应税凭证或者完成证券交易的当日。

证券交易印花税扣缴义务发生时间为证券交易完成的当日。

【提醒】 在国外签订的合同，不便按规定贴花，应在带入境内时办理贴花完税手续。

5.4.8 纳税地点

纳税人为单位的，应当向其机构所在地的主管税务机关申报缴纳印花税。

纳税人为个人的，应当向应税凭证书立地或者纳税人居住地的主管税务机关申报缴纳印花税。

不动产产权发生转移的，纳税人应当向不动产所在地的主管税务机关申报缴纳印花税。

5.4.9 核定征收

1. 纳税人有下列情形的，税务机关可以核定纳税人印花税计税依据：

（1）未按规定建立印花税应税凭证登记簿，或未如实登记和完整保存应税凭证的；

（2）拒不提供应税凭证或不如实提供应税凭证致使计税依据明显偏低的；

（3）采用按期汇总缴纳办法的，未按税务机关规定的期限报送汇总缴纳印花税情况报告，经税务机关责令限期报告，逾期仍不报告的或者税务机关在检查中发现纳税人有未按规定汇总缴纳印花税情况的。

——摘自《国家税务总局关于进一步加强印花税征收管理有关问题的通知》（国税函〔2004〕150 号）

【提醒1】核定征收的印花税，由税务机关根据实际生产经营收入，参考纳税人各期印花税纳税情况及同行业合同签订情况，确定数额或比例作为计税依据。

【提醒2】实行查账征收印花税的纳税人应当如实提供、妥善保存印花税应纳税凭证等有关纳税资料，统一设置、登记和保管“印花税应纳税凭证登记簿”，及时、准确、完整记录应纳税凭证的书立、领受情况。“印花税应纳税凭证登记簿”的内容包括：应纳税凭证种类、应纳税凭证编号、凭证书立各方（或领受人）名称、书立（领受）时间、应纳税凭证金额、件数等［参考《国家税务总局关于发布〈印花税管理规程（试行）〉的公告》（国家税务总局公告2016年第77号）］。

2. 核定征收印花税的计算公式为：

应纳税额 = 核定依据 × 核定比例 × 税率

3. 部分地区印花税核定征收计税依据标准

（1）江苏省印花税核定征收计税依据标准

根据《国家税务总局江苏省税务局关于调整印花税计税依据核定征收标准的公告》（国家税务总局江苏省税务局公告2018年第19号）规定，自2018年12月1日起，房地产开发业“产权转移书据”印花税计税依据的核定征收比例为房地产经营收入的80%。

（2）湖南省印花税核定征收计税依据标准

根据《国家税务总局湖南省税务局关于印发〈湖南省印花税核定征收管理办法〉的公告》（国家税务总局湖南省税务局2018年第5号）规定，自2018年6月15日起，印花税核定征收计税依据按照不同性质的应税凭证分别核定，具体标准如下：

购销合同：工业，按照购销金额100% ~70%的比例核定；商品、物资批发业，按照购销金额100% ~40%的比例核定；商品批零兼营业（批发零售业务销售金额划分不清的），按照购销金额100% ~30%的比例核定；商品零售业，按照购进金额100% ~50%的比例核定；其他行业，按照购销金额（营业收入）100% ~40%的比例核定。

加工承揽合同：按加工或承揽金额100% ~60%比例核定。

建设工程勘察设计合同：按勘察、设计费用和收入100%比例核定。

建筑安装工程承包合同：按承包金额或工程造价100%比例核定。

财产租赁合同：按租赁金额100%比例核定。

货物运输合同：按运输费用和收入100%～60%比例核定。

仓储保管合同：按仓储保管费用和收入100%比例核定。

借款合同：按借款金额100%比例核定。

财产保险合同：按保险费金额100%比例核定。

技术合同：按转让、咨询、服务费金额100%比例核定。

产权转移书据：按转让金额100%比例核定。

5.4.10 减免规定

5.4.10.1 法定免税情形

下列凭证免纳印花税：

1. 应税凭证的副本或者抄本；

2. 依照法律规定应当予以免税的外国驻华使馆、领事馆和国际组织驻华代表机构为获得馆舍书立的应税凭证；

3. 中国人民解放军、中国人民武装警察部队书立的应税凭证；

4. 农民、家庭农场、农民专业合作社、农村集体经济组织、村民委员会购买农业生产资料或者销售农产品书立的买卖合同和农业保险合同；

5. 无息或者贴息借款合同、国际金融组织向中国提供优惠贷款书立的借款合同；

6. 财产所有权人将财产赠与政府、学校、社会福利机构、慈善组织书立的产权转移书据；

7. 非营利性医疗卫生机构采购药品或者卫生材料书立的买卖合同；

8. 个人与电子商务经营者订立的电子订单。

——《印花税法》第十二条

5.4.10.2 保障性住房

1. 经济适用住房

对经济适用住房经营管理单位与经济适用住房相关的印花税以及经济适用住房购买人涉及的印花税予以免征。

开发商在商品住房项目中配套建造经济适用住房，如能提供政府部门出具的相关材料，可按经济适用住房建筑面积占总建筑面积的比例免征开发商应缴纳的印花税。

——《财政部 国家税务总局关于廉租住房、经济适用住房和住房租赁有关税收政策的通知》（财税〔2008〕24 号）第一条第（四）项

2. 公租房

对公租房经营管理单位免征建设、管理公租房涉及的印花税。在其他住房项目中配套建设公租房，按公租房建筑面积占总建筑面积的比例免征建设、管理公租房涉及的印花税。

对公租房经营管理单位购买住房作为公租房，免征契税、印花税；对公租房租赁双方免征签订租赁协议涉及的印花税。

——《财政部 国家税务总局关于公共租赁住房税收优惠政策的公告》（财政部 国家税务总局公告 2019 年第 61 号）第二条、第三条

3. 安置房

（1）棚户区改造安置住房。对改造安置住房经营管理单位、开发商与改造安置住房相关的印花税以及购买安置住房的个人涉及的印花税予以免征。

在商品住房等开发项目中配套建造安置住房的，依据政府部门出具的相关材料、房屋征收（拆迁）补偿协议或棚户区改造合同（协议），按改造安置住房建筑面积占总建筑面积的比例免征印花税。

——《财政部 国家税务总局关于棚户区改造有关税收政策的通知》（财税〔2013〕101 号）第一条

（2）易地扶贫搬迁。对易地扶贫搬迁项目实施主体（以下简称项目实施主体）取得用于建设安置住房的土地，免征印花税。

对安置住房建设和分配过程中应由项目实施主体、项目单位缴纳的印花税，予以免征。

在商品住房等开发项目中配套建设安置住房的，按安置住房建筑面积占总建筑面积的比例，计算应予免征项目实施主体、项目单位相关的印花税。

对项目实施主体购买商品住房或者回购保障性住房作为安置住房房源的，免征印花税。

——《财政部 国家税务总局关于易地扶贫搬迁税收优惠政策的通知》（财税〔2018〕135号）第二条

5.4.10.3 个人住房

1. 对个人销售或购买住房暂免征收印花税。

——《财政部 国家税务总局关于调整房地产交易环节税收政策的通知》（财税〔2008〕137号）第二条

2. 对个人出租、承租住房签订的租赁合同，免征印花税。

——《财政部 国家税务总局关于廉租住房、经济适用住房和住房租赁有关税收政策的通知》（财税〔2008〕24号）第二条第（二）项

5.4.10.4 融资性售后回租

自2015年12月24日起，在融资性售后回租业务中，对承租人、出租人因出售租赁资产及购回租赁资产所签订的合同，不征收印花税。

——《财政部 国家税务总局关于融资租赁合同有关印花税政策的通知》（财税〔2015〕144号）第二条

5.4.10.5 运动会捐赠

1. 杭州亚运会

自2020年4月9日起，对财产所有人将财产（物品）捐赠给组委会所书立的产权转移书据，免征印花税。

——《财政部 税务总局 海关总署关于杭州2022年亚运会和亚残运会税收政策的公告》（财政部 税务总局 海关总署公告2019年第92号）第八条

2. 三项国际综合运动会

自2020年1月1日起，对财产所有人将财产（物品）捐赠给组委会所书立的产权转移书据，免征印花税。

——《财政部 税务总局 海关总署关于第18届世界中学生运动会等三项国际综合运动会税收政策的公告》（财政部 税务总局 海关总署公告

2020 年第 19 号）第八条

5.4.11　纳税期限

同一种类应纳税凭证，需频繁贴花的，可由纳税人根据实际情况自行决定是否采用按期汇总申报缴纳印花税的方式。汇总申报缴纳的期限不得超过一个月。

采用按期汇总申报缴纳方式的，一年内不得改变。

实行核定征收印花税的，纳税期限为一个月，税额较小的，纳税期限可为一个季度，具体由主管税务机关确定。纳税人应当自纳税期满之日起 15 日内，填写国家税务总局统一制定的纳税申报表申报缴纳核定征收的印花税。

——《国家税务总局关于发布〈印花税管理规程（试行）〉的公告》（国家税务总局公告 2016 年第 77 号）

5.5　城市维护建设税

《中华人民共和国城市维护建设税法》由中华人民共和国第十三届全国人民代表大会常务委员会第二十一次会议于 2020 年 8 月 11 日通过，自 2021 年 9 月 1 日起施行。

5.5.1　纳税人和扣缴义务人

1. 纳税人

在中华人民共和国境内缴纳增值税、消费税的单位和个人，为城市维护建设税的纳税人。

2. 扣缴义务人

城市维护建设税的扣缴义务人为负有增值税、消费税扣缴义务的单位和个人，在扣缴增值税、消费税的同时扣缴城市维护建设税。

【提醒】 进口货物或者境外单位和个人向境内销售劳务、服务、无形资产缴纳的增值税、消费税税额，不征收城市维护建设税。

5.5.2 征税范围

城市维护建设税的征税范围包括市区、县城、镇以及税法规定征税的其他地区。

5.5.3 计税依据

城市维护建设税以纳税人依法实际缴纳的增值税、消费税税额（以下简称两税税额）为计税依据。

依法实际缴纳的增值税税额 = 纳税人依照增值税相关法律法规和税收政策规定计算应当缴纳的增值税税额 + 增值税免抵税额 - 直接减免的增值税税额 - 留抵退税额

依法实际缴纳的消费税税额 = 纳税人依照消费税相关法律法规和税收政策规定计算应当缴纳的消费税税额 - 直接减免的消费税税额

直接减免的增值税税额或消费税税额，是指依照增值税、消费税相关法律法规和税收政策规定，直接减征或免征的两税税额，不包括实行先征后返、先征后退、即征即退办法退还的两税税额。

5.5.4 征税税率

城市维护建设税采用地区差别比率税率：

1. 纳税人所在地在市区的，税率为 7%；
2. 纳税人所在地在县城、镇的，税率为 5%；
3. 纳税人所在地不在市区、县城或者镇的，税率为 1%。

纳税人所在地，是指纳税人住所地或者与纳税人生产经营活动相关的其他地点，具体地点由省、自治区、直辖市确定。

【提醒】纳税人所在地撤县建市后，城市维护建设税适用税率应为 7%。（参考税总函〔2015〕511 号《国家税务总局关于撤县建市城市维护建设税适用税率问题的批复》）

5.5.5 应纳税额的计算

城市维护建设税的应纳税额按照计税依据乘以具体适用税率计算。计算公式为：

应纳税额 = 实际缴纳的增值税、消费税税额 × 适用税率

【提醒】 实行增值税期末留抵退税的纳税人，可从城市维护建设税、教育费附加和地方教育附加的计税（征）依据中扣除退还的增值税税额。

【例 5 -7】 位于某县城的甲房地产开发企业，2020 年 10 月需要缴纳增值税 200 万元，上月申请并取得增值税留抵退税 20 万元，则其应缴纳城市维护建设税税额为（200 - 20）× 5% = 9 万元。甲企业可将申请退还的 20 万元留抵税额在城市维护建设税计税依据中扣除，可少缴纳税款 20 × 5% = 1 万元。

5.5.6　纳税地点

1. 城市维护建设税纳税人所在地一般以纳税人营业执照上登记的“住所”地（个体工商户以营业执照上登记的“经营场所”地）确定。

2. 实行增值税、消费税汇总缴纳的纳税人，总机构、分支机构分别以其所在地确定城市维护建设税纳税人所在地。

3. 纳税人跨地区提供建筑服务、销售和出租不动产的，应在建筑服务发生地、不动产所在地预缴增值税时，以预缴增值税税额为计税依据，并按预缴增值税所在地确定城市维护建设税纳税人所在地。预缴增值税的纳税人在其机构所在地申报缴纳增值税时，以其实际缴纳的增值税税额为计税依据，并按机构所在地确定城市维护建设税纳税人所在地。

4. 代扣代缴或代收代缴增值税和消费税以及流动经营等无固定纳税地点的单位和个人，按代扣代缴、代收代缴或缴纳增值税、消费税的地点确定城市维护建设税纳税人所在地。

5.5.7　纳税义务发生时间

城市维护建设税的纳税义务发生时间与增值税、消费税的纳税义务发生时间一致。

5.5.8　减免规定

城市维护建设税作为一种附加税，随增值税、消费税的减免而减免。

根据国民经济和社会发展的需要，国务院对重大公共基础设施建设、特殊产业和群体以及重大突发事件应对等情形可以规定减征或者免征城市

维护建设税，报全国人民代表大会常务委员会备案。

【提醒】为进一步支持小微企业发展，自 2019 年 1 月 1 日至 2021 年 12 月 31 日，对增值税小规模纳税人可以在 50% 的税额幅度内减征资源税、城市维护建设税、房产税、城镇土地使用税、印花税（不含证券交易印花税）、耕地占用税和教育费附加、地方教育附加（财税〔2019〕13 号）。

5.5.9 纳税期限

城市维护建设税的纳税期限与增值税、消费税一致。

5.6 耕地占用税

《中华人民共和国耕地占用税法》已由中华人民共和国第十三届全国人民代表大会常务委员会第七次会议于 2018 年 12 月 29 日通过，自 2019 年 9 月 1 日起施行。

5.6.1 纳税人

《耕地占用税法》第二条规定，在中华人民共和国境内占用耕地建设建筑物、构筑物或者从事非农业建设的单位和个人，为耕地占用税的纳税人，应当依照本法规定缴纳耕地占用税。

《耕地占用税法实施办法》第二条规定，经批准占用耕地的，纳税人为农用地转用审批文件中标明的建设用地人；农用地转用审批文件中未标明建设用地人的，纳税人为用地申请人，其中用地申请人为各级人民政府的，由同级土地储备中心、自然资源主管部门或政府委托的其他部门、单位履行耕地占用税申报纳税义务。

未经批准占用耕地的，纳税人为实际用地人。

【提醒 1】建设建筑物，是指建设具有顶盖、梁柱、墙壁、基础及能形成内部空间满足人民生产、生活所需的工程实体，既包括建设商品房、工商业生产经营用房等，也包括建造农用房。房地产开发企业如占用耕地建设建筑物的，需要按税法规定缴纳耕地占用税。

【提醒 2】构筑物是指有基础结构和上部建筑，但不形成内部空间，或虽有空间，但不以人们生产、生活为主要目的的工程实体，如水塔、烟囱、蓄水池、涵管等。

【提醒3】从事非农业建设，包括非农业建房以外的其他非农业建设，如开辟成高尔夫球场，建设机场跑道、公路、铁路以及大型工业设施等。

5.6.2　征税范围

耕地占用税的征税范围是中华人民共和国境内被占用的耕地。耕地，是指用于种植农作物的土地。

下列占地行为应缴纳耕地占用税；

1. 占用园地、林地、草地、农田水利用地、养殖水面、渔业水域滩涂以及其他农用地建设建筑物、构筑物或者从事非农业建设的。

因挖损、采矿塌陷、压占、污染等损毁耕地属于非农业建设，需要缴纳耕地占用税

2. 纳税人因建设项目施工或者地质勘查临时占用耕地，应当依照本法的规定缴纳耕地占用税。

临时占用耕地，是指经自然资源主管部门批准，在一般不超过2年内临时使用耕地并且没有修建永久性建筑物的行为。

【提醒1】纳税人在批准临时占用耕地期满之日起一年内依法复垦，恢复种植条件的，全额退还已经缴纳的耕地占用税。依法复垦应由自然资源主管部门会同有关行业管理部门认定并出具验收合格确认书。

【提醒2】企业未经批准占用耕地，占地行为已经发生，耕地用途已经改变，即使土地被政府收回，已缴纳的耕地占用税也不能退还。

需要注意的是，下列占地行为不征收耕地占用税：

1. 占用耕地建设农田水利设施。

2. 占用园地、林地、草地、农田水利用地、养殖水面、渔业水域滩涂以及其他农用地建设直接为农业生产服务的生产设施。

5.6.3　纳税义务发生时间

耕地占用税的纳税义务发生时间为纳税人收到自然资源主管部门办理占用耕地手续的书面通知的当日。

5.6.4 计税依据

耕地占用税以纳税人实际占用的耕地面积为计税依据。

实际占用的耕地面积，包括经批准占用的耕地面积和未经批准占用的耕地面积。

【提醒】经批准占用耕地的且占用耕地面积不超过批准面积的，批准文件中规定的面积为实际占用的面积；但占用的耕地超过批准面积的，占用的耕地面积为实际占用的耕地面积。

5.6.5 适用税额

1. 人均耕地不超过一亩的地区（以县、自治县、不设区的市、市辖区为单位，下同），每平方米为 10 元至 50 元。

2. 人均耕地超过 1 亩但不超过 2 亩的地区，每平方米为 8 元至 40 元。

3. 人均耕地超过 2 亩但不超过 3 亩的地区，每平方米为 6 元至 30 元。

4. 人均耕地超过 3 亩的地区，每平方米为 5 元至 25 元。

《耕地占用税法》第四条第二款规定，各地区耕地占用税的适用税额，由省、自治区、直辖市人民政府根据人均耕地面积和经济发展等情况，在前款规定的税额幅度内提出，报同级人民代表大会常务委员会决定，并报全国人民代表大会常务委员会和国务院备案。各省、自治区、直辖市耕地占用税适用税额的平均水平，不得低于下表规定的平均税额（见表 5 -5）。

表 5 -5　　各省、自治区、直辖市耕地占用税平均税额表

省、自治区、直辖市	平均税额（元/平方米）
上海	45
北京	40
天津	35
江苏、浙江、福建、广东	30
辽宁、湖北、湖南	25
河北、安徽、江西、山东、河南、重庆、四川	22.5
广西、海南、贵州、云南、陕西	20
山西、吉林、黑龙江	17.5
内蒙古、西藏、甘肃、青海、宁夏、新疆	12.5

在人均耕地低于0.5亩的地区，省、自治区、直辖市可以根据当地经济发展情况，适当提高耕地占用税的适用税额，但提高的部分不得超过《耕地占用税法》第四条第二款确定的适用税额的50%。

占用基本农田的，应当按照《耕地占用税法》第四条第二款或者第五条确定的当地适用税额，加按150%征收。

5.6.6 应纳税额的计算

《耕地占用税法》第三条规定，耕地占用税以纳税人实际占用的耕地面积为计税依据，按照规定的适用税额一次性征收，应纳税额为纳税人实际占用的耕地面积（平方米）乘以适用税额。

【提醒】占用耕地的行为是一次性行为，而不是延续性行为，因此在占用耕地建设建筑物、构筑物或者从事非农业建设的环节一次性征收。

耕地占用税应纳税额计算公式为：

$$应纳税额 = 应税土地面积 \times 适用税额$$

应税土地面积包括经批准占用面积和未经批准占用面积，以平方米为单位。

加按150%征收耕地占用税的计算公式为：

$$应纳税额 = 应税土地面积 \times 适用税额 \times 150\%$$

5.6.7 纳税义务发生时间

耕地占用税的纳税义务发生时间为纳税人收到自然资源主管部门办理占用耕地手续的书面通知的当日。

5.6.8 纳税地点

纳税人占用耕地，应当在耕地所在地申报纳税。

5.6.9 纳税期限

纳税人应当自纳税义务发生之日起30日内申报缴纳耕地占用税。

5.7 水资源税

《中华人民共和国资源税法》已由中华人民共和国第十三届全国人民代表大会常务委员会第十二次会议于2019年8月26日通过，自2020年9月1日起施行。

《资源税法》第十四条规定，国务院根据国民经济和社会发展需要，依照本法的原则，对取用地表水或者地下水的单位和个人试点征收水资源税。

2016年5月9日，财政部、国家税务总局、水利部联合印发《水资源税改革试点暂行办法》（财税〔2016〕55号），在河北开始实施水资源税改革试点。2017年11月24日，三部门印发《扩大水资源税改革试点实施办法》（财税〔2017〕80号），自2017年12月1日开始在北京、天津、山西、内蒙古、山东、河南、四川、陕西、宁夏九省市扩大水资源税改革试点。

注意，水资源税是根据《财政部 国家税务总局关于全面推进资源税改革的通知》（财税〔2016〕53号）全面推进资源税改革要求，扩大资源税征税范围，采取水资源费改税方式进行水资源税改革试点而出现的，相当于资源税的一个税目。

5.7.1 纳税人

直接从江河、湖泊（含水库）和地下取用水资源的单位和个人，为水资源税纳税人。以下情形不缴纳水资源税：

1. 农村集体经济组织及其成员从本集体经济组织的水塘、水库中取用水的；
2. 家庭生活和零星散养、圈养畜禽饮用等少量取用水的；
3. 水利工程管理单位为配置或者调度水资源取水的；
4. 为保障矿井等地下工程施工安全和生产安全必须进行临时应急取用（排）水的；
5. 为消除对公共安全或者公共利益的危害临时应急取水的；

6. 为农业抗旱和维护生态与环境必须临时应急取水的。

【提醒】 试点地区房地产开发企业在项目建设过程中，直接从地下取用水资源，可以是水资源税的纳税人（见图 5－1）。

中 华 人 民 共 和 国

税 收 完 税 证 明

税务机关　国家税务总局　县税务局　税务分局　填发日期　2021-03-06

纳税人名称　县　置业有限公司　纳税人识别号　9137　3Y

原凭证号	征收项目	征收品目	税款所属期	入（退）库日期	实缴（退）金额
337086190100128012	资源税	地下水水资源税	2018年10月01日至2018年12月31日	2019年01月18日	138,240.00

以上情况，特此证明

图 5－1　水资源税税收完税证明

5.7.2　征税对象

水资源税的征税对象为地表水和地下水。

地表水是陆地表面上动态水和静态水的总称，包括江、河、湖泊（含水库）等水资源。地下水是埋藏在地表以下各种形式的水资源。

5.7.3　纳税义务发生时间

水资源税的纳税义务发生时间为纳税人取用水资源的当日。

5.7.4　计税依据

水资源税实行从量计征。一般取用水按照实际取用水量征税，对采矿和工程建设疏干排水按照排水量征税，对水力发电和火力发电贯流式（不含循环式）冷却取用水按照实际发电量征税。

5.7.5　适用税额

除中央直属和跨省（区、市）水力发电取用水外，由试点省份省级人民政府统筹考虑本地区水资源状况、经济社会发展水平和水资源节约保护要求，在《试点省份水资源税最低平均税额表》规定的最低平均税额基础上，分类确定具体适用税额（见表5-6）。

表5-6　　　　试点省份水资源税最低平均税额表

省（区、市）	地表水最低平均税额	地下水最低平均税额
河北	0.4	1.5
北京	1.6	4
天津	0.8	4
山西	0.5	2
内蒙古	0.5	2
山东	0.4	1.5
河南	0.4	1.5
四川	0.1	0.2
陕西	0.3	0.7
宁夏	0.3	0.7

适用税额，是指取水口所在地的适用税额。

5.7.6　应纳税额的计算

除水力发电和火力发电贯流式（不含循环式）冷却取用水外，其他水资源税计算公式为：

应纳税额＝实际取用水量×适用税额

5.7.7　纳税地点

除跨省（区、市）水力发电取用水外，纳税人应当向生产经营所在地的税务机关申报缴纳水资源税。

在试点省份内取用水，其纳税地点需要调整的，由省级财政、税务部门决定。

5.7.8　纳税期限

除农业生产取用水外，水资源税按季或者按月征收，由主管税务机关根据实际情况确定。不能按固定期限计算纳税的，可以按次申报纳税。

纳税人应当自纳税期满或者纳税义务发生之日起15日内申报纳税。

5.8　环境保护税

《中华人民共和国环境保护税法》已由中华人民共和国第十二届全国人民代表大会常务委员会第二十五次会议于2016年12月25日通过，自2018年1月1日起施行。

5.8.1　纳税人

5.8.1.1　基本规定

《环境保护税法》第二条规定，在中华人民共和国领域和中华人民共和国管辖的其他海域，直接向环境排放应税污染物的企业事业单位和其他生产经营者为环境保护税的纳税人。

【提醒1】 个人不属于环境保护税的纳税人。

【提醒2】 直接向环境排放应税污染物是指直接排向受纳水体、大气和周围环境的行为。

5.8.1.2　施工扬尘环境保护税的纳税人

根据《环境保护部关于排污申报与排污费征收有关问题的通知》（环办〔2014〕80号）附件6《建筑施工单位排放污染物申报表（试行）》规定，施工扬尘是指本地区所有进行建筑工程、市政工程、拆迁工程和道桥施工工程等施工活动过程中产生的对大气造成污染的总悬浮颗粒物、可吸入颗粒物和细颗粒物等粉尘的总称。

施工扬尘属于大气污染物中的一般性粉尘。各地出台的环境保护税相关文件中对“施工扬尘”的定义基本上都是沿用环办〔2014〕80号文件中的定义，只是措辞表述上有些不同而已。开征施工扬尘环境保护税，是通过税收调节作用，促进相关企业采取防尘降霾措施，从而减少对大气环境的污染，保护和改善环境质量。

房地产业和建筑行业与环境保护税相关的主要是建筑工地施工扬尘应税污染物。在施工过程中直接向环境排放扬尘应税污染物的主体是建筑施工企业，根据税法规定，施工扬尘环境保护税纳税义务人应该是建筑施工企业。但环境保护税作为新开征的税种，同时考虑到环保监测管理的专业技术性，环境保护税纳税人的认定有一个循序渐进、逐步完善的过程。实务中对于施工扬尘环境保护税的纳税人，施工方和建设方都可以是纳税人，关键得看当地的政策规定。

1. 建设方是纳税人

目前地方规定中，北京、江苏、山东都明确施工扬尘环境保护税的纳税人是建设方（含代建方）。

（1）北京市。

自2018年4月1日起，本市行政区域内的建设工程施工扬尘应缴纳的环境保护税由建设单位（含代建方）向建设项目所在地主管税务机关申报缴纳。

土地一级开发阶段的建筑工地拆迁项目，由工程所在区土地储备管理中心作为纳税人，申报缴纳环境保护税。（京税函〔2018〕4号）

（2）江苏省。

自2019年1月1日起，各类建设工程的建设方（含代建方）应当承担施工扬尘的污染防治责任，将扬尘污染防治费用纳入工程概算，对施工过程中无组织排放应税大气污染物的，应当计算应税污染物排放量，按照相关规定向施工工地所在地主管税务机关缴纳环境保护税。（国家税务总局江苏省税务局公告2018年第21号）

（3）山东省。

自2019年10月1日起，各类建设工程的建设方（含代建方）应当承担施工扬尘的污染防治责任，将扬尘污染防治费用纳入工程概算，对施工过程中无组织排放应税大气污染物的，应当计算应税污染物排放量，按照相关规定向施工工地所在地主管税务机关缴纳环境保护税。（国家税务总局山东省税务局公告2019年第10号）

2. 施工方是纳税人

除以上三地外，其他地方基本明确施工方为施工扬尘环境保护税的纳税人，如广西、浙江、湖南等。

（1）广西壮族自治区。

自2020年1月1日起，各类建设工程的施工方应当承担施工扬尘的污染防治责任，对施工过程中无组织排放应税大气污染物的，应当计算应税污染物排放量，按照相关规定向施工工地所在地主管税务机关缴纳环境保护税。建筑工程的施工方应与《建筑法》第三章建筑工程发包与承包中规定的合法主体资格保持一致。（广西壮族自治区税务局公告 2019 年第 13 号）

（2）浙江省。

自 2018 年 1 月 1 日起，本公告适用于按照《环境保护税法》第十条第四项或附表《禽畜养殖业、小型企业和第三产业水污染物污染当量值》规定计算应税污染物排放量的禽畜养殖业、小型企业、第三产业、医院和工程施工企业等纳税人（以下简称纳税人）。（浙江省地方税务局 浙江省环境保护厅公告 2018 年第 3 号）

（3）湖南省。

自 2018 年 4 月 1 日起，本办法适用于按照《环境保护税法》第十条第四项规定，即不能按照监测数据计算以及不能按照国务院环境保护主管部门规定的排污系数、物料衡算方法计算应税污染物排放量的禽畜养殖业、小型企业、第三产业、医院和建筑施工企业等纳税人。（国家税务总局湖南省税务局 湖南省环境保护厅公告 2018 年第 4 号）

5.8.2　征税对象与范围

1. 征税对象

环境保护税的征税对象是纳税人直接向环境排放的应税污染物。应税污染物包括大气污染物、水污染物、固体废物和工业噪声。

【提醒】征税对象不包括未列污染物，如光污染、建筑噪声等。施工扬尘按大气污染物（一般性粉尘）征税。

2. 施工扬尘的征税对象及范围

根据环办〔2014〕80 号文件及各地环境保护税相关规定对施工扬尘的定义，施工扬尘的征税对象为对大气造成污染的总悬浮颗粒物、可吸入颗粒物和细颗粒物等粉尘的总称，即一般性粉尘。

施工扬尘的征税范围主要是施工工地，包括建筑工程、市政工程、拆迁工程和道桥施工工程等工地。

《北京市地方税务局 北京市环境保护局关于发布〈北京市环境保护税

核定计算暂行办法〉的公告》（北京市地方税务局 北京市环境保护局公告2018年第3号）则对建设工程施工工地解释得更为详细，即北京市行政区域内的房屋建筑工地（含工业厂房）、装修工地、市政基础设施工地、拆除工地、绿化工地、水务工地、公路工地、铁路工地等。

5.8.3 纳税义务发生时间

《环境保护税法》第十五条规定，纳税义务发生时间为纳税人排放应税污染物的当日。

施工扬尘纳税环节应为纳税人在排放大气污染物的施工时间内，纳税时间为施工许可证上规定的时间，或合同时间，如实际施工时间与施工许可证时间、合同时间不一致时，按实际施工时间为准。

5.8.4 计税依据

5.8.4.1 基本规定

应税大气污染物的计税依据按照污染物排放量折合的污染当量数确定。应税大气污染物污染当量数，以该污染物的排放量除以该污染物的污染当量值计算。即：

应税大气污染物污染当量数 = 污染排放量 ÷ 污染当量值

应税大气污染物的具体污染当量值，依照环境保护税法附表2“应税污染物和当量值表”执行，一般性粉尘的污染当量值为4千克。

污染当量，是指根据污染物或者污染排放活动对环境的有害程度以及处理的技术经济性，衡量不同污染物对环境污染的综合性指标或者计量单位。同一介质相同污染当量的不同污染物，其污染程度基本相当。

根据《环境保护税法》第十条第四款规定，不能按照本条第一项至第三项规定的方法计算的，按照省、自治区、直辖市人民政府生态环境主管部门规定的抽样测算的方法核定计算。目前，各地出台的规定对施工扬尘都是核定计税依据。

5.8.4.2 北京市施工扬尘计税依据

根据《北京市环境保护税核定计算暂行办法》规定，北京市建设工程施工工地产生的扬尘的计税依据为：

计税依据＝建设工程施工工地用地面积×0.065×施工工期×施工工地扬尘排放调整系数

1. 建设工程施工工地用地面积的确定

建设工程施工工地用地面积为建设单位（含代建方）建设工程用地面积。建设单位（含代建方）建设工程用地面积按照下列方法确定：

（1）依据国土、规划、住房城乡建设部门出具的“国有土地使用证”“建设项目规划条件”“建设用地规划许可证”“建设工程规划许可证”“建筑工程施工许可证”“房屋所有权证”或“不动产权证书”，以及有审批权限行政主管部门的批复文件或其他有关材料上所载明的数据。

对于整体规划分期建设或具有多类用地性质（包括代征城市公共用地）的建设工程项目，可以依据“国有土地使用证”“建设用地规划许可证”“建筑工程施工许可证”等批复文件核定用地面积。其中，城市公共用地在施工工地围挡内的按实际施工阶段情况进行核定征收。

“建筑工程施工许可证”批复的施工工地，计算环境保护税时，工地内未进行施工作业的面积不得在建设工程施工工地用地面积中扣除。

（2）公路、铁路、水务、管网等线性工程面积核定时应提供长度、宽度、管径等主要技术参数。

（3）无相关审批文件证明施工用地面积的工程，由建设单位按照实际用地面积核定计算施工面积。

2. 施工工期

施工工期按月进行核算，不足一月工期的，按照不同施工阶段的实际施工天数除以当月实际天数，折算施工工期。

计算建设工程施工工地扬尘环境保护税时，施工工期应连续计算，不考虑法定节假日及遇大型活动政策性停工等因素。按照《北京市空气重污染应急预案》，重污染天气应急停工的施工工地，计算环境保护税时应扣除停工天数；应停未停的，适用于该项目当月及其后5个月的核定征收，消减系数为200%。

3. 施工工地扬尘排放调整系数

施工工地扬尘排放调整系数详见表5－7。

表 5－7　　北京市工地扬尘排放调整系数表

<table>
<tr><th colspan="2">工地类型</th><th>系数</th></tr>
<tr><td rowspan="2">房屋建筑工地</td><td>结构和装修阶段</td><td>0.8</td></tr>
<tr><td>土方和桩基阶段</td><td>1.5</td></tr>
<tr><td colspan="2">装修工地（含工程改造类工地）</td><td>0.8</td></tr>
<tr><td colspan="2">市政基础设施工地</td><td>1.5</td></tr>
<tr><td colspan="2">拆除工地</td><td>2</td></tr>
<tr><td colspan="2">绿化工地、水务工地</td><td>1</td></tr>
<tr><td colspan="2">公路工地、铁路工地</td><td>1</td></tr>
</table>

房屋建筑工地的绿化阶段工程，依据表 5－7《北京市工地扬尘排放调整系数表》中房屋建筑工地结构和装修阶段系数（0.8）确定。

4. 消减系数

建设工程施工工地达到《北京市环境保护税核定计算暂行办法》所附“建设工程施工工地扬尘管理等级标准”中二类标准且达到一类标准的，按消减系数 50% 计算应纳税额；仅达到二类标准的，按消减系数 100% 计算应纳税额；未达到二类标准的，按消减系数 200% 计算应纳税额。

注意，北京市房地产开发企业作为建设方一般只涉及房建工地、装修工地，因此本章仅列示“建设工程施工工地扬尘管理等级标准”中的“房建工地、装修工地扬尘管理等级标准”（详见表 5－8）。

表 5－8　　北京市房建工地、装修工地扬尘管理等级标准

<table>
<tr><th>控制措施</th><th>序号</th><th>二类标准</th><th>一类标准</th></tr>
<tr><td rowspan="3">管理制度</td><td>1</td><td>建设单位应当将防治扬尘污染的费用列入工程造价，并在工程承发包合同中明确施工单位防治扬尘污染的责任</td><td rowspan="3">1. 建设单位建立完备的防治扬尘管理制度；设置扬尘治理专项资金，并专款专用；建立健全宣传教育制度，设置防治扬尘宣传展板，定期对施工人员进行防治扬尘相关培训</td></tr>
<tr><td>2</td><td>在施工现场出入口公示施工现场负责人、环保监督员、扬尘污染控制措施、举报电话等信息</td></tr>
<tr><td>3</td><td>建筑面积在 5 000 平方米以上的建筑施工工地在出入口和粉状物料、建筑土方堆放区安装视频监控系统并与执法部门联网</td></tr>
</table>

续表

控制措施	序号	二类标准	一类标准
施工围挡	4	建设工程开工前，建设单位应当在施工现场周边设置不低于2.5米的围挡，施工单位应当对围挡进行维护	2. 制定扬尘控制措施日常检查制度，施工现场设专职扬尘管理员，配备洒水专用车辆，每2小时检查记录1次，检查记录至少保留6个月 3. 施工现场设置视频监控系统终端，可以实时监控系统运行及联网情况，配备专职人员对视频监控系统进行管理、维护 4. 围挡底部设有防溢座，围挡拼接处无缝隙，且保持围挡及围挡附近整洁；围挡进行美化，与周边环境相符；密目式安全网或防尘布的覆盖率达100%，并保证覆盖物清洁 5. 冲洗装置采用滚轴动力，旋转冲洗运输车辆双排车轮，冲洗装置两侧至少各有10个高压喷头，具有水循环利用和自动排泥功能；装置可以正常工作，并定期进行维护保养；保证车辆和施工现场所有出口外道路清洁；对工地周边进行清扫保洁 6. 产生扬尘的物料在施工现场内装卸、运输时采取有效降尘措施 7. 设置密闭式垃圾站用于存放建筑垃圾，建筑垃圾清理应当搭设密闭式专用垃圾通道或者采用容器吊运，严禁随意抛撒；运输建筑垃圾，建设单位按照京政容发〔2014〕66号中要求，与运输单位、处置单位签订三方合同，并按要求实施
	5	在建筑结构脚手架外侧设置有效抑尘的密目式安全网或防尘布	
场地硬化	6	对施工现场内主要道路和物料堆放场地进行硬化，对其他场地进行覆盖或者临时绿化，对土方集中堆放并采取覆盖或者固化措施	
车辆冲洗	7	施工现场出口处设置冲洗车辆设施；车辆清洗处应当配套设置排水、泥浆沉淀设施	
	8	施工车辆经除泥、冲洗后驶出工地，禁止车容车貌不洁、车箱未密闭、车轮带泥上路行驶；建设工程施工现场道路及进出口周边100米以内的道路不得有泥土和建筑垃圾	
物料管理	9	产生扬尘的物料应当密闭贮存；不具备密闭贮存条件的，在其周围设置不低于堆放物高度的围挡并有效覆盖，不得产生扬尘	
	10	建筑土方、工程渣土、建筑垃圾及时运输到指定场所进行处置；在场地内堆存的，应当有效覆盖	
物料运输	11	运输建筑垃圾、土方、砂石浆等流散物料，应当依法使用符合DB11/T 1077《建筑垃圾运输车辆标识、监控和密闭技术要求》的运输车辆；建设单位必须办理“建筑垃圾消纳证”，并在施工现场公示；建设单位须与取得经营许可的运输单位签订清运合同；运输车辆密闭行驶，从施工现场到消纳地点全程不遗撒、不泄漏、不扬尘；车辆卫星定位系统正常使用，并定期维护	
现场搅拌	12	施工现场禁止搅拌混凝土。由政府投资的建设工程以及在本市规定区域内的建设工程，禁止现场搅拌砂浆。其他建设工程在施工现场设置砂浆搅拌机的，应当配备降尘防尘装置	

续表

控制措施	序号	二类标准	一类标准
应急管理	13	北京市发布空气重污染预警时，按照现行《空气重污染应急预案》有关要求，停止土石方和建筑拆除施工，停止渣土车、砂石车等易扬尘车辆运输	8. 因大风、空气重污染，按照相关规定停止产生扬尘污染的施工作业后采取定时洒水、覆盖等降尘措施，并对施工现场内可能被大风损坏的围挡，覆盖措施等进行巡检，及时修复
拆除降尘	14	气象预报风速达到四级以上时，停止土石方作业、拆除作业及其他可能产生扬尘污染的施工作业	
	15	对施工现场内的拆除作业进行连续洒水或喷淋	
1. 二类标准共 15 条，一类标准共 8 条 2. 凡是因为扬尘污染问题被行政机关处罚的相当于未达到二类标准			

建设工程施工工地在政府相关部门的扬尘管理中存在等级标准信息的，征税机关以此信息为准，确定消减系数。

同一建设单位（含代建方或施工单位）有多个在建项目的，分不同情况确定消减系数。

（1）城建部门对某一项目做出通报表扬适用于该项目当月及其后 5 个月的核定征收，消减系数为 50%。

（2）按照多个项目分别进行纳税申报的，城建、城管等职能部门对某一项目的处罚决定以及环保部门移送的扬尘污染问题，适用于该项目当月及其后 5 个月的核定征收，消减系数为 200%。

（3）合并多个在建项目后统一进行纳税申报的，城建、城管等职能部门对其中某一项目的处罚决定以及环保部门移送的扬尘污染问题，适用于申报时包含的全部项目当月及其后 5 个月的核定征收，消减系数为 200%。

5.8.4.3 其他省市施工扬尘计税依据

1. 扬尘排放量的确定

除北京以外，其他省市对施工扬尘计税依据除了表述方面有些不同之外，基本上是参考了环办〔2014〕80 号文件中扬尘排放量的计算口径，即：

扬尘排放量 =（扬尘产生量系数 − 扬尘排放量削减系数）（千克/平方米·月）×月建筑面积或施工面积（平方米）

（1）施工扬尘特征系数。其他省市出台的环境保护税规定中，对于施工扬尘特征系数都是平移沿用环办〔2014〕80号中的系数，详见表5－9。

表5－9　　施工扬尘特征系数表

<table>
<tr><td colspan="2">工地类型</td><td colspan="3">扬尘产生量系数（千克/平方米·月）</td></tr>
<tr><td colspan="2">建筑施工</td><td colspan="3">1.01</td></tr>
<tr><td colspan="2">市政（拆迁）施工</td><td colspan="3">1.64</td></tr>
<tr><td rowspan="4">工地类型</td><td rowspan="4">扬尘类型</td><td rowspan="4">扬尘污染控制措施</td><td colspan="2">扬尘排放量削减系数</td></tr>
<tr><td colspan="2">（千克/平方米·月）</td></tr>
<tr><td colspan="2">措施达标</td></tr>
<tr><td>是</td><td>否</td></tr>
<tr><td rowspan="7">建筑工地</td><td rowspan="5">一次扬尘</td><td>道路硬化措施</td><td>0.071</td><td>0</td></tr>
<tr><td>边界围挡</td><td>0.047</td><td>0</td></tr>
<tr><td>裸露地面覆盖</td><td>0.047</td><td>0</td></tr>
<tr><td>易扬尘物料覆盖</td><td>0.025</td><td>0</td></tr>
<tr><td>定期喷洒抑制剂</td><td>0.03</td><td>0</td></tr>
<tr><td rowspan="2">二次扬尘</td><td>运输车辆机械冲洗装置</td><td>0.31</td><td>0</td></tr>
<tr><td>运输车辆简易冲洗装置</td><td>0.155</td><td>0</td></tr>
<tr><td rowspan="6">市政（拆迁）工地</td><td rowspan="4">一次扬尘</td><td>道路硬化措施</td><td>0.102</td><td>0</td></tr>
<tr><td>边界围挡</td><td>0.102</td><td>0</td></tr>
<tr><td>易扬尘物料覆盖</td><td>0.066</td><td>0</td></tr>
<tr><td>定期喷洒抑制剂</td><td>0.03</td><td>0</td></tr>
<tr><td rowspan="2">二次扬尘</td><td>运输车辆机械冲洗装置</td><td>0.68</td><td>0</td></tr>
<tr><td>运输车辆简易冲洗装置</td><td>0.034</td><td>0</td></tr>
</table>

【提醒】一次扬尘削减系数按照达标控制措施累计扣减；二次扬尘削减系数按照达标控制措施扣减，若同时采用两种措施，则按“运输车辆机械冲洗装置削减系数”扣减。一次和二次扬尘削减系数可以叠加扣减。也就是说，一次可全选，二次二选一，一次二次可叠加。

需要注意的是，施工工地必须采取道路硬化措施、边界围挡、裸露地面（含土方）覆盖、易扬尘物料覆盖、持续洒水降尘、运输车辆冲洗装置等措施，并按控制措施达标与否，扣除削减量。具体施工扬尘控制措施及达标要求如表5－10所示，每项控制措施的任意一项基本要求不达标，则该项控制措施视为不达标。

表5－10　　施工扬尘控制措施及达标要求

措施	达标要求
道路硬化措施	1. 施工现场主要道路、加工区、生活办公区应做硬化处理，用作车辆通行的道路应铺设混凝土，满足车辆安全行驶要求，且无破损现象
	2. 任何时候车行道路上都不能有明显的尘土
	3. 道路清扫时都必须采取洒水措施
边界围挡	1. 围挡高度不低于1.8米，围挡下方设置不低于20厘米高的防溢座以防止粉尘流失（市政工程除外）
	2. 围挡必须是由金属、混凝土、塑料等硬质材料制作，拆迁工程在建筑拆除期间，应在建筑结构外侧设置防尘布
	3. 任意两块围挡以及围挡与防溢座的拼接处都不能有大于0.5厘米的缝隙，围挡不得有明显破损的漏洞
裸露地（含土方）覆盖	1. 每一块独立裸露地面80%以上的面积都应采取覆盖措施
	2. 覆盖措施的完好率必须在90%以上
	3. 覆盖措施包括：钢板、防尘网（布）、绿化、化学抑尘剂，或达到同等效率的覆盖措施
易扬尘物料覆盖	1. 所有砂石、灰土、灰浆等易扬尘物料都必须以不透水的隔尘布完全覆盖或放置在顶部和四周均有遮蔽的场所内
	2. 防尘布或遮蔽装置的完好率必须大于95%
	3. 小批量且在8小时之内投入使用的物料除外
定期喷洒抑制剂	施工现场应当有专人负责保洁工作，配备洒水设备，定期洒水清扫
运输车辆冲洗装置	1. 明确专人负责冲洗保洁，确保车辆不带泥出场，运输车辆驶出工地前，应对车轮、车身、车槽等部位进行清理或清洗以保证车辆清洁上路
	2. 每个大门内侧均应设置车辆冲洗台，四周应设置防溢座、排水沟，上盖钢篦，设置两级沉淀池，排水沟与沉淀池相连，沉淀池大小应满足冲洗要求
	3. 废水经二次沉淀后循环使用或用于洒水降尘，对沉淀池应定期清理污泥并规范处置
	4. 污水处理产生的污泥，应设有专门的处置系统
	5. 经过处理无法达到相关排放标准的洗车污水不得直接排入环境或市政下水系统

（2）月建筑面积或施工面积。建筑工地按建筑面积计算；市政工地按施工面积计算，施工面积为建设道路红线宽度乘以施工长度，其他为三倍开挖宽度乘以施工长度，市政工地分段施工时按实际施工面积计算。

因此，根据《环境保护税法》规定，施工扬尘应税大气污染物计税依据的计算公式为：

施工扬尘应税大气污染物当量数（计税依据）

=扬尘排放量÷污染当量值

=(扬尘产生量系数－扬尘排放量削减系数)×月建筑面积或施工面积÷一般性粉尘污染当量值

5.8.5 适用税额

《环境保护税法》第六条规定，环境保护税的税目、税额，依照本法所附“环境保护税税目税额表”执行。

应税大气污染物税额法定幅度税额为每污染当量1.2元至12元，授权各省级人大常委会确定和调整具体适用税额。如湖南省十二届人大常委会第三十三次会议决定应税大气污染物适用税额为每污染当量2.4元，北京市十四届人大常委会第四十二次会议决定应税大气污染物适用税额为每污染当量12元。

5.8.6 应纳税额的计算

根据《环境保护税》第十一条规定，应税大气污染物的应纳税额为污染当量数乘以具体适用税额。即：

应税大气污染物应纳税额=污染当量数×适用税额（各省在《环境保护税法》规定的幅度范围内确定）

1. 北京市施工扬尘应税大气污染物应纳税额的计算

建设工程施工工地产生的扬尘的应纳税额为：

应纳税额=建设工程施工工地用地面积×0.065×施工工期×施工工地扬尘排放调整系数×具体适用税额

2. 其他地区施工扬尘应税大气污染物应纳税额的计算

施工扬尘应纳税额 = 扬尘排放量 ÷ 污染当量值 × 适用税额

=（扬尘产生量系数 - 扬尘排放量削减系数）× 月建筑面积或施工面积 ÷ 一般性粉尘污染当量值 × 适用税额

【例 5-8】 某房地产项目建筑工地，规划面积 50 000 平方米，2019 年 4 月建筑 4 000 平方米，该建筑工地按规定进行了道路硬化措施，设置了边界围挡，对挖土方等易扬尘物料全部按照规定进行了覆盖，同时对运输车辆设置了机械冲洗装置防止二次扬尘污染，该省扬尘适用税额为每污染当量 1.2 元，如何计算 4 月环保税？

第一步，确定计算方式。

未安装自动监测设备，没有监测报告，采用核定计算方法。

第二步，确定应税污染物。

根据规定，建筑行业的污染为施工扬尘，适用一般性粉尘税目，污染当量值为 4。

第三步，确定计算特征系数。

建筑扬尘排放当量值 =（扬尘产生量 - 扬尘削减量）× 月建筑面积（或施工面积平方米）÷ 一般性粉尘污染当量值

通过表 5-9 和表 5-10 可知，建筑工程扬尘产生量系数为 1.01，该企业进行了道路硬化措施，减掉系数 0.071；设置了边界围挡，减掉系数 0.047；进行了易扬尘物料覆盖，减去系数 0.025；运输车辆机械冲洗，减去系数 0.31。

该企业扬尘特征系数 = 1.01 - 0.071 - 0.047 - 0.025 - 0.31 = 0.557

第四步，计算应纳税额。

该企业 2 月建筑面积为 4 000 平方米，污染当量数 = 4 000 × 0.557 ÷ 4 = 557，应纳税额 = 557 × 1.2 = 668.4 元。

5.8.7 纳税地点

根据《环境报税法》及其实施条例的规定，纳税人应当向应税污染物排放地的税务机关申报缴纳环境保护税，应税污染物排放地是指应税大气污染物排放口所在地。

因此，施工扬尘环境保护税的纳税地点为工程项目所在地。

5.8.8 纳税期限

环境保护税按月计算，按季申报缴纳，自季度终了之日起 15 日内，向税务机关办理纳税申报并缴纳税款。不能按固定期限计算缴纳的，可以按次申报缴纳，纳税义务发生之日起 15 日内，向税务机关办理纳税申报并缴纳税款。

5.9 财产行为税合并申报

《国家税务总局关于简并税费申报有关事项的公告》（国家税务总局公告 2021 年第 9 号）规定，自 2021 年 6 月 1 日起，纳税人申报缴纳城镇土地使用税、房产税、车船税、印花税、耕地占用税、资源税、土地增值税、契税、环境保护税、烟叶税中一个或多个税种时，使用“财产和行为税纳税申报表”。纳税人新增税源或税源变化时，须先填报“财产和行为税税源明细表”。

【提醒】城市维护建设税、船舶吨税和车辆购置税未纳入财产和行为税合并申报范围。

1. 填报税源信息

纳税人新增税源或税源变化时，纳税人需要填报“财产和行为税税源明细表”维护纳税申报的基本信息。纳税人既可以在申报期之前，也可以在申报期内自由选择维护税源信息的时间。

首次填报后，税源信息没有变化的，确认无变化后直接申报；税源信息有变化的，更新维护数据后再进行申报。例如，7 月份，某企业要申报第二季度城镇土地使用税、房产税，6 月份购销合同印花税，以及当年的车船税。城镇土地使用税、房产税、车船税税源信息在以前年度已经采集而且没有变化，那么，在 7 月份，该企业只采集印花税税源信息即可。

对于城镇土地使用税、房产税、车船税等稳定税源，可以“一次填报，长期有效”。例如，某企业按季缴纳城镇土地使用税、房产税，8 月

15日购入厂房，假设当季申报期为10月1日至10月20日，则企业可在8月15日至10月20日之间的任意时刻填写城镇土地使用税、房产税税源明细表，然后申报，只要厂房不发生转让、损毁等变化情况，此后就可以一直使用该税源明细表。

对于耕地占用税、印花税、资源税等一次性税源，纳税人可以在发生纳税义务后立即填写税源明细表，也可以在申报时填报所有税源信息。例如，某企业按月汇总缴纳印花税，分别在8月5日、10日、15日、20日签订应税合同，则可在当天立即填写印花税税源明细表，也可以在9月纳税申报期内，一并填报所有税源信息。

2. 税费申报

纳税申报时，各税种统一采用“财产行为税纳税申报表”。该表由一张主表和一张减免税附表组成，主表反映纳税情况，包括各税种税款所属期、应纳税额、减免税额、已缴税款、应补退税款等；附表反映减免税情况，分类详细展示纳税人享受的每项优惠政策。

为确保税源信息和纳税申报信息逻辑一致，征管系统将根据各税种税源信息自动生成新申报表，纳税人审核确认后即可完成申报。以电子税务局操作为例，纳税人登录电子税务局，进入财产行为税申报模块后，系统显示纳税人本期应申报的税种。点击税种名称，进入该税种税源信息表进行数据维护。完成全部税种信息采集后，即可一表提交申报。

3. 特殊情形的处理

（1）税源信息填报错误。发现错填、漏填税源信息时，可以直接修改已填写的税源明细表。例如，纳税人填写了印花税税源明细表，后来发现遗漏了一份应税合同信息，则可直接修改已填写的印花税税源明细表，补充相应合同信息，然后继续申报或更正申报。

（2）漏报税种。合并申报未强制要求一次性申报当期全部税种，纳税人可以自由选择一次性或分别申报各税种。例如，某企业7月应申报城镇土地使用税、房产税、印花税和资源税4个税种，7月5日申报了城镇土地使用税、房产税、印花税这3个税种，遗漏了资源税，那么，该企业可以在纳税期限结束前单独申报资源税，不用更正或作废此前的申报。

（3）单税种更正。合并申报支持单税种更正。纳税人更正申报一个或部分税种，不影响其他已申报税种。例如，纳税人一次性申报了城镇土地使用税、房产税、印花税和资源税 4 个税种，随后发现资源税申报错误，则可以仅就资源税进行更正申报。更正时，修改资源税税源明细表再单独更正申报即可，无须调整其他已申报税种。

第六章　设立登记环节

6.1　涉税示意图

本章涉税示意图见图 6－1。

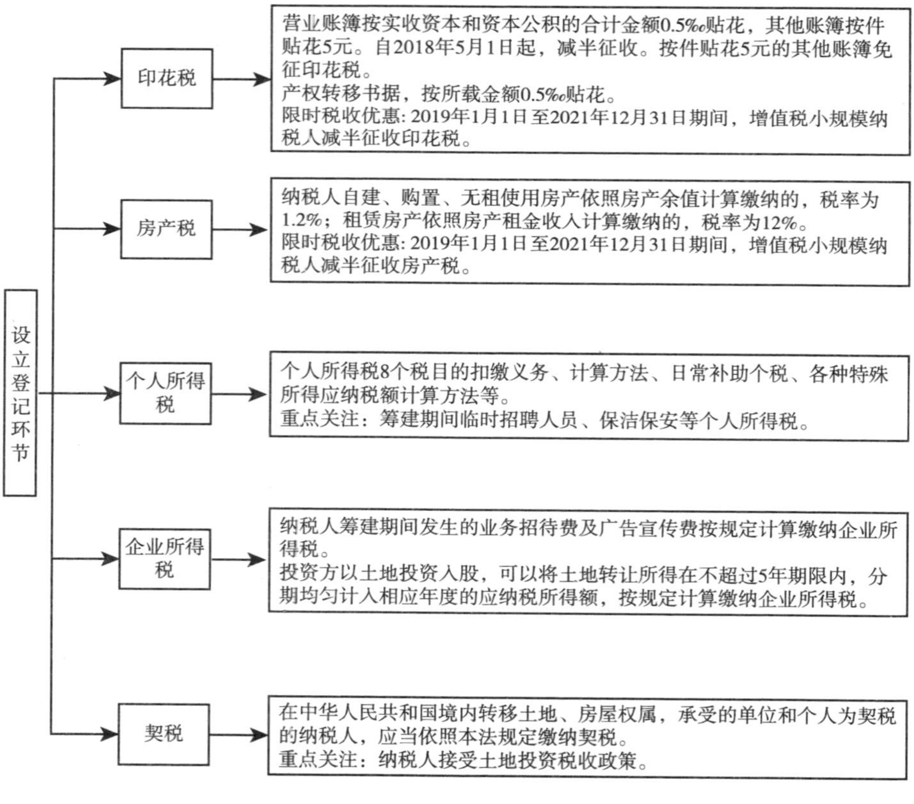

图 6－1　设立登记环节涉税示意图

本环节主要涉税事项有：设置会计账簿；自有房屋、承租房屋或无租使用房屋作为办公场所；发放工资；或接受土地投资等。

本环节主要涉及税种：印花税、房产税、个人所得税、企业所得税、契税。

6.2　税收风险点

本环节常见税收风险与相关税收政策详见表6－1。

表6－1　　设立及登记环节常见税收风险点与相关税收政策表

常见风险点	政策依据
1. 记载资金的营业账簿未按照实收资本与资本公积的合计金额及时足额申报缴纳印花税	国税发〔1994〕25号 财税〔2018〕50号
2. 自有房产或无租使用其他单位房产未按规定申报缴纳房产税	国发〔1986〕90号 财税〔2009〕128号
3. 投资者在规定期限内未缴足其应交资本额时全额税前扣除对外借款利息	国税函〔2009〕312号
4. 未及时在"自然人税收管理系统扣缴客户端"完成员工信息录入，发放工资时未按规定代扣代缴工资薪金个人所得税	《个人所得税法》 《个人所得税法实施条例》
5. 未合理确定筹建期，对于筹建期间发生的广告宣传费、业务招待费未按规定进行税务处理	国家税务总局公告2012年第15号 国税函〔2009〕98号 《企业所得税法实施条例》

6.3　特殊事项税务处理

6.3.1　筹建期

1. 筹建期的界定

新设立的企业，从办理税务登记，到开始生产经营，往往要经过一定的筹建期，进行基础建设、购买办公和生产设备、建账建制、招聘员工等。原《企业所得税暂行条例实施细则》（财法字〔1994〕3号，已作废）第三十四条规定，筹建期是指从企业被批准筹建之日起至开始生产、经营

（包括试生产、试营业）之日的期间。

现行税法对“筹建期”的起止日没有明确界定，特别是对于房地产开发企业筹建期的时间期限政策尚未有文件明确规定。

国家税务总局2010年9月7日答疑，房地产开发企业开始生产经营的年度为开始计算损益的年度，而不是营业执照的日期，也不是取得第一笔经营收入的日期。至于“企业开始生产经营的年度”如何理解，国家税务总局2010年4月27日曾答疑指出，“企业自开始生产经营的年度”是指企业的各项资产投入使用开始的年度，或者对外经营活动开始年度。

《辽宁省地方税务局关于做好2010年度企业所得税汇算清缴工作的通知》（辽地税发〔2011〕16号）明确，以纳税人正式取得的工商营业执照上标明的设立日期为企业筹办期结束。《河北省国家税务局关于印发〈企业所得税若干政策问题解答〉的通知》（冀国税函〔2013〕161号）第十九条规定，房地产开发经营企业取得营业执照后已具备取得开发资质的条件，筹办期结束。原安徽省安庆市地方税务局纳税服务科在2014年3月10日答疑，房地产开发企业可以以第一个开发项目打下第一根桩基判断为筹建期的结束。原宁波国税也曾答复，房地产企业筹建期结束日不得迟于首个开工项目领取“施工许可证”之日。

笔者认为，房地产开发企业从成立、办理房地产开发资质、拿地并办理报建手续的时间一般都不会很长，尤其是房地产集团的项目公司。即使一些房地产企业因某些原因可能会经过很长时间的“筹建期”，也不会发生较多费用，因此在当地没有明确规定时，可参考国家税务总局的答疑，将从资产投入使用开始的年度作为开始生产经营的年度来界定“筹建期”。

2. 开（筹）办费的税务处理

开办费是指企业在筹建期发生的费用，包括人员工资、办公费、培训费、差旅费、印刷费、注册登记费以及不计入固定资产和无形资产成本的汇兑损益和利息支出。

《国家税务总局关于企业所得税若干税务事项衔接问题的通知》（国税函〔2009〕98号）第九条规定，新税法中开（筹）办费未明确列作长期待摊费用，企业可以在开始经营之日的当年一次性扣除，也可以按照新税法有关长期待摊费用的处理规定处理，但一经选定，不得改变。

《国家税务总局关于贯彻落实企业所得税法若干税收问题的通知》（国税函〔2010〕79号）第七条规定，企业自开始生产经营的年度，为开始计算企业损益的年度。企业从事生产经营之前进行筹办活动期间发生筹办费用支出，不得计算为当期的亏损，应按照国税函〔2009〕98号文件第九条规定执行。

3. 筹建期增值税进项抵扣问题

企业在筹建期间未能及时认定为一般纳税人，在税务机关的征管系统中存在一段时期的小规模纳税人状态，此时取得的增值税专用发票可以根据《国家税务总局关于纳税人认定或登记为一般纳税人前进项税额抵扣问题的公告》（国家税务总局公告2015年第59号）进行处理。

59号公告规定，纳税人自办理税务登记至认定或登记为一般纳税人期间，未取得生产经营收入，未按照销售额和征收率简易计算应纳税额申报缴纳增值税的，其在此期间取得的增值税扣税凭证，可以在认定或登记为一般纳税人后抵扣进项税额。

筹建期取得增值税专用发票的，可由销售方纳税人开具红字增值税专用发票后重新开具蓝字增值税专用发票；筹建期取得海关进口增值税专用缴款书，按照《国家税务总局关于逾期增值税扣税凭证抵扣问题的公告》（国家税务总局公告2011年第50号）规定的程序，经国家税务总局稽核比对相符后抵扣进项税额。

4. 筹建期业务招待费及广告宣传费的处理

《国家税务总局关于企业所得税应纳税所得额若干税务处理问题的公告》（国家税务总局公告2012年第15号）第五条规定，企业在筹建期间，发生的与筹办活动有关的业务招待费支出，可按实际发生额的60%计入企业筹办费，并按有关规定在税前扣除；发生的广告费和业务宣传费，可按实际发生额计入企业筹办费，并按有关规定在税前扣除。

国家税务总局所得税司2013年发表的《纳税人不可不知的所得税新政》文章对上述“有关规定”做出相关解读。该文章指出，企业在筹办期发生的包括业务招待费、广告费和业务宣传费等的费用，属于筹办费范畴，根据国税函〔2009〕98号文的规定，企业可以选择在经营开始年度一次性摊销或平均三年摊销。由于《企业所得税法实施条例》对上述费用在扣除时有限定性规定，因此，15号公告第五条规定，企业在筹建期发生的与筹办活动有关的业务招待费，可按实际发生额的60%计入筹办费；广告费和业务宣传费，可按实际发生额计入筹办费。企业生产经营开始后，其按照国税函〔2009〕98号文规定摊销的筹办费中的业务招待费、广告费和业务宣传费数额，加上当年度发生的业务招待费、广告费和业务宣传费之和，作为该年度企业业务招待费、广告费和业务宣传费总额，按照《实施条例》的有关规定计算扣除。

6.3.2 接受土地投资

1. 契税

《财政部 国家税务总局关于继续执行企业事业单位改制重组有关契税政策的公告》（财政部 国家税务总局公告2021年第17号）第六条规定，同一投资主体内部所属企业之间土地、房屋权属的划转，包括母公司与其全资子公司之间，同一公司所属全资子公司之间，同一自然人与其设立的个人独资企业、一人有限公司之间土地、房屋权属的划转，免征契税。

投资方以土地向被投资方增资，被投资方免契税。

【涉税安排】投资方可先以部分货币资金投资设立公司，再用土地向被投资方增资。

2. 印花税

（1）资金账簿。《财政部 税务总局关于对营业账簿减免印花税的通知》（财税〔2018〕50号）规定，自2018年5月1日起，对按0.5‰税率贴花的资金账簿减半征收印花税，对按件贴花5元的其他账簿免征印花税。

被投资方按实收资本与资本公积所载金额的0.5‰减半征收印花税。

（2）产权转移书据。《财政部 国家税务总局关于印花税若干政策的通知》（财税〔2006〕162号）第三条规定，对土地使用权出让合同、土地使用权转让合同按产权转移书据征收印花税。

被投资方接受土地投资，按照产权转移书据缴纳印花税。

（3）权利许可证照。权利、许可证照包括政府部门发给的房屋产权证、工商营业执照、商标注册证、专利证、土地使用证，2022 年 7 月 1 日以前领受人按件贴花 5 元。

6.3.3 以土地对外投资

1. 增值税

《营业税改征增值税试点实施办法》规定，销售服务、无形资产或者不动产，是指有偿提供服务、有偿转让无形资产或者不动产。有偿，是指取得货币、货物或者其他经经济利益。

投资方以土地作价投资入股，取得对被投资方股权的行为属于有偿转让不动产，应缴纳增值税。

2. 土地增值税

《财政部 国家税务总局关于继续实施企业改制重组有关土地增值税政策的公告》（财政部 国家税务总局公告 2021 年第 21 号）第四条规定，单位、个人在改制重组时以房地产作价入股进行投资，对其将房地产转移、变更到被投资的企业，暂不征土地增值税。第五条规定，上述改制重组有关土地增值税政策不适用于房地产转移任意一方为房地产开发企业的情形。

投资方与被投资方只要有一方为房地产开发企业，投资方就需要缴纳土地增值税。对投资方按规定征收土地增值税的，以征税时确认的收入作为被投资方取得土地（房地产）使用权所支付的金额。

3. 印花税

《财政部 国家税务总局关于印花税若干政策的通知》（财税〔2006〕162 号）第三条规定，对土地使用权出让合同、土地使用权转让合同按产权转移书据征收印花税。

投资方将土地投资入股到被投资方名下，投资方按照产权转移书据缴纳印花税。

4. 企业所得税

《财政部 国家税务总局关于非货币性资产投资企业所得税政策问题的通知》（财税〔2014〕116 号）第一条规定，居民企业（以下简称企业）

以非货币性资产对外投资确认的非货币性资产转让所得，可在不超过5年期限内，分期均匀计入相应年度的应纳税所得额，按规定计算缴纳企业所得税。第二条规定，企业以非货币性资产对外投资，应对非货币性资产进行评估并按评估后的公允价值扣除计税基础后的余额，计算确认非货币性资产转让所得。企业以非货币性资产对外投资，应于投资协议生效并办理股权登记手续时，确认非货币性资产转让收入的实现。

投资方以土地投资入股，可以将土地转让所得在不超过5年期限内，分期均匀计入相应年度的应纳税所得额，按规定计算缴纳企业所得税。

第七章　融资环节

7.1　涉税示意图

本章涉税示意图见图 7－1。

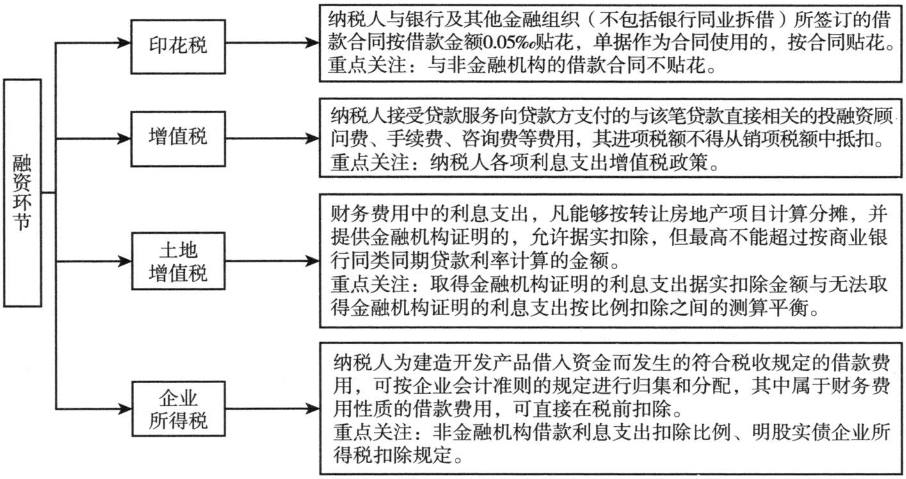

图 7－1　融资环节涉税示意图

房地产开发企业是资金密集型企业，对资金依赖性强、需求大。房地产企业的设立、拿地、开发建设都会涉及资金需求，仅靠企业自身积累和资本金投入很难满足项目的资金需求，资金是房地产企业的“血液”，是房地产企业生存和发展的重点，因此融资显得尤为重要。房地产开发企业的融资方式主要有银行贷款、债券融资等。

本环节主要涉税事项有：金融机构借款；非金融机构借款等。

本环节主要涉及税种：增值税、印花税、土地增值税、企业所得税等。

7.2 税收风险点

本环节常见税收风险与相关税收政策详见表7-1。

表7-1　　融资环节常见税收风险点与相关税收政策表

常见风险点	政策依据
1. 借款合同未按规定申报缴纳借款合同印花税	《印花税法》第十条
2. 统借统还业务中，项目公司向集团支付的利息，未取得集团开具的免税发票；同时统借统还协议、集团向金融机构的贷款合同，未取得集团公司或集团核心企业或集团所属财务公司在税务机关办理的增值税免税备案证明	国家税务总局公告2018年第28号
3. 集团企业、集团核心企业，或集团所属财务公司向下属单位收取的利息利率水平高于向金融机构借入的借款利率水平的利息未按规定缴纳增值税	《企业所得税法实施条例》第三十八条 财税〔2016〕36号 附件3
4. 在集团内关联企业间融通资金，未按照独立企业之间的业务往来处理，不计息或收取低息	《税收征收管理法实施细则》第五十四条 《企业所得税法实施条例》第一百一十条至第一百二十三条 国家税务总局公告2016年第42号 财税〔2019〕20号
5. 取得投融资相关费用（如向贷款方支付的与该笔贷款直接相关的投融资顾问费、手续费、咨询费等费用）的增值税专用发票，抵扣增值税进项税额	财税〔2016〕36号附件1第二十七条
6. 企业将贷款资金借给其他单位和个人使用，自身列支贷款利息，不收取利息或者收取利息不计收入	财税〔2016〕36号附件1第一条及第十四条 《企业所得税法》第八条 国税发〔2009〕31号第二十一条
7. 银行利息单代替发票进行税前扣除	国家税务总局2018年第三季度政策解读现场实录 国家税务总局公告2018年第28号

续表

常见风险点	政策依据
8. 为开发房地产而借入资金所发生的借款费用，在房地产完工之前发生的，直接计入财务费用	国税发〔2009〕31号第二十一条
9. “明股实债”投资结构少缴纳增值税	财税〔2016〕36号附件1 财税〔2016〕140号第一条

7.3 特殊事项税务处理

7.3.1 银行贷款

1. 增值税

《营业税改征增值税试点有关事项的规定》（财税〔2016〕36号附件2）规定，纳税人接受贷款服务向贷款方支付的与该笔贷款直接相关的投融资顾问费、手续费、咨询费等费用，其进项税额不得从销项税额中抵扣。

2. 土地增值税

财务费用中的利息支出，凡能够按转让房地产项目计算分摊并提供金融机构证明的，允许据实扣除，但最高不能超过按商业银行同类同期贷款利率计算的金额。

3. 印花税

按借款金额万分之零点五贴花。

4. 企业所得税

《企业所得税法实施条例》第三十八条第（一）项规定，非金融企业在生产经营活动中，向金融企业借款支付的利息支出，准予扣除。国税发〔2009〕31号文第二十一条第（一）项规定，企业为建造开发产品借入资金而发生的符合税收规定的借款费用，可按企业会计准则的规定进行归集和分配，其中属于财务费用性质的借款费用，可直接在税前扣除。

需要注意的是，对方为已办理税务登记的增值税纳税人，企业支出以对方开具的发票作为税前扣除凭证。也就是说，凡对方能够开具增值税发票的，必须以发票作为扣除凭证。银行用利息单代替发票给予企业，而没有按照规定开具发票，在国家税务总局公告2018年第28号发布后，必须统一按照规定开具发票，不然相关企业发生的利息支出将无法税前扣除。

7.3.2 统借统还

统借统还业务，是指企业集团或者企业集团中的核心企业向金融机构借款或对外发行债券取得资金后，将所借资金分拨给下属单位（包括独立核算单位和非独立核算单位），并向下属单位收取用于归还金融机构或债券购买方本息的业务。企业集团向金融机构借款或对外发行债券取得资金后，由集团所属财务公司与企业集团或者集团内下属单位签订统借统还贷款合同并分拨资金，并向企业集团或者集团内下属单位收取本息，再转付企业集团，由企业集团统一归还金融机构或债券购买方的业务。

目前税法均未对“企业集团”从税收政策上进行单独的解释，应以国家市场监督管理总局的有关规定为准。2018年8月17日，市场监管总局下发《关于做好取消企业集团核准登记等4项行政许可等事项衔接工作的通知》（国市监企注〔2018〕139号），明确取消企业集团核准登记事项，企业不需要再办理企业集团核准登记和申请“企业集团登记证”，也就是说企业集团不再需要审批核准，改由集团企业的母公司登记、公示。

因此，判断一个企业是否属于企业集团的企业成员时，需要以成立的时点进行分别处理：对于取消企业集团核准登记事项之前成立的，以“企业集团登记证”为准，取消核准之后成立的，可通过查询国家企业信用信息公示系统的相关信息进行确认。

企业集团“统借统还”涉税业务主要有以下几点：

1. 增值税

企业集团或企业集团中的核心企业以及集团所属财务公司按不高于支付给金融机构的借款利率水平或者支付的债券票面利率水平，向企业集团或者集团内下属单位收取的利息免征增值税。统借方向资金使用单位收取的利息，高于支付给金融机构借款利率水平或者支付的债券票面利率水平的，应全额缴纳增值税。也就是说，只要利息未“涨价”，就免征增值税。

注意，集团企业融资利息要适用统借统还的优惠政策，免征增值税，必须同时满足以下条件：

（1）资金来源必须是金融机构。如果是从非金融机构的借款，不适用该政策；如果是集团内部资金委托金融机构进行的委托贷款，也不适用该政策。

（2）融资主体（统借方）必须是集团企业，或者集团中的核心企业。该核心企业可以是集团的财务公司，也可以是集团中的某个公司。

（3）资金由融资主体（统借方）统一借入，借入资金后，统一调拨，且仅限一级调拨，归还时也必须由融资主体（统借方）统一归还。资金从金融机构流入，到最终使用方，必须有清晰的、一一对应的资金流。

（4）必须签订统借统还协议，并且资金借出方应当提供增值税免税发票。

（5）融资主体（统借方）向集团内部其他企业借出资金的利率不得超过向金融机构借入资金的利率。

2. 土地增值税

一般不可扣除，但也有地方明确规定符合条件可以扣除。（详见“2.3.1.16　房地产开发费用”）

3. 印花税

统借方与金融机构之间签订的借款合同须缴纳印花税，统借方与资金使用方签订借款合同是否缴纳印花税要视统借方（如集团的财务公司）是否是金融机构来确定。

4. 企业所得税

国税发〔2009〕31号文第二十一条第（二）项规定，企业集团或其成员企业统一向金融机构借款分摊集团内部其他成员企业使用的，借入方凡能出具从金融机构取得借款的证明文件，可以在使用借款的企业间合理的分摊利息费用，使用借款的企业分摊的合理利息准予在税前扣除。

根据《企业所得税税前扣除凭证管理办法》（国家税务总局公告2018年第28号）第九条规定，企业在境内发生的支出项目属于增值税应税项目的，对方为已办理税务登记的增值税纳税人，其支出以发票（包括按照规定由税务机关代开的发票）作为税前扣除凭证；第七条规定，企业应将与税前扣除凭证相关的资料，包括合同协议、支出依据、付款凭证等留存备查，以证实税前扣除凭证的真实性。统借统贷业务涉及的利息支出在税前扣除时，必须取得集团开具的免税发票、统借统贷协议、集团与金融机构的贷款合同，集团在税务机关办理的增值税免税备案证明以作为税前扣除凭证。

7.3.3 非金融机构借款

1. 关联企业借款

（1）增值税。取得利息发票不得抵扣进项税额。根据《财政部 税务总局关于明确养老机构免征增值税等政策的通知》（财税〔2019〕20号）及《财政部 税务总局关于延长部分税收优惠政策执行期限的公告》（财政部 税务总局公告2021年第6号）规定，自2019年2月1日至2023年12月31日，对企业集团内单位（含企业集团）之间的资金无偿借贷行为，免征增值税。

【提醒】“统借统还”与财税〔2019〕20号文中的“无偿借贷”不同。“统借统还”是有偿的，并且资金来源于金融结构借款或对外发行债券，同时对资金的使用及偿还方式等有严格要求，而“无偿借贷”对资金来源和流向都没有要求。

（2）土地增值税。非金融机构借款利息支出不可据实扣除。

（3）印花税。与非金融机构的借款合同不贴花，关联企业为金融机构的除外。

（4）企业所得税。《国家税务总局关于企业投资者投资未到位而发生的利息支出企业所得税前扣除问题的批复》（国税函〔2009〕312号）规定，企业投资者在规定期限内未缴足其应缴资本额的，该企业对外借款所发生的利息，相当于投资者实缴资本额与在规定期限内应缴资本额的差额应计付的利息，其不属于企业合理的支出，应由企业投资者负担，不得在计算企业应纳税所得额时扣除。同时企业实际支付给关联方的利息支出还得符合财税〔2008〕121号文关于“债资比”规定，并且不高于同期金融机构贷款利率。

企业实际支付给关联方的利息支出，接受关联方债权性投资与其权益性投资比例不超过规定的（金融企业为5∶1，其他企业为2∶1）和税法及其实施条例有关规定计算的部分，准予扣除，超过的部分不得在发生当期和以后年度扣除。

2. 其他企业借款

（1）增值税。取得利息发票不得抵扣进项税额。

【提醒1】企业之间进行无偿借款，提供资金融通服务，如果不是用于公益事业或者以社会公共为对象，税务机关可以认定为视同销售行为，并按照有关规定确认销售额，具体详见“1.2.1.7　视同销售”。

【提醒2】如果是支付给非贷款方的第三方投融资顾问费、手续费、咨询费等费用产生的进项税额可以按规定抵扣。

（2）土地增值税。非金融机构借款利息支出不可据实扣除。

（3）印花税。与非金融机构的借款合同不贴花。

（4）企业所得税。《企业所得税法实施条例》第三十八条第（二）项规定，非金融企业向非金融企业借款的利息支出，不超过按照金融企业同期同类贷款利率计算的数额的部分，准予扣除。

3. 自然人借款

（1）增值税。取得利息发票不得抵扣进项税额。另外，个人收取的利息需按照小规模纳税人依据相关规定缴纳增值税，未取得个人代开的利息发票的，可由利息支付方扣缴。

（2）土地增值税。非金融机构借款利息支出不得扣除。

（3）印花税。与非金融机构的借款合同不贴花。

（4）企业所得税。企业与自然人之间的借贷是真实、合法、有效的，不具有非法集资目的或其他违反法律、法规的行为，并且签订了借款合同。支付的利息不高于金融机构同期同类贷款利率的部分允许扣除，同时自然人股东受“债资比”限制，其他人员在同期同类贷款利率计算范围内无“债资比”限制。

（5）个人所得税。如自然人代开利息发票时未缴纳个人所得税或未提供利息发票的，支付方需按“利息所得”代扣代缴20%个人所得税。

7.3.4　名股实债

“名股实债”的现象在大型房地产集团的投融资中比较常见，名义上是股权投资，实际上却是债权投资。“名股实债”又称“明股实债”，中国证券投资基金业协会2017年2月13日发布的《证券期货经营机构私募资产管理计划备案管理规范第4号——私募资产管理计划投资房地产开发企业、项目》对“名股实债”的定义是指投资回报不与被投资企业的经营业绩挂钩，不是根据企业的投资收益或亏损进行分配，而是向投资者提供保本保收益承诺，根据约定定期向投资者支付固定收益，并在满足特定条件后由被投资企业赎回股权或者偿还本息的投资方式，常见形式包括回购、第三方收购、对赌、定期分红等。

对于“名股实债”是股权投资还是债权投资，《最高人民法院民二庭第5次法官会议纪要》指出，名股实债并无统一的交易模式，实践中，应根据当事人的投资目的、实际权利义务关系等因素综合认定其性质。投资人目的在于取得目标公司股权，且享有参与公司的经营管理权利的，应认定为股权投资，投资人是目标公司股东，在一定条件下可能构成抽逃出资。反之，投资人目的并非取得目标公司股权，而仅是为了获取固定收益，且不参与公司经营管理权利的，应认定为债权投资，投资人是目标公司或有回购义务的股东的债权人。

地产界的“名股实债”，就是房地产开发企业作为融资方与投资方签订投融资合同或协议，房地产开发企业将股权质押给投资方，接受投资后按投资合同或协议约定的利率定期支付利息，待投资期满或满足特定投资条件且被投资企业赎回投资或偿还本金后，房地产企业原股东按照投资协议约定的价格通过解押回购股权。

1. 名股实债的增值税处理

《营业税改征增值税试点实施办法》（财税〔2016〕36号文附件1）所附《销售服务、无形资产、不动产注释》规定，以货币资金投资收取的固定利润或者保底利润，按照贷款服务缴纳增值税。

在“名股实债”中，投资方收取房地产开发企业（被投资企业）的利息应按贷款服务缴纳增值税。

2. 名股实债的土地增值税处理

国税函〔2010〕220号文件对“财务费用中的利息支出”规定如下：凡能够按转让房地产项目计算分摊并提供金融机构证明的，允许据实扣除，但最高不能超过按商业银行同类同期贷款利率计算的金额。其他房地产开发费用，在按照“取得土地使用权所支付的金额”与“房地产开发成本”金额之和的5%以内计算扣除。凡不能按转让房地产项目计算分摊利息支出或不能提供金融机构证明的，房地产开发费用在按“取得土地使用权所支付的金额”与“房地产开发成本”金额之和的10%以内计算扣除。

“名股实债”实务中，房地产开发企业（被投资企业）作为融资方向投资方支付的利息，如果符合国税函〔2010〕220号文件对“利息支出”的规定，则可以作为土地增值税的扣除项目。

3. 名股实债的企业所得税处理

权益性投资取得回报，一般体现为股息收入，按照规定可以免征企业所得税；同时，被投资企业支付的股息不能作为费用在税前扣除；债权性投资取得回报为利息收入，按照规定应当缴纳企业所得税；同时，被投资企业支付的利息也准予在税前扣除。鉴于“名股实债”兼具权益性投资和债权性投资的双重特征，《国家税务总局关于企业混合性投资业务企业所得税处理问题的公告》（国家税务总局公告2013年第41号）将此类业务归属于债权投资业务，要求按照债权投资业务进行企业所得税处理。

（1）名股实债按债权投资业务处理的条件：

①被投资企业接受投资后，需要按投资合同或协议约定的利率定期支付利息，包括支付保底利息、固定利润或固定股息等。也就是说，此类投资回报不与被投资企业的经营业绩挂钩，不是按企业的投资效益进行分配，也不是按投资者的股份份额取得回报。投资者没有或很少承担投资风险的一种投资，实际为企业一种融资形式。

②有明确的投资期限或特定的投资条件，并在投资期满或者满足特定投资条件后，被投资企业应当偿还本金或按投资合同或协议约定的价格赎回投资。也就是说，投资期限无论是否届满，只要合同或协议约定的、需要由被投资企业偿还本金或赎回投资的条件已经满足，被投资企业必须偿还本金或赎回投资。被投资企业偿还本金或赎回投资后，作减资处理。

③被投资企业如果依法停止生产经营活动需要清算的，投资企业的投资额可以按债权进行优先清偿，但对被投资企业净资产不能按投资份额拥有所有权。

④投资企业不具有选举权和被选举权。被投资企业在选举董事会、监事会成员时，投资企业不能按持股份比例进行表决或被选为成员。

⑤不参与被投资企业日常生产经营活动。但是，投资资金如果指定了专门用途的，投资方企业可以监督其资金运用情况。

（2）被投资企业支付利息。按合同或协议约定，由被投资企业定期支付利息的，投资企业应当于被投资企业应付利息的日期，根据合同或协议约定的利率，计算确定本期利息收入并计入当期应纳税所得额；被投资企业应于应付利息的日期确认本期利息支出，并按税法实施条例和《国家税务总局关于企业所得税若干问题的公告》（国家税务总局公告 2011 年第 34 号）规定的限定利率，在当期进行税前扣除。

限定利率是在贷款期限、贷款金额、贷款担保以及企业信誉等条件基本相同下，金融企业提供贷款的利率。既可以是金融企业公布的同期同类平均利率，也可以是金融企业对某些企业提供的实际贷款利率。

（3）被投资企业赎回投资。投资期满或满足特定条件后，由被投资企业按投资合同或协议约定价格赎回的，应区分下列情况分别进行处理：

①当实际赎价高于投资成本时，投资企业应将赎价与投资成本之间的差额，在赎回时确认为债务重组收益，并计入当期应纳税所得额；被投资企业应将赎价与投资成本之间的差额，在赎回当期确认为债务重组损失，并准予在税前扣除。

②当实际赎价低于投资成本时，投资企业应将赎价与投资成本之间的差额，在赎回当期按规定确认为债务重组损失，并准予在税前扣除；被投资企业应将赎价与投资成本之间的差额，在赎回当期确认为债务重组收益，并计入当期应纳税所得额。

第八章　土地一级开发环节

土地一级开发，是指政府通过下属的土地储备机构或其委托的开发企业，依照土地利用总体规划和城市总体规划的要求，对国有土地、集体土地依法实施拆迁、收回、征收和市政基础设施建设，储备国有建设用地，达到土地供应条件的行为。

根据实施主体的不同，常见的土地一级开发主要有以下几种模式。

1. 政府主导模式

（1）土地储备机构全权负责土地一级开发工作的资金筹措、办理规划、项目核准、拆迁安置及大市政配套设施建设的手续办理，或由其自行招标或委托开发企业负责土地开发实施的具体管理工作，并向开发企业支付一定的管理费用。

（2）土地储备机构主导完成土地一级开发整理，包括办理征收手续、组织征收、征地拆迁补偿、地块控规调整，完成项目地块上市招拍挂之前的全部前置工作，开发企业负责筹集土地一级开发所需的全部资金，土地储备机构在整理完结相关项目后，归还开发企业相应的成本投入，按约定的利润率支付资金使用费。

（3）自负盈亏。开发企业投资政府土地一级开发项目，其中土地拆迁、安置及补偿工作由地方政府指定其他纳税人进行，投资方负责按计划支付土地整理所需资金；同时，投资方作为建设方与规划设计单位、施工单位签订合同，协助地方政府完成土地规划设计、场地平整、地块周边绿化等工作，并直接向规划设计单位和施工单位支付设计费和工程款。当该地块符合国家土地出让条件时，地方政府将该地块进行挂牌出让，若成交价低于投资方投入的所有资金，亏损由投资方自行承担；若成交价超过投资方投入的所有资金，则所获收益归投资方。

2. 开发企业主导

这种模式下，政府只负责土地一级开发企业的招投标工作，中标的开发企业全权负责土地一级开发的融资、规划、拆迁安置及大市政配套设施建设等工作，并按以下约定方式进行收益分配。

（1）固定收益。招标底价中明确规定土地储备开发的预计总成本和利润，并要求利润率不高于总成本的一定比例。

（2）收益分成。政府与企业约定就土地的增值收益按比例分成。

（3）保底与分成相结合的模式，政府先对企业一级开发所付出的成本进行补偿，然后用土地出让金减去开发成本，双方分成。

（4）一二级联动。所谓一二级联动，是指房地产开发企业在签署一级土地开发合同时，即明确土地一级开发完成后亦可在二级市场上获得土地使用权并进一步开发。

房地产开发企业参与土地一级开发业务，可以在融资、土地规划、拆迁安置、土地平整等业务方面协助政府，便于更早地接触土地，与政府形成前期的良性互动，以期在招拍挂的土地市场竞争中抢占先机，取得政府的支持。

8.1 涉税示意图及关键点

8.1.1 涉税示意图

本章涉税示意图见图 8－1。

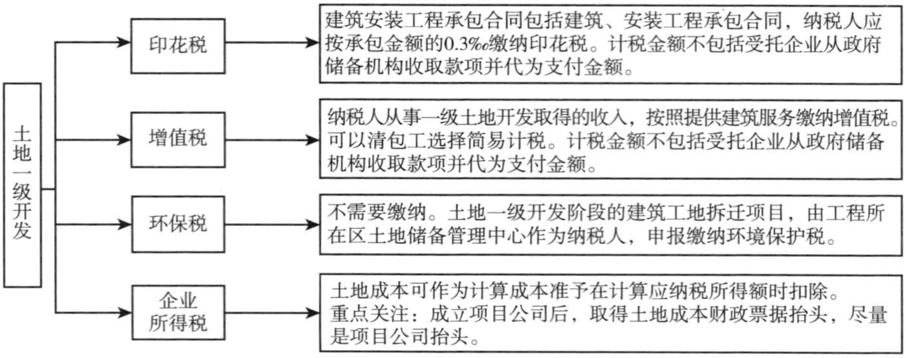

图 8－1　涉税示意图

本环节主要涉税事项有：建筑物拆除、土地平整等。

本环节主要涉及税种：增值税、环境保护税、印花税、企业所得税等。

8.1.2　涉税关键点

1. 增值税

对于土地一级开发的增值税政策，国家层面尚无明确规定，各地解释口径如下：

（1）北京市

①提供建筑服务缴纳增值税

纳税人从事一级土地开发取得的收入，按照提供建筑服务缴纳增值税。（参考2016年6月17日《北京国税营改增热点问题》）

一般纳税人以清包工方式提供的建筑服务，可以选择适用简易计税方法计税。以清包工方式提供建筑服务，是指施工方不采购建筑工程所需的材料或只采购辅助材料，并收取人工费、管理费或者其他费用的建筑服务。

②增值税计税基础不包括代收转付款项

政府土地储备机构为主体、委托企业实施的土地一级开发项目中，受托企业从政府储备机构收取款项并代为支付的行为属于代收转付，其收取的该部分款项不属于增值税征收范围，不开具增值税发票。政府储备机构须使用受托企业开具的收据和储备机构开户银行回单作为记账凭证。受托一级开发企业代为支付的款项不属于增值税征收范围或最终收款方不能自行开具发票的，受托一级开发企业可以取得收据，并以收据和开户银行回单作为资金往来凭证。

企业为主体的土地一级开发项目中，作为开发主体的企业收取前期成本返还款并代为支付的行为属于代收转付，其收取的该部分款项不属于增值税征收范围，不开具增值税发票。作为一级开发主体的企业代为支付的款项不属于增值税征收范围或最终收款方不能自行开具发票的，一级开发企业可取得收据，并以收据和开户银行回单作为资金往来凭证。

对于政府储备机构直接向最终收款方支付的款项，不属于增值税征收范围或最终收款方不能自行开具发票的，可使用对方开具的收据以及储备机构开户银行回单作为资金往来凭证。

——摘自《北京市规划和国土资源管理委员会 北京市国家税务局 北京市地方税务局 北京市财政局关于土地一级开发项目涉及增值税发票等有关问题的通知》（市规划国土发〔2017〕186号）

（2）河北省

纳税人（以下称投资方）与地方政府合作，投资政府土地改造项目（包括企业搬迁、危房拆除、土地平整等土地整理工作）。符合《国家税务总局关于纳税人投资政府土地改造项目有关营业税问题的公告》（国家税务总局2013年第15号公告）所规定的“投资行为”的，取得的投资收益不属于增值税征税范围，不征收增值税。投资方收取固定或保底收益的，按照贷款服务税目征收增值税。

如纳税人受托进行建筑物拆除、平整土地并代委托方向原土地使用权人支付拆迁补偿费，其提供建筑物拆除、平整土地劳务取得的收入属于“建筑服务”税目；其代委托方向原土地使用权人支付拆迁补偿费的行为属于“经纪代理”税目。

——摘自2016年10月11日《河北省国家税务局关于全面推开营改增有关政策问题的解答之七》

（3）安徽省

纳税人在一级土地开发工程中，提供拆迁、土地平整、“三通一平”或“七通一平”服务取得的收入按建筑服务缴税；对其向政府提供支付拆借款资金取得的利息收入，按贷款服务缴税。

——摘自2017年1月3日《安徽国税解答建筑业营改增的49个热点难点问题》

综上可知，土地一级开发增值税主要涉及“建筑服务”“金融服务”“经纪代理服务”等不同税目。如果土地一级开发合同能够分别注明，且分别核算建筑物拆除和场地平整收入、经纪代理收入、利息收入的，应当分别按不同税目缴纳增值税。如果合同不能明显区分或财务不能分别核算收入款项的，从高适用建筑业9%的税率。

2. 环境保护税

土地一级开发阶段的建筑工地拆迁项目，由工程所在区土地储备管理中心作为纳税人，申报缴纳环境保护税。

——摘自《国家税务总局北京市税务局 北京市环境保护局 北京市住房和城乡建设委员会 北京市城市管理综合行政执法局关于建设施工工地扬尘征收环境保护税有关事项的通知》（京税函〔2018〕4号）

【提醒】房地产开发企业可携带土地一级开发合同，与主管税务机关沟通，明确环保税的纳税人。

3. 印花税

（1）建设工程合同按照按承包金额万分之三计算缴纳印花税。

（2）同一凭证，因载有两个或者两个以上经济事项而适用不同税目税率，如分别记载金额的，应分别计算应纳税额，相加后按合计税额贴花；如未分别记载金额的，按税率高的计税贴花。

【提醒】受托企业从政府储备机构收取并代为支付款项不是土地一级开发合同缴纳印花税的税基。

8.2　税收风险点

土地一级开发环节常见税收风险点与相关税收政策见表8－1。

表8－1　土地一级开发环节常见税收风险点与相关税收政策表

常见风险点	政策依据
1. 土地一级开发环节合同未按规定申报缴纳建设工程合同印花税	《印花税法》第十条
2. 代政府支付拆迁补偿费以及项目管理取得的收入未按规定申报缴纳增值税	财税〔2016〕36号附件1第九条
3. 投资政府土地改造项目并获得固定收益未按规定申报缴纳增值税	财税〔2016〕36号附件1第九条
4. 提供建筑物拆除、土地平整等劳务未申报缴纳增值税	财税〔2016〕36号附件1第九条
5. 一二级联动取得土地使用权未按规定缴纳契税	财政部 税务总局公告2021年第23号

8.3 特殊事项税务处理

8.3.1 土地一级开发合同签订关键点

房地产开发企业与政府部门签订土地一级开发合同时，应把握以下几点：

1. 名词解释部分，增加“清包工方式提供的建筑服务”的定义，参考：以清包工方式提供建筑服务，是指施工方不采购建筑工程所需的材料或只采购辅助材料，并收取人工费、管理费或者其他费用的建筑服务。

2. 合同服务内容需要明确“不采购建筑工程所需的材料或只采购辅助材料”或者不需要采购材料，仅提供土地一级开发服务。

3. 投资政府土地改造项目获取固定收益，企业与政府签订的合同中应明确，企业按贷款服务向政府开具增值税发票。如果企业再向政府提供项目运营管理等服务，按照现代服务缴纳增值税并开具增值税发票。

4. 将“受托企业从政府储备机构收取并代为支付款项”单独明确。

8.3.2 一级土地开发

一级土地开发是政府在拆迁阶段通过招标等公开方式引入土地前期整理合作方承担具体拆迁工作，该企业需要垫付征地拆迁补偿款。完成拆迁后，政府将拟出让土地通过招标、拍卖或者挂牌等公开方式确定土地使用权人，在土地使用权人支付地价款后，政府再向合作方支付拆迁费用与合理利润。

土地使用权人以出让方式取得土地使用权后，按二级土地开发进行税务处理。合作方进行一级土地开发涉及的税务处理如下：

1. 增值税

（1）垫付拆迁补偿款并进行项目管理。合作方支付的拆迁补偿费，应视为代政府支付，不属于增值税的应税范围，会计上应作“其他应收款”处理，同时代政府向原土地使用权人支付拆迁补偿费以及项目管理取得的收入，应按“商务辅助服务——经纪代理服务”征收增值税。但如果垫付征地拆迁补偿款还取得利息收入的，应按“金融服务——贷款服务”缴纳增值税。

（2）承担拆迁中的建筑物拆除、土地平整等劳务。合作方提供建筑物拆除、土地平整等服务取得的收入应按照“建筑服务——其他建筑服务”税目缴纳增值税。

2. 印花税

建设工程合同按照承包金额万分之三计算缴纳印花税。

3. 企业所得税

根据《企业所得税法》及其实施条例，合作方从事一级土地开发业务取得的各项收入，应计入企业所得税收入总额，发生与取得收入有关的、合理的支出，可在计算应纳税所得额时扣除。其中从事建筑物拆除、土地平整等劳务持续时间超过12个月的，可按照纳税年度内完工进度或者完成的工作量确认收入的实现。

8.3.3　一二级联动

一二级联动指的是由政府通过公开方式选定开发企业，开发企业按照实施方案和合作协议的要求与被拆迁方签订拆迁补偿协议，落实拆迁补偿和安置，完成现状建筑物拆除，并按程序完善用地手续后，由政府部门以协议出让方式将土地出让给开发企业进行开发建设。与“一级土地开发”主要差异在于，土地受让方与工程施工方为同一企业。

1. 增值税

（1）开发企业提供建筑物拆除、土地平整等服务，应按建筑服务缴纳增值税。

（2）开发企业为房地产开发企业的，取得土地使用权并向政府部门支付土地价款，按《国家税务总局关于发布〈房地产开发企业销售自行开发的房地产项目增值税征收管理暂行办法〉的公告》（国家税务总局公告2016年第18号）的相关规定处理。

根据《财政部 国家税务总局关于明确金融 房地产开发 教育辅助服务等增值税政策的通知》（财税〔2016〕140号）第七条规定，房地产开发企业中的一般纳税人销售其开发的房地产项目（选择简易计税方法的房地产老项目除外），在取得土地时向其他单位或个人支付的拆迁补偿费用也允许在计算销售额时扣除。纳税人按上述规定扣除拆迁补偿费用时，应提供拆迁协议、拆迁双方支付和取得拆迁补偿费用凭证等能够证明拆迁补偿费用真实性的材料。

（3）开发企业按照合同约定无偿移交配套建设，属于无偿转让不动产，应按照视同销售的相关规定缴纳增值税。如配套建设用于公益事业或者以社会公众为对象，不属于视同销售。

2. 土地增值税

（1）开发企业负责拆迁安置，根据国税函〔2010〕220 号规定，用建造的本项目房地产安置回迁户的，安置用房视同销售处理，按国税发〔2006〕187 号文第三条第（一）项规定确认收入，同时将此确认为房地产开发项目的拆迁补偿费。支付给回迁户的补差价款，计入拆迁补偿费；回迁户支付给房地产开发企业的补差价款，应抵减本项目拆迁补偿费。采取异地安置，异地安置的房屋属于自行开发建造的，房屋价值按国税发〔2006〕187 号第三条第（一）项的规定计算，计入本项目的拆迁补偿费；异地安置的房屋属于购入的，以实际支付的购房支出计入拆迁补偿费。货币安置拆迁的，凭合法有效凭证计入拆迁补偿费。

（2）开发企业支付的建筑物拆除费用、土地平整费用凭合法有效凭证扣除。

3. 契税

根据《财政部 税务总局关于贯彻实施契税法若干事项执行口径的公告》（财政部 税务总局公告 2021 年第 23 号）规定，土地使用权出让的，计税依据包括土地出让金、土地补偿费、安置补助费、地上附着物和青苗补偿费、征收补偿费、城市基础设施配套费、实物配建房屋等应交付的货币以及实物、其他经济利益对应的价款。因此，开发企业支付的拆迁补偿费用、拆除平整费用、土地出让金及实物补偿等其他经济利益应作为契税计税依据。

4. 城镇土地使用税

根据《财政部 国家税务总局关于房产税城镇土地使用税有关政策的通知》（财税〔2006〕186 号）规定，以出让或转让方式有偿取得土地使用权的，应由受让方从合同约定交付土地时间的次月起缴纳城镇土地使用税；合同未约定交付土地时间的，由受让方从合同签订的次月起缴纳城镇土地使用税。

5. 企业所得税

（1）根据《企业所得税法》及其实施条例规定，开发企业完成场地围蔽、建筑物拆除、平整土地等工程取得的各项收入，应计入企业所得税收入总额，与取得收入有关的、合理的支出，可在计算应纳税所得额时扣除。企业从事上述劳务持续时间超过12个月的，按照纳税年度内完工进度或者完成的工作量确认收入的实现。

（2）根据国税发〔2009〕31号文规定，对无偿移交行为视同销售，应计入企业所得税收入总额，同时按照国税发〔2009〕31号文第三十一条的规定，确认换入该项土地使用权的计税成本。

第九章　取得土地使用权环节

9.1　涉税示意图

本章涉税示意图见图 9－1。

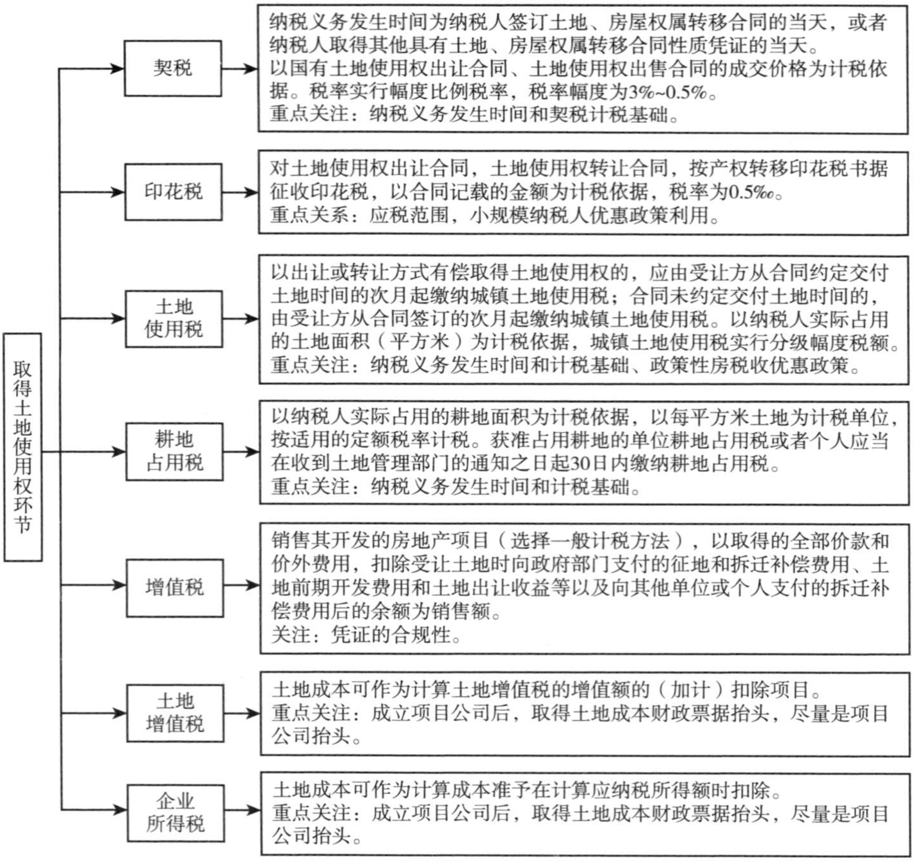

图 9－1　涉税示意图

本环节主要涉税事项有：企业取得国有土地使用权；签订土地出让（转让）合同；办理不动产权证等。

本环节主要涉及税种：增值税、印花税、契税、城镇土地使用税、耕地占用税等。

9.2 税收风险点

本环节常见税收风险与相关税收政策详见表9-1。

表9-1 取得土地使用权环节常见税收风险点与相关税收政策表

常见风险点	政策依据
1. 取得国有土地使用权后，未按规定申报缴纳城镇土地使用税	财税〔2006〕186号第二条 国家税务总局公告2014年第74号
2. 取得土地使用权时的土地使用权受让合同未规定计税并贴花	《印花税法》 财税〔2006〕162号
3. 取得土地使用权时政府减免部分应缴纳的土地出让金，按减免后实际缴纳的土地出让金计算缴纳契税	国税函〔2005〕436号
4. 通过“招拍挂”取得土地后，收到政府部门返还的土地出让金未按规定申报纳税	《企业所得税法实施条例》第二十六条 《土地增值税暂行条例实施细则》 财税〔2008〕151号第一条 国税发〔2009〕31号 财税〔2011〕70号 国税发〔2009〕91号
5. 取得出让土地未按成交价格（包括土地补偿费、安置补助费、地上附着物和青苗补偿费、拆迁补偿费等）申报缴纳契税	财政部 税务总局公告2021年第23号第二条 国税函〔2009〕603号
6. 改变土地用途补缴的土地收益金及补缴政府的其他费用未按规定申报缴纳契税	财政部 税务总局公告2021年第23号第二条
7. 缴纳的城市基础设施配套费未按规定计入契税的计税依据	财政部 税务总局公告2021年第23号
8. 配建回迁安置住房或公共配套设施无偿交付政府的，未将支付给动迁户或回迁户及其他补偿费用作为契税计税依据计算缴纳契税	财政部 税务总局公告2021年第23号第二条 国税函〔2009〕603号

9.3 特殊事项税务处理

9.3.1 合作建房

1. 合作建房的法律定性

《最高人民法院印发〈关于审理房地产管理法施行前房地产开发经营案件若干问题的解答〉的通知》(法发〔1996〕2号))第十八条规定，享有土地使用权的一方以土地使用权作为投资与他人合作建房，签订的合建合同是土地使用权有偿转让的一种特殊形式，除办理合建审批手续外，还应依法办理土地使用权变更登记手续。未办理土地使用权变更登记手续的，一般应当认定合建合同无效，但双方已实际履行了合同，或房屋已基本建成，又无其他违法行为的，可认定合建合同有效，并责令当事人补办土地使用权变更登记手续。

《最高人民法院关于审理涉及国有土地使用权合同纠纷案件适用法律问题的解释》(法释〔2005〕5号)第十四条规定，合作开发房地产合同，是指当事人订立的以提供出让土地使用权、资金等作为共同投资，共享利润、共担风险合作开发房地产为基本内容的协议。

根据法释〔2005〕5号文件第二十四至第二十七条规定，下列情形不属于合作建房：

(1) 合作开发房地产合同约定提供土地使用权的当事人不承担经营风险，只收取固定利益的，应当认定为土地使用权转让合同。

(2) 合作开发房地产合同约定提供资金的当事人不承担经营风险，只分配固定数量房屋的，应当认定为房屋买卖合同。

(3) 合作开发房地产合同约定提供资金的当事人不承担经营风险，只收取固定数额货币的，应当认定为借款合同。

(4) 合作开发房地产合同约定提供资金的当事人不承担经营风险，只以租赁或者其他形式使用房屋的，应当认定为房屋租赁合同。

2. 合作建房的增值税

根据《国家税务总局关于印发〈营业税问题解答(之一)〉的通知》

（国税函发〔1995〕156 号）第十七条规定，合作建房，是指由一方提供土地使用权，另一方提供资金，双方合作建造房屋。合作建房的一般有两种方式，一是纯粹的“以物易物”，二是双方成立新的合营企业。虽然营改增后国家税务总局未对合作建房增值税相关政策做出明确规定，笔者认为，营改增基本上平移，营业税相关的国税函发〔1995〕156 号文件对当前合作建房相关增值税应当还是具有一定的指导意义。

（1）第一种方式是纯粹的“以物易物”，即土地方（以下简称甲方）和资金方（以下简称乙方）以各自拥有的土地使用权和房屋所有权相互交换。

具体的交换方式也有以下两种情况：一是土地使用权和房屋所有权相互交换，二是出租土地使用权和房屋所有权交换。

①土地使用权和房屋所有权相互交换，双方都取得了拥有部分房屋的所有权。

根据国税函发〔1995〕156 号文规定，这种情况下，甲方以转让部分土地使用权为代价，换取部分房屋的所有权，发生了转让土地使用权的行为；乙方则以转让部分房屋的所有权为代价，换取部分土地的使用权，发生了销售不动产的行为。因而合作建房的双方都发生了营业税的应税行为。对甲方应按“转让无形资产”税目中的“转让土地使用权”子目征税；对乙方应按“销售不动产”税目征税。由于双方没有进行货币结算，因此应当分别核定双方各自的营业额。如果合作建房的双方（或任何一方）将分得的房屋销售出去，则又发生了销售不动产行为，应对其销售收入再按“销售不动产”税目征收营业税。

营改增后，这种土地使用权和房屋所有权相互交换的情况，甲方获得部分房屋所有权但丧失了部分土地使用权，乙方则以丧失部分房屋所有权而获得了部分土地使用权，双方都发生了增值税的应税行为。根据《营业税改征增值税试点实施办法》规定，对甲方应按“销售无形资产”征税，对乙方应按“销售不动产”税目征税。由于双方交易为非货币性结算，可参考《营业税改征增值税试点实施办法》第四十四条主管税务机关确定销售额的方法分别核定各自的销售额。

②以出租土地使用权为代价换取房屋所有权。

国税函发〔1995〕156 号文对“以出租土地使用权为代价换取房屋

所有权”的情况进行举例：甲方将土地使用权出租给乙方若干年，乙方在该土地上投资建造建筑物并使用，租赁期满后，乙方将土地使用权连同所建的建筑物归还甲方。在这一经营过程中，乙方是以建筑物为代价换得若干年的土地使用权，甲方是以出租土地使用权为代价换取建筑物。甲方发生了出租土地使用权的行为，对其按“服务业——租赁业”征营业税；乙方发生了销售不动产的行为，对其按“销售不动产”税目征营业税。

营改增后，在这种以出租土地使用权为代价换取房屋所有权的情形中，甲方以出租土地使用权为代价取得了建筑物，乙方以建筑物为代价换取一定期限的土地使用权，根据《营业税改征增值税试点实施办法》规定，甲方出租土地使用权的行为，应按“租赁服务”征增值税；乙方租赁期满后连同房屋一起归还甲方，发生了销售不动产的行为，对其按“销售不动产”税目征增值税。

（2）第二种方式是甲方以土地使用权、乙方以货币资金合股，成立合营企业，合作建房。

对此种方式的合作建房，则要视具体分配情况确定如何征税：一是风险共担、利润共享；二是销售提成或提取固定利润；三是比例分房。

①风险共担、利润共享。

国税函发〔1995〕156号文对“房屋建成后采取风险共担、利润共享的分配方式如何征税”解释如下：按照营业税“以无形资产投资入股，参与接受投资方的利润分配、共同承担投资风险的行为，不征营业税”的规定，对甲方向合营企业提供的土地使用权，视为投资入股，对其不征营业税；只对合营企业销售房屋取得的收入按销售不动产征税；对双方分得的利润不征营业税。

营改增后，甲方向合营企业提供土地使用权，是一种投资入股行为，利润共享相当于取得了其他经济利益，应按“销售无形资产”征税，如甲方为企业，合营企业还可以取得甲方土地投资开具的增值税专用发票，并可以用于抵扣。合营企业对外销售房屋按“销售不动产”征税，分配利润不征收增值税。

②销售提成或提取固定利润。

对于“房屋建成后，甲方如果采取按销售收入的一定比例提成的方式参与分配，或提取固定利润"，国税函发〔1995〕156 号文明确，该行为不属营业税所称的投资入股不征营业税的行为，而属于甲方将土地使用权转让给合营企业的行为，那么，对甲方取得的固定利润或从销售收入按比例提取的收入依"转让无形资产"征税；对合营企业则按全部房屋的销售收入依"销售不动产"税目征收营业税。

营改增后，甲方通过将土地使用权转让给合营企业而取得销售提成或固定利润，不属于投资入股的行为，对其取得收入应按"销售无形资产"征增值税，合营企业对外销售房屋按"销售不动产"征增值税。

③比例分房。

按比例分房是合作建房中比较常见的分配方式。对此，国税函发〔1995〕156 号文曾规定，如果房屋建成后双方按一定比例分配房屋，此种经营行为，也未构成营业税所称的以无形资产投资入股，共同承担风险的不征营业税的行为。因此，首先对甲方向合营企业转让的土地，按"转让无形资产"征税，其营业额按实施细则第十五条的规定核定。其次，对合营企业的房屋，在分配给甲、乙方后，如果各自销售，则再按"销售不动产"征税。

营改增后，甲方向合营企业提供土地，实际上是转让土地使用权，应按"销售无形资产"征增值税。合营企业按比例将房屋分配后，如各自再对外销售，则应按"销售不动产"证税。

3. 合作建房的土地增值税

详见本书"2. 3. 1. 25　合作建房"，此处不再赘述。

4. 合作建房的企业所得税

企业所得税中对合作建房的业务界定与国税函发〔1995〕156 号文有所不同，一是土地投资合作方式，二是协议合作方式。

（1）土地投资的合作方式。对以土地投资的合作建房方式，国税发〔2009〕31 号文第三十一条规定，企业以非货币交易方式取得土地使用权的，企业、单位以换取开发产品为目的，将土地使用权投资企业的，换取的开发产品如为该项土地开发、建造的，接受投资的企业在接受土地使用权时暂不确认其成本，待首次分出开发产品时，再按应分出开发产品（包括首次分出的和以后应分出的）的市场公允价值和土地使用权转移过程中应支付的相关税费计算确认该项土地使用权的成本。如涉及补价，土地使用权的取得成本还应加上应支付的补价款或减除应收到的补价款。

国税发〔2009〕31号文第三十七条也对“企业以换取开发产品为目的，将土地使用权投资其他企业房地产开发项目的”业务处理进行了规定：企业应在首次取得开发产品时，将其分解为转让土地使用权和购入开发产品两项经济业务进行所得税处理，并按应从该项目取得的开发产品（包括首次取得的和以后应取得的）的市场公允价值计算确认土地使用权转让所得或损失。

（2）协议合作方式。企业以本企业为主体联合其他企业、单位、个人合作或合资开发房地产项目，且该项目未成立独立法人公司的合作方式，国税发〔2009〕31号文第三十六条规定了两种情形。

①凡开发合同或协议中约定向投资各方（即合作、合资方）分配开发产品的，企业在首次分配开发产品时，如该项目已经结算计税成本，将其应分配给投资方开发产品的计税成本与其投资额之间的差额计入当期应纳税所得额；如未结算计税成本，则将投资方的投资额视同销售收入进行相关的税务处理。

②凡开发合同或协议中约定分配项目利润的，企业应将该项目形成的营业利润额并入当期应纳税所得额统一申报缴纳企业所得税，不得在税前分配该项目的利润。同时不能因接受投资方投资额而在成本中摊销或在税前扣除相关的利息支出。另外，投资方取得该项目的营业利润应视同股息、红利进行相关的税务处理。

9.3.2 母公司（或联合体）拿地子公司开发

房地产开发企业通过母公司或联合体拿地成立项目子公司开发的情形很常见，其中隐藏的税务风险也较大，主要表现在子公司无相应抬头的土地出让金财政票据，在计算增值税、土地增值税、企业所得税时不能扣除，导致子公司的税负增加。

为解决增值税中土地价款的扣除问题，《财政部 国家税务总局关于明确金融 房地产开发 教育辅助服务等增值税政策的通知》（财税〔2016〕140号）第八条规定：“房地产开发企业（包括多个房地产开发企业组成的联合体）受让土地向政府部门支付土地价款后，设立项目公司对该受让土地进行开发，同时符合下列条件的，可由项目公司按规定扣除房地产开发企业向政府部门支付的土地价款。

（一）房地产开发企业、项目公司、政府部门三方签订变更协议或补充合同，将土地受让人变更为项目公司。

（二）政府部门出让土地的用途、规划等条件不变的情况下，签署变更协议或补充合同时，土地价款总额不变。

（三）项目公司的全部股权由受让土地的房地产开发企业持有。”

同时满足以上三个条件，项目子公司以抬头为母公司的土地出让金票据入账，增值税可以扣除土地价款。按照实质重于形式的原则，企业所得税也可以税前扣除，但土地增值税由于票据抬头问题依然没有办法扣除。

对于这个问题，直接从源头解决才是最好的办法，也就是房地产母公司在计划拿地时先成立项目子公司再用项目子公司去拿地。

如果母公司已竞得土地计划成立新公司进行开发的，可在土地竞买申请书中明确拟成立子公司的出资构成及成立时间、拟由子公司开发建设、母公司代拟成立子公司垫付土地出让金且待子公司注册后再开具抬头为子公司的票据等内容。同时协商先由母公司与国土部门签订土地出让合同，待子公司注册后再与子公司签订土地出让合同变更协议，或者协商直接约定子公司注册后再签订土地出让合同。

倘若母公司已支付土地出让金并取得财政票据后，再拟由项目子公司开发的，首先需满足财税〔2016〕140号文件的要求，然后再与相关部门协商更换土地票据抬头。当然，更换土地票据抬头涉及多个部门，笔者专为此事咨询过当地财政、国土等部门。土地票据更换抬头需要项目子公司重新将土地出让金入库方可开具子公司抬头的票据，然后再将母公司前期垫付的土地出让金退票退库，这不仅需要有充实的现金流，还要跟相关部门充分协商沟通，这样操作的可行性不大。

9.3.3 “限地价竞配建”配套建设移交

“限地价、竞配建”是指土地“招拍挂”环节政府限定最高地价，房地产企业报价达到这个价格后改为现场投报配建公租房面积，谁投报的面积大，谁就最终以最高限定地价拿到土地使用权。

“竞配建”配套建设移交是否视同销售，全国没有统一口径。目前，广东省和广州市分别出台了相应的政策指引，即《广东省“三旧”改造税收指引（2019 年版）》（粤税发〔2019〕188 号）与《广州市城市更新税收指引（2021 年版）》（穗税发〔2021〕93 号）。两份指引都明确了“限地价、竞配建”配套建设移交的有关处理。以下参考《广东省“三旧”改造税收指引（2019 年版）》对“限地价、竞配建”配套建设移交分不同方式进行涉税处理。

1. 直接移交方式

配套建设地块和经营性地块合并供地，土地出让合同中列明直接将配套建设地块国有建设用地使用权（可共用宗地）以出让方式首次登记到政府指定行政事业单位。不动产登记部门依法依规将配套建设首次登记到政府指定的行政事业单位。

（1）增值税。不动产登记部门直接将配套建设首次登记到政府指定的行政事业单位，受让方属于为政府无偿提供建筑服务，应按照视同销售的相关规定缴纳增值税。

（2）土地增值税。发生的建筑安装工程成本确认为取得土地使用权的成本扣除。

（3）企业所得税。配套建设的相关支出应单独核算，作为取得土地使用权的成本，计入开发产品计税成本。

2. 无偿移交方式

政府指定接收单位与开发企业签订不动产无偿转让协议，不动产权属登记首次登记在开发企业名下，再通过转移登记将权属办至政府指定接收单位名下。

（1）增值税。受让方按照合同约定无偿移交配套建设，属于无偿转让不动产，应按照视同销售的相关规定缴纳增值税。如配套建设用于公益事业或者以社会公众为对象，不属于视同销售。

（2）土地增值税。出让合同（公告）或不动产无偿转让协议约定无偿移交的，应视同销售确认收入，同时将此确认为取得土地使用权的成本，在计算土地增值税时予以扣除。

（3）企业所得税。对无偿移交行为视同销售，计入企业所得税收入总额，发生与取得收入有关的、合理的支出，可在计算应纳税所得额时扣除。

3. 政府回购方式

政府指定回购单位与开发企业按约定价格（不低于成本价）签订商品房买卖合同，不动产权属登记首次登记在开发企业名下，再通过转移登记将权属办至政府指定回购单位名下。

(1) 增值税。受让方通过转移登记将配套建设的权属办至政府指定回购单位名下，应按现行规定缴纳增值税。

(2) 土地增值税。出让合同（公告）约定按照不低于成本价移交的，据此确定土地增值税应税收入。

(3) 企业所得税。取得的相关收入应计入企业所得税收入总额，发生与取得收入有关的、合理的支出，可在计算应纳税所得额时扣除。

广东“三旧”指引没有对“限地价、竞配建”配套建设移交的“契税”进行分类明确。根据该指引分析，直接移交方式和无偿移交方式应以视同销售（配建房）的价格作为契税的计税依据，政府回购方式跟正常商品房销售没区别，只是销售对象是政府指定回购单位，不作为换取土地的对价，回购部分不需要计算缴纳契税。

9.3.4 红线外支出

红线外支出是在项目建设用地红线外建设设施发生的支出。房地产开发在项目建设用地红线外发生的支出一般有两种。一是为政府建设公共设施，这种主要是拿地的附加条件，红线外支出相当于土地成本的一部分，通常会在招拍挂须知里明确。如某市某土地挂牌出让须知里明确：土地竞得人须按每平方米土地面积不低于600元的标准进行景区休闲公园建设，公园建设期限为两年，项目竣工验收合格后将公园产权无偿移交××政府。另一种则是为提升楼盘品质促进项目销售在红线外自行建造基础设施后无偿移交，如绿化、道路等基础设施。

红线外支出税务处理主要涉及增值税、土地增值税、企业所得税等税种。

1. 增值税

房地产开发企业以拿地为目的的支出在红线范围外建设公共设施，相当于是用建设公共设施与政府置换土地。发生支出取得增值税进项税额，不属于《增值税暂行条例》（国务院令第538号）中第十条不得从销项税额中抵扣的情形，发生的支出可以抵扣进项税额。以提升项目品质自行建设基础设施后无偿移交，其实是向政府等部门捐赠相关基础设施，这种形式是以公益事业或社会大众为对象，根据《营业税改征增值税试点实施办法》第十四条规定无需视同销售，不征增值税，不用作进项税额转出处理。

2. 企业所得税

根据《企业所得税法》第八条规定，企业实际发生的与取得收入有关的、合理的支出，包括成本、费用、税金、损失和其他支出，准予在计算应纳税所得额时扣除。以拿地为目的的红线外支出，企业应当举证该支出与红线内的项目相关，如在土地出让合同中明确或取得政府相关文件。如果是为提升品质进行建设后无偿移交的，可按公益性捐赠支出进行处理。

3. 土地增值税

红线外支出能否作为土地增值税扣除项目扣除，目前没有明确的文件规定，现有的文件规定的基础设施和公共配套设施都是指开发小区范围内相关支出，并未涉及红线范围外，而土地增值税的扣除项目是按文件已明确的规定执行，所以一些地区执行红线外支出不能扣除的口径。

如《山西省地方税务局关于发布〈房地产开发企业土地增值税清算管理办法〉的公告》（山西省地方税务局公告2014年第3号）第十九条明确，土地红线外的绿化、修路、配套等支出，不得扣除。《江苏省地方税务局关于土地增值税有关业务问题的公告》（苏地税规〔2012〕1号）第五条第二款规定，房地产开发企业建造的各项公共配套设施，建成后移交给全体业主或无偿移交给政府、公共事业单位用于非营利性社会公共事业的，准予扣除相关成本、费用；未移交的，不得扣除相关成本、费用。项目规划范围之外的，其开发成本、费用一律不予扣除。

南昌市税务局2020年7月2日在《国家税务总局南昌市税务局对市十五届人大六次会议第98号建议的答复》中解释了“红线外支出”不能在土地增值税扣除的理由。该答复指出，根据《土地增值税暂行条例实施细则》第七条第（二）项规定，“基础设施费，包括开发小区内道路、供水、供电、供气、排污、排洪、通信、照明、环卫、绿化等工程发生的支出”。

房地产开发企业在项目建设用地边界外（即“红线”外）建设公共设施或其他工程等发生的支出，以目前情况看，有两类，一种是在红线外为政府建设公共设施或其他工程是企业招拍挂拿地时的附带条件，另一种是开发商为了提升红线内楼盘品质，在红线外自行建造建筑物或基础设施。不论哪种情况，发生在红线外的支出理论上均不是《土地增值税暂行条例实施细则》中规定的“本开发小区内”支出。综上，房地产开发企业的红线外支出，不列为土地增值税清算扣除项目，不予扣除。

福建省12366纳税服务中心也曾对红线外支出有过回复。

问：房地产开发企业按照政府要求，在红线外建设的学校、公园、路桥等市政配套，在建设完成后无偿移交给政府的，其相关成本可不可以在土地增值税清算时予以扣除？这些公建配套在土地拍卖合同中有约定。

国家税务总局福建省12366纳税服务中心2019－10－11答复：从事房地产开发的纳税人在项目建设用地边界外（国家有关部门审批的规划外，即“红线”外）为政府或其他单位建设公共设施或其他工程的，从事房地产开发的纳税人在计算本项目土地增值税时，其在项目建设用地边界外为政府或其他单位建设公共设施或其他工程所发生的支出，不得计入本项目扣除项目金额。

曾有一份关于《国家税务总局关于土地增值税若干具体问题的公告（征求意见稿）》（2012年10月28日）流传于网络，是否国家税务总局所出也无法考证，虽然最终未发文，但该征求意见稿还是有一定的参考价值，或许各地对红线外支出的规定正来源于此。该征求意见稿对“审批项目规划外所建设施发生支出的扣除问题”进行了明确。即房地产开发企业在项目建设用地边界外（国家有关部门审批的项目规划外，即“红线”外）承诺为政府或其他单位建设公共设施或其他工程的，房地产开发企业在计算本项目土地增值税时，其在项目建设用地边界外为政府或其他单位建设公共设施或其他工程所发生的支出，不得计入本项目扣除项目金额。

不过，也有一些地方明确符合一定条件的也可以扣除。

如《海南省税务局关于发布〈海南省税务局土地增值税清算审核管理办法〉的公告》（海南省税务局公告2021年第7号）第十三条第（二）项规定，在项目建设用地边界外，为政府建设公共设施或其他工程所发生的支出，凡能提供政府有关部门出具的文件证明该项支出与建造本清算项目有直接关联的（含项目的土地使用权取得相关联的），允许扣除。其中，“项目建设用地边界外”是指国家有关部门审批的项目规划外，即红线外；“政府有关部门”是指市、县（区）级政府主管部门；“文件”包括通知、批复、会议纪要等。

《广西壮族自治区地方税务局关于发布〈广西壮族自治区房地产开发项目土地增值税管理办法（试行）〉的公告》（广西壮族自治区地方税务局公告2018年第1号）第四十条规定：纳税人在取得土地使用权时，应政府要求承担的红线外道路、桥梁等市政建设支出，提供与本项目有关的证明材料，凭合法有效的凭证据实扣除，取得的收益抵减相应的扣除项目金额。并且还特意对该条进行解读：房地产开发企业为取得本项目的土地使用权，应政府要求承担的红线外道路、桥梁等市政建设支出，属于为取得土地使用权支付的对价，符合相关的规定可以计入取得土地使用权的成本。“与本项目有关的证明材料”：一是约定或注明有房地产开发企业在本项目建设用地边界外应政府要求建设公共设施或其他工程等内容的《国有土地使用权出让合同》或《国有土地使用权招拍挂出让公告》；二是与本项目存在关联关系的直接依据（如新建、扩建出入小区的市政道路、桥梁等）和县级以上（包括县级、市辖城区）人民政府的正式文件。对于不满足上述条件的本项目建设用地边界外的市政建设支出，包括房地产开发企业为提升项目周围环境品质、促进开发产品的销售而自行对项目周边绿化、道路进行整治发生的支出，不得计入本项目扣除金额。

《国家税务总局 广州市税务局 广州市住房和城乡建设局关于印发〈广州市城市更新税收指引（2021年版）〉的通知》（穗税发〔2021〕93号）明确，房地产开发企业在项目建设用地红线外为政府建设公共设施或其他工程发生的支出，如能提供城市更新主管部门批复的片区策划方案、项目实施方案，或者政府主管部门证明文件的，允许作为取得土地使用权所支付的金额予以扣除。

因此，房地产开发企业在土地增值税清算时涉及红线外支出的调整应先判断是否与本项目存在关联关系及是否为拿地时承诺政府建设，并且取得相关合同及政府文件，最大限度向税务机关沟通争取土地增值税清算时扣除及加计扣除。

9.3.5 拆迁补偿

拆迁分为政策性拆迁和商业性拆迁。政策性拆迁是指按照《国有土地上房屋征收与补偿条例》（国务院2011年第590号令）的规定，为了保障国家安全、促进国民经济和社会发展等公共利益的需要，在政府主导下企业进行整体搬迁或部分搬迁。除了政策性拆迁，其他都属于商业性拆迁。商业性拆迁主要是基于某些商业目的的一种市场行为，与政策性拆迁的税务处理主要区别在于被拆迁方的处理。

1. 被拆迁方税务处理

（1）增值税。政策性拆迁下，被拆迁方取得补偿免征增值税。根据《营业税改征增值税试点过渡政策的规定》（财税〔2016〕36号附件3）规定，土地使用者将土地使用权归还给土地所有者免征增值税。

如果是商业性拆迁，被拆迁方相当于转让不动产，应缴纳增值税。根据《营业税改征增值税试点实施办法》第一条规定，在中华人民共和国境内（以下称境内）销售服务、无形资产或者不动产的单位和个人，为增值税纳税人，应当按照本办法缴纳增值税。

（2）土地增值税。政策性拆迁下，被拆迁方取得补偿免征土地增值税。《土地增值税暂行条例实施细则》（财法字〔1995〕006号）第十一条规定，因国家建设需要依法征用、收回的房地产，是指因城市实施规划、国家建设的需要而被政府批准征用的房产或收回的土地使用权。因城市实施规划、国家建设的需要而搬迁，由纳税人自行转让原房地产的，比照本规定免征土地增值税。

商业性拆迁下，被拆迁方取得补偿应缴纳土地增值税。《土地增值税暂行条例》第三条规定，土地增值税按照纳税人转让房地产所取得的增值额和本条例第七条规定的税率计算征收。

（3）个人所得税。根据《国家税务总局关于个人取得被征用房屋补偿费收入免征个人所得税的批复》（国税函〔1998〕428号）规定，按照城市发展规划，在旧城改造过程中，个人因住房被征用而取得赔偿费，属补偿性质的收入，无论是现金还是实物（房屋），均免予征收个人所得税。《财政部 国家税务总局关于城镇房屋拆迁有关税收政策的通知》（财税

〔2005〕45号）第一条规定，对被拆迁人按照国家有关城镇房屋拆迁管理办法规定的标准取得的拆迁补偿款，免征个人所得税。因此，被拆迁方为自然人的，取得未超标准的拆迁补偿款，免征个人所得税。超标准支付的，应代扣代缴个人所得税。

（4）契税。《契税法》第七条第（一）项规定，因土地、房屋被县级以上人民政府征收、征用，重新承受土地、房屋权属，由省、自治区、直辖市人民政府提出免征或者减征契税的具体办法，报同级人民代表大会常务委员会决定，并报全国人民代表大会常务委员会和国务院备案。

如《北京市人民代表大会常务委员会关于北京市契税具体适用税率等事项的决定》［北京市人民代表大会常务委员会公告（十五届）第58号］第二条第（一）项规定，因土地、房屋被县级以上人民政府征收、征用，重新承受土地、房屋权属，其成交价格没有超出土地、房屋补偿费、安置补助费的部分，免征契税。

（5）企业所得税。对企业而言，政策性拆迁适用《国家税务总局关于发布〈企业政策性搬迁所得税管理办法〉的公告》（国家税务总局公告2012年第40号）和《国家税务总局关于企业政策性搬迁所得税有关问题的公告》（国家税务总局公告2013年第11号）相关规定。被拆迁方企业在取得的搬迁补偿收入时，无需作为当年度的应税收入，而是在最长五年的搬迁周期内，扣除搬迁支出后统一计算，企业以前年度发生尚未弥补的亏损的，搬迁期可从法定亏损结转年限中减除。

商业性拆迁下，不适用政策性搬迁所得税方面的文件，企业取得的非政策性搬迁收入应计入当期计算缴纳企业所得税，相关的支出准予按照税收规定扣除。

2. 拆迁方税务处理

（1）现金补偿。拆迁方支付现金补偿直接计入拆迁补偿费，可在税前扣除。但拆迁补偿费需取得相应的原始凭证方可计入成本，如拆迁补偿合同或协议、被拆迁人的身份证复印件、签收凭证、银行支付回单等，同时支付的拆迁补偿费须作为取得土地使用权的成交价格计征契税。

（2）非现金补偿（安置）。

①增值税。如果被拆迁户选择就地安置房屋补偿方式，拆迁方应将对

被拆迁方补偿的房屋作视同销售确认收入，同时要确认相应的拆迁补偿费，在计算销售额时可以扣除。

②土地增值税。房地产企业用建造的本项目房地产补偿（安置）回迁户的，补偿（安置）用房视同销售缴纳土地增值税，同时将视同销售金额计入拆迁补偿费。对房地产开发企业支付给被拆迁方的补差价款，计入拆迁补偿费；对被拆迁方支付给房地产开发企业的补差价款，应抵减项目拆迁补偿费。如开发企业采取异地安置的，异地安置的房屋属于自行开发建造的，房屋价值按国税发〔2006〕187号第三条第（一）项的规定计算，计入拆迁补偿费；异地安置的房屋属于购入的，以实际支付的购房支出计入拆迁补偿费。

③企业所得税。以开发产品作为拆迁补偿，应视同销售计入企业所得税应税收入，视同销售金额应作为土地征用及拆迁补偿费计入开发成本。

④契税。根据《财政部 税务总局关于贯彻实施契税法若干事项执行口径的公告》（财政部 税务总局公告2021年第23号）“土地使用权出让的，计税依据包括土地出让金、土地补偿费、安置补助费、地上附着物和青苗补偿费、征收补偿费、城市基础设施配套费、实物配建房屋等应交付的货币以及实物、其他经济利益对应的价款”之规定，房地产开发企业以任何形式（货币资金、实物、无形资产以及其他经济利益）支付的拆迁（征收）补偿费应并入成交价格缴纳契税。

第十章　设计与施工环节

10.1　涉税示意图

本章涉税示意图见图 10－1。

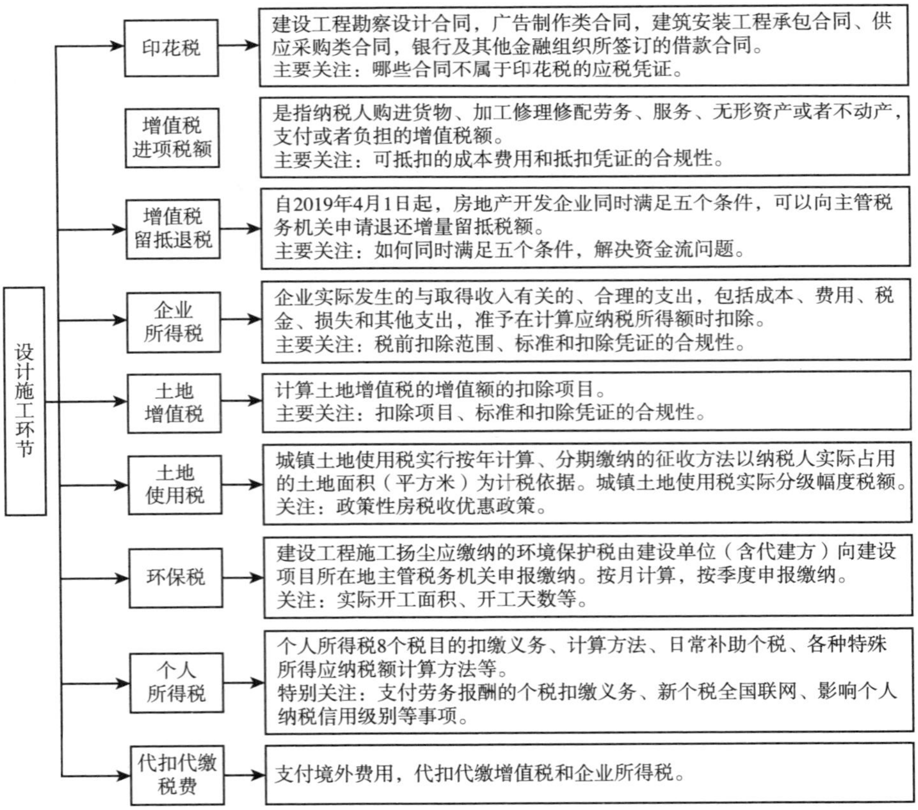

图 10－1　涉税示意图

本环节主要涉税事项有：规划方案、施工图设计与报建，取得各项许可；选择施工方进行施工建设等。

本环节主要涉及税种：增值税、印花税、契税、环境保护税、城镇土地使用税等。

10.2　税收风险点

本环节常见税收风险与相关税收政策详见表10－1。

表10－1　设计与施工环节常见税收风险点与相关税收政策表

常见风险点	政策依据
1. 据实报销员工以各种方式取得的与企业生产经营无关的发票，如交通费、通信费或其他费用等，没有代扣代缴个人所得税	国税发〔1999〕58号第二条 国家税务总局公告2018年第31号
2. 签订的勘察设计合同、广告制作合同等未按规定缴纳了印花税，监理合同多缴印花税	《印花税法》
3. 政府退回报建时缴纳的政府性基金（施工图审查费等）未按规定处理	《企业所得税法》第八条 国税发〔2009〕91号第二十一条
4. 与设备、材料供应商以及建筑公司签订的有关采购或建安的相关合同及补充合同，未按规定申报缴纳印花税	《印花税法》 国税地字〔1988〕25号
5. 改变规划设计条件（如提高容积率），经规划行政主管部门批准后依法向土地管理部门补交土地出让金，未按规定补缴契税	财政部 税务总局公告2021年第23号第二条
6. 支付给境外设计费未及时代扣所得税及增值税	财税〔2016〕36号附件1第六条 《企业所得税法》第三条及第三十七条 《企业所得税法实施条例》第九十一条
7. 项目（北京、江苏、山东等省市）开发过程中产生施工扬尘大气污染，未申报缴纳环境保护税	《环境保护税法》 《环境保护税法实施条例》 财税〔2018〕117号第一条

续表

常见风险点	政策依据
8. 未根据开发项目的特点及实际情况确定成本核算对象，不能确认当期单项工程开发成本	国税发〔2009〕31 号 国家税务总局公告 2014 年第 35 号 《土地增值税暂行条例》第六条 国税发〔2009〕91 号
9. 混淆一般计税方法和简易计税方法的成本核算，未按规定转出用于简易计税项目的增值税进项税额	财税〔2016〕36 号附件 1 第二十七条
10. 开发产品在建期间预提费用计提的范围不准确、计提标准不符合规定，未按照规定进行了纳税调整	国税发〔2009〕31 号第三十二条
11. 土地成本、征地拆迁成本归集分配不合理	国税发〔2009〕31 号 国家税务总局公告 2014 年第 35 号 国税发〔2009〕91 号 国税发〔2006〕187 号 国家税务总局公告 2016 年第 18 号 财税〔2016〕140 号第七条
12. 未移交的公共配套设施转为自用，但将其发生的建造支出计入可售房屋开发成本	国税发〔2003〕89 号第一条 国税发〔2009〕31 号 国家税务总局公告 2014 年第 35 号 国税发〔2009〕91 号
13. 自用配套设施的成本分摊不合理，如仅分摊建筑安装工程费，而土地成本、前期工程费、基础设施费、借款利息等费用却在已售房屋中分摊；同时转为自用或出租的配套设施，未按照规定申报缴纳房产税	国税发〔2003〕89 号第一条 财税〔2010〕121 号第二条 国税发〔2009〕31 号 国家税务总局公告 2014 年第 35 号 国税发〔2009〕91 号
14. 开发产品完工前的借款利息，未按规定资本化，一次性计入当期损益，提前列支税前支出	国税发〔2009〕31 号第二十一条
15. 施工期间接受建筑安装服务取得的增值税发票备注栏未注明建筑服务发生地县（市、区）名称及项目名称	国家税务总局公告 2016 年第 70 号第五条
16. 样板房的装修费用及购置配套物资等费用直接计入当期损益	《企业所得税法实施条例》第二十八条 国税发〔2009〕31 号

续表

常见风险点	政策依据
17. 虚增成本，主要有： （1）虚购绿化苗木，利用自产销售苗木可以享受税收优惠的政策，直接虚购苗木或通过关联交易加大苗木成本 （2）虚增拆迁补偿费，虚增拆迁户数，多列拆迁补偿费或虚增补偿金额，多列拆迁补偿费 （3）签订虚假单项合同，取得虚开发票，加大建安工程费。与施工企业虚构业务，或增加工程量，签订虚假单项合同，加大建安工程费 （4）通过关联单位购进材料，向关联企业发包或分包工程，人为提高材料价格或建安费用 （5）甲供材重复列支，主要是采取清包工方式下，让施工单位按劳务费和材料价款的合计金额开具发票，并负担其多开部分的税款	《企业所得税法》第八条 《企业所得税法实施条例》第二十七条及第二十八条 国家税务总局公告 2018 年第 28 号第二条及第四条 国税发〔2009〕31 号 《土地增值税暂行条例》第六条 财税〔2016〕140 号 财税〔2016〕36 号附件 1 国家税务总局公告 2016 年第 18 号
18. 房地产集团向项目公司收取品牌使用费、信息技术咨询费、工程咨询费等费用，交易合同缺乏商业实质，收费标准随意，无详细计算依据	《企业所得税法》第八条 国家税务总局公告 2017 年第 6 号 国税发〔2009〕31 号 《土地增值税暂行条例》 国税发〔2009〕91 号
19. 采购原材料扣款未作进项税额转出	财税〔2016〕36 号附件 1 第三十二条
20. 母子公司原材料代购代销少缴增值税	财税字〔1994〕26 号第五条

10.3　特殊事项税务处理

10.3.1　支付境外设计费

房地产开发企业委托境外机构进行项目设计，如果设计方在境内没有经营机构，房地产开发企业在支付设计费时需要代扣代缴。

1. 增值税

（1）判断是否需要按规定扣缴增值税。判断房地产开发企业支付的境外设计费是否需要缴纳增值税，应确定该设计行为是否发生在中华人民共和国境内，是否属于应税行为具体范围内的业务，是否有偿为他人提供服务。

财税〔2016〕36号文件规定，“完全在境外发生”的服务（劳务）不征增值税，支付给境外单位的设计费用于境内的房地产开发项目，不属于上述情形，应该按规定代扣代缴增值税。

（2）准确计算扣缴增值税税额。《营业税改征增值税试点实施办法》第六条规定，中华人民共和国境外单位或者个人在境内发生应税行为，在境内未设有经营机构的，以购买方为增值税扣缴义务人。第二十条规定，境外单位或者个人在境内发生应税行为，在境内未设有经营机构的，扣缴义务人按照下列公式计算应扣缴税额：

应扣缴税额=购买方支付的价款÷(1+税率)×税率

【提醒】这个扣缴公式用的是税率并非征收率，所以不管该设计费是否超过500万元，也不论该业务接受方是否为一般纳税人，均应按照设计服务6%的税率进行扣缴。

（3）按规定抵扣进项税额。《营业税改征增值税试点实施办法》（财税〔2016〕36号附件1）第二十五条规定，从境外单位或者个人购进服务、无形资产或者不动产，自税务机关或者扣缴义务人取得的解缴税款的完税凭证上注明的增值税额，准予从销项税额中抵扣。因此，房地产开发企业按规定扣缴后，解缴税款的完税凭证上注明的增值税额可从销项税额中抵扣。

2. 企业所得税

《企业所得税法》第三条规定，非居民企业在中国境内未设立机构、场所的，或者虽设立机构、场所但取得的所得与其所设机构、场所没有实际联系的，应当就其来源于中国境内的所得缴纳企业所得税。

《企业所得税法是实施条例》第七条规定，提供劳务所得，按照劳务发生地确定来源于中国境内、境外的所得。

如果境外企业所提供的劳务确实发生在境外，则不属于来源于中国境内的所得，对于非居民企业应仅就其来源于境内所得征收企业所得税，境内企业也无需为其代扣代缴企业所得税。房地产开发企业支付给境外单位的设计费，如果境外单位在提供设计服务过程中，来了境内，需要按规定代扣代缴企业所得税，反之，不需要代扣代缴企业所得税。

《企业所得税法》第三十七条规定，对非居民企业取得本法第三条第三款规定的所得应缴纳的所得税，实行源泉扣缴，以支付人为扣缴义务人。税款由扣缴义务人在每次支付或者到期应支付时，从支付或者到期应支付的款项中扣缴。

《企业所得税法实施条例》第九十一条规定，非居民企业取得企业所得税法第二十七条第（五）项规定（即《企业所得税法》第三条第三款）的所得，减按10%的税率征收企业所得税。

因此，房地产开发企业委托境外机构提供设计服务，境外单位在提供设计服务的过程中来了境内，需要按10%代扣企业所得税，有税收协定的除外。

【例10－1】 A房地产企业委托境外B设计单位对开发的C项目提供建筑设计服务，支付的设计费为212万元。

应扣缴增值税税额 $=212\div(1+6\%)\times6\%=12$ 万元，A公司可以抵扣的进项税额为12万元。

应扣缴企业所得税税额 $=212\div(1+6\%)\times10\%=20$（万元）

3. 委托境外单位提供设计服务时的合同签署要求

（1）由于代扣代缴的企业所得税，不能扣减或者抵免企业所得税，是企业真正的税负，所以签署合同设计合同时，需要明确境外单位在提供设计服务的过程中是否需要来境内。

（2）签署设计合同时，应明确支付的设计费是否包含代扣代缴的增值税和企业所得税；如果代扣代缴的增值税和企业所得税由委托方承担，需要在合同中明确设计费包含了代扣代缴的增值税和企业所得税，避免代扣代缴的税款不能在企业所得税税前和土地增值税清算时扣除。

10.3.2 营销设施建造费

房地产开发企业为促进销售，一般都会设有售楼处或样板间或其他营销设施，有在施工现场临时建造的营销设施，也有利用建成的商品房作为售楼部，还有在大型商场酒店等租赁场地营销，不同的设立方式对应的税务处理也不尽相同。

1. 增值税

不管是利用建成的商品房作为售楼部还是施工现场建造的临时营销设

施，其建造成本对应的进项税额都可以抵扣。

《营业税改征增值税试点实施办法》第二十七条规定，非正常损失的不动产，以及该不动产所耗用的购进货物、设计服务和建筑服务，以及非正常损失的不动产在建工程所耗用的购进货物、设计服务和建筑服务属于不得抵扣进项税额的范围。第二十八条规定，非正常损失，是指因管理不善造成货物被盗、丢失、霉烂变质，以及因违反法律法规造成货物或者不动产被依法没收、销毁、拆除的情形。

因此，施工现场的临时营销设施在工程结束时被拆除，不属于因违反法律法规被依法拆除的情形，其进项税额不需要转出。

2. 土地增值税

详见“2.3.1.24　营销设施的处理”。

3. 企业所得税

国税发〔2009〕31号文第二十七条规定，开发间接费主要包括管理人员工资、职工福利费、折旧费、修理费、办公费、水电费、劳动保护费、工程管理费、周转房摊销以及项目营销设施建造费等。因此房地产开发企业利用建成的商品房作为营销设施，相关成本费用可计入“开发成本”，出售时按开发产品处理。

对于单独建造的营销设施所发生的支出则需要根据相关规定具体判断是否计入开发成本。如果确定移交全体业主或无偿赠与政府等，发生的成本比照公共配套设施处理，如果该营销设施属于营利性的，应单独核算其成本，建成后有偿转让的，须计算其收入并可扣除所发生的成本费用。

在大型商场酒店租赁场所作为营销设施的，发生的成本费用应计入销售费用。

4. 房产税

《财政部 税务总局关于房产税若干具体问题的解释和暂行规定》（财税地字〔1986〕8号）第二十一条规定，凡是在基建工地为基建工地服务的各种工棚、材料棚、休息棚和办公室、食堂、茶炉房、汽车房等临时性房屋，不论是施工企业自行建造还是由基建单位出资建造交施工企业使用的，在施工期间，一律免征房产税。该文件明确了临时性建筑物不征房产税必须同时满足两个条件：一是临时设施为基建工地服务，二是处于施工期间的临时设施。

《国家税务总局关于房产税城镇土地使用税有关政策规定的通知》（国税发〔2003〕89号）第一条规定，对房地产开发企业建造的商品房，在售出前，不征收房产税；但对售出前房地产开发企业已使用或出租、出借的商品房应按规定征收房产税。

房地产开发企业为销售而建造的临时设施显然不属于这个临时性房屋免税的规定，对于这个临时营销设施应从建成的次月起开始缴纳房产税，如果是适用商品房作为营销设施，应从使用的次月起缴纳房产税。注意，计提营销设施的房产税时应分摊土地成本。

10.3.3　施工水电费

1. 施工水电费的处理方式

施工水电费的税务处理，有三种方式：

（1）转售水电方式处理。转售水电需要开具发票，但一般企业经营范围都没有水电的销售，超出营业执照上的经营范围能否开具发票，国家税务总局网站2021年7月2日对此进行答疑：

根据《国务院关于修改〈中华人民共和国发票管理办法〉的决定》（中华人民共和国国务院令第587号）及《增值税发票开具使用指南》（税总货便函〔2017〕127号）规定，销售商品、提供服务以及从事其他经营活动的单位和个人，对外发生经营业务收取款项，收款方应当向付款方开具发票；特殊情况下，由付款方向收款方开具发票。

因此，纳税人发生应税行为，除国家有明令禁止销售的外，即使超出营业执照上的经营范围，也应当据实开具发票。

按照国家税务总局的答疑口径，增值税纳税人超出经营范围销售水电费，可按规定自开或代开增值税专用发票。水电表户名的企业按照转售水电，向其他企业收取相应的水电费用计入收入，并开具对应的增值税专用发票，取得电力公司和自来水公司开具发票作为对应成本费用，其他使用水电的企业以此为税前扣除凭证，进行相应处理。

①电费。水电表户名的企业给其他使用水电的企业开具税率13%增值税专用发票，同时取得电力公司开具的增值税专用发票按规定抵扣进项税

额和企业所得税税前扣除。

②水费。水电表户名的企业给其他使用水电的企业开具征收率3%增值税专用发票。同时，根据《国家税务总局关于物业管理服务中收取的自来水水费增值税问题的公告》（国家税务总局公告2016年第54号）文件规定，可以扣除其对外支付的自来水水费后的余额为销售额，按照简易计税方法依3%的征收率，计算缴纳增值税。其中开具全额的增值税发票（含专用发票），通过申报表实现差额纳税。

（2）采取分摊方式处理。根据国家税务总局公告2018年第28号文件的规定，出租方采取分摊方式的，承租方以出租方开具的其他外部凭证作为税前扣除凭证。其中，其他外部凭证包括但不限于出租方支付水电费取得发票复印件、出租方出具水电费分割单或确认单、出租方支付水电费的凭证及房租协议等。

水电表户名的企业采取分摊方式收取水电费，其他使用水电的企业以水电表户名的企业开具的其他外部凭证，作为税前扣除凭证。此时，水电表户名的企业按照代收代付进行会计处理。

水电表户名的企业代收代付水费时，其中自用的部分以取得的增值税专用发票为凭证，计算抵扣进项税额。

2. 方案的选择

（1）如果双方都是增值税一般纳税人建议选择"转售水电方式处理"。对于其他使用水电的企业来说，按规定取得增值税专用发票，不仅可作为企业所得税税前扣除凭证，还可按规定抵扣增值税进项税额。如其他使用水电的企业属于生产、生活性服务业一般纳税人，还可享受增值税加计抵减政策。

（2）如果总承包方或分包方需要选择简易计税方法，可以选择"甲供材方式处理"，适用提供甲供工程的建筑服务可选择简易计税方法计税。

实务中，企业要综合考虑增值税纳税人类别、能否抵扣进项税额等因素，选择最适合企业的方案。

10.3.4 甲供工程

1. 增值税

甲供工程在税法上的定义是指全部或部分设备、材料、动力由工程发包方自行采购的建筑工程。一般纳税人为甲供工程提供的建筑服务，可以选择适用简易计税方法计税。《财政部 国家税务总局关于建筑服务等营改增试点政策的通知》（财税〔2017〕58号）第一条规定，建筑工程总承包单位为房屋建筑的地基与基础、主体结构提供工程服务，建设单位自行采购全部或部分钢材、混凝土、砌体材料、预制构件的，适用简易计税方法计税。也就是说，房地产开发企业自行采购全部或部分设备、材料、动力，可以取得9%或3%的建筑服务发票，但如果房地产开发企业采购全部或部分钢材、混凝土、砌体材料、预制构件的，只能取得3%的建筑服务发票。

房地产开发企业与施工单位签订的甲供工程合同按合同约定可以分为两种。一是甲供材包含在总包合同中，施工单位需按含甲供材的承包合同总额向房地产开发企业开具建筑服务发票。这种情况下，房地产开发企业向施工单位提供甲供材料的货物移送行为属于销售货物的行为，房地产开发企业应在货物移送时确认收入并向施工单位开具材料销售发票。二是甲供材料未包含在总承包合同总价中，甲供材料不属于施工单位的工程成本，施工单位仅使用甲供材，房地产开发企业不需要向施工单位开具发票，施工单位可以开具9%或3%的建筑服务发票，甲供材属于财税〔2017〕58号文规定的情形只能开具3%的发票。

房地产开发企业采购建筑服务是选择甲供材方式还是包工包料方式，理论上来讲税负的影响不大，但自身管理水平、与供应商的议价能力都会影响选择。实务中，大型房地产企业选择甲供材的方式更有利些，一是节约材料差价降低成本，二是可以保证工程质量。中小型民营房企选择包工包料的方式更恰当些，不仅可以节约资金价值，还能减少相关的材料采购管理成本。所以，房地产企业在选择建筑服务的方式时应结合自身情况，综合考虑材料进项发票的取得、管理水平、与供应商的议价能力等各种因素。

2. 土地增值税

营改增前，一些地方口径是不允许甲供材列支为土地增值税的开发成本，有的税务机关甚至要求甲供材部分补缴对应金额的建筑业营业税。营改增之后，如果房地产开发企业与施工单位签订的建筑施工合同中明确了由甲方提供材料，乙方仅领用，并且能够提供材料采购合法有效的凭证，可以计入房地产开发成本，准予扣除。所以，甲供材能否作为土地增值税的扣除项目，与施工方签订的合同很关键。

10.3.5 在建工程转让

1. 转让方处理

（1）增值税。房地产开发企业转让未完工的老项目，可以选择简易计税方式，以取得全部价款和价外费用为销售额，按照5%的征收率开具增值税专用发票，计算缴纳增值税。

2018年4月27日国家税务总局举办的2018年第二季度税收政策解读视频会上，有人提问：我们是一家房地产企业，近期准备转让一个尚未完工的在建工程项目，这个项目适用增值税一般计税方法。转让该在建工程项目，对应的土地价款允不允许差额扣除？如何扣除？原国家税务总局货物和劳务税司副司长答复：房地产开发企业一次性转让尚未完工的在建工程，该工程项目适用一般计税方法的，以取得的全部价款和价外费用，一次性扣除向政府部门支付的土地价款后的余额计算缴纳增值税。

因此，房地产开发企业转让的未完工项目属于新项目或者转让未完工项目选择一般计税方式，转让时以取得的全部价款和价外费用，扣除当期转让未完工项目对应的土地价款后的余额按9%的税率计算销售额。

（2）土地增值税。在建工程转让，即转让在建项目，也就是转让不动产。根据《土地增值税暂行条例》第二条“转让国有土地使用权、地上建筑物及其附着物并取得收入的单位和个人，为土地增值税的纳税义务人，应依照本条例缴纳土地增值税”之规定，房地产开发企业转让在建工程，以取得的不含税收入作为土地增值税清算收入，按照销售不动产计算土地增值税，同时可以享受加计扣除20%的规定。

（3）企业所得税。转让在建工程取得的收入应按相关规定计算缴纳企业所得税。

（4）印花税。按产权转移书据以转让合同的不含税价计算缴纳印花税。

2. 受让方处理

（1）增值税。国家税务总局公告2016年第18号第三条规定，房地产开发企业以接盘等形式购入未完工的房地产项目继续开发后，以自己的名义立项销售的，属于《房地产开发企业销售自行开发的房地产项目增值税征收管理暂行办法》规定的销售自行开发的房地产项目。

如果受让的未完工项目为房地产新项目或对方选择一般计税方式开具9%增值税专用发票，则受让方可按取得的增值税专用发票上注明的税额进行抵扣。

如果购入未完工的项目属于房地产老项目，根据《财政部 税务总局关于明确国有农用地出租等增值税政策的公告》（财政部 税务总局公告2020年第2号）第二条“房地产开发企业中的一般纳税人购入未完工的房地产老项目继续开发后，以自己名义立项销售的不动产，属于房地产老项目，可以选择适用简易计税方法按照5%的征收率计算缴纳增值税”的规定，受让方可以选择简易计税按5%计算缴纳增值税。

（2）契税。根据《财政部 税务总局关于贯彻实施契税法若干事项执行口径的公告》（财政部 税务总局公告2021年第23号）规定，土地使用权及所附建筑物、构筑物等（包括在建的房屋、其他建筑物、构筑物和其他附着物）转让的，计税依据为承受方应交付的总价款。因此，受让方应按照交付总价款的不含增值税金额计算缴纳契税。

（3）土地增值税。受让房企购买在建项目后，继续投入资金进行后续建设，达到销售条件进行商品房销售的，其购买在建项目所支付的价款及税金允许扣除，但能不能加计扣除20%，实务中存在争议，详见“2.3.1.18 加计扣除”。

（4）企业所得税。受让方以在建工程转让协议、转让方开具的增值税发票、支付凭据作为成本可在企业所得税前扣除。

10.3.6 公共配套设施

房地产开发企业根据规划要求，一般都会建造公共配套设施。公共配套设施的不同处理涉及的企业所得税、增值税、土地增值税处理方式也不同。

1. 企业所得税

国税发〔2009〕31号文第十七条规定，房地产开发企业在开发区内建造的会所、物业管理场所、电站、热力站、水厂、文体场馆、幼儿园等配套设施，分为非营利性和营利性。

属于非营利性且产权属于全体业主的，或无偿赠与地方政府、公用事业单位的，可将其视为公共配套设施，其建造费用按公共配套设施费的有关规定进行处理。因此，非营利性的公共配套设施的建造费可分摊至可售面积。

《民法典》第二百七十四条对产权属于全体业主有比较明确的规定。建筑区划内的道路，属于业主共有，但是属于城镇公共道路的除外。建筑区划内的绿地，属于业主共有，但是属于城镇公共绿地或者明示属于个人的除外。建筑区划内的其他公共场所、公用设施和物业服务用房，属于业主共有。

属于营利性的，或产权归企业所有的，或未明确产权归属的，或无偿赠与地方政府、公用事业单位以外其他单位的，应当单独核算其成本。除企业自用应按建造固定资产进行处理外，其他一律按建造开发产品进行处理。

需要注意的是，单独作为过渡性成本对象核算的公共配套设施开发成本，应按建筑面积法进行分配。如果公共配套设施尚未建造或尚未完工的，可按预算造价合理预提建造费用。但这类公共配套设施必须符合已在售房合同、协议或广告、模型中明确承诺建造且不可撤销，或按照法律法规规定必须配套建造的条件。房地产开发企业建造非营利性的公共配套设施，首先应将其作为过渡性成本对象归集成本费用，然后按建筑面积法进行二次分摊，分摊至可售开发产品。

2. 增值税

对于非营利性且产权属于全体业主的，或无偿赠与地方政府、公用事业单位的公共配套设施，如果房地产开发企业将公共配套设施无偿赠与政府、公用事业单位，用于公益事业或者以社会大众为对象，不需要视同销售，不缴纳增值税。如果无偿赠与行为并非用于公益事业或服务社会大众，根据《营业税改征增值税试点实施办法》第十四条“单位或者个人向其他单位或者个人无偿转让无形资产或者不动产，但用于公益事业或者以社会公众为对象的除外”的规定，则应视同销售缴纳增值税。

3. 土地增值税

国税发〔2006〕187号文第四条规定，房地产开发企业开发建造的与清算项目配套的居委会和派出所用房、会所、停车场（库）、物业管理场所、变电站、热力站、水厂、文体场馆、学校、幼儿园、托儿所、医院、邮电通信等公共设施，按以下原则处理：建成后产权属于全体业主所有的，其成本、费用可以扣除；建成后无偿移交给政府、公用事业单位用于非营利性社会公共事业的，其成本、费用可以扣除；建成后有偿转让的，应计算收入，并准予扣除成本、费用。

因此，房地产开发企业建造公共配套设施作为土地增值税的扣除项目，需要区分公共配套设施的处理方式，要么不计算收入扣除成本费用，要么就跟正常开发产品一样计算收入并扣除成本费用。

10.3.7 代建工程

1. 代建业务模式的确定

《国家税务总局关于“代建”房屋行为应如何征收营业税问题的批复》（国税函〔1998〕554号）规定，房地产开发企业（以下简称甲方）取得土地使用权并办理施工手续后根据其他单位（以下简称乙方）的要求进行施工，并按施工进度向乙方预收房款，工程完工后，甲方替乙方办理产权转移等手续。甲方的上述行为属于销售不动产，应按“销售不动产”税目征收营业税。但不属于国税函〔1998〕554号文规定形式的“代建”该如何处理，国家税务总局没有明确的规定。鉴于此，笔者查阅了几个地方政策，有营业税的规定，也有增值税的规定。详见表10-2。

表10-2 各地“代建”相关营业税或增值税政策表

地区	政策规定	文号
四川省	房地产企业受国家机关、企事业单位委托代建房屋，同时符合下列条件的，可就其实际收取的管理费按“服务业——代理业”税目依5%的税率征收营业税 1. 建房单位自行立项、自行征地并提供基建计划，双方签订代建合同，房地产企业按一定比例收取管理费 2. 房地产企业按国家规定办理工程清结算，不代垫工程款	川国税发〔1997〕57号

续表

地区	政策规定	文号
福建省	纳税人接受建房单位委托，为其代建房屋的行为，应以其向委托方收取的手续费按“服务业——代理业”税目税率征收营业税。这里所说的“代建房屋”必须同时符合下列条件： 1. 以委托方的名义办理立项及相关手续 2. 受托方与委托方不发生土地使用权、产权的转移 3. 与委托方签订委托代建合同 4. 受托方不垫付资金、不以受托方名义办理建安工程结算 凡不符合上述条件的代建行为，对委托方应以其收入全额按“销售不动产”税目税率征收营业税	闽地税政一〔1999〕18号
浙江省	对纳税人接受建房单位委托，为其代建房屋（或其他不动产）的行为，应按“服务业——代理业”征收营业税。这里所说的“代建房屋”必须同时符合下列四个条件： 1. 由委托方自行立项 2. 不发生土地使用权或产权转移 3. 受托方不垫付资金 4. 事先与委托方订有委托代建合同 凡不同时符合上述四个条件的代建行为。对受托方应按“销售不动产”征收营业税	浙地税函〔2004〕437号
安徽省	房地产开发企业受托建房按照收取的代建费征收“服务业——代理业”营业税。受托建房应同时满足下列条件： （一）委托建房单位有相关部门项目批准书 （二）委托建房单位具有土地使用证 （三）签有代建房屋协议，并在协议中列明所收取的“代建费” （四）受托方不垫付资金 受托建房的房地产开发企业不同时具备上述条件的，应按“销售不动产”征收营业税	皖地税〔2005〕76号
安徽省	营改增后，房地产开发企业（以下简称甲方）取得土地使用权并办理施工手续后根据其他单位（以下简称乙方）的要求进行施工，并按施工进度向乙方预收房款，工程完工后，甲方替乙方办理产权转移等手续。房地产开发企业的上述“代建房屋”行为只按照销售不动产的相关税收政策计算缴纳增值税。房地产开发企业未取得土地使用权，只接受其他单位委托，组织施工力量代建房屋的，按照建筑服务相关税收政策计算缴纳增值税	安徽国税2017年1月3日《营改增热点难点问题（房地产）》

续表

地区	政策规定	文号
河北省	委托建房征税问题对房地产开发企业接受建房单位委托，为其代建房屋的行为，应按“服务业——代理业”征收营业税，其营业额为其向委托方收取的代建手续费。这里所指的代建房屋行为必须同时符合下列条件： （一）以委托方的名义办理房屋立项及相关手续 （二）与委托方不发生土地使用权、产权的转移 （三）与委托方事前签订委托代建合同 （四）不以受托方的名义办理工程结算 凡不同时符合上述条件的，受托方不论以何种形式与对方结算，均属房屋销售行为，按“销售不动产”税目征收营业税	冀地税发〔2000〕93号
	纳税人接受建房单位委托，为其代建房屋的行为，应按“经纪代理服务”税目征收增值税，其销售额为其向委托方收取的代建手续费。这里所指的代建房屋行为必须同时符合下列条件： （一）以委托方的名义办理房屋立项及相关手续 （二）与委托方不发生土地使用权、产权的转移 （三）与委托方事前签订委托代建合同 （四）不以受托方的名义办理工程结算	河北国税2017年6月6日《关于全面推开营改增有关政策问题的解答（之八）》
陕西省	对纳税人接受建房单位委托，为其代建房屋或其他不动产的行为，属于代理业务，应按“服务业——代理业”税目征收营业税。营业额为向委托方收取的手续费。这里所说的“代建房屋”须同时符合下列条件： （一）必须事先与委托方订有委托代建合同，并在合同上载明取费依据及标准 （二）所建房屋的基建计划与立项必须是计划部门下达给建设单位的，不发生土地使用权转移 （三）以委托方的名义与负责施工的施工队结算 （四）不垫付建设资金。凡未同时具备上述四个条件的代建业务，对受托方按“销售不动产”税目征收营业税	陕地税发〔1999〕79号
陕西省	工程代建是指委托方（包括工程建设委托方或实际使用方）通过招标的方式，选择专业化的工程管理单位（以下简称代建单位），负责工程的项目管理，包括可行性研究、设计、采购、施工、竣工试运行等工作，项目建成后交付使用单位的业务。通常情况下，代建业务应同时满足以下条件： 1. 代建单位与委托方签订委托代建合同 2. 代建工程项目的实际所有权归委托方 3. 代建单位不垫付资金 依据委托代建合同，代建单位取得的收入应分别核算，其取得的代建管理费收入，应按“经纪代理服务”缴纳增值税；其取得的建筑服务收入，应按“建筑服务”缴纳增值税 在实际操作过程中，施工方依据合同约定，以自身名义立项、取得土地、办理后续施工手续，按照委托方要求进行施工，项目完工移交委托方的，不属于代建行为，应按销售不动产的有关规定缴纳增值税	陕西国税2017年4月24日《营改增试点政策答疑（十）》

从表 10－2 可知，不管是营业税时期，还是现在的增值税，各地对“代建”业务模式的认定主要集中在项目立项及土地使用权归属等问题。从各地政策可以总结“代建”业务应该至少同时符合以下几个条件：

（1）项目由委托方立项；

（2）不发生土地使用权或产权的转移；

（3）受托方（代建方）不垫付资金，不以受托方名义办理工程结算；

（4）双方签订委托代建合同，并约定代建手续费或管理费；

（5）施工方将建筑服务发票直接开给委托方。

【提醒】代建业务如不同时符合这几个条件，很有可能会被认定为“销售不动产”行为。

2. 代建业务的税务处理

（1）增值税。一般情况下，代建业务是以委托方（政府或企业）名义进行立项，土地和后续报建手续均登记在委托方名下，受托方一般不垫付资金，而由委托方承担全部建设费用。房地产企业与委托方签订合同，受托进行房屋代建，在实际操作中还可能存在代为立项、垫付建设资金等情形。因此，房地产企业代建房屋应根据其实际从事的业务性质缴纳增值税。

①经纪代理服务。房地产开发企业仅从事代建项目管理的，应就其取得的代建管理费收入按照“现代服务——商务辅助服务——经纪代理服务”缴纳增值税。

②销售不动产。房地产开发企业以自己名义立项、取得土地和后续报建手续建设房屋的，属于自行开发房地产行为，项目完工移交委托方时，应按“销售不动产”缴纳增值税。

③贷款服务。从事代建管理外，房地产开发企业为代建项目垫付全部或部分建设资金的，应就其取得的资金占用费（利息性质）的收入按“金融服务——贷款服务”缴纳增值税。

（2）土地增值税。房地产开发企业以自己名义立项、取得土地和后续报建手续建设房屋的，需要缴纳土地增值税，与常规的房地产开发业务涉及的土地增值税一致。其他代建行为不需要缴纳土地增值税。

（3）企业所得税。除房地产开发企业代建政府公租房、廉租房工程取得符合条件（财税〔2011〕70号文第一条规定的条件）的财政性资金外，不管其他哪种性质的代建所得，都要确认收入，同时根据企业的应纳税所得额计算缴纳企业所得税。

第十一章　预售及销售环节

11.1　涉税示意图

本章涉税示意图见图 11－1。

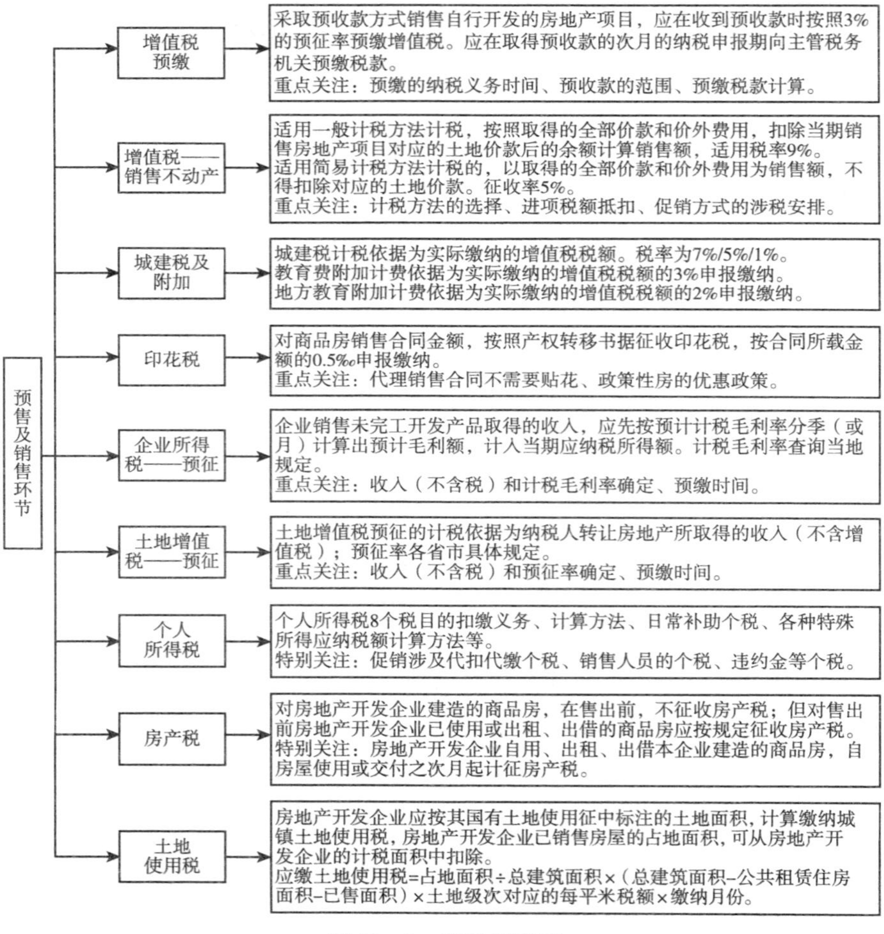

图 11－1　涉税示意图

本环节主要涉税事项有：营销策划推广、商品房预售等。

本环节主要涉及税种：增值税、印花税、土地增值税、企业所得税、城镇土地使用税等。

11.2　税收风险点

本环节常见税收风险与相关税收政策详见表 11－1。

表 11－1　预收及销售环节常见税收风险点与相关税收政策表

常见风险点	政策依据
1. 样板房、售楼部装修费未计入房产原值	国税发〔2005〕173 号第一条
2. 预售方式销售产品的预收款计入“其他应付款”或“短期借款”等科目，未按规定期限足额预缴税款，延迟或不计应税收入	国税发〔2009〕31 号
3. 以开发产品对外投资，换取股权或土地使用权，抵债或用于捐赠、赞助、广告、职工福利、奖励、分配给投资者未视同销售	财税〔2016〕36 号附件 1 第十条及第十一条 国税发〔2006〕187 号 《企业所得税法实施条例》第二十五条 国税发〔2009〕31 号第七条 《土地增值税暂行条例》第五条
4. 将会所、物业管理场所、电站、热力站、水厂、文体场馆、幼儿园以及学校、医疗设施等配套设施进行移交或无偿赠与政府、公用事业单位以外其他单位，未按规定申报纳税	财税〔2016〕36 号附件 1 第十四条 《企业所得税法实施条例》第二十五条 国税发〔2009〕31 号 《土地增值税暂行条例》第二条及第五条 国税发〔2006〕187 号第四条
5. 在营销活动中向个人派发礼品未代扣代缴个人所得税	《个人所得税法》第二条及第九条 《个人所得税法实施条例》 财政部 税务总局公告 2019 年第 74 号第三条
6. 关联企业之间销售价格明显偏低且无正当理由，或以成本价转让给职工	《税收征收管理法》第三十六条 财税〔2016〕36 号附件 1 第四十四条 《企业所得税法》第四十一条 《企业所得税法实施条例》第一百零九条至第一百一十一条 《土地增值税暂行条例》第五条及第九条

续表

常见风险点	政策依据
7. 收取预收款采取不开发票，利用收取定金、诚意金等方式规避预缴税款	财税〔2016〕36 号 附件 1 第三十七条及第四十五条 国家税务总局公告 2016 年第 18 号 《企业所得税法实施条例》五十四条 国税发〔2009〕31 号第九条 《土地增值税暂行条例实施细则》第十六条
8. 收取的手续费、代收款项、代垫款项以及其他各种性质的价外收费未按规定确认收入	财税〔2016〕36 号附件 1 第三十七条及第四十五条 国家税务总局公告 2016 年第 18 号 《企业所得税法实施条例》第五十四条 国税发〔2009〕31 号第九条 《土地增值税暂行条例实施细则》第十六条
9. 将售房款冲减成本、费用或直接转入关联单位，或将售房款打入个人储蓄账户或信用卡账户，未按规定入账，长期挂账不确认收入、不申报纳税	财税〔2016〕36 号附件 1 第一条及第三十七条 国家税务总局公告 2016 年第 18 号第四条 《企业所得税法》第六条 国税发〔2009〕31 号第八条及第九条 《土地增值税暂行条例实施细则》第五条 国家税务总局 2016 年第 70 号公告第一条
10. 以银行按揭方式销售开发产品，开发企业在收到首付款，银行按揭贷款到账后，未计入预收账款，没按规定预缴增值税、土地增值税、计算预计毛利	财税〔2016〕36 号附件 1 第一条 国家税务总局公告 2016 年第 18 号第四条及第十条 国税发〔2009〕31 号第六条 《土地增值税暂行条例》第二条及第五条
11. 完工产品按计税毛利率预缴企业所得税，未按规定及时、准确确认收入	财税〔2016〕36 号附件 1 第一条 国家税务总局公告 2016 年第 18 号第四条、第五条、第六条、第十条 国税发〔2009〕31 号
12. 对于跨年度房地产开发项目的已完工出售部分，未按权责发生制原则确认收入或故意推迟实现房屋销售收入	国家税务总局公告 2016 年第 18 号第四条、第五条、第六条、第十条 国税发〔2009〕31 号第六条、第七条、第九条、第十条 《企业所得税法实施条例》第九条
13. 采用分期付款方式销售商品房的未按销售合同或协议约定的价款和付款日确认收入的实现。付款方提前付款的，未在实际付款日确认收入的实现；付款方未按时付款的，企业未按照合同约定时间确认收入	财税〔2016〕36 号附件 1 第四十五条 国家税务总局公告 2016 年第 18 号第四条、第五条、第六条、第十条 国税发〔2009〕31 号第六条 《土地增值税暂行条例》第二条、第五条 财税〔2016〕43 号 《土地增值税暂行条例实施细则》第十六条

续表

常见风险点	政策依据
14. 采用视同买断方式代销和采取基价（保底价）并实行超过基价双方分成方式委托销售开发产品的未区分具体合同约定和实际销售价格统一按照约定较低的价格开具发票确认计税收入，超过约定价格的房款由经销商收取并开具发票或收据，未计入房地产开发企业计税收入	财税〔2016〕36号附件1第四十五条 国家税务总局公告2016年第18号第四条、第五条、第六条、第十条 国税发〔2009〕31号第六条 《土地增值税暂行条例》第二条、第五条
15. 规划红线外的开发产品未计收入，由于不开销售发票或不办产权手续未按规定入账，或销售阁楼、停车位、地下室以及精装房装修部分单独开具收款收据，取得的收入未按规定入账	财税〔2016〕36号附件1第三十七条、第四十五条 财税〔2016〕36号附件2第一条第八项 《企业所得税法》第六条 国税发〔2009〕31号第五条 《土地增值税暂行条例》第二条
16. 将预售收入作为广告费、业务宣传费、业务招待费的计算基数，在达到确认条件时未对当期计算三费的计算基数进行调整，将前期已作过计算基数的预售收入重复作为当期的计算基数计算可列支的三费，进而扩大期间费用列支范围及标准	《企业所得税法实施条例》第四十三条、第四十四条 国税函〔2009〕202号 国税发〔2009〕31号
17. 销售无产权的开发产品未确认收入	财税〔2016〕36号附件1第三十七条、第四十五条 财税〔2016〕36号附件2第一条第八项
18. “以租代售”车位取得收入未按规定申报纳税	财税〔2016〕36号附件1第一条、第三十七条 《企业所得税法》第六条 国税发〔2009〕31号
19. “一次拿地、分期开发”的项目，计算每期可扣除的土地成本时，未按照合理的方法分摊土地成本	财税〔2016〕36号附件1第三十七条、第四十五条 财税〔2016〕36号附件2第一条第八项 国家税务总局公告2016年第18号第四条至第七条 财税〔2016〕140号
20. 超过规定限额税前列支委托境外销售佣金，未代扣代缴境外机构税款	财税〔2016〕36号附件1第一条、第六条、第二十条 国税发〔2009〕31号）第二十条 财税〔2009〕29号第一条
21. 无偿转让回迁安置房未按规定申报纳税	财税〔2016〕36号附件1第十四条、第三十七条 《土地增值税暂行条例实施细则》第五条 国税发〔2006〕187号 国税发〔2009〕31号第七条 国税函〔2008〕828号 财税〔2006〕162号第四条

续表

常见风险点	政策依据
22. 预缴土地增值税适用预征率错误	国税发〔2010〕53 号第二条
23. 土地增值税预征的计征依据不符合规定	国家税务总局公告 2016 年第 70 号第一条
24. 商品房买卖合同未按规定足额申报缴纳印花税	《印花税法》
25. 将开发产品转为自用后又对外销售，自用时间未超过 12 个月，将自用期间的折旧费用在税前扣除	国税发〔2009〕31 号第二十四条
26. 折扣促销模式的销售未按规定开具发票	财税〔2016〕36 号 附件 1 国税函〔2010〕56 号 国税发〔1993〕154 号
27. 支付给个人销售代理的销售佣金或手续费未代扣代缴个人所得税	《个人所得税法》 《个人所得税法实施条例》 《税收征收管理法》
28. 企业开展各类促销活动、商务活动中赠送给客户的赠品、礼品，未按规定视同销售	《企业所得税法实施条例》第二十五条 国税函〔2008〕828 号第二条

11.3 特殊事项税务处理

11.3.1 “一次拿地、分次开发”的土地价款扣除

1. 土地价款扣除的计算

房地产开发企业中的一般纳税人销售自行开发的房地产项目，适用一般计税方法计税，按照取得的全部价款和价外费用，扣除当期销售房地产项目对应的土地价款后的余额计算销售额。

当期允许扣除的土地价款 =（当期销售房地产项目建筑面积 ÷ 房地产项目可供销售建筑面积）× 支付的土地价款。

“当期销售房地产项目建筑面积”和“房地产项目可供销售建筑面积”，是指计容积率地上建筑面积，不包括地下车位建筑面积。

2. 各地对“一次拿地、分次开发”的处理方式

（1）房地产企业分次开发的每一期都是作为单独项目进行核算的，这一操作模式与《房地产开发企业销售自行开发的房地产项目增值税征收管理暂行办法》中的“项目”口径一致，因而，对“一次拿地、分次开发”的情形，要分为两步走：第一步，要一次性支付土地价款，按照土地面积在不同项目中进行划分固化；第二步，对单个房地产项目中所对应的土地价款，要按照该项目中当期销售建筑面积与可供销售建筑面积的占比，进行计算扣除。（参考 2016 年 4 月 21 日《山东国税全面推开“营改增”试点政策指引（一）》、2016 年 4 月 26 日《海南国税全面推开营改增政策指引——重点关注问题解答（一）》）

（2）房地产企业一次性购地，分次开发，可供销售建筑面积无法一次全部确定的，按照均衡配比的原则，按以下顺序计算当期允许扣除的土地价款：

首先，计算出已开发项目所对应的土地价款。

已开发项目所对应的土地价款 = 支付的土地总价款 ×（已开发项目占地面积 ÷ 开发用地总面积）

然后，再按照以下公式计算当期允许扣除的土地价款。

当期允许扣除的土地价款 =（当期销售房地产项目建筑面积 ÷ 当期已开发房地产项目可供销售建筑面积）× 已开发项目所对应的土地价款

当期销售房地产项目建筑面积，是指当期进行纳税申报的增值税销售额对应的建筑面积。当期已开发房地产项目可供销售建筑面积，是指当期已开发房地产项目可以出售的总建筑面积，不包括销售房地产项目时未单独作价结算的配套公共设施的建筑面积。（参考 2017 年 6 月 6 日《河北省国家税务局关于全面推开营改增有关政策问题的解答（之八）》）

（3）房地产企业“一次拿地、分次开发”时，分次开发的项目都是作为单独项目分别核算的，因此，这种情形可按照如下方法计算单个项目当期允许扣除的土地成本：首先将“一次拿地”时一次性支付的土地价款，按照土地面积占比在不同项目中进行划分固化；然后根据“分次开发”的单个项目中当期销售建筑面积与可供销售建筑面积的占比，乘以单个项目所对应的土地价款，计算其当期允许扣除的土地成本。（参考 2016 年 6 月 2 日《河南省国家税务局营改增问题快速处理机制专期十二》）

11.3.2 土地返还款

取得政府土地返还款，是计入收入还是冲减成本？这是个比较有争议的问题。房地产开发企业取得土地返还款，基本上都不想冲减成本，冲减成本就少了20%的加计扣除，但一些税务机关为了征税，尤其是土地增值税，往往要求企业取得土地返还款后冲减成本。实际上，取得土地返还款的处理，不仅与土地增值税有关，还与增值税、企业所得税相关。

1. 增值税

（1）土地返还款是否冲减土地成本。营改增后，房地产开发企业一般纳税人销售自行开发的房地产项目。适用一般计税方法计税的，按照取得全部价款和价外费用，扣除当期销售房地产项目对应的土地价款后的余额计算销售额。如果取得土地返还款，在计算销售额时是否需要调减对应的土地价款，各地口径不一，如：

①湖南省

房地产开发企业取得政府部门的土地返还款，是否应从扣除计税的土地价款中扣减？根据国家税务总局2016年第18号公告规定，房地产开发企业允许扣除计税的土地价款，应取得省级以上（含省级）财政部门监（印）制的财政票据，且可扣除的土地价款不得超过纳税人实际支付的土地价款。土地价款作为销售额的组成部分，在计税时已从销售额中扣除，为保护税基，避免超额扣除计税，对政府部门奖励返还的土地款，应从可扣除的土地价款中扣减。（参考2016年12月27日《湖南省国家税务局营业税改征增值税政策指引之四》）

②大连市

房地产企业取得土地时支付的土地出让金已经取得符合规定的财政票据，之后又从相关部门取得土地返还款，那么计算增值税时允许抵扣的土地价款怎么计算？企业取得土地时单独支付的拆迁费和契税是否允许计算扣除？

按净支出额计算允许抵扣的土地价款，土地返还款部分不允许抵扣；单独支付的拆迁费和契税不允许计算扣除。（参考2016年5月25日《大连市国家税务局关于下发〈营改增热点问题解答〉的通知》）

③湖北省

湖北省国税局货物和劳务税处在2016年5月23日的《湖北省国税局营改增热点问题解答》中明确，从政府部门取得土地出让金返还款，可不从支付的土地价款中扣除。

④陕西省

如果存在土地返还款，企业实际需要支付的土地价款可能要小于土地出让合同列明的土地价款，该种情况下可以扣除的土地价款的范围是不是只包含企业直接支付的土地价款？

准予扣除的土地价款，以纳税人取得的省级以上（含省级）财政部门监（印）制的财政票据上注明的土地价款为限。（参考2016年7月5日陕西省住建厅、财政厅、国税局、地税局部分建筑和房地产企业营改增专题座谈会）

看来，在国家未明确规定的前提下，土地返还款在计算销售额时是否需要扣减对应的土地价款，还是需要看当地的口径。

（2）取得土地返还款之类的补助款是否缴纳增值税。《国家税务总局关于取消增值税扣税凭证认证确认期限等增值税征管问题的公告》（国家税务总局公告2019年第45号）第七条规定，纳税人取得的财政补贴收入，与其销售货物、劳务、服务、无形资产、不动产的收入或者数量直接挂钩的，应按规定计算缴纳增值税。纳税人取得的其他情形的财政补贴收入，不属于增值税应税收入，不征收增值税。

2. 土地增值税

国家税务总局未明确对土地返还款土地增值税处理的问题。2012年10月28日网络流传的《国家税务总局土地增值税若干具体问题的公告（征求意见稿）》里明确，地方政府、财政部门以各种名义向房地产开发项目返还土地出让金、城市建设配套费、税金等，在计算土地增值税扣除项目金额时应抵减相应项目的扣除项目金额。对不能区分科目的返还资金，抵减土地出让金。目前大部分地区明确土地返还款在土地增值税清算时抵减土地成本。

（1）安徽省

《安徽省税务局关于修改〈安徽省土地增值税清算管理办法〉的公告》

（安徽省税务局公告2018年第21号）第三十八条规定：取得土地使用权所支付的金额，是指纳税人为取得土地使用权所支付的地价款和按国家统一规定交纳的有关费用。其中，取得土地使用权所支付的地价款是指纳税人依据有关土地转让、出让合同、协议及其补充协议以货币或者其他形式支付的款项。依据有关土地转让、出让合同、协议及其补充协议，政府或有关单位、部门以扶持、奖励、补助、改制或其他形式返还、支付、拨付给纳税人或其控股方、关联方的金额应从取得土地使用权所支付的金额中剔除。

（2）贵州省

《贵州省地方税务局关于发布〈贵州省土地增值税清算管理办法〉的公告》（贵州省地方税务局公告2016年第13号）第四十七条规定：房地产开发企业以各种名义取得的政府返还款（包括土地出让金、市政建设配套费、税金等），在确认扣除项目金额时应当抵减相应的扣除项目金额。房地产开发企业取得不能区分扣除项目的政府返还款应抵减“取得土地使用权所支付的金额”。

（3）辽宁省

《辽宁省地方税务局关于明确土地增值税清算有关问题的通知》（辽地税函〔2012〕92号）第六条规定：房地产开发企业从政府部门取得各种形式的返还款，地方税务机关在土地增值税清算时，其返还款不允许扣除，直接冲减土地成本。

（4）江苏省

《江苏省地方税务局关于土地增值税有关业务问题的公告》（苏地税规〔2012〕1号）第五条第（四）项规定：纳税人为取得土地使用权所支付的地价款，在计算土地增值税时，应以纳税人实际支付土地出让金（包括后期补缴的土地出让金），减去因受让该宗土地政府以各种形式支付给纳税人的经济利益后予以确认。

（5）大连市

《大连市地方税务局关于进一步加强土地增值税清算工作的通知》（大地税函〔2008〕188号）第一条第（一）项规定：纳税人应当凭政府或政府有关部门下发的《土地批件》《土地出让金缴费证明》以及财政、土地管理等部门出具的土地出让金缴纳收据、土地使用权购置发票、政府或政府部门出具的相关证明等合法有效凭据计算“取得土地使用权所支付的金额”。凡取得票据或者其他资料，但未实际支付土地出让金或购置土地使用权价款或支付土地出让金、购置土地使用权价款后又返还的，不允许计入扣除项目。

（6）黑龙江省

《黑龙江省地方税务局关于土地增值税若干政策问题的公告》（黑龙江省地方税务局公告2016年第1号）第十一条规定：对于房地产开发企业从政府、财政等部门取得的财政补贴、奖励、土地出让金返还、税收返还等财政补贴性收入，在计征土地增值税时，凡是明确相关款项用途的，直接冲减相关扣除项目金额，如土地出让金返还冲减取得土地使用权支付的金额等；凡是没有明确相关款项用途的，依次冲减取得土地使用权支付的金额和房地产开发成本。房地产开发企业同时开发两个及以上项目涉及分摊计算的，比照本公告第五条的相关规定执行。

笔者认为，政府返还款的处理应该遵循实质课税原则。如果取得的政府款项从相关资料（招拍挂文件、土地合同、政府文件或会议纪要等）中显示与取得土地存在关系，相当于是政府给予房地产开发企业的土地价款的折让，冲减土地成本应是合理的，毕竟也没有支付那么多钱用于购买土地。相反，如果是招商引资补贴或政府奖励等形式给予的返还款，则不应冲减土地成本。

3. 企业所得税

房地产开发企业收到政府给予的“土地返还款”或其他财政返还资金，如有相关证据表明该返还款与取得土地存在关联，那么应将该返还款冲减开发成本。如果与取得土地没什么关系，如招商引资补贴或奖励，可以当作是政府对房地产开发企业的一种补助，是企业的一项营业外收入，可以按财政性资金来处理，并判断是否符合财税〔2011〕70号文不征税收入的规定。

如《山东省青岛市国家税务局关于2010年度企业所得税汇算清缴若干问题的公告》（山东省青岛市国家税务局公告2011年第1号）曾规定：企业招拍土地后，政府给予的土地返还款不得冲减土地成本，而应当并入当期收入总额缴纳企业所得税。

实务中，税务机关在土地增值税和企业所得税两个税种上对土地返还款的处理也有可能存在相反的情况：土地增值税要求冲减成本而企业所得税不能冲减成本。为避免争议，房地产开发企业在与政府谈判时需要注意，签订的土地出让合同或补充协议中不要体现返还的是土地出让金或者返还与土地出让金有关的款项，可以在合同或补充协议中明确政府给予土地返还款是专门用于给开发商为当地经济建设的奖励或补助。最好是与政府沟通出具一份土地返还款专门用于建设公共设施的文件，并规定专款用途，争取不冲减取得土地的成本，进而少缴纳土地增值税和增值税。

11.3.3 卖房送礼

房地产开发企业在营销过程中，除了打折促销以外，一般都还会有随房屋销售赠送家具、家电、装修、物业，车位，送小车等营销方式，也有日常营销活动中赠送礼品。

1. 增值税

根据《增值税暂行条例实施细则》第四条规定，单位或者个体工商户将自产、委托加工或者购进的货物无偿赠送其他单位或者个人，视同销售货物。第十六条规定，纳税人有视同销售货物行为而无销售额者，按下列顺序确定销售额：按纳税人最近时期同类货物的平均销售价格确定；按其他纳税人最近时期同类货物的平均销售价格确定；按组成计税价格确定。组成计税价格的公式为：组成计税价格 = 成本 ×（1 + 成本利润率）。

《营业税改征增值税试点实施办法》第十四条第（二）项规定，单位或者个人向其他单位或者个人无偿转让无形资产或者不动产，但用于公益事业或者以社会公众为对象的除外。

（1）对象确定的赠送。各地对买房送礼具体规定如下：

①湖北省

房地产企业销售不动产，将不动产与货物一并销售，且货物包含在不动产价格以内的，不单独对货物按照适用税率征收增值税。例如，随精装房一并销售的家具、家电等货物，不单独对货物按17%税率征收增值税。房地产企业销售不动产时，在房价以外单独无偿提供的货物，应视同销售货物，按货物适用税率征收增值税。例如，房地产企业销售商品房时，为促销举办抽奖活动赠送的家电，应视同销售货物，按货物适用税率征收增值税。（参考2017年12月29日《湖北省营改增问题集》）

②山东省

房地产开发企业销售住房赠送装修、家电，作为房地产开发企业的一种营销模式，其主要目的为销售住房。购房者统一支付对价，可参照混合销售的原则，按销售不动产适用税率申报缴纳增值税。（参考2016年5月31日《山东国税全面推开营改增试点政策指引（七）》）

③河北省

房地产开发企业销售精装修房，已在《商品房买卖合同》中注明的装修费用（含装饰、设备等费用），已经包含在房价中，因此不属于税法中所称的无偿赠送，无需视同销售。房地产企业"买房赠家电"等营销方式的纳税比照本原则处理。例如：房地产公司销售精装修房一套，其中精装修部分含电器、家具的购进价格为10万元，销售价格200万元，并按照200万元全额开具增值税发票，按照11%税率申报销项税额。此时，无需对10万元电器部分单独按照销售货物征收增值税。（参考2016年4月30日《河北省国家税务局关于全面推开营改增有关政策问题的解答（之二）》）

④海南省

房地产开发企业销售精装修房，已在《商品房买卖合同》中注明的装修费用（含装饰、设备等费用），已经包含在房价中，因此不属于税法中所称的无偿赠送，无需视同销售。随房赠送物业管理费如何确认销售额。买房送物业管理费视司销售，按市场公允价，确定销售额征税。

房地产企业销售不动产，将不动产与货物一并销售，且货物包含在不动产价格以内的，不单独对货物按照适用税率征收增值税。例如随精装房一并销售的家具、家电等货物，不单独对货物按17%税率征收增值税。房地产企业销售不动产时，在房价以外单独无偿提供的货物，应视同销售货物，按货物适用税率征收增值税。例如，房地产企业销售商品房时，为促销举办抽奖活动赠送的家电，应视同销售货物，按货物适用税率征收增值税。（参考2016年6月8日《海南国税全面推开营改增政策指引——四大行业座谈会问题系列解答之房地产业》）

⑤广东省

房地产开发企业销售房地产开发项目的同时赠送车位或储物间，在购房合同中明确注明赠送车位或储物间的行为，且不再就赠送车位或储物间另行与购房者签订合同、不单独为购房者开具发票的，可认为其赠送车位或储物间的销售额已经包含在销售房地产项目的销售额中，因此赠送车位或储物间行为无需视同销售。

买房送家电、送物业管理费等，其性质与销售房地产开发项目的同时赠送车位或储物间类似，无需视同销售。如果赠送行为与销售房地产开发项目无关，仅属于单纯的赠送行为，如旧业主介绍新业主，房地产开发企业赠送给旧业主物业管理费等情形，则应视同销售。

买房送装修实质是房地产开发企业销售精装房，与销售毛坯房相对应。精装房应作为房地产开发项目的整体，不应拆出装修部分单独作为一项销售行为，因此不应视同销售。（参考 2018 年 1 月 5 日广东国税房地产业营改增试点行业纳税遵从指引）

从上述规定可以看出，各地对与房屋销售一起的明确对象赠送礼品，基本把握房价已含赠品价格不符合增值税无偿赠送的规定，无须视同销售。笔者认为，是否视同销售应从业务实质分析，区分是有偿赠送还是无偿赠送。为减少争议，建议房地产开发企业随房屋销售赠送时在合同中或补充合同中明确约定赠送部分，并且在开具发票时，可按照《国家税务总局关于印发〈增值税若干具体问题的规定〉的通知》（国税发〔1993〕154 号）的要求，将房产和赠送物在同一张发票上分别注明。

（2）对象不确定的赠送。对象不明确的赠送，也就是人人有份的赠送，这种情况一般是房地产开发企业为推广项目，在开盘或某些节假日等营销活动中随机赠送一些价值不大的小礼品，与随房屋销售的赠送不同，赠送的对象不确定，也不一定会成交，所以这种对象不确定的赠送行为符合《增值税暂行条例实施细则》第四条视同销售的规定，应缴纳增值税。

同时，房地产开发企业在营销活动中随机赠送的礼品，根据《营业税改征增值税试点实施办法》第二十七条“用于个人消费的购进货物的进项税额不得从销项税额中抵扣”的规定，随机赠送的礼品如取得增值税专用发票，应做进项税额转出处理。

2. 企业所得税

根据《国家税务总局关于企业处置资产所得税处理问题的通知》（国

税函〔2008〕828号）第二条规定，企业将资产移送他人用于市场推广或销售，资产所有权属已发生改变而不属于内部处置资产，应按规定视同销售确定收入。《国家税务总局关于企业所得税有关问题的公告》（国家税务总局公告2016年第80号）第二条规定，企业发生国税函〔2008〕828号文第二条规定情形的，除另有规定外，应按照被移送资产的公允价值确定销售收入。

《国家税务总局关于确认企业所得税收入若干问题的通知》（国税函〔2008〕875号）第三条规定，企业以买一赠一等方式组合销售本企业商品的，不属于捐赠，应将总的销售金额按各项商品的公允价值的比例来分摊确认各项的销售收入。

（1）对象确定的赠送。随房屋销售的赠送，这种对既定客户的赠送，实际上房屋销售价格中已经包含了该赠品的价格，不符合企业所得税视同销售的规定，应按国税函〔2008〕875号文的规定，区分开发产品与赠品销售处理，分别确认收入缴纳企业所得税。

（2）对象不确定的赠送。赠送对象不确定的，符合企业所得税视同销售的规定，应缴纳企业所得税。

3. 个人所得税

《财政部 国家税务总局关于企业促销展业赠送礼品有关个人所得税问题的通知》（财税〔2011〕50号）规定，企业在销售商品（产品）和提供服务过程中向个人赠送礼品，属于下列情形之一的，不征收个人所得税：1. 企业通过价格折扣、折让方式向个人销售商品（产品）和提供服务；2. 企业在向个人销售商品（产品）和提供服务的同时给予赠品，如通信企业对个人购买手机赠话费、入网费，或者购话费赠手机等。赠送的礼品是自产产品（服务）的，按该产品（服务）的市场销售价格确定个人的应税所得；是外购商品（服务）的，按该商品（服务）的实际购置价格确定个人的应税所得。

《财政部 税务总局关于个人取得有关收入适用个人所得税应税所得项目的公告》（财政部 税务总局公告2019年第74号）第三条规定，企业在业务宣传、广告等活动中，随机向本单位以外的个人赠送礼品（包括网络红包），以及企业在年会、座谈会、庆典以及其他活动中向本单位以外的个人赠送礼品，个人取得的礼品收入，按照“偶然所得”项目计算缴纳个人所得税，但企业赠送的具有价格折扣或折让性质的消费券、代金券、抵用券、优惠券等礼品除外。

（1）对象确定的赠送。随房屋销售的赠送，赠送对象明确，实质上是企业在向个人销售商品（产品）和提供服务的同时给予赠品，不征收个人所得税。

（2）对象不确定的赠送。房地产开发企业在业务宣传、广告等活动中，随机向本单位以外的个人赠送礼品，与房屋销售没有直接联系，应按“偶然所得”代扣代缴个人所得税。

11.3.4 售后回租

售后回租，房地产开发企业在销售房屋（主要是商业用房）的同时，与购房者签订该房屋的租赁合同，约定房地产开发企业将房款扣除不动产租金后的金额作为不动产销售的成交价。售后回租，实际上是购房者为了获取相应优惠放弃了一定时期对不动产出租的收益，而房地产开发企业让利给购房者，换取了对购房者不动产的经营权或使用权，也就是获得了其他经济收益。

2018 年 12 月 7 日，财政部修订发布了《企业会计准则第 21 号——租赁》，新租赁准则取消了承租人关于融资租赁与经营租赁的分类，要求承租人对所有租赁（选择简化处理的短期租赁和低价值资产租赁除外）确认使用权资产和租赁负债，并分别确认折旧和利息费用。不论是新租赁准则还是旧租赁准则，房地产开发企业的售后回租是将房产先出售再签订租赁协议的一种特殊销售方式，应与融资性售后回租业务区分开来，融资性售后回租业务按《国家税务总局关于融资性售后回租业务中承租方出售资产行为有关税收问题的公告》（国家税务总局公告 2010 年第 13 号）进行税务处理，本节只讨论房地产开发企业非融资性售后回租业务。

售后回租销售方式涉及的税务关系比较复杂，涉及到增值税、土地增值税、企业所得税、房产税、印花税、个人所得税等诸多税种。

1. 增值税

房地产开发企业发生售后回租行为，在销售商品房时，不仅应按实际房款作为计算“销售不动产”增值税的计税依据，还须包括该行为取得的其他经济利益，也就是说还应将所售商品房按同期同类的市场价格与实际成交价格的差额作为销售额。

2. 土地增值税

房地产开发企业售后回租是以低于同类房屋销售价格换取购房者在未来一段时期内对房屋的经营权或使用权，房地产开发企业因此取得的“其他经济利益”应确认为土地增值税的应税收入。该部分其他经济利益可以按同期同类市场价格与实际成交价格的差异进行调整，支付的租金属于另一项经济业务，不能作为土地增值税扣除项目。

3. 企业所得税

房地产开发企业售后回租以低于市场价取得一段时期的商铺经营权或使用权，取得的其他经济利益，应确认为企业所得税应税收入。房屋销售市场价与成交价的差额实际上与房屋租赁有关，应确认同等金额的租金支出。

4. 印花税

房地产开发企业售后回租，涉及销售和租赁两项经济业务，所以交易双方均应按“产权转移书据”和“财产租赁”缴纳印花税。

5. 房产税

购买方将购买的房屋租赁给房地产开发企业，每季应按租金收入（含少支付的购房款）缴纳房产税。如房地产开发企业承租后再转租取得租赁收入，不征收房产税。

6. 个人所得税

《国家税务总局关于个人与房地产开发企业签订有条件优惠价格协议购买商店征收个人所得税问题的批复》（国税函〔2008〕576号）规定，房地产开发企业与商店购买者个人签订协议规定，房地产开发企业按优惠价格出售其开发的商店给购买者个人，但购买者个人在一定期限内必须将购买的商店无偿提供给房地产开发企业对外出租使用。其实质是购买者个人以所购商店交由房地产开发企业出租而取得的房屋租赁收入支付了部分购房价款。

根据个人所得税法的有关规定精神，对上述情形的购买者个人少支出的购房价款，应视同个人财产租赁所得，按照“财产租赁所得”项目征收个人所得税。每次财产租赁所得的收入额，按照少支出的购房价款和协议规定的租赁月份数平均计算确定。

需要注意的是，房地产开发企业在向个人购买者支付“售后回租”业务的租金后，个人无法自行申报纳税时，房地产开发企业在支付租金时应履行代扣代缴义务。为避免未履行代扣代缴义务的风险，建议房地产开发企业发生“售后回租”业务时可要求个人去税务机关代开房屋租赁发票。

11.3.5 以房抵工程款

实务中经常发生房地产开发企业由于某种原因无法支付工程款，将其所开发（或正在建设）的房屋抵给施工企业的行为。以房抵工程款应分解为销售不动产、提供建筑服务和债务重组三项经济业务，为避免税务风险，在进行“以房抵工程款”税务处理时应关注以下几方面。

一是双方分别就销售不动产和提供建筑服务开具增值税发票，有关税费各自承担。

二是需要关注销售不动产的价格，不能明显偏低且无正当理由，最好是按照市场价确认，特别是工程款高于销售不动产市场价格，差额按照债务重组签订合同，否则会额外增加土地增值税和增值税税负。

如施工企业将房屋再抵债或者第三方购买，关注资金流是否满足《国家税务总局关于加强增值税征收管理若干问题的通知》（国税发〔1995〕192号）和《国家税务总局关于诺基亚公司实行统一结算方式增值税进项税额抵扣问题的批复》（国税函〔2006〕1211号）文件的要求，不签三方抵债协议，通过电子汇票背书满足资金流的要求。同时抵债过程中，不建议多次转让房产，避免多交转让税金。

国税发〔1995〕192号文件规定，纳税人购进货物或应税劳务，支付运输费用，所支付款项的单位，必须与开具抵扣凭证的销货单位、提供劳务的单位一致，才能够申报抵扣进项税额，否则不予抵扣。

【例11-1】 房地产企业A将不动产抵债给建筑企业B，建筑企业B将该不动产抵材料款给材料供应商C，可进行如下操作：

房地产企业A与材料供应商C签订购房合同；材料供应商C支付房地

产企业 A 房款采用电子汇票/支票；房地产企业 A 支付建筑企业 B 施工款，将该电子汇票/支票背书给建筑企业 B；建筑企业 B 支付材料供应商 C 材料款，将该电子汇票/支票背书给供应商 C。

11.3.6　支付销售佣金

1. 支付本单位员工佣金

《财政部 国家税务总局关于个人提供非有形商品推销、代理等服务活动取得收入征收营业税和个人所得税有关问题的通知》（财税字〔1997〕103 号）第一条规定，雇员为本企业提供非有形商品推销、代理等服务活动取得佣金、奖励和劳务费等名目的收入，无论该收入采用何种计取方法和支付方式，均应计入该雇员的当期工资、薪金所得，按照《个人所得税法》及其实施条例和其他有关规定计算征收个人所得税。

【提醒】支付本单位佣金在企业所得税税前扣除。

2. 支付非本单位人员佣金，需要符合以下条件

（1）企业应与具有合法经营资格中介服务企业或个人签订代办协议或合同；

（2）通过非现金方式支付手续费及佣金；

（3）按照劳务报酬预扣预缴个人所得税；

（4）取得收款收据或者发票。每次支付佣金未达到 500 元的免征增值税，需要开具收据（统一制定），收据应载明收款单位名称、个人姓名及身份证号、支出项目、收款金额等相关信息。每次支付佣金超过 500 元的按规定缴纳增值税，需要代开发票作为税前扣除凭证。

【提醒 1】对于佣金较大且经常发生佣金的自然人，建议主动办理税务登记或临时税务登记，以充分享受小规模纳税人月销售额 15 万元以下免税政策，代开发票免增值税。

【提醒 2】办理税务登记或临时税务登记的个人，支付款项时，要取得其代开发票时的完税凭证复印件，如完税凭证上注明扣缴个人所得税且品目为经营所得，不需要再预扣预缴个人所得税。

3. 通过支付平台支付佣金

通过支付平台支付佣金，原则是相当于委托境内单位销售（平台公司），按规定取得销售佣金的发票，发票内容不能开具为信息技术服务。

4. 委托境内单位销售

按规定取得增值税发票（税率6%或征收率3%）。

5. 委托境外单位销售

（1）企业所得税。企业委托境外机构销售开发产品的，其支付境外机构的销售费用（含佣金或手续费）不超过委托销售收入10%的部分，准予据实扣除。

（2）土地增值税。作为销售费用在土地增值税清算时按开发费用扣除。

（3）是否代扣代缴增值税与企业所得税。如委托销售的项目在境内，应按规定代扣代缴增值税，且可以按规定抵扣取得的解缴税款的完税凭证上注明的增值税额，同时按规定代扣代缴企业所得税；若委托销售的是境外项目，不需要按规定代扣代缴增值税和企业所得税。

6. 销售佣金支付关键点

（1）应与具有合法经营资格中介服务企业或个人签订代办协议或合同；

（2）销售佣金计算基数销售额必须明确是否含增值税税额；

（3）协议或合同必须明确开具发票、发票内容及发票类型和是否预扣预缴个人所得税；

（4）与境外单位签署协议或合同，必须明确代扣代缴增值税或企业所得税事项：是否代扣代缴、代扣代缴税款与佣金的关系；

（5）委托第三方（含非本单位人员）销售佣金由购房者承担，税费承担最少，同时若购房个人取得中介费的有效发票，在计算缴纳转让住房的个人所得税时，可以扣除支付给中介公司的中介费。

第十二章　清算及自持环节

12.1　涉税示意图

本章涉税示意图见图 12－1。

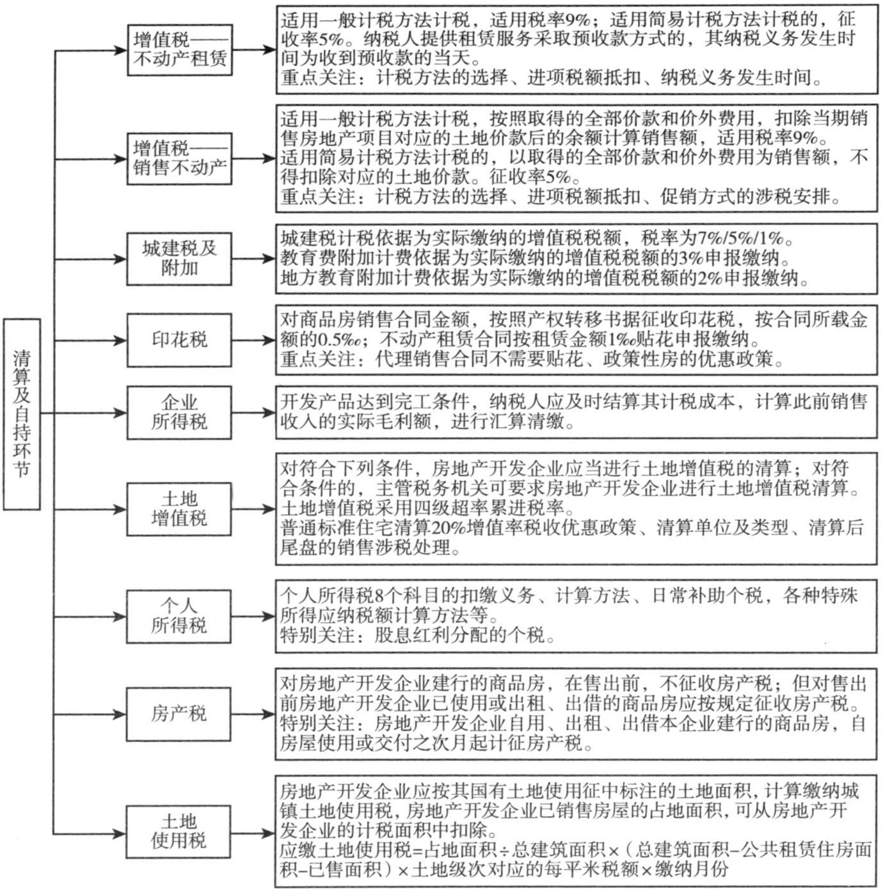

图 12－1　涉税示意图

本环节主要涉税事项有：完工交付、结算计税成本、开具发票、土地增值税清算、自用出租等。

本环节主要涉及税种：增值税、印花税、土地增值税、企业所得税、房产税、城镇土地使用税等。

12.2 税收风险点

本环节常见税收风险与相关税收政策详见表12－1。

表12－1 清算及自持环节常见税收风险点与相关税收政策表

常见风险点	政策依据
1. 应进行土地增值税清算，或税务机关要求清算，未在规定期限内办理土地增值税清算	国税发〔2009〕91号第九条、第十条
2. 土地增值税清算时清算单位、类型划分不符合规定	国税发〔2006〕187号第一条
3. 土地增值税清算时利息支出采用据实扣除方式，将不属于金融机构的借款利息支出或加息、罚息进行扣除	《土地增值税暂行条例实施细则》第七条 财税字〔1995〕48号第八条
4. 土地增值税清算时，已经计入房地产开发成本的借款费用或利息支出，未调整至财务费用中计算扣除	国税发〔2007〕132号第三十五条
5. 开发产品已完工，企业未按规定计算此前销售收入的实际毛利额，并将其与对应的预计毛利额之间的差额，计入当年度企业本项目与其他项目合并计算的应纳税所得额	国税发〔2009〕31号 国税函〔2010〕201号
6. 未按规定确认增值税纳税义务的发生时间	财税〔2016〕36号附件1第四十五条
7. 申报个人所得税的工资薪金总额与企业所得税汇缴工资总额不对应	《个人所得税法》 《个人所得税法实施条例》
8. 扣除项目金额中所归集的各项成本和费用，未取得合法有效凭证	国税发〔2009〕31号 国家税务总局公告2018年第28号
9. 持有投资性房地产期间未按规定申报纳税	财税〔2016〕36号附件1第一条、第十五条、第三十七条 财税〔2016〕36号附件2 国发〔1986〕90号第三条

续表

常见风险点	政策依据
10. 尚未出售的开发产品（包括共用部位、共用设施设备）日常维护、保养、修理等发生的支出没有按规定计入期间费用	国税发〔2009〕31 号第十五条
11. 企业出租、承租房产签订租赁合同，未及时足额申报缴纳财产租赁合同印花税	《印花税法》
12. 办公场所房产税的计税依据不合理	国税发〔2005〕173 号第一条
13. 开发产品及土地的实物或权利状态发生变化前已停止缴纳城镇土地使用税	财税〔2008〕152 号第三条
14. 将投资性房地产转回开发产品时，将持有期间的公允价值变动一并转入，虚增开发产品成本	《企业所得税法》第八条
15. 自建固定资产建设期发生的工程物资盘亏、报废、损毁的净损失未按规定计入在建工程直接在当期税前列支风险，其中工程物资属于非正常损失的部分未做进项税额转出	财税〔2016〕36 号附件 1 第二十七条、第二十八条 财税〔2016〕36 号附件 2 第二条第（一）项第五款 《企业所得税法实施条例》第五十八条
16. 固定资产更新改造支出未按规定计入固定资产原值重新计提折旧	《企业所得税法》第十三条 《中华人民共和国企业所得税法实施条例》第六十八条、第六十九条
17. 将产权属于企业的房屋投入使用前金额较大的装修费一次性直接计入当期费用	《企业所得税法》第十三条 《企业所得税法实施条例》第五十八条第六款
18. 将土地使用权、开发产品作价对外投资取得其他公司股权时未根据转出土地使用权的公允价值确认收入	财税〔2016〕36 号附件 1 第十四条 《企业所得税法实施条例》第二十五条 国税发〔2009〕31 号第七条 财税〔2016〕21 号第五条 《土地增值税暂行条例》第九条 《土地增值税暂行条例实施细则》第十四条
19. 将待售开发产品转作投资性房地产，先出租以后再出售的，租赁期间取得的价款未按租金确认收入，出售时未按销售资产确认收入；或用出租收入抵顶工程款、抵顶银行贷款利息未确认收入；将待售开发产品以明显低于市场的价格出租给关联企业，未按规定确认收入和计算缴纳税款	财税〔2016〕36 号附件 1 第一条、第十五条、第三十七条、第四十四条 财税〔2016〕36 号附件 2 《税收征收管理法》第三十六条 《企业所得税法》第六条、第四十一条 《企业所得税法实施条例》第十九条 国税发〔2009〕31 号第十条 国发〔1986〕90 号第二条至第四条

续表

常见风险点	政策依据
20. 购买保本型理财产品或委托贷款利息收入未缴纳增值税	财税〔2016〕36号附件1 财税〔2016〕140号第一条
21. 合作开发建房分配开发产品时不确认收入	《企业所得税法实施条例》第二十三条 国税发〔2009〕31号第三十六条
22. 房产原值未包含房屋附属设备和配套设施的价值少缴房产税	国税发〔2005〕173号第一条、第二条
23. 免收租金期间未按规定缴纳房产税	财税〔2010〕121号第二条
24. 无法支付的应付款项未确认收入	《企业所得税法》第六条 《企业所得税法实施条例》第二十二条
25. 购买文物、艺术品资产计提的折旧、摊销费用并税前扣除	国家税务总局公告2021年第17号
26. 土地增值税清算时已将公共配套设施成本计入房地产开发成本，清算之后再将公共配套设施对外转让未申报缴纳土地增值税	《土地增值税暂行条例》第二条 《土地增值税暂行条例实施细则》第五条、第七条

12.3 特殊事项税务处理

12.3.1 土地增值税免税临界点的计算

营改增后，房地产开发企业销售商品房有一般计税方式和简易计税方式。由于一般计税方式下增值税税负的不确定性，本书只讨论简易计税方式下的土地增值税免税临界点的计算，适用一般计税方式的可以预估一个增值税税负进行测算。

根据土地增值税的相关规定，土地增值税免税临界点，可以分为普通标准住宅和非普通标准住宅（含商业用房等其他类型）两种。

1. 普通标准住宅免税临界点

《土地增值税暂行条例实施细则》第十一条规定，纳税人建造普通标准住宅出售，增值额未超过扣除项目金额之和20%的，免征土地增值税；增值额超过扣除项目金额之和20%的，应就其全部增值额按规定计税。因此，增值额与扣除项目金额之比20%就是计算普通标准住宅免税临界点的关键。

假定房地产项目普通标准住宅不含税销售收入为A（项目收入均为营改增后取得），未含财务费用的开发成本为B，房地产开发费用按10%扣除，允许扣除的税金为城市维护建设税7%，教育费附加3%。

将以上假定条件代入“增值额与扣除项目金额之比＝增值额÷扣除项目＝20%”，即：

$$\frac{A-[(1+10\%+20\%)B+5\%\times(7\%+3\%)A]}{(1+10\%+20\%)B+5\%\times(7\%+3\%)A}=20\%$$

计算得出：A＝1.5694165B。也就是说增值额与扣除项目金额之比为20%时，不含税销售收入为开发成本的1.5694165倍。

当不含税销售收入小于开发成本的1.5694165倍时，普通标准住宅免税。

2. 非普通标准住宅（含商业用房等其他类型）免税临界点

根据土地增值税的相关规定，增值额与扣除项目金额之比小于或等于0时，非普通标准住宅（含商业用房等其他类型）才可以免税。

假定房地产项目非普通标准住宅（含商业用房等其他类型）不含税销售收入为A（项目收入均为营改增后取得），未含财务费用的开发成本为B，房地产开发费用按10%扣除，允许扣除的税金为城市维护建设税7%，教育费附加3%。

$$\frac{A-[(1+10\%+20\%)B+5\%\times(7\%+3\%)A]}{(1+10\%+20\%)B+5\%\times(7\%+3\%)A}=0$$

计算得出：A＝1.3065327B。也就是说增值额与扣除项目金额之比为20%时，不含税销售收入为开发成本的1.3065327倍。

当不含税销售收入小于开发成本的1.3065327倍时，非普通标准住宅（含商业用房等其他类型）免税。

12.3.2　免租期

房地产开发企业自持的物业一般会自用或出租。对于出租的写字楼或者商铺，承租方在租赁后，需要进行装饰装修，占用大量时间，为此承租方往往要求出租方在租赁合同中约定一定的免租期优惠，房地产开发企业也会为了吸引客户，给予一定的免租期。免租期主要涉及增值税、房产税、企业所得税等方面的处理。

1. 增值税

《国家税务总局关于土地价款扣除时间等增值税征管问题的公告》（国家税务总局公告2016年第86号）第七条规定，纳税人出租不动产，租赁合同中约定免租期的，不属于《营业税改征增值税试点实施办法》第十四条规定的视同销售服务。租赁合同中约定免租期，是以满足一定租赁期限为前提的，并不是“无偿”赠送。

2. 房产税

《财政部 国家税务总局关于营改增后契税 房产税 土地增值税 个人所得税计税依据问题的通知》（财税〔2016〕43号）第二条规定，房产出租的，计征房产税的租金收入不含增值税。《财政部 国家税务总局关于安置残疾人就业单位城镇土地使用税等政策的通知》（财税〔2010〕121号）第二条规定，对出租房产，租赁双方签订的租赁合同约定有免收租金期限的，免收租金期间由产权所有人按照房产原值缴纳房产税。所以免租期间，房地产开发企业不能按零租金申报房产。

【例12－1】某房地产开发企业2019年3月1日将一栋房屋价值为6 000万元的写字楼出租给乙公司，租赁合同约定租期为5年，每月不含税租金为45万元，2019年3～6月为免租期，7月1日一次性收取2019年租金270万元。该省规定扣除比例为20%，甲公司2019年应缴纳的房产税计算如下：

2019年应缴纳的房产税＝前6月的从价计征＋后6月的从租计征＝6 000×(1－20%)×1.2%÷2＋270×12%＝61.2（万元）

【提醒】免租与无租的区别。

免收租金是在发生租赁事实的前提下，租赁交易中的出租房根据合同约定豁免承租方一定期限内的租金。无租使用本身不存在租赁交易行为，实际上是一种无偿出借的行为，房产使用人不用支付租金。两者虽然表现形式都是不需支付租金，但实质上却不同，免租是一项租赁交易，无租更属于一种无偿出借行为。因此，两者在房产税的处理上也不一样。《财政部 国家税务总局关于房产税城镇土地使用税有关问题的通知》（财税

〔2009〕128号）第一条规定，无租使用其他单位房产的应税单位和个人，依照房产余值代缴纳房产税。也就是说，在无租使用房产的情况下，房产税的纳税人还是产权所有人，只不过是由使用人代为缴纳房产税。

3. 企业所得税

（1）租金收入。《企业所得税法实施条例》第十九条规定，企业所得税法第六条第（六）项所称租金收入，是指企业提供固定资产、包装物或者其他有形资产的使用权取得的收入。租金收入，按照合同约定的承租人应付租金的日期确认收入的实现。而免租期不属于承租人应付租金的日期，因此，免租期内不需确认租金收入。

《国家税务总局关于贯彻落实企业所得税法若干税收问题的通知》（国税函〔2010〕79号）第一条规定，企业提供固定资产、包装物或者其他有形资产的使用权取得的租金收入，应按交易合同或协议规定的承租人应付租金的日期确认收入的实现。其中，如果交易合同或协议中规定租赁期限跨年度，且租金提前一次性支付的，根据《实施条例》第九条规定的收入与费用配比原则，出租人可对上述已确认的收入，在租赁期内，分期均匀计入相关年度收入。

【提醒】如果交易合同或协议中规定租赁期限跨年度，且租金提前一次性支付的，出租人可以选择租金收入确认方法。即可以按合同约定的付款时间确认租金收入，也可以在租赁期内分期均匀计入相关年度收入。

（2）租金支出。《企业所得税法实施条例》第四十七条规定，企业根据生产经营活动的需要租入固定资产支付的租赁费，按照以下方法扣除：以经营租赁方式租入固定资产发生的租赁费支出，按照租赁期限均匀扣除；以融资租赁方式租入固定资产发生的租赁费支出，按照规定构成融资租入固定资产价值的部分应当提取折旧费用，分期扣除。

12.3.3 建设工程质量保证金

《建设工程质量保证金管理办法》（建质〔2017〕138号）规定，建设工程质量保证金（以下简称保证金）是指发包人与承包人在建设工程承包合同中约定，从应付的工程款中预留，用以保证承包人在缺陷责任期内对建设工程出现的缺陷进行维修的资金。房地产开发企业在工程竣工验收后，会根据建筑施工合同的约定从应付工程款中扣取一定比例的费用作为质量保证金，待质保期结束后，再返还给施工单位。

根据《国家税务总局关于在境外提供建筑服务等有关问题的公告》（国家税务总局公告2016年第69号）第四条规定，纳税人提供建筑服务，被工程发包方从应支付的工程款中扣押的质押金、保证金，未开具发票的，以纳税人实际收到质押金、保证金的当天为纳税义务发生时间。如果房地产开发企业扣留质保金，提供建筑服务的施工方实际收到质保金前未开具建筑服务发票，房地产开发企业会面临一些潜在风险。

1. 土地增值税

国税发〔2006〕187号文明确房地产开发企业的预提费用，除另有规定外，不得扣除。

国税函〔2010〕220号第二条规定，房地产开发企业在工程竣工验收后，根据合同约定，扣留建筑安装施工企业一定比例的工程款，作为开发项目的质量保证金，在计算土地增值税时，建筑安装施工企业就质量保证金对房地产开发企业开具发票的，按发票所载金额予以扣除；未开具发票的，扣留的质保金不得计算扣除。

因此，房地产开发企业扣留的质保金如果没有开具发票，在土地增值税清算时是不能扣除的。但实务中，施工单位开具质保金的发票会发生增值税纳税义务需要缴纳增值税，这是施工单位不愿意承担的，毕竟并未收到相应的质保金。房地产开发企业扣留质保金是为了保证承包人在缺陷责任期内对建设工程出现的缺陷进行维修，同时在进行清算时又需要相应的发票，所以房地产开发企业可以与施工单位进行沟通，先行支付质保金开具发票相应的税款给施工单位，这样既扣留了质保金又取得了发票。

2. 企业所得税

国税发〔2009〕31号文第三十二条规定，出包工程未最终办理结算而未取得全额发票的，在证明资料充分的前提下，其发票不足金额可以预提，但最高不得超过合同总金额的10%。

房地产开发企业扣留的质保金未取得发票，不超过合同总金额10%的部分可以预提，但是当开发产品转为自用时，如果在固定资产投入使用后12个月内还未取得发票，则会面临固定资产折旧需进行纳税调整的风险。

《国家税务总局关于贯彻落实企业所得税法若干税收问题的通知》（国税函〔2010〕79号）第五条规定，企业固定资产投入使用后，由于工程款项尚未结清未取得全额发票的，可暂按合同规定的金额计入固定资产计税基础计提折旧，待发票取得后进行调整。但该项调整应在固定资产投入使用后12个月内进行。因此，房地产扣留的质保金应在自用固定资产投入使用后12个月内要求施工单位开具发票。

12.3.4　投资性房地产

《企业会计准则第3号——投资性房地产》（财会〔2006〕3号）对投资性房地产的定义是，为赚取租金或资本增值，或两者兼有而持有的房地产。投资性房地产主要包括已出租的土地使用权、持有并准备增值后转让的土地使用权和已出租的建筑物。投资性房地产，后续计量分为成本模式和公允价值模式。

房地产开发企业的投资性房地产后续计量采用成本模式或公允价值模式，不论是开发产品转为投资性房地产，还是投资性房地产转换为自用房地产等改变资产用途，资产所有权属在形式和实质上均不发生改变，只是一种内部处置资产行为，不需视同销售，均不征收增值税、土地增值税、企业所得税。对于出租的投资性房地产，房产税从租计征，出租前从价计征（计税依据包括房屋开发成本和土地成本），城镇土地使用税则按投资性房地产实际占地面积计算。因会计上投资性房地产计量模式的特殊性，不用后续计量模式下企业所得税的具体处理有些不同。

1. 成本模式后续计量的投资性房地产

成本模式下，投资性房地产的折旧或摊销跟固定资产或无形资产一样，折旧按税法规定计提并扣除，但不可以扣除减值准备。

2. 公允价值模式后续计量的投资性房地产

（1）公允价值的变动。会计上，应当以资产负债表日公允价值为基础调整投资性房地产的账面价值，公允价值与原账面价值之间的差额计入当期损益。税法上，根据《财政部 国家税务总局关于执行〈企业会计准则〉有关企业所得税政策问题的通知》（财税〔2007〕80号，2011年2月21日废止）第三条曾规定，企业以公允价值计量的金融资产、金融负债以及投资性房地产等，持有期间公允价值的变动不计入应纳税所得额，在实际处置或结算时，处置取得的价款扣除其历史成本后的差额应计入处置或结算期间的应纳税所得额。所以，公允价值模式后续计量的投资性房地产，公允价值的变动，税法不予确认。

（2）折旧或摊销。采用公允价值模式计量的投资性房地产，会计上不计提折旧或进行摊销，但税务处理上能否计算折旧并扣除目前没有明确的规定，实务中各地口径不一。

北京市税务局2019年11月11日在《企业所得税实务操作政策指引（第一期）》中明确了以公允价值模式计量的投资性房地产税前扣除的问题，考虑到以公允价值模式计量的投资性房地产是企业的投资资产，不属于消耗性资产，不需要通过折旧或摊销的方式予以补偿，因此会计核算不计算折旧或摊销。在税务处理时遵从会计处理方式，按照《国家税务总局关于企业所得税应纳税所得额若干税务处理问题的公告》（国家税务总局公告2012年第15号）第八条“根据《企业所得税法》第二十一条规定，对企业依据财务会计制度规定，并实际在财务会计处理上已确认的支出，凡没有超过《企业所得税法》和有关税收法规规定的税前扣除范围和标准的，可按企业实际会计处理确认的支出，在企业所得税前扣除，计算其应纳税所得额”的规定，以公允价值模式计量的投资性房地产不得计算折旧或摊销从税前扣除。

笔者就此问题特意查阅了国家税务总局12366纳税服务平台上的咨询问题，发现从2020年3月21日至2020年6月24日，先后有海南、江苏、北京、安徽、福建、广东、广西、上海、浙江、山东、湖南、四川、厦门、江西等省市对纳税人咨询“以公允价值模式计量的投资性房地产能否计提折旧并扣除”的问题进行回复，除厦门市税务局回复“若不属于《企业所得税法》第十一条第二款规定不得计算折旧扣除的固定资产则可以扣除”外，其他省市均依据国家税务总局公告2012年第15号第八条规定回复“以公允价值模式计量的投资性房地产，在会计上不计提折旧，不属于‘实际在财务会计处理上已确认的支出’，因此，不得计提折旧在企业所得税前扣除”。

笔者认为，以公允价值模式后续计量的投资性房地产，是以出租为目的的建筑物，即使会计上在“投资性房地产”中核算，但税法上并未单独列示投资性房地产。根据《企业所得税法》第十一条“在计算应纳税所得额时，企业按照规定计算的固定资产折旧，准予扣除”之规定，以及《企业所得税法实施条例》第五十六条“企业的各项资产，包括固定资产、生物资产、无形资产、长期待摊费用、投资资产、存货等，以历史成本为计税基础。历史成本，是指企业取得该项资产时实际发生的支出。企业持有各项资产期间资产增值或者减值，除国务院财政、税务主管部门规定可以确认损益外，不得调整该资产的计税基础。因此，公允价值计量模式下投资性房地产在税法上可以按历史成本提取折旧”和第五十七条“企业所得税法第十一条所称固定资产，是指企业为生产产品、提供劳务、出租或者经营管理而持有的、使用时间超过12个月的非货币性资产，包括房屋、建筑物、机器、机械、运输工具以及其他与生产经营活动有关的设备、器具、工具等”之规定，以公允价值模式后续计量的投资性房地产应作为“固定资产”进行税务处理，可以计算并扣除折旧。

实务中，房地产开发企业的投资性房地产历史成本一般都比较大，相应计提的折旧对企业所得税的影响也大，建议及时与主管税务机关沟通，争取计提并扣除。

3. 成本模式转为公允价值模式

会计上，投资性房地产成本模式转为公允价值模式是一种会计政策变更，公允价值与账面价值的差额调整期初留存收益。税法上，公允价值与账面价值的差额不确认所得。

4. 投资性房地产的处置

房地产开发企业投资性房地产在内部处置时，权属的形式和实质未改变，不需视同销售。如以投资性房地产抵偿债务或换取其他资产，则需要视同转让不动产，按相关规定缴纳增值税、土地增值税和企业所得税。（具体税务处理详见第十四章“债务重组”）

12.3.5 土地增值税清算时企业所得税应退税款的计算

《国家税务总局关于房地产开发企业注销前有关企业所得税处理问题的公告》（国家税务总局公告2010年第29号，2016年12月9日废止）曾规定，房地产开发企业由于土地增值税清算造成的亏损，在企业注销税务登记时还没有弥补的，企业可在注销前提出申请，税务机关将多缴的企业所得税予以退税。但是，由于多种原因，房地产开发企业在开发产品销售完成后，短期内无法注销，导致多缴的企业所得税无法申请退税。

为此，国家税务总局下发《国家税务总局关于房地产开发企业土地增值税清算涉及企业所得税退税有关问题的公告》（国家税务总局公告 2016 年第 81 号，以下简称“81 号公告”），对房地产开发企业土地增值税清算涉及企业所得税退税政策进行了完善，取消了以往只有在清算后注销时才可以退税的限制。81 号公告规定如下：

1. 企业按规定对开发项目进行土地增值税清算后，当年企业所得税汇算清缴出现亏损且有其他后续开发项目的，该亏损应按照税法规定向以后年度结转，用以后年度所得弥补。后续开发项目，是指正在开发以及中标的项目。

2. 企业按规定对开发项目进行土地增值税清算后，当年企业所得税汇算清缴出现亏损，且没有后续开发项目的，可以按照以下方法，计算出该项目由于土地增值税原因导致的项目开发各年度多缴企业所得税税款，并申请退税：

（1）该项目缴纳的土地增值税总额，应按照该项目开发各年度实现的项目销售收入占整个项目销售收入总额的比例，在项目开发各年度进行分摊，具体按以下公式计算：

各年度应分摊的土地增值税 = 土地增值税总额 ×（项目年度销售收入 ÷ 整个项目销售收入总额）

该公告所称销售收入包括视同销售房地产的收入，但不包括企业销售的增值额未超过扣除项目金额 20% 的普通标准住宅的销售收入。

（2）该项目开发各年度应分摊的土地增值税减去该年度已经在企业所得税税前扣除的土地增值税后，余额属于当年应补充扣除的土地增值税；企业应调整当年度的应纳税所得额，并按规定计算当年度应退的企业所得税税款；当年度已缴纳的企业所得税税款不足退税的，应作为亏损向以后年度结转，并调整以后年度的应纳税所得额。

（3）按照上述方法进行土地增值税分摊调整后，导致相应年度应纳税所得额出现正数的，应按规定计算缴纳企业所得税。

（4）企业按上述方法计算的累计退税额，不得超过其在该项目开发各年度累计实际缴纳的企业所得税；超过部分作为项目清算年度产生的亏损，向以后年度结转。

3. 企业在申请退税时，应向主管税务机关提供书面材料说明应退企业所得税款的计算过程，包括该项目缴纳的土地增值税总额、项目销售收入总额、项目年度销售收入额、各年度应分摊的土地增值税和已经税前扣除的土地增值税、各年度的适用税率，以及是否存在后续开发项目等情况。

4. 该公告自2016年12月9日起施行。该公告发布之日前，企业凡已经对土地增值税进行清算且没有后续开发项目的，在该公告发布后仍存在尚未弥补的因土地增值税清算导致的亏损，按照该公告第二条规定的方法计算多缴企业所得税税款，并申请退税。

【例12－2】 某房地产开发企业2018年1月开始开发某房地产项目，2020年10月项目全部竣工并销售完毕，12月进行土地增值税清算，整个项目共缴纳土地增值税1 100万元，其中2018年～2020年预缴土地增值税分别为240万元、300万元、60万元；2020年清算后补缴土地增值税500万元。2018年～2020年实现的项目销售收入分别为12 000万元、15 000、3 000万元，缴纳的企业所得税分别为45万元、310万元、0。该企业2020年度汇算清缴出现亏损，应纳税所得额为－400万元。企业没有后续开发项目，拟申请退税，具体计算见表12－2。

表12－2　　计算表　　单位：万元

年度	2018	2019	2020
预缴土增税	240	300	60
补缴土增税			500
分摊土增税	1 100×(12 000÷30 000)=440	1 100×(15 000÷30 000)=550	1 100×(3 000÷30 000)=110
应纳税所得额调整	240－440=－200	300－550－20=－270	60+500－110=450
调整后应纳税所得额			450－400=50
应退所得税	200×25%=50	270×25%=67.5	
已缴所得税	45	310	0
实退所得税	45	67.5	
亏损结转(调整后)	(45－50)÷25%=－20		
应补所得税			50×25%=12.5
累计退税额			45+67.5－12.5=100

需要特别注意的是，根据国家税务总局公告2016年第81号的规定，“企业按规定对开发项目进行土地增值税清算后，当年企业所得税汇算清缴出现亏损且有其他后续开发项目的，该亏损应按照税法规定向以后年度结转，用以后年度所得弥补。后续开发项目，是指正在开发以及中标的项目”。也就是说，如果清算当年所得税出现亏损，但是有后续开发项目的，即使后续开发项目是预计亏损的，清算当年也不能退所得税。因此，如果出现这样的情况，要尽量将退税项目的清算时点往后延，延到没有后续项目时清算土地增值税并退所得税。

第十三章　分配及注销环节

13.1　涉税示意图

本章涉税示意图见图 13－1。

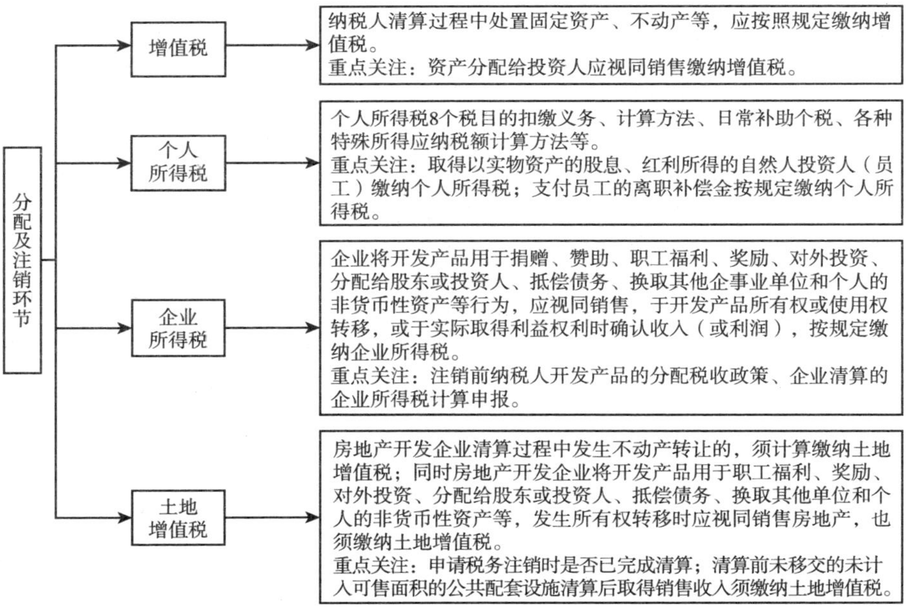

图 13－1　分配及注销环节涉税示意图

本环节主要涉税事项有：开发产品分配、利润分配、注销清算等。

本环节主要涉及税种：增值税、印花税、土地增值税、企业所得税、个人所得税等。

13.2 税收风险点

本环节常见税收风险与相关税收政策详见表13－1。

表13－1　分配及注销环节常见税收风险点与相关税收政策表

常见风险点	政策依据
1. 允许部分员工入股开发项目，员工取得开发项目分红所得后，未按规定缴纳利息股息红利所得个人所得税	《个人所得税法》第二条、第六条 《个人所得税法实施条例》第六条第六款
2. 分配自然人股东的股息红利未按规定申报个人所得税	《个人所得税法》第二条、第三条、第六条、第十二条
3. 对境外股东分配股息、红利等权益性投资收益未按规定代扣代缴企业所得税	《企业所得税法》第三十七条 国家税务总局公告2017年第37号第七条
4. 在境外设立公司间接持有境内房地产企业股权后转让给境外公司，不具有合理商业目的	国家税务总局公告2015年第7号
5. 与职工解除劳动关系支付的一次性补偿金（包括发放的经济补偿金、生活补助费和其他补助费），超出上年职工平均工资3倍部分未申报缴纳个人所得税	财税〔2018〕164号第五条
6. 个人投资者从企业借款在纳税年度终了后既不归还，又未用于企业生产经营	财税〔2003〕158号第二条 财税〔2008〕83号第一条
7. 处置清算资产未按规定申报增值税	国家税务总局公告2016年第18号 国家税务总局公告2016年第14号 财税〔2008〕170号第四条 国家税务总局公告2012年第1号 国家税务总局公告2014年第36号 国家税务总局公告2015年第90号
8. 清算费用不规范，如清算费用较大，存在虚列清算费用或取得票据不规范；或为加速清算程序，清算费用不完整，存在大量应付未付费用	财税〔2009〕60号 国税函〔2009〕684号 国家税务总局公告2018年第28号
9. 申请注销税务登记前未对开发项目进行土地增值税清算	国税发〔2006〕187号第二条 国税发〔2009〕91号第十条

续表

常见风险点	政策依据
10. 土地增值税清算时未计入可售面积的公共配套设施，在清算时实际未移交，在清算后已出售并取得收入	国税发〔2009〕91 号第二十四条
11. 企业注销时相关存货、资产已处置完毕，进项税额仍有留抵，可能存在少确认收入或多抵扣进项税的风险	财税〔2005〕165 号第六条
12. 企业清算申报时清算用申报表弥补以前年度亏损金额栏次与实际金额不符	财税〔2009〕60 号 国税函〔2009〕684 号

13.3　特殊事项税务处理

13.3.1　分配开发产品

1. 增值税

房地产开发企业将开发产品分配给投资者，根据《营业税改征增值税试点实施办法》第十四条第二款“单位或者个人向其他单位或者个人无偿转让无形资产或者不动产，但用于公益事业或者以社会公众为对象的除外”的规定应视同销售不动产。并根据该文件第四十四条“发生本办法第十四条所列行为而无销售额的，主管税务机关有权按照下列顺序确定销售额：按照纳税人最近时期销售同类服务、无形资产或者不动产的平均价格确定。按照其他纳税人最近时期销售同类服务、无形资产或者不动产的平均价格确定。按照组成计税价格确定。组成计税价格的公式为：组成计税价格 = 成本 ×（1 + 成本利润率）”的规定确定视同销售不动产的销售额。

2. 企业所得税

《国家税务总局关于企业处置资产所得税处理问题的通知》（国税函〔2008〕828 号）第二条规定，企业将资产用于股息分配，因资产所有权属已发生改变而不属于内部处置资产，应按规定视同销售确定收入。

《国家税务总局关于企业所得税有关问题的公告》（国家税务总局公告

2016年第80号）第二条规定，企业发生《国家税务总局关于企业处置资产所得税处理问题的通知》（国税函〔2008〕828号）第二条规定情形的，除另有规定外，应按照被移送资产的公允价值确定销售收入。

国税发〔2009〕31号文第七条规定，企业将开发产品用于捐赠、赞助、职工福利、奖励、对外投资、分配给股东或投资人、抵偿债务、换取其他企事业单位和个人的非货币性资产等行为，应视同销售，于开发产品所有权或使用权转移，或于实际取得利益权利时确认收入（或利润）的实现。确认收入（或利润）的方法和顺序为：按本企业近期或本年度最近月份同类开发产品市场销售价格确定；由主管税务机关参照当地同类开发产品市场公允价值确定；按开发产品的成本利润率确定。开发产品的成本利润率不得低于15%，具体比例由主管税务机关确定。

因此，房地产开发企业向投资者分配开发产品，应视同销售，按国税发〔2009〕31号文的相关规定于开发产品所有权或使用权转移，或于实际取得利益权利时确认收入（或利润）的实现。

如果分配的股东为居民企业，根据《企业所得税法》第二十六条第二款“企业的下列收入为免税收入：符合条件的居民企业之间的股息、红利等权益性投资收益”的规定，投资方通过子公司房地产开发企业分配取得的不动产属于税收利润分配，免征企业所得税。

如果分配的股东为非居民企业，根据《企业所得税法》第三条“非居民企业在中国境内未设立机构、场所的，或者虽设立机构、场所但取得的所得与其所设机构、场所没有实际联系的，应当就其来源于境内的所得缴纳企业所得税”。第四条“非居民企业取得本法第三条第三款规定的所得，适用税率为20%”。第十九条“非居民企业取得股息、红利等权益性投资收益和利息、租金、特许权使用费所得，以收入全额为应纳税所得额”。第三十七条“对非居民企业取得本法第三条第三款规定的所得应缴纳的所得税，实行源泉扣缴，以支付人为扣缴义务人。税款由扣缴义务人在每次支付或者到期应支付时，从支付或者到期应支付的款项中扣缴”。以及《企业所得税法实施条例》第九十一条“非居民企业取得所得税法第三条第三项规定的所得，减按10%的税率征收企业所得税”的规定，房地产开发企业需要代扣代缴10%的企业所得税，但对境外投资者从中国境内居民企业分配的利润，用于境内直接投资鼓励类投资项目且符合规定条件的除外。境外投资者以分配利润直接投资暂不征收预提所得税政策详见《财政部 税务总局 国家发展改革委 商务部关于扩大境外投资者以分配利润直接投资暂不征收预提所得税政策适用范围的通知》（财税〔2018〕102号）和《国家税务总局关于扩大境外投资者以分配利润直接投资暂不征收预提所得税政策适用范围有关问题的公告》（国家税务总局公告2018年第53号）。

3. 土地增值税

国税发〔2006〕187号文第三条第一款规定，房地产开发企业将开发产品用于职工福利、奖励、对外投资、分配给股东或投资人、抵偿债务、换取其他单位和个人的非货币性资产等，发生所有权转移时应视同销售房地产，其收入按下列方法和顺序确认：按本企业在同一地区、同一年度销售的同类房地产的平均价格确定；由主管税务机关参照当地当年、同类房地产的市场价格或评估价值确定。

4. 个人所得税

房地产开发企业向自然人投资者分配开发产品，根据《个人所得税法实施条例》的相关规定，按“利息、股息、红利所得”代扣代缴个人所得税。

【提醒】房地产开发企业将房屋或其他财产所有权登记为投资者个人的，也视同对投资者的红利分配。

《财政部 国家税务总局关于规范个人投资者个人所得税征收管理的通知》（财税〔2003〕158号）第一条规定，除个人独资企业、合伙企业以外的其他企业的个人投资者，以企业资金为本人、家庭成员及其相关人员支付与企业生产经营无关的消费性支出及购买汽车、住房等财产性支出，视为企业对个人投资者的红利分配，依照“利息、股息、红利所得”项目计征个人所得税。

《财政部 国家税务总局关于企业为个人购买房屋或其他财产征收个人所得税问题的批复》（财税〔2008〕83号）第一条规定，企业出资购买房屋及其他财产，将所有权登记为投资者个人、投资者家庭成员或企业其他人员的，不论所有权人是否将财产无偿或有偿交付企业使用，其实质均为企业对个人进行了实物性质的分配，应依法计征个人所得税。

13.3.2　企业清算

1. 增值税

房地产开发企业清算过程中，可能会处置固定资产、不动产等，如果是转让或拍卖给无关联的第三方，按照正常的销售动产、不动产进行增值税处理；如果是分配给投资者，见“13.3.1　分配开发产品”。

注意，对于企业重组引起的企业清算，符合条件可以适用《国家税务总局关于纳税人资产重组有关增值税问题的公告》（国家税务总局公告2011年第13号）、《营业税改征增值税试点有关事项的规定》（财税〔2016〕36号文附件2）和《国家税务总局关于纳税人资产重组增值税留抵税额处理有关问题的公告》（国家税务总局公告2012年第55号）的有关规定。

2. 土地增值税

房地产开发企业清算过程中发生不动产转让的，需计算缴纳土地增值税。

3. 企业所得税

（1）基本含义。企业应当在办理注销登记前，应就其清算所得向税务机关申报并依法缴纳企业所得税。《财政部 国家税务总局关于企业清算业务企业所得税处理若干问题的通知》（财税〔2009〕60号）规定，企业清算的所得税处理，是指企业在不再持续经营，发生结束自身业务、处置资产、偿还债务以及向所有者分配剩余财产等经济行为时，对清算所得、清算所得税、股息分配等事项的处理。

（2）清算期的确定。企业应将整个清算期作为一个独立的纳税年度计算清算所得。清算期间是纳税人实际生产经营终止之日至办理完毕清算事务之日止的期间。

企业在清算年度，应划分为两个纳税年度，从1月1日到清算开始日为一个生产经营纳税年度，从清算开始日到清算结束日的清算期间为一个清算纳税年度。

（3）应进行清算的情形如下：

①按《公司法》《企业破产法》等规定需要进行清算的企业。

②企业重组中需要按清算处理的企业。是指发生《财政部 国家税务总局关于企业重组业务企业所得税处理若干问题的通知》(财税〔2009〕59号)第四条第(一)项规定的由法人转变为个人独资企业、合伙企业等非法人组织，或将登记注册地转移至中华人民共和国境外(包括港澳台地区)，第(四)项规定的合并以及第(五)项规定的分立，被分立企业不再继续存在的情形，应进行清算。

【提醒】纳税人有解散、撤销、破产情形的，在清算前应当向其主管税务机关报告；未结清税款的，由其主管税务机关参加清算。企业发生符合相关规定的特殊性税务处理规定的合并、分立，无须进行清算。

(4)清算所得税处理内容。企业清算的所得税处理，包括以下六个方面：

①全部资产均应按可变现价值或交易价格，确认资产转让所得或损失；

②确认债权清理、债务清偿的所得或损失；

③改变持续经营核算原则，对预提或待摊性质的费用进行处理；

④依法弥补亏损，确定清算所得；

⑤计算并缴纳清算所得税；

⑥确定可向股东分配的剩余财产、应付股息等。

(5)清算所得及其计算。清算所得，是指企业的全部资产可变现价值或者交易价格减除资产净值、清算费用以及相关税费等后的余额。具体来说就是，企业的全部资产可变现价值或交易价格，减除资产的计税基础、清算费用、相关税费，加上债务清偿损益等后的余额，为清算所得。

根据《国家税务总局关于印发〈中华人民共和国企业清算所得税申报表〉的通知》(国税函〔2009〕388号)，清算所得的计算公式为：

清算所得 = 资产处置损益 + 负债清偿损益 - 清算费用 - 清算税金及附加 + 其他所得或支出

资产处置损益是全部资产按可变现价值或交易价格扣除其计税基础后确认的资产处置所得或损失金额。

负债清偿损益是全部负债按计税基础减除其清偿金额后确认的负债清偿所得或损失金额。

清算费用为清算过程中发生的与清算业务有关的费用支出，包括清算组组成人员的报酬，清算财产的管理、变卖及分配所需的评估费、咨询费等费用，清算过程中支付的诉讼费用、仲裁费用及公告费用，以及为维护债权人和股东的合法权益支付的其他费用。

清算税金及附加是清算过程中发生的除企业所得税和允许抵扣的增值税以外的各项税金及其附加。

其他所得或支出是清算过程中取得的其他所得或发生的其他支出。

（6）剩余资产的分配。企业全部资产的可变现价值或交易价格减除清算费用，职工的工资、社会保险费用和法定补偿金，结清清算所得税、以前年度欠税等税款，清偿企业债务，按规定计算可以向所有者分配的剩余资产。

被清算企业的股东分得的剩余资产的金额，其中相当于被清算企业累计未分配利润和累计盈余公积中按该股东所占股份比例计算的部分，应确认为股息所得；剩余资产减除股息所得后的余额，超过或低于股东投资成本的部分，应确认为股东的投资转让所得或损失。

被清算企业的股东从被清算企业分得的资产应按可变现价值或实际交易价格确定计税基础。

（7）清算所得税申报。《企业所得税法》第五十五条规定，企业在年度中间终止经营活动的，应当自实际经营终止之日起60日内，向税务机关办理当期企业所得税汇算清缴。企业应当在办理注销登记前，就其清算所得向税务机关申报并依法缴纳企业所得税。

《国家税务总局关于企业清算所得税有关问题的通知》（国税函〔2009〕684号）规定，企业应当自清算结束之日起15日内，向主管税务机关报送企业清算所得税纳税申报表，结清税款。企业未按照规定的期限办理纳税申报或者未按照规定期限缴纳税款的，应根据《税收征收管理法》的相关规定加收滞纳金。进入清算期的企业应对清算事项，报主管税务机关备案。

【提醒】企业从终止经营到清算注销，需要办理两次企业所得税申报，一次是汇算清缴年度申报，另一次是清算所得税的申报。

【例13－1】某房地产开发企业2021年8月终止生产经营开始清算，需要在终止之日起60日内就2021年1～8月的生产经营所得进行汇算清缴申报，另外在清算结束时，需要对清算情况进行纳税申报。如果该企业以前年度存在亏损，在计算清算所得时可以弥补以往5个汇算清缴期的亏损，即清算所得可以弥补的亏损为2017年、2018年、2019年、2020年和2021年1～8月办理汇算清缴申报的亏损额。

【涉税安排】房地产开发企业可以通过改变清算开始日期，推迟或提前清算日，合理调整正常生产经营所得和清算所得，达到降低整体税负的目的。

13.3.3　司法拍卖的税费承担

不动产司法拍卖的税费由谁承担一直是个比较有争议的问题。在司法拍卖中，经常会看到“一切税费由买受人承担”的规定，使得纳税义务人与税款承担人不一致。而买受人根据规定支付了税费，也会面临企业所得税无法税前扣除的风险，从而导致争议不断。

1. 法院界定

最高人民法院2016年8月发布了《最高人民法院关于人民法院网络司法拍卖若干问题的规定》（法释〔2016〕18号）。该文件第三十条规定，因网络司法拍卖本身形成的税费，应当依照相关法律、行政法规的规定，由相应主体承担；没有规定或者规定不明的，人民法院可以根据法律原则和案件实际情况确定税费承担的相关主体、数额。

江苏省高级人民法院在2017年发布的《江苏省高级人民法院关于正确适用〈最高人民法院关于人民法院网络司法拍卖若干问题的规定〉若干问题的通知》（苏高法电〔2017〕217号）第四条明确规定，因网络司法拍卖产生的税费，按照网拍规定第三十条的规定，由相应主体承担。在法律、行政法规对税费负担主体有明确规定的情况下，人民法院不得在拍卖公告中规定一律由买受人承担。

浙江省高级人民法院2020年2月发布《浙江省高级人民法院执行局关于规范不动产网络司法拍卖 变卖工作指引》（浙高法执〔2020〕6号），该指引第七条第（一）项规定，对于本次变价形成的税费，相关法律法规明确规定负担主体的，应由相应主体负担。被执行人应负担本次变价产生的增值税、城市维护建设税、教育费附加、地方教育费附加、土地增值税、印花税，个人所得税等，买受人负担印花税、契税。被执行人应负担的本次变价产生的税费，由执行法院在拍卖款中扣划后直接交付税务部门，也可由买受人先行缴纳后向执行法院申请退还垫付的税费。

2. 税务界定

《税收征收管理法》第四条规定，法律、行政法规规定负有纳税义务的单位和个人为纳税人。也就是说，单位或个人发生经济行为，按照法律、行政法规规定负有纳税义务，则该单位或个人属于法定的纳税人，应依法履行纳税义务。《国家税务总局关于人民法院强制执行被执行人财产有关税收问题的复函》（国税函〔2005〕869 号）也规定，无论拍卖、变卖财产的行为是纳税人的自主行为，还是人民法院实施的强制执行活动，对拍卖、变卖财产的全部收入，纳税人均应依法申报缴纳税款。

国家税务总局办公厅 2020 年 10 月 19 日在《对十三届全国人大三次会议第 8471 号建议的答复》中明确，拍卖不动产的税费按照规定由“买卖双方各自负担”，是一种较为合理的做法。最高人民法院将进一步向各级法院提出工作要求：一是要求各级法院尽最大可能完善拍卖公告内容，充分、全面向买受人披露标的物瑕疵等各方面情况，包括以显著提示方式明确税费的种类、税率、金额等；二是要求各级法院严格落实司法解释关于税费依法由相应主体承担的规定，严格禁止在拍卖公告中要求买受人概括承担全部税费，以提升拍卖实效，更好地维护各方当事人合法权益。

国家税务总局的答复明确表明了态度，即司法拍卖双方应各自承担税费，减少税费负担问题的争议。

深圳市税务局 2020 年 7 月 28 日在《关于市六届人大八次会议闭会期间第 20200575 号代表建议会办意见的函》中指出，司法拍卖过程中，买受人和出卖人应当按照法律、法规的规定各自履行纳税义务，缴纳相应的税款。司法拍卖公告中列明的税费承担条款，事实上并未改变纳税义务主体。如果买受人未按照税费承担条款的约定代出卖人缴纳税款，法定纳税义务主体（出卖人）仍须根据《中华人民共和国税收征收管理法》等法律、法规的规定，依法履行纳税义务。在实践操作中，税费清缴是产权过户、证照变更的先决条件，只有在买受人和出卖人均履行纳税义务后，才能进行执行标的物的产权变更。如若出卖人由于资金困难等原因未履行纳税义务，将影响产权过户、证照变更的顺利办理。

湖南省税务局联合湖南省高级人民法院于2021年8月13日出台的《关于进一步优化不动产司法拍卖涉税事项办理的意见》（湘税发〔2021〕54号）中明确要求，在拍卖公告中人民法院应公示不动产拍卖产权转移可能产生的税费及承担方式，不得在拍卖公告中要求买受人概括承担全部税费，交易双方应按照税收法律法规规定缴纳相关税费。不动产拍卖环节的税费应在办理过户手续前依法缴纳，不动产司法拍卖流拍后，申请执行人或者其他执行债权人接受不动产抵债的，视同买受人，被执行人视同出卖方，交易税费由买卖双方依法各自负担。该《意见》同时明确被执行人应当按照《发票管理办法》的规定向买受人开具发票或申请代开发票，被执行人拒不配合开具发票或申请代开发票的，由买受人凭《人民法院协助执行通知书》《执行裁定书》和完税（费）凭证向不动产所在地主管税务机关申请代开发票。

第十四章　房地产企业重组

房地产企业重组是指房地产开发企业在日常经营活动以外发生的法律结构或经济结构重大改变的交易，包括法律形式改变、债务重组、资产收购、资产划转、股权收购、合并、分立等。

14.1　法律形式改变

企业法律形式改变，是指企业注册名称、住所以及企业组织形式等的简单改变。房地产开发企业注册名称改变很简单，只需要到市场监督管理局和税务局做名称变更就可以了。本节从房地产开发企业住所和企业组织形式改变两方面分析相关税务处理。

14.1.1　住所改变

实务中，房地产开发企业住所一般与项目所在地在同一个地区，一个项目开发完后，有可能会在另一个地区拿地开发。由于生产经营需要或其他某些原因，可能会进行住所变更。住所变更有三种情形：一是境内改变住所不涉及注销税务登记的；二是境内改变住所涉及注销税务登记的；三是住所迁至境外（含港澳台）。由于第一种不涉及注销税务登记，本节只讨论后两种情形。

1. 境内改变住所涉及注销税务登记

对于住所变更相关的企业所得税处理，《财政部 国家税务总局关于企业重组业务企业所得税处理若干问题的通知》（财税〔2009〕59 号，以下简称“59号文”）第四条规定，企业发生住所改变的，可直接变更税务登记，除另有规定外，有关企业所得税纳税事项（包括亏损结转、税收优惠等权益和义务）由变更后企业承继，但因住所发生变化而不符合税收优惠条件的除外。

增值税方面，《国家税务总局关于一般纳税人迁移有关增值税问题的公告》（国家税务总局公告2011年第71号）第一条规定，增值税一般纳税人因住所、经营地点变动，按照相关规定，在工商行政管理部门作变更登记处理，但因涉及改变税务登记机关，需要办理注销税务登记并重新办理税务登记的，在迁达地重新办理税务登记后，其增值税一般纳税人资格予以保留，办理注销税务登记前尚未抵扣的进项税额允许继续抵扣。

因此，房地产开发企业发生异地迁移，仍在持续经营，在迁出地注销税务登记时不用进行企业所得税清算，对于变更前按照规定可弥补的以前年度亏损，经核对后可以存续弥补。同时，除改变住所不符合税收优惠条件外，企业变更前的税收优惠可由变更后企业承继。另外，住所改变前如果没有增值税留抵税额，结清应缴增值税就可以了；有留抵税额的，则须按国家税务总局2011年第71号公告进行处理。

2. 住所迁至境外

房地产开发企业住所迁至境外会涉及住所、实际管理机构、机构场所三方面的改变。因此，住所迁至境外有三种情形：一是住所在境外但实际管理机构在境内，二是住所及实际管理机构均在境外但在境内设立机构场所，三是迁至境外并不在境内设立机构场所。根据59号文第四条“企业将登记注册地转移至中华人民共和国境外（包括港澳台地区），应视同企业进行清算、分配，股东重新投资成立新企业”的规定，对于这三种情形，都需要在我国境内进行企业所得税清算，注销税务登记。变更后，第一种情形作为居民企业处理，第二种情形则是非居民企业，第三种情形只有存在来源于中国境内的所得时才作为非居民企业缴纳企业所得税。

14.1.2 企业组织形式改变

企业组织形式改变是指独资企业、合伙企业和公司制企业之间或公司制企业中的有限责任公司与股份有限公司之间的相互转换。

59号文第四条规定，企业由法人转变为个人独资企业、合伙企业等非法人组织，企业的全部资产以及股东投资的计税基础均应以公允价值为基础确定。

房地产开发企业转变为个人独资企业、合伙企业等非法人组织，应视同企业进行清算、分配，股东重新投资成立新企业。

14.2 债务重组

59号文中的债务重组，是指在债务人发生财务困难的情况下，债权人按照其与债务人达成的书面协议或者法院裁定书，就其债务人的债务做出让步事项的企业重组行为。房地产开发企业在债务重组过程中，债权人对债务人让步，债务人获得债务重组利得，涉及增值税、土地增值税、企业所得税等相关处理。实务中，房地产企业作为债务人发生债务重组的行为比较常见，本节只讨论债务人相关税务处理。

14.2.1 债务重组的增值税处理

房地产企业以非货币性资产清偿债务的债务重组中，比较常见的有“以房抵工程款”。以非货币资产清偿债务，相当于转让非货币性资产与按非货币性资产公允价值清偿债务。根据《营业税改征增值税试点实施办法》第十条“销售服务、无形资产或者不动产，是指有偿提供服务、有偿转让无形资产或者不动产”及第十一条“有偿，是指取得货币、货物或者其他经济利益”的规定，房地产开发企业将开发产品等非货币性资产用于抵债，取得了其他经济利益，属于发生增值税的应税行为，应当缴纳增值税，并向债权人开具发票。

需要注意的是，如果债务重组交易价格明显偏低且不具有合理商业目的的，如有些房地产开发企业打着“工抵房”的幌子故意去库存低价销售房屋，税务机关可以对销售额进行调整，调整的顺序见《营业税改征增值税试点实施办法》第十四条的规定。对于“价格明显偏低且不合理”的界定详见第二章“土地增值税”，这里不再赘述。

14.2.2　债务重组的土地增值税处理

《国家税务总局关于印发〈土地增值税清算管理规程〉的通知》（国税发〔2009〕91号）第十九条规定，房地产开发企业将开发产品用于抵偿债务，换取其他单位和个人的非货币性资产等，发生所有权转移时应视同销售房地产。

因此，房地产开发企业发生债务重组行为，如涉及房地产的，应按国税发〔2009〕91号文的规定视同销售房地产，应计算缴纳土地增值税。这里的交易价格跟增值税一样，也不能明显偏低且不合理，计算土地增值税的收入可按本企业在同一地区、同一年度销售的同类房地产的平均价格确定或由主管税务机关参照当地当年、同类房地产的市场价格或评估价值确定。

14.2.3　债务重组的企业所得税处理

59号文第三条规定，企业重组（包括但不限于债务重组）的税务处理区分不同条件分别适用一般性税务处理规定和特殊性税务处理规定。

1. 一般性税务处理

根据59号文第四条第（二）项规定，房地产开发企业以非货币资产清偿债务，应当分解为转让相关非货币性资产、按非货币性资产公允价值清偿债务两项业务，确认相关资产的所得或损失。如发生债权转股权的行为，应当分解为债务清偿和股权投资两项业务，确认有关债务清偿所得或损失。房地产开发企业应当按照支付的债务清偿额低于债务计税基础的差额，确认债务重组所得。

2. 特殊性税务处理

（1）适用特殊性税务处理的条件。企业重组同时符合下列条件的，适用特殊性税务处理规定：

①具有合理的商业目的，且不以减少、免除或者推迟缴纳税款为主要目的。企业重组适用特殊性税务处理，申报时应从重组交易的方式、重组交易的实质结果、重组各方涉及的税务状况变化、重组各方涉及的财务状况变化、非居民企业参与重组活动的情况方面对合理的商业目的

进行说明。

②被收购、合并或分立部分的资产或股权比例符合本通知规定的比例。

③企业重组后的连续12个月内不改变重组资产原来的实质性经营活动。“企业重组后的连续12个月内”，是指自重组日起计算的连续12个月内。债务重组以债务重组合同（协议）或法院裁定书生效日为重组日。

④重组交易对价中涉及股权支付金额符合本通知规定比例。

⑤企业重组中取得股权支付的原主要股东，在重组后连续12个月内，不得转让所取得的股权。“原主要股东”，是指原持有转让企业或被收购企业20%以上股权的股东。

（2）债务重组的特殊性税务处理。根据59号文第六条第（一）项的规定，符合条件的债务重组，交易各方对其交易中的股权支付部分，除按以下规定进行特殊性税务处理外，其他相关所得税事项保持不变：

①企业债务重组确认的应纳税所得额占该企业当年应纳税所得额50%以上，可以在5个纳税年度的期间内，均匀计入各年度的应纳税所得额。

②企业发生债权转股权业务，对债务清偿和股权投资两项业务暂不确认有关债务清偿所得或损失，股权投资的计税基础以原债权的计税基础确定。

需要明确的是，企业重组适用特殊性税务处理，必须有股权支付。59号文第二条规定，股权支付，是指企业重组中购买、换取资产的一方支付的对价中，以本企业或其控股企业的股权、股份作为支付的形式。换言之，房地产开发企业只有用自己的股权或控股子公司的股权作为支付工具的债务重组才能适用特殊性税务处理。用控股子公司的股权也就是用长期股权投资去抵债，如确认的应纳税所得额占该企业当年应纳税所得额50%以上，可以在5个纳税年度的期间内，均匀计入各年度的应纳税所得额。房地产开发企业用自己股权抵债的债务重组行为，其实就是债转股，对债务清偿和股权投资两项业务暂不确认有关债务清偿所得或损失，股权投资的计税基仍以原债权的计税基础确定。

③债务重组各方按特殊性税务处理规定对交易中股权支付暂不确认有关资产的转让所得或损失的，其非股权支付仍应在交易当期确认相应的资产转让所得或损失，并调整相应资产的计税基础。

非股权支付对应的资产转让所得或损失 =（被转让资产的公允价值 - 被转让资产的计税基础）×（非股权支付金额 ÷ 被转让资产的公允价值）

最后应注意的是，同一重组业务的当事各方应采取一致的税务处理原则，即统一按一般性或特殊性税务处理。

14.2.4　债务重组的契税和印花税处理

1. 契税

《契税法》第二条规定，以作价投资（入股）、偿还债务、划转、奖励等方式转移土地、房屋权属的，应当依照规定征收契税。《财政部 国家税务总局关于继续执行企业事业单位改制重组有关契税政策的公告》（财政部 国家税务总局公告 2021 年第 17 号）第七条规定，经国务院批准实施债权转股权的企业，对债权转股权后新设立的公司承受原企业的土地、房屋权属，免征契税。

房地产开发企业一般都是作为债务人以开发产品进行债务重组，而契税的纳税人则是不动产的承受人，房地产企业发生债务重组一般不涉及契税，如以房抵工程款。

2. 印花税

根据《国家税务总局关于资金账簿印花税问题的通知》（国税发〔1994〕25 号）第二条"'实收资本'和'资本公积'两项的合计金额大于原已贴花资金的，就增加的部分补贴印花"和《财政部 税务总局关于对营业账簿减免印花税的通知》（财税〔2018〕50 号）"自 2018 年 5 月 1 日起，对按万分之五税率贴花的资金账簿减半征收印花税，对按件贴花五元的其他账簿免征印花税"的规定，房地产开发企业债转股，增加股本（实收资本）和资本公积，应缴纳印花税。

14.3　资产收购

资产收购，是指一家企业（以下称为受让企业）购买另一家企业（以下称为转让企业）实质经营性资产的交易。受让企业支付对价的形式包括股权支付、非股权支付或两者的组合。实质经营性资产，是指用于从事生产经营活动、与产生经营收入直接相关的资产，包括经营所用各类资产、企业拥有的商业信息和技术、经营活动产生的应收款项、投资资产等。

资产收购就是购买实质经营性资产，转让方缴纳增值税，并确认转让所得，收购方以取得资产的公允价值作为计税基础。如收购的标的是整体资产或部分实物资产以及与其相关联的债权、负债和劳动力，应当作是一项资产重组业务处理。

房地产开发企业资产收购主要涉及增值税、土地增值税、企业所得税、契税等税种处理。

14.3.1　资产收购的增值税处理

1. 非资产重组业务

资产收购的标的如果仅是资产（如货物、不动产、无形资产等），未涉及相关的债权、负债和劳动力，不管收购方是不是股份支付，都应该按照增值税相关规定缴纳增值税，并向收购方开具相应发票。

2. 资产重组业务

《国家税务总局关于纳税人资产重组有关增值税问题的公告》（国家税务总局公告 2011 年第 13 号）规定，自 2011 年 3 月 1 日起纳税人在资产重组过程中，通过合并、分立、出售、置换等方式，将全部或者部分实物资产以及与其相关联的债权、负债和劳动力一并转让给其他单位和个人，不属于增值税的征税范围，其中涉及的货物转让，不征收增值税。《营业税改征增值税试点有关事项的规定》（财税〔2016〕36 号文附件 2）第一条第（二）项第 5 点规定，在资产重组过程中，通过合并、分立、出售、置换等方式，将全部或者部分实物资产以及与其相关联的债权、负债和劳动力一并转让给其他单位和个人，其中涉及的不动产、土地使用权转让行为，属于不征收增值税项目。

因此，房地产开发企业发生资产重组业务如涉及不动产或土地使用权，不征收增值税，并且转让方可以按照《国家税务总局关于增值税发票管理若干事项的公告》（国家税务总局公告 2017 年第 45 号）附件“商品和服务税收分类编码表”中的“不征税项目——未发生销售行为的不征税项目”向收购方开具发票。

【提醒】如收购方以不动产或土地使用权作为资产收购的支付对价，属于有偿转让不动产或土地使用权，应按规定缴纳增值税。

14.3.2　资产收购的土地增值税处理

资产收购业务中，如转让方转让的资产中涉及不动产或土地使用权，属于有偿转让不动产或土地使用权的行为，应按现行土地增值税的规定征收土地增值税。如收购方的支付对价为不动产或土地使用权，也应按销售不动产或转让土地使用权缴纳土地增值税。

对于资产重组收购业务是否征收土地增值税的问题，笔者认为，如非房地产开发企业将全部或者部分实物资产以及与其相关联的债权、负债和劳动力一并转让，虽然土地增值税和企业重组都没有明确规定，但可以参考增值税的规定，不应征收土地增值税。对于房地产开发企业的资产重组收购业务，结合《财政部 国家税务总局关于继续实施企业改制重组有关土地增值税政策的公告》（财政部 国家税务总局公告2021年第21号）对企业重组不征收土地增值税排除房地产开发企业的文件精神，应征收土地增值税。

14.3.3　资产收购的企业所得税处理

与债务重组一样，资产收购的企业所得税处理同样分为一般性税务处理和特殊性税务处理。

1. 一般性税务处理

根据59号文第四条第（三）项的规定，房地产开发企业在发生资产收购重组交易时，相关交易应按以下规定处理：

（1）被收购方应确认资产转让所得或损失。

（2）收购方取得股权或资产的计税基础应以公允价值为基础确定。

（3）被收购企业的相关所得税事项原则上保持不变。

【例14－1】甲公司持有A房地产企业的股权的计税基础为10 000万元，公允价值为25 000万元。乙公司拟转让资产的计税基础为5 000万元，公允价值为6 400万元，占乙公司全部资产的80%。

双方拟定的交易价格为6 400万元，A企业拟用1 000万元现金和甲公司持有A企业的5 400万元股权来支付，不考虑其他税费。

由于A企业股权支付金额低于交易支付总额的85%，该笔交易企业所得税适用一般性税务处理。

A企业从乙公司取得资产的计税基础为6 400万元。

乙公司取得A企业股权的计税基础为5 400万元（收到股权的公允价值）。

乙公司转让资产的应纳税所得额＝6 400－5 000＝1 400（万元）

2. 特殊性税务处理

59文对资产收购企业所得税特殊性税务处理规定如下：资产收购，受让企业收购的资产不低于转让企业全部资产的75%［《财政部 国家税务总局关于促进企业重组有关企业所得税处理问题的通知》（财税〔2014〕109号）自2014年1月1日起将“75%”规定调整为“50%”］，且受让企业在该资产收购发生时的股权支付金额不低于其交易支付总额的85%，可以选择按以下规定处理：

（1）转让企业取得受让企业股权的计税基础，以被转让资产的原有计税基础确定。

（2）受让企业取得转让企业资产的计税基础，以被转让资产的原有计税基础确定。

资产收购适用特殊性税务处理的条件以及支付工具与债务重组一样，此处不再赘述。

【例14－2】续例14－1，双方拟定的交易价格为6 400万元，A房地产企业拟用800万元现金和甲公司持有A企业的5 600万元股权来支付，其他条件不变。

由于受让企业在该资产收购发生时的股权支付金额不低于其交易支付总额的85%，且受让企业收购的资产不低于转让企业全部资产的50%，所以该交易可适用特殊性税务处理。

A企业取得的资产的计税基础为5 000万元。

乙公司根据收到的非股份支付对价确认资产转让所得＝（6 400－5 000）×（800÷6 400）＝175（万元）

乙公司的取得的 A 企业股权的计税基础 =5 000 -（800 -175）

=4 372（万元）

14.3.4　资产收购的契税处理

在资产收购业务中，如涉及不动产，对承受不动产的收购方应按规定缴纳契税。收购方若也是用不动产作为支付工具，应视为一种非货币交换行为，转让方也可能需要缴纳契税。《财政部 税务总局关于贯彻实施契税法若干事项执行口径的公告》（财政部 税务总局公告 2021 年第 23 号）第二条第（八）项规定，土地使用权互换、房屋互换，互换价格相等的，互换双方计税依据为零；互换价格不相等的，以其差额为计税依据，由支付差额的一方缴纳契税。

如果房地产开发企业作为非债权人，收购承受破产企业土地、房屋权属，并按照《劳动法》等国家有关法律法规政策妥善安置原企业全部职工规定，与原企业全部职工签订服务年限不少于 3 年的劳动用工合同的，对其承受所购企业土地、房屋权属，免征契税；与原企业超过 30% 的职工签订服务年限不少于 3 年的劳动用工合同的，减半征收契税。（见财政部 国家税务总局公告 2021 年第 17 号第五条）

14.4　资产划转

现行税收政策对资产划转没有明确的定义，根据财税〔2014〕109 号第三条的规定，资产划转是指 100% 直接控制的居民企业之间，以及受同一或相同多家居民企业 100% 直接控制的居民企业之间按账面净值划转资产。

资产划转会发生标的资产权属的转移，因此资产划转也涉及增值税、土地增值税、企业所得税、契税等方面的税务处理。

14.4.1　资产划转的增值税处理

现行增值税相关政策中对资产划转没有明确规定，《财政部 国家税务总局关于中国建银投资有限责任公司有关税收政策问题的通知》（财税

〔2005〕160号）第一条虽然规定“重组分立过程中，原中国建设银行无偿划转给建银投资的货物、不动产，不征收增值税、营业税和土地增值税”，但该文件只是指出“无偿划转”不征收增值税，并且只是对某些特殊企业所下发的单行文，不具有指导意义。

因此，房地产开发企业发生资产划转业务，不管是母公司向子公司、子公司向母公司以及子公司之间的划转，均应按照《营业税改征增值税试点实施办法》第十四条“单位或者个人向其他单位或者个人无偿转让无形资产或者不动产，视同销售无形资产或者不动产，但用于公益事业或者以社会公众为对象的除外”的规定缴纳增值税。

【提醒】如资产划转涉及债权、负债和劳动力转移的，应按照《营业税改征增值税试点有关事项的规定》（财税〔2016〕36号文附件2）的规定不征收增值税项目处理。

14.4.2 资产划转的土地增值税处理

对于母子公司、子公司之间的资产划转，标的资产涉及不动产或土地使用权的是否征收土地增值税，目前没有明确的规定。财政部和国家税务总局也只是用单行文的形式针对某个企业进行特批，如前面提到财税〔2005〕160号文、《财政部 国家税务总局关于大秦铁路改制上市有关税收问题的通知》（财税〔2006〕32号）、《财政部 国家税务总局关于中国邮政储蓄银行改制上市有关税收政策的通知》（财税〔2013〕53号）等文件，都明确相关资产转移涉及房地产的免征土地增值税。

根据现行土地增值税的相关规定，包括企业改制重组有关土地增值税方面的政策（财政部 税务总局公告2021年第21号）以及前面提到的单行文，资产划转不征收土地增值税的情形都已将房地产开发企业排除在外。因此，房地产开发企业在母子公司、子公司之间划转不动产、土地使用权，相当于发生了不动产、土地使用权的转让行为，需要征收土地增值税。鉴于政策的不明确，非房地产开发企业在资产划转时如涉及房地产的，建议将重组形式改成以房地产作价入股进行投资适用不征土地增值税的政策。

不过，也有地方对资产划转是否征收土地增值税有相关规定，如重庆。《重庆市地方税务局关于土地增值税若干政策执行问题的公告》（重庆市地方税务局公告2014年第9号）第三条第（一）项规定，同一投资主体内部所属企业之间无偿划转（调拨）房地产，不征收土地增值税。“同一投资主体内部所属企业之间”是指母公司与其全资子公司之间；同一公司所属全资子公司之间；自然人与其设立的个人独资企业、一人有限公司之间。

所以，房地产企业发生资产划转业务，在国家政策未明确的前提下，可以关注当地规定。

14.4.3　资产划转的企业所得税处理

1. 特殊性税务处理

根据财税〔2014〕109号文第三条和《国家税务总局关于资产（股权）划转企业所得税征管问题的公告》（国家税务总局公告2015年第40号）的规定，对100%直接控制的居民企业之间，以及受同一或相同多家居民企业100%直接控制的居民企业之间按账面净值划转股权或资产，凡具有合理商业目的，不以减少、免除或者推迟缴纳税款为主要目的，股权或资产划转后连续12个月内不改变被划转股权或资产原来实质性经营活动，且划出方企业和划入方企业均未在会计上确认损益的，可以选择按以下规定进行特殊性税务处理：

（1）划出方企业和划入方企业均不确认所得。

（2）划入方企业取得被划转股权或资产的计税基础，以被划转股权或资产的原账面净值确定，即以被划转股权或资产的原计税基础确定。

（3）划入方企业取得的被划转资产，应按其原账面净值计算折旧扣除，即应按被划转资产的原计税基础计算折旧扣除或摊销。

根据以上规定，房地产开发企业进行资产划转可分为以下几种情形进行处理。

第一种情形：母公司向子公司划转，母公司获得子公司100%的股权支付。

这种情形是指100%直接控制的母子公司之间，母公司向子公司按账面净值划转其持有的资产，母公司获得子公司100%的股权支付。实际上是母公司以其资产或股权按原账面价值向子公司增资。这种情形下，母公司按增加长期股权投资处理，子公司按接受投资（包括资本公积）处理。母公司获得子公司股权的计税基础以划转股权或资产的原计税基础确定。

第二种情形：母公司向子公司划转，母公司没有获得任何股权或非股权支付。

这种情形是指100%直接控制的母子公司之间，母公司向子公司按账面净值划转其持有的资产，母公司没有获得任何股权或非股权支付。母公司按冲减实收资本（包括资本公积）处理，子公司按接受投资处理。子公司取得股权、资产的计税基础以被划转股权或资产的原计税基础确定。

第三种情形：子公司向母公司划转，子公司没有获得任何股权或非股权支付。

这种情形是指100%直接控制的母子公司之间，子公司向母公司按账面净值划转其持有的资产，子公司没有获得任何股权或非股权支付，相当于是子公司将资产按账面净值转让给母公司。该情形的税务处理是，母公司按收回投资处理，或按接受投资处理，子公司按冲减实收资本处理。母公司应按被划转股权或资产的原计税基础，相应调减持有子公司股权的计税基础。

第四种情形：子公司之间划转，划出方没有获得任何股权或非股权支付。

这种情形是指受同一或相同多家母公司100%直接控制的子公司之间，在母公司主导下，一家子公司向另一家子公司按账面净值划转其持有的股权或资产，划出方没有获得任何股权或非股权支付。简单地讲就是甲子公司的资产按账面净值转让给乙子公司，相当于母公司先减资再增资。这种情形的税务处理是，划出方按冲减所有者权益处理，划入方按接受投资处理。

需要注意的是，资产划转交易一方在股权或资产划转完成日后连续12个月内发生生产经营业务、公司性质、资产或股权结构等情况变化，致使股权或资产划转不再符合特殊性税务处理条件的，交易双方在发生变化后60日内改为一般性税务处理。

2. 一般性税务处理

(1) 母公司向子公司划转。母公司向子公司划转资产，即发生前面所述第一种情形和第二种情形。根据《国家税务总局关于企业所得税有关问题的公告》（国家税务总局公告 2016 年第 80 号）第二条“企业将资产移送他人改变资产所有权属的用途，应按规定视同销售确定收入”“企业发生《国家税务总局关于企业处置资产所得税处理问题的通知》（国税函〔2008〕828 号）第二条规定情形的，除另有规定外，应按照被移送资产的公允价值确定销售收入”的规定，母公司按转让资产的公允价值确认资产转让所得，并按公允价值确认取得长期股权投资的计税基础。如果符合《财政部 国家税务总局关于非货币性资产投资企业所得税政策问题的通知》（财税〔2014〕116 号）第一条“居民企业以非货币性资产对外投资确认的非货币性资产转让所得，可在不超过 5 年期限内，分期均匀计入相应年度的应纳税所得额，按规定计算缴纳企业所得税”的规定，也可以选择按不超过 5 年的期限平均确认资产转让所得。子公司取得划入股权或资产的计税基础也按公允价值确定。

（2）子公司向母公司划转。子公司向母公司划转，即前面第三种情形，2015 年第 40 号公告规定的一般性税务处理是“子公司应按原划转完成时股权或资产的公允价值视同销售处理；母公司应按撤回或减少投资进行处理”。这种情形下，可以理解为子公司向母公司转移资产，可根据国税函〔2008〕828 号文或财税〔2014〕116 号文的规定按公允价值确认资产转让所得。母公司取得的资产也按公允价值确定计税基础，并按《国家税务总局关于企业所得税若干问题的公告》（国家税务总局公告 2011 年第 34 号）第五条第一款“投资企业从被投资企业撤回或减少投资，其取得的资产中，相当于初始出资的部分，应确认为投资收回；相当于被投资企业累计未分配利润和累计盈余公积按减少实收资本比例计算的部分，应确认为股息所得；其余部分确认为投资资产转让所得”的规定确认股息所得、资产转让所得。

（3）子公司之间的划转。母公司将一家全资子公司的资产划转至另一家全资子公司，属于前面的第四种情形。该情形下，划出方应按原划转完成时股权或资产的公允价值视同销售处理；母公司根据交易情形和会计处理对划出方按分回股息进行处理，或者按撤回或减少投资进行处理，对划入方按以股权或资产的公允价值进行投资处理；划入方按接受母公司投资处理，以公允价值确认划入股权或资产的计税基础。

14.4.4 资产划转的契税处理

财政部 国家税务总局公告2021年第17号第六条第二款规定，同一投资主体内部所属企业之间土地、房屋权属的划转，包括母公司与其全资子公司之间，同一公司所属全资子公司之间，同一自然人与其设立的个人独资企业、一人有限公司之间土地、房屋权属的划转，免征契税。这个重组文件没有排除房地产开发企业，不管是不是房地产开发企业，只要是符合条件的资产划转，都可以免征契税。

14.5 股权收购

根据59号文规定，股权收购，是指一家企业（以下称为收购企业）购买另一家企业（以下称为被收购企业）的股权，以实现对被收购企业控制的交易。收购企业支付对价的形式包括股权支付、非股权支付或两者的组合。股权收购的股权支付，与债务重组一样，分为以本企业或其控股企业的股权作为支付对价。非股权支付是指以本企业的现金、银行存款、应收款项、本企业或其控股企业股权和股份以外的有价证券、存货、固定资产、其他资产以及承担债务等作为支付的形式。

税务处理方面，股权收购与股权转让没有本质区别，都是以股权作为标的的交易。房地产股权收购或股权转让主要涉及增值税、土地增值税、企业所得税、契税、印花税等方面的税务处理。

14.5.1 股权收购的增值税处理

营改增前，《财政部 国家税务总局关于股权转让有关营业税问题的通知》（财税〔2002〕191号）第二条规定，对股权转让不征收营业税。营改增后，非上市企业未公开发行股票，其股权不属于有价证券，转让非上市公司股权不属于增值税征税范围。另外，如果受让方以存货、固定资产等非股权支付作为对价进行股权收购，则受让方会涉及增值税的处理。

【提醒】对于企业转让上市公司股票，根据《营业税改征增值税试点实施办法》所附《销售服务、无形资产、不动产注释》规定，应按金融服务中的金融商品转让缴纳增值税。另外，个人从事金融商品转让业务免征增值税。

14.5.2 股权收购的土地增值税处理

股权收购或股权转让是否征收土地增值税，一直是个比较有争议的问题。土地增值税是对转让国有土地使用权、地上的建筑物及其附着物，而股权是股东对公司享有的人身和财产权益的一种综合性权利，股权转让也不会涉及房地产转让行为。因此，对于房地产股权收购的转让方，不应征收土地增值税。但国家税务总局在一些个案中对“以股权转让名义转让房地产”进行批复，要求征收土地增值税。如：

《国家税务总局关于以转让股权名义转让房地产行为征收土地增值税问题的批复》（国税函〔2000〕687 号）规定，鉴于深圳市能源集团有限公司和深圳能源投资股份有限公司一次性共同转让深圳能源（钦州）实业有限公司 100% 的股权，且这些以股权形式表现的资产主要是土地使用权、地上建筑物及附着物，经研究，对此应按土地增值税的规定征税。

这个 687 号文所谓的“明股实地”，在税务界争议极大。笔者特意查了下文件中“深圳能源投资股份有限公司”的上市公司 2003 年年报，才发现这个 687 号文件背后的故事。

深圳能源投资股份有限公司在 2003 年年报中公布：

2000 年 4 月本公司将所持有的深圳能源（钦州）实业开发公司 25% 的股权予以转让；11 月 28 日，国家税务总局以国税函〔2000〕961 号文《国家税务总局关于股权转让不征收营业税的通知》，认定本公司上述股权转让行为不属于营业税的征收范围，不征收营业税；12 月 15 日，广西壮族自治区钦州市地方税务局稽查局发出钦地税稽罚字〔2000〕第 020 号《税务行政处罚决定书》。

2001 年 3 月，本公司向广西壮族自治区钦州市中级人民法院提起诉讼，要求钦州市地方税务局稽查局撤销钦地税稽罚字〔2000〕第 020 号《税务行政处罚决定书》。

2002 年 9 月 27 日，广西壮族自治区钦州市中级人民法院以（2001）钦行初字第 2 号《行政判决书》判决本公司败诉。本公司不服此判决，在规定期限内向广西壮族自治区高级人民法院递交了上诉状。

2003年12月22日国家税务总局以国税函〔2003〕1345号《国家税务总局关于深圳市能源集团有限公司、深圳能源投资股份公司转让股权涉税问题的处理决定》，认定本公司转让持有深圳能源（钦州）实业开发公司25%的股权按“股权转让行为”适用税法，并要求广西壮族自治区地方税务局遵照执行。

2004年2月23日，广西壮族自治区高级人民法院以（2002）桂行终字第29号《行政判决书》作出终审判决，撤销广西壮族自治区钦州市中级人民法院以（2001）钦行初字第2号《行政判决书》关于维持钦州市地方税务局稽查局钦地税稽罚字〔2000〕第020号《税务行政处罚决定书》中第（1）项（本公司按“销售不动产”和“转让无形资产——转让土地使用权”缴纳营业税计1 937 500.00元、城市维护建设税计96 875.00元、教育费附加计58 125.00元，共计2 092 500.00元，并处以一倍罚款，计2 092 500.00元）的判决，认定本公司前述转让股权行为不属于营业税的征收范围。（摘自《深圳能源投资股份有限公司2003年年度报告》）

国税函〔2003〕1345号网上找不到，但从以上内容可以看出，687号文中钦州公司的股权转让行为最终被认定为按“股权转让行为”适用税法，也就是股权转让行为不征收土地增值税。

在687号文引起的“明股实地”个案文件后，还有国税函〔2009〕387号文、国税函〔2011〕415号文都明确以股权转让方式转让房地产需要缴纳土地增值税。

当然，也有地方明确股权转让不征收土地增值税。

《青岛市地方税务局关于印发〈房地产开发项目土地增值税清算有关业务问题问答〉的通知》（青地税函〔2009〕47号）第十八条规定，股东将持有的企业股权转让，企业土地、房屋权属不发生转移，不征收土地增值税。

中国裁判文书网2016年12月14日发布最高人民法院于2015年7月21日作出的《马庆泉、马松坚与湖北瑞尚置业有限公司股权转让纠纷二审民事判决书》（〔2014〕民二终字第264号）指出，由于转让股权和转让土地使用权是完全不同的行为，当股权发生转让时，目标公司并未发生国有土地使用权转让的应税行为，目标公司并不需要缴纳营业税和土地增值税。

笔者认为，股权转让只是企业资产收益、经营决策等权利由转让方转移到受让方，而房地产仍在企业名下，房地产的企业法人财产所有权并没有发生改变，不符合《土地增值税暂行条例》及其实施细则的规定，不应征收土地增值税。国家税务总局对“以股权转让名义转让房地产”征土地增值税的个案批复，虽然体现了实质课税原则，但文件没有明确谁是纳税人、股权溢价部分能否作为受让方房地产的成本，不利于房地产市场并购行为的市场化运转，并且该文件也没有抄送其他各省市，文件效力应仅限于个案，何况还有后续文件对个案批复内容予以纠正，所以这些个案批复不具有普遍指导意义。《税务规范性文件制定管理办法》（国家税务总局令第53号）第三十条也规定，税务规范性文件应当以公告形式发布；未以公告形式发布的，不得作为税务机关执法依据。因此，在深化税收征管改革的背景下，税务机关应合理行使自由裁量权，不能以687号文等个案批复作为执法依据。

14.5.3 股权收购的企业所得税处理

1. 一般性税务处理

房地产企业股权收购的一般性税务处理与资产收购差不多，被收购方的股东应确认股权所得或损失，收购方取得股权或资产的计税基础应以公允价值为基础确定。

【例14-3】 甲公司持有A房地产企业的股权的计税基础为6 000万元，公允价值为10 000万元。乙公司持有的全资子公司B房地产企业股权的计税基础为5 000万元，公允价值为8 000万元。A房地产企业将从乙公司购得B房地产企业70%的股权，交易价格为5 600万元。A房地产企业拟用1 400万元现金和甲公司持有A房地产企业的4 200万元股权来支付。假定B房地产企业在并购前无未分配利润和盈余公积，不考虑其他税费。

由于A房地产企业股权支付金额低于交易支付总额的85%，该笔交易企业所得税适用一般性税务处理。

A房地产企业取得B房地产开发企业股权的计税基础为5 600万元，乙公司取得A房地产企业股权的计税基础为4 200万元。

乙公司转让B企业70%股权的应纳税所得额＝(8 000－5 000)×70%

＝2 100（万元）

2. 特殊性税务处理

股权收购适用企业重组特殊性税务处理的基本条件与债务重组一样，

此处不再赘述。

59号文规定，股权收购，收购企业购买的股权不低于被收购企业全部股权的75%（财税〔2014〕109号文将“75%”调整为“50%”），且收购企业在该股权收购发生时的股权支付金额不低于其交易支付总额的85%，可以选择按以下规定处理：

（1）被收购企业的股东取得收购企业股权的计税基础，以被收购股权的原有计税基础确定。

（2）收购企业取得被收购企业股权的计税基础，以被收购股权的原有计税基础确定。

（3）收购企业、被收购企业的原有各项资产和负债的计税基础和其他相关所得税事项保持不变。

【例14－4】续例14－3，A房地产企业拟用800万元现金和甲公司持有A房地产企业的4 800万元股权来支付，其他条件不变。

由于A房地产企业股权支付金额低于交易支付总额的85%，且乙公司转让的股权大于B房地产企业全部股权的50%，该笔交易企业所得税适用特殊性税务处理。

A企业取得B企业股权的计税基础为3 500万元。

乙公司取得非股份支付的股权转让所得＝(8 000－5 000)×(800÷8 000)＝300（万元）

乙公司取得A企业的股权的计税基础＝3 500－(800－300)

＝3 000（万元）

14.5.4 股权收购的其他税种处理

1. 契税

财政部 国家税务总局公告2021年第17号第九条规定，在股权（股份）转让中，单位、个人承受公司股权（股份），公司土地、房屋权属不发生转移，不征收契税。如果收购方支付的对价是不动产、土地使用权，对转让方而言，相当于承受了土地、房屋权属，这种情况下的转让方需要缴纳契税。

2. 印花税

非上市公司股权转让按照产权转移书据按股权转让合同的0.05%征收

印花税。

3. 个人所得税

股权收购中，涉及的股东不仅是企业还有可能是自然人。房地产自然人股东转让股权，以股权转让收入减除股权原值和合理费用后的余额为应纳税所得额，按“财产转让所得”缴纳个人所得税。

14.6 合并与分立

合并，是指一家或多家企业（以下称为被合并企业）将其全部资产和负债转让给另一家现存或新设企业（以下称为合并企业），被合并企业股东换取合并企业的股权或非股权支付，实现两个或两个以上企业的依法合并。

分立，是指一家企业（以下称为被分立企业）将部分或全部资产分离转让给现存或新设的企业（以下称为分立企业），被分立企业股东换取分立企业的股权或非股权支付，实现企业的依法分立。

【提醒】 公司分立的数量不限，可以分设为两个或两个以上的公司。

与其他重组业务一样，合并与分立的税务处理也涉及增值税、土地增值税、企业所得税、契税等方面。

14.6.1 合并与分立的增值税处理

国家税务总局 2011 年第 13 号公告规定，纳税人在资产重组过程中，通过合并、分立、出售、置换等方式，将全部或者部分实物资产以及与其相关联的债权、负债和劳动力一并转让给其他单位和个人，不属于增值税的征税范围，其中涉及的货物转让，不征收增值税。

《营业税改征增值税试点有关事项的规定》（财税〔2016〕36 号文附件 2）第一条第（二）项第 5 点规定，在资产重组过程中，通过合并、分立、出售、置换等方式，将全部或者部分实物资产以及与其相关联的债权、负债和劳动力一并转让给其他单位和个人，其中涉及的不动产、土地使用权转让行为，属于不征收增值税项目。

《国家税务总局关于纳税人资产重组增值税留抵税额处理有关问题的公告》（国家税务总局公告 2012 年第 55 号）规定，增值税一般纳税人在资产重组过程中，将全部资产、负债和劳动力一并转让给其他增值税一般纳税人，并按程序办理注销税务登记的，其在办理注销登记前尚未抵扣的进项税额可结转至新纳税人处继续抵扣。

根据以上规定，房地产企业发生合并与分立业务，如涉及负债、劳动力的转移，不征收增值税；不涉及负债、劳动力转移的，应缴纳增值税。如房地产企业发生吸收合并业务，还可以继续抵扣被合并方在办理注销登记前尚未抵扣的增值税进项税额。

需要注意的是，2012 年第 55 号公告与 2011 年第 13 号公告以及《营业税改征增值税试点有关事项的规定》规定的条件有所不同，2012 年第 55 号公告规定必须是全部资产、负债和劳动力一并转让，而且转让后需按相关程序办理注销税务登记，才可以将尚未抵扣的进项税额结转至新纳税人。

【提醒】房地产企业通过合并、分立等资产重组形式取得未完工的房地产老项目，可以按照《财政部 税务总局关于明确国有农用地出租等增值税政策的公告》（财政部 税务总局公告 2020 年第 22 号）第二条“房地产开发企业中的一般纳税人购入未完工的房地产老项目继续开发后，以自己名义立项销售的不动产，属于房地产老项目，可以选择适用简易计税方法按照 5% 的征收率计算缴纳增值税”的规定适用房地产老项目增值税简易计税政策。

14.6.2 合并与分立的土地增值税处理

财政部 国家税务总局公告 2021 年第 21 号规定，按照法律规定或者合同约定，两个或两个以上企业合并为一个企业，且原企业投资主体存续的，或者企业分设为两个或两个以上与原企业投资主体相同的企业，对原企业将房地产转移、变更到分立后的企业，暂不征土地增值税，但房地产转移任意一方为房地产开发企业的除外。

这个文件对房地产开发企业进行特别限制，避免部分房地产开发企业以“改制”之名，行“转让房地产”之实，规避土地增值税。因此，不管房地产开发企业作为合并企业（分立企业）还是被合并企业（被分立企业），只要发生合并或分立的重组业务，涉及房地产转移的，都要缴纳土地增值税。

【案例14－1】广西五洲交通股份有限公司（以下简称“五洲交通”，公司代码：600368）2019年8月12日审批《广西五洲房地产有限公司分立方案》，2019年10月全资子公司广西五洲房地产有限公司（以下简称“五洲地产公司”）分立新设广西洲祺投资有限公司，存续的广西五洲房地产有限公司注册资本为4 000万元，由五洲交通100%持股；广西洲祺投资有限公司注册资本为1 000万元，由五洲交通股份100%持股。五洲交通在2019年度现金流量表项目“支付的其他与投资活动有关的现金”中披露“支付企业分立土地过户缴纳的土地增值税103 700 936.17元”，并在“现金流”中提示“支付的其他与投资活动有关的现金”主要为本期子公司五洲房地产公司支付地产板块分立税费所致。

2020年3月31日五洲交通发布公告，披露《拟股权转让涉及的广西洲祺投资有限公司股东全部权益市场价值评估项目资产评估报告》。该资产评估报告摘要提示：根据五洲交通纪要〔2019〕32号《五洲交通领导班子办公会议纪要二》，广西五洲房地产有限公司于2019年10月14日派生分立广西洲祺投资有限公司，将本次评估涉及的四宗土地使用权开发成本及其对应的负债划分入广西洲祺投资有限公司，广西洲祺投资有限公司由广西五洲交通股份有限公司全资持股。广西洲祺投资有限公司于2020年1月14日完成对上述四宗土地使用权的过户与办证，土地使用权人均变更为广西洲祺投资有限公司。

本案例中，五洲地产公司将四宗土地使用权开发成本及其对应的负债划分入广西洲祺投资有限公司。五洲地产公司属于房地产开发行业，2019年10月进行派生分立时不符合当时《财政部 税务总局关于继续实施企业改制重组有关土地增值税政策的通知》（财税〔2018〕57号，已失效）第五条“上述改制重组有关土地增值税政策不适用于房地产转移任意一方为房地产开发企业的情形”的规定，因此需要缴纳土地增值税。

——案例来源于《五洲交通2019年年度报告》及有关公告

14.6.3 合并的企业所得税处理

1. 一般性税务处理

企业合并，当事各方应按下列规定进行一般性税务处理：

（1）合并企业应按公允价值确定接受被合并企业各项资产和负债的计税基础。

（2）被合并企业及其股东都应按清算进行所得税处理。

（3）被合并企业的亏损不得在合并企业结转弥补。

【例14-5】 甲房地产企业吸收合并乙公司，合并后甲公司存续，乙公司被解散。乙公司股权的计税基础为9 000万元，公允价值为18 000万元。乙公司净资产总额的计税基础是9 000万元，公允价值是18 000万元。甲公司用3 000万元现金和本企业15 000万元的股权作为支付对价，不考虑其他税费。

由于股份支付金额低于交易支付总额的85%，适用一般性税务处理。

甲公司接受的净资产的计税基础为18 000万元。

乙公司股东取得甲公司股权的计税基础为15 000万元。

乙公司实现的应纳税所得额=18 000-9 000=9 000（万元）

乙公司的亏损不能由甲房地产开发企业结转弥补。同时，乙公司需根据《财政部 国家税务总局关于企业清算业务企业所得税处理若干问题的通知》（财税〔2009〕60号）的规定进行清算。

2. 特殊性税务处理

企业合并，企业股东在该企业合并发生时取得的股权支付金额不低于其交易支付总额的85%，以及同一控制下且不需要支付对价的企业合并，可以选择按以下规定处理：

（1）合并企业接受被合并企业资产和负债的计税基础，以被合并企业的原有计税基础确定。

（2）被合并企业合并前的相关所得税事项由合并企业承继。

（3）可由合并企业弥补的被合并企业亏损的限额=被合并企业净资产公允价值×截至合并业务发生当年年末国家发行的最长期限的国债利率。

（4）被合并企业股东取得合并企业股权的计税基础，以其原持有的被合并企业股权的计税基础确定。

【例 14－6】 续例 14－5，如果甲房地产企业用 2 000 万元现金和本企业 16 000 万元的股权作为支付对价，其他条件不变。

由于股份支付金额超过交易支付总额的 85%，适用特殊性税务处理。

甲公司接受的净资产的计税基础为 9 000 万元。

乙公司股东收到非股权支付确认转让所得 =（18 000 － 9 000）×（2 000 ÷ 18 000）= 1 000（万元）

乙公司股东取得甲公司股权的计税基础 = 9 000 －（2 000 － 1 000）

= 8 000（万元）

甲公司弥补乙公司亏损的限额 = 乙公司净资产公允价值 × 截至合并业务发生当年年末国家发行的最长期限的国债利率。

乙公司合并前的相关所得税事项，包括尚未确认的资产损失、分期确认收入的处理以及尚未享受期满的税收优惠政策承继处理问题等，如因甲房地产开发企业的性质及适用税收优惠条件发生改变，则不能由甲房地产开发企业承继。

14.6.4　分立的企业所得税处理

1. 一般性税务处理

企业分立，当事各方应按下列规定进行一般性税务处理：

（1）被分立企业对分立出去资产应按公允价值确认资产转让所得或损失。

（2）分立企业应按公允价值确认接受资产的计税基础。

（3）被分立企业继续存在时，其股东取得的对价应视同被分立企业分配进行处理。

（4）被分立企业不再继续存在时，被分立企业及其股东都应按清算进行所得税处理。

（5）企业分立相关企业的亏损不得相互结转弥补。

【例 14－7】 甲房地产企业的股权计税基础为 8 000 万元，公允价值为 20 000 万元，净资产总额的计税基础为 8 000 万元，公允价值为 20 000 万元。甲房地产企业的股东将甲企业按 1∶1 的比例分立为甲乙两家公司，在分立交易中，甲房地产企业的股东获得2 000万元现金和8 000万元乙企业的股权，不考虑其他税费。

由于非股份支付金额不低于交易支付总额的15%，所以本项分立交易适用一般性税务处理。

甲企业被分立给乙公司的资产的应纳税所得额 = 10 000 - 4 000
= 6 000（万元）

乙公司接受甲企业资产的计税基础为10 000万元（公允价值）。

甲企业股东取得的2 000万元现金和对乙企业8 000万元的股权对价应视同甲企业的分配，同时甲企业的亏损不得结转给乙公司。

2. 特殊性税务处理

企业分立，被分立企业所有股东按原持股比例取得分立企业的股权，分立企业和被分立企业均不改变原来的实质经营活动，且被分立企业股东在该企业分立发生时取得的股权支付金额不低于其交易支付总额的85%，可以选择按以下规定处理：

（1）分立企业接受被分立企业资产和负债的计税基础，以被分立企业的原有计税基础确定。

（2）被分立企业已分立出去资产相应的所得税事项由分立企业承继。

（3）被分立企业未超过法定弥补期限的亏损额可按分立资产占全部资产的比例进行分配，由分立企业继续弥补。

（4）被分立企业的股东取得分立企业的股权（以下简称“新股”），如需部分或全部放弃原持有的被分立企业的股权（以下简称“旧股”），“新股”的计税基础应以放弃“旧股”的计税基础确定。如不需放弃“旧股”，则其取得“新股”的计税基础可从以下两种方法中选择确定：直接将“新股”的计税基础确定为零；或者以被分立企业分立出去的净资产占被分立企业全部净资产的比例先调减原持有的“旧股”的计税基础，再将调减的计税基础平均分配到“新股”上。

【例14-8】续例14-7，如果甲房地产开发企业的股东获得10 000万元乙公司的股权，其他条件不变。

由于股份支付金额大于交易支付总额的85%，可适用特殊性税务处理。

乙公司取得的净资产的计税基础为 8 000 × 50% = 4 000（万元）

甲企业可以结转到乙公司的未弥补亏损的比例由乙公司取得资产占甲房地产开发企业原有的全部资产的比例确定。

甲企业的股东取得的乙公司股权的计税基础直接确定为零。

14.6.5　合并与分立的契税与印花税处理

1. 契税

财政部 国家税务总局公告 2021 年第 17 号规定，两个或两个以上的公司，依照法律规定、合同约定，合并为一个公司，且原投资主体存续的，或者公司依照法律规定、合同约定分立为两个或两个以上与原公司投资主体相同的公司，对合并或分立后公司承受原合并各方土地、房屋权属，免征契税。

根据以上规定，对于房地产企业的合并与分立，必须“原投资主体存续”或“与原公司投资主体相同”，才可以适用免征契税的政策。

投资主体存续，是指原企业、事业单位的出资人必须存在于改制重组后的企业，出资人的出资比例可以发生变动，但在合并过程中不能撤资；投资主体相同，是指公司分立前后出资人不发生变动，但各投资人在派生或新设公司中所占投资比例与原公司中各投资人所占投资比例相比可以有所变动。

2. 印花税

《财政部 国家税务总局关于企业改制过程中有关印花税政策的通知》（财税〔2003〕183 号）第一条规定，以合并或分立方式成立的新企业，其新启用的资金账簿记载的资金，凡原已贴花的部分可不再贴花，未贴花的部分和以后新增加的资金按规定贴花。注意，该文件的适用须满足“经县级以上人民政府及企业主管部门批准改制的企业”的条件。

同时，根据财税〔2018〕50 号文“自 2018 年 5 月 1 日起，对按万分之五税率贴花的资金账簿减半征收印花税，对按件贴花五元的其他账簿免征印花税”的规定，房地产开发企业合并或分立成立新企业需缴纳印花税的，可以享受减半征收的优惠。

第十五章　新收入准则

2017年7月5日，财政部发布了《企业会计准则第14号——收入》（以下简称新收入准则），在境内外同时上市的企业以及在境外上市并采用国际财务报告准则或企业会计准则编制财务报表的企业，自2018年1月1日起施行；其他境内上市企业，自2020年1月1日起施行；执行企业会计准则的非上市企业，自2021年1月1日起施行。

【提醒】 执行《小企业会计准则》的企业不受新收入准则影响。

15.1　新收入准则修订的主要内容

1. 将原收入和建造合同两项准则纳入统一的收入确认模型

新收入准则采用统一的收入确认模型来规范所有与客户之间的合同产生的收入，并且就“在某一时段内”还是“在某一时点”确认收入提供具体指引，有助于更好地解决目前收入确认时点的问题，提高会计信息可比性。

2. 以控制权转移替代风险报酬转移作为收入确认时点的判断标准

新收入准则打破商品和劳务的界限，要求企业在履行合同中的履约义务，即客户取得相关商品（或服务）控制权时确认收入，从而能够更加科学合理地反映企业的收入确认过程。

3. 为包含多重交易安排的合同的会计处理提供更明确的指引

新收入准则为包含多重交易安排的合同的会计处理提供了更明确的指引，要求企业在合同开始日对合同进行评估，识别合同所包含的各单项履约义务，按照各单项履约义务所承诺商品（或服务）的单独售价的相对比例将交易价格分摊至各单项履约义务，进而在履行各单项履约义务时确认相应的收入，有助于解决此类合同的收入确认问题。

4. 对于某些特定交易（或事项）的收入确认和计量给出了明确规定

新收入准则对于某些特定交易（或事项）的收入确认和计量给出了明确规定。例如，区分总额和净额确认收入、附有质量保证条款的销售、向客户授予知识产权许可、售后回购等，有助于更好的指导实务操作，提高会计信息的可比性。

15.2　收入相关的主要科目及账务处理

企业应当正确记录和反映与客户之间的合同产生的收入及相关成本费用。本部分仅涉及适用于新收入准则进行会计处理时需要设置的主要会计科目、相关会计科目的主要核算内容以及通常情况下的账务处理。收入的会计处理，一般需要设置下列会计科目。

15.2.1　主营业务收入

1. 本科目核算企业确认的销售商品、提供服务等主营业务的收入。

2. 本科目可按主营业务的种类进行明细核算。

3. 主营业务收入的主要账务处理。

（1）企业在履行了合同中的单项履约义务时，应按照已收或应收的合同价款，加上应收取的增值税额，借记“银行存款”“应收账款”“应收票据”“合同资产”等科目，按应确认的收入金额，贷记本科目，按应收取的增值税额，贷记“应交税费——应交增值税（销项税额）”“应交税费——待转销项税额”等科目。

（2）合同中存在企业为客户提供重大融资利益的，企业应按照应收合同价款，借记“长期应收款”等科目，按照假定客户在取得商品控制权时即以现金支付而需支付的金额（即现销价格）确定的交易价格，贷记本科目，按其差额，贷记“未实现融资收益”科目；合同中存在客户为企业提供重大融资利益的，企业应按照已收合同价款，借记“银行存款”等科目，按照假定客户在取得商品控制权时即以现金支付的应付金额（即现销价格）确定的交易价格，贷记“合同负债”等科目，按其差额，借记“未确认融资费用”科目。涉及增值税的，还应进行相应的处理。

（3）企业收到的对价为非现金资产时，应按该非现金资产在合同开始日的公允价值，借记“存货”“固定资产”“无形资产”等有关科目，贷记本科目。涉及增值税的，还应进行相应的处理。

4. 期末，应将本科目的余额转入“本年利润”科目，结转后本科目应无余额。

15.2.2 其他业务收入

1. 本科目核算企业确认的除主营业务活动以外的其他经营活动实现的收入，包括出租固定资产、出租无形资产、出租包装物和商品、销售材料、用材料进行非货币性交换（非货币性资产交换具有商业实质且公允价值能够可靠计量）或债务重组等实现的收入。企业（保险）经营受托管理业务收取的管理费收入，也通过本科目核算。

2. 本科目可按其他业务的种类进行明细核算。

3. 其他业务收入的主要账务处理。企业确认其他业务收入的主要账务处理参见“主营业务收入”科目。

4. 期末，应将本科目的余额转入“本年利润”科目，结转后本科目应无余额。

15.2.3 主营业务成本

1. 本科目核算企业确认销售商品、提供服务等主营业务收入时应结转的成本。

2. 本科目可按主营业务的种类进行明细核算。

3. 主营业务成本的主要账务处理。

期末，企业应根据本期销售各种商品、提供各种服务等实际成本，计算应结转的主营业务成本，借记本科目，贷记“库存商品”“合同履约成本”等科目。

采用计划成本或售价核算库存商品的，平时的营业成本按计划成本或售价结转，月末，还应结转本月销售商品应分摊的产品成本差异或商品进销差价。

4. 期末，应将本科目的余额转入“本年利润”科目，结转后本科目无余额。

15.2.4　其他业务成本

1. 本科目核算企业确认的除主营业务活动以外的其他经营活动所发生的支出，包括销售材料的成本、出租固定资产的折旧额、出租无形资产的摊销额、出租包装物的成本或摊销额等。除主营业务活动以外的其他经营活动发生的相关税费，在“税金及附加”科目核算。采用成本模式计量投资性房地产的，其投资性房地产计提的折旧额或摊销额，也通过本科目核算。

2. 本科目可按其他业务成本的种类进行明细核算。

3. 其他业务成本的主要账务处理。

企业发生的其他业务成本，借记本科目，贷记“原材料”“周转材料”等科目。

4. 期末，应将本科目的余额转人“本年利润”科目，结转后本科目无余额。

15.2.5　合同履约成本

1. 本科目核算企业为履行当前或预期取得的合同所发生的、不属于其他企业会计准则规范范围且按照本准则应当确认为一项资产的成本。企业因履行合同而产生的毛利不在本科目核算。

2. 本科目可按合同，分别以“服务成本”“工程施工”等进行明细核算。

3. 合同履约成本的主要账务处理。

企业发生上述合同履约成本时，借记本科目，贷记“银行存款”“应付职工薪酬”“原材料”等科目；对合同履约成本进行摊销时，借记“主营业务成本”“其他业务成本”等科目，贷记本科目。涉及增值税的，还应进行相应的处理。

4. 本科目期末借方余额，反映企业尚未结转的合同履约成本。

15.2.6 合同取得成本

1. 本科目核算企业取得合同发生的、预计能够收回的增量成本。

2. 本科目可按合同进行明细核算。

3. 合同取得成本的主要账务处理。

企业发生上述合同取得成本时，借记本科目，贷记“银行存款”“其他应付款”等科目；对合同取得成本进行摊销时，按照其相关性借记“销售费用”等科目，贷记本科目。涉及增值税的，还应进行相应的处理。

4. 本科目期末借方余额，反映企业尚未结转的合同取得成本。

15.2.7 合同资产

1. 本科目核算企业已向客户转让商品而有权收取对价的权利。仅取决于时间流逝因素的权利不在本科目核算。

2. 本科目应按合同进行明细核算。

3. 合同资产的主要账务处理。

企业在客户实际支付合同对价或在该对价到期应付之前，已经向客户转让了商品的，应当按因已转让商品而有权收取的对价金额，借记本科目或“应收账款”科目，贷记“主营业务收入”“其他业务收入”等科目；企业取得无条件收款权时，借记“应收账款”等科目，贷记本科目。涉及增值税的，还应进行相应的处理。

15.2.8 合同负债

1. 本科目核算企业已收或应收客户对价而应向客户转让商品的义务。

2. 本科目应按合同进行明细核算。

3. 合同负债的主要账务处理。

企业在向客户转让商品之前，客户已经支付了合同对价或企业已经取得了无条件收取合同对价权利的，企业应当在客户实际支付款项与到期应支付款项孰早时点，按照该已收或应收的金额，借记“银行存款”“应收账款”“应收票据”等科目，贷记本科目；企业向客户转让相关商品时，借记本科目，贷记“主营业务收入”“其他业务收入”等科目。涉及增值税的，还应进行相应的处理。

企业因转让商品收到的预收款适用本准则进行会计处理时，不再使用“预收账款”科目及“递延收益”科目。

4. 本科目期末贷方余额，反映企业在向客户转让商品之前，已经收到的合同对价或已经取得的无条件收取合同对价权利的金额。

【提醒】房地产企业预收房款或按揭到账时，借记“银行存款”或“库存现金”等科目，贷记“合同负债”科目。

15.3 收入的确认和计量

15.3.1 收入确认的原则

企业应当在履行了合同中的履约义务，即在客户取得相关商品控制权时确认收入。“控制权转移”是收入确认的核心原则。取得相关商品控制权，是指能够主导该商品的使用并从中获得几乎全部的经济利益，也包括有能力阻止其他方主导该商品的使用并从中获得经济利益。

15.3.2 五步法模型

新收入准则下，收入的确认和计量分为五步：

第一步，识别与客户订立的合同；

第二步，识别合同中的单项履约义务；

第三步，确定交易价格；

第四步，将交易价格分摊至各单项履约义务；

第五步，履行每一单项履约义务时确认收入。

其中第一步、第二步和第五步属于收入的确认，第三步和第四步属于收入的计量。

15.3.2.1 识别与客户订立的合同

合同，是指双方或多方之间订立有法律约束力的权利义务的协议。

合同包括书面形式、口头形式以及其他形式（如隐含于商业惯例或企业以往的习惯做法中等）。

企业与客户之间的合同同时满足下列五项条件的，企业应当在履行了合同中的履约义务，即在客户取得相关商品控制权时确认收入：

1. 合同各方已批准该合同并承诺将履行各自义务（即双方已经认可合同并且合同已经签字盖章）；

2. 该合同明确了合同各方与所转让商品相关的权利和义务；

【提醒】该合同不包括框架协议、战略合作协议，因为没有法律的约束力。

3. 该合同有明确的与所转让商品相关的支付条款；

4. 该合同具有商业实质，即履行该合同将改变企业未来现金流量的风险、时间分布或金额；

5. 企业因向客户转让商品而有权取得的对价很可能收回。

合同开始日（合同生效日）即满足上述五个条件，在后续期间无须对其进行重新评估，除非有迹象表明相关事实和情况发生重大变化。合同开始日不符合上述五个条件的，应当在后续期间对其进行持续评估，以判断其能否满足上述五个条件。

在房地产企业销售商品房的业务中，客户就是购房者，所涉及的“合同”有与客户签订的意向订单、草签合同、商品房买卖合同等各种合同，企业需要在这些合同中识别出符合收入确认条件的合同。这些合同中，房地产开发企业与购房者签订的《商品房买卖合同》，涉及商品房销售，具有商业实质，也明确了合同双方的权利义务，而合同签订之后客户已经通过按揭或者全款方式支付了购房款，因而企业能够收回对价，基本符合收入确认的五个条件，房地产开发企业应当在履行了合同中的履约义务，即在客户取得相关商品控制权时确认收入。

15.3.2.2 识别合同中的单项履约义务

履约义务，是指合同中企业向客户转让可明确区分商品的承诺。合同开始日，企业应当对合同进行评估，识别该合同所包含的各单项履约义务。如果这些商品或服务可明确区分，则对应的承诺即为履约义务并且应当分别进行会计处理。如果客户能够从某项商品或服务本身，或从该商品或服务与其他易于获得资源一起使用中受益，且企业向客户转让该商品或服务的承诺与合同中其他承诺可单独区分，则该商品或服务可明确区分。

当企业向客户连续转让某项承诺的商品时，如每天提供类似劳务的长期劳务合同等，如果这些商品属于实质相同且转让模式相同的一系列商品，企业应当将这一系列商品作为单项履约义务。

房地产开发企业《商品房买卖合同》主要涉及商品房及配套设施（不能对外销售且产权归全体业主所有或其他需要无偿移交的配套设施，不含停车位）的买卖和交付，房地产开发企业在合同中的履约义务主要是完成商品房建设并配合客户办理相关移交手续，即使合同中有关于房屋配套设施的相关条款，但与房屋销售不可分割，且不存在其他可独立分割的履约义务，因而可认定该合同仅有一项履约义务。又如《商品房买卖合同》约定了房地产开发企业在销售商品房时赠送地下停车位或物业服务、卖房送装修等，由于不再是单一的销售商品房业务，因此，房地产开发企业在销售过程中，需要识别合同中存在的履约义务是单项履约义务还是不同履约义务的组合，并分别根据不同情况进行处理。

15.3.2.3　确定交易价格

交易价格是企业因向客户转让商品或服务而预期有权收取的对价金额。企业应当根据合同条款，并结合其以往的习惯做法确定交易价格。在确定交易价格时，企业应当考虑可变对价、合同中存在的重大融资成分、非现金对价、应付客户对价等因素的影响。

1. 可变对价

企业与客户的合同中约定的对价金额可能是固定的，也可能会因折扣、价格折让、返利、退款、奖励积分、激励措施、业绩奖金、索赔等因素而变化。

【例 15－1】 某房地产开发企业与客户签订一栋幼儿园买卖合同，合同约定的价款为为 2 000 万元，但如果房地产开发企业不能在合同签订之日起的 180 天内完工，则须支付 200 万元罚金，该罚金从合同价款中扣除。上述金额均不含增值税。

本例中，该合同的对价金额实际由两部分组成，即 1 800 万元的固定价格以及 200 万元的可变对价。

2. 合同中存在的重大融资成分

当企业将商品的控制权转移给客户的时间与客户实际付款的时间不一

致时，如果各方以在合同中明确（或者以隐含的方式）约定的付款时间为客户或企业就转让商品的交易提供了重大融资利益，则合同中即包含了重大融资成分。

房地产行业付款时点与承诺的商品房转让时点一般存在不同程度的差异，在新收入准则下，需要针对不同的业务类型，结合合同条款及付款安排，对合同是否存在重大融资成分进行判断。

3. 非现金对价

非现金对价包括实物资产、无形资产、股权、客户提供的广告服务等。客户支付非现金对价的，通常情况下，企业应当按照非现金对价在合同开始日的公允价值确定交易价格。非现金对价公允价值不能合理估计的，企业应当参照其承诺向客户转让商品的单独售价间接确定交易价格。

房地产开发企业发生拆迁还建等非现金对价方式转让商品房的，需要根据商品房非现金对价的公允价值或向其他客户转让商品房的单独售价来确定交易价格。

4. 应付客户对价

企业应付客户（或向客户购买本企业商品的第三方）对价的，应当将该应付对价冲减交易价格，并在确认相关收入与支付（或承诺支付）客户对价二者孰晚的时点冲减当期收入，但应付客户对价是为了向客户取得其他可明确区分商品的除外。

房地产开发企业代第三方收取的款项以及预期将退还给客户的款项，应当作为负债进行会计处理，不计入交易价格，如维修基金、办证费用等。

15.3.2.4 将交易价格分摊至各单项履约义务

合同中包含两项或多项履约义务的，企业应当在合同开始日（合同生效日），按照各单项履约义务所承诺商品的单独售价的相对比例，将交易价格分摊至各单项履约义务。单独售价是指企业向客户单独销售商品的价格，是站在出售商品的个别企业角度来确定的；而公允价值是站在市场参与者角度来确定的。单独售价可能是公允价值，但是，公允价值不一定就是单独售价。

《商品房买卖合同》为单项履约义务合同时，可将交易价格直接分配；合同中包含两项或多项履约义务，如销售商品房和车位、卖房送物业费、卖房送装修等，房地产开发企业应当在合同开始日，按照各单项履约义务所承诺商品的单独售价的相对比例，将交易价格分摊至各单项履约义务。

15.3.2.5 履行每一单项履约义务时确认收入

企业应在其通过向客户转让商品或服务履行履约义务时（或履约过程中）确认收入，所确认的收入金额为分摊至履约义务的金额。履约义务可在某一时点或在某一时段内履行。

对于在某一时段内履行的履约义务，企业应当考虑商品的性质，采用产出法或投入法确定恰当的履约进度。企业在评估是否采用产出法确定履约进度时，应当考虑具体事实和情况选择能够如实反映企业履约进度和向客户转移商品控制权的产出指标。需要注意的是，企业不可通过随意调整收入确认方法提早、推迟确认收入或平滑业绩。

1. 在某一时段内履行的履约义务

满足下列条件之一的，属于在某一时段内履行履约义务；否则，属于在某一时点履行履约义务：

（1）客户在企业履约的同时即取得并消耗企业履约所带来的经济利益。

（2）客户能够控制企业履约过程中在建的商品。

（3）企业履约过程中所产出的商品具有不可替代用途，且该企业在整个合同期间内有权就累计至今已完成的履约部分收取款项。

①商品具有不可替代用途。当企业产出的商品只能提供给某特定客户，而不能被轻易地用于其他用途（例如销售给其他客户）时，该商品就具有不可替代用途。判断商品是否具有不可替代用途时需要考虑的因素：

第一，考虑合同限制。当合同中存在实质性的限制条款，导致企业不能将合同约定的商品用于其他用途时，该商品满足具有不可替代用途的条件。如合同中的限制条款仅为保护性条款，不需考虑。

第二，考虑实际可行性限制。虽然合同中没有限制条款，但是当企业将合同中约定的商品用作其他用途，将导致企业遭受重大的经济损失时，企业将该商品用作其他用途的能力实际上受到了限制。企业遭受重大经济损失的原因可能是需要发生重大的返工成本，也可能是只能在承担重大损失的情况下才能将这些商品销售给其他客户。

②企业在整个合同期间内有权就累计至今已完成的履约部分收取款项。

有权就累计至今已完成的履约部分收取款项，是指在由于客户或其他方原因终止合同的情况下，企业有权就累计至今已完成的履约部分收取能够补偿其已发生成本和合理利润的款项，并且该权利具有法律约束力。需要强调的是，合同终止必须是由于客户或其他方而非企业自身的原因所致，在整个合同期间内的任一时点，企业均应当拥有此项权利。

2. 在某一时点履行的履约义务

对于不属于在某一时段内履行的履约义务，应当属于在某一时点履行的履约义务，企业应当在客户取得相关商品控制权时点确认收入。对于在某一时点转移控制权的认定，应当考虑控制权转移的五个迹象：

（1）企业就该商品享有现时收款权利，即客户就该商品负有现时付款义务。

（2）企业已将该商品的法定所有权转移给客户，即客户已拥有该商品的法定所有权。

（3）企业已将该商品实物转移给客户，即客户已实物占有该商品。

（4）企业已将该商品所有权上的主要风险和报酬转移给客户，即客户已取得该商品所有权上的主要风险和报酬。

（5）客户已接受该商品。

需要注意的是，这五个迹象中，并没有哪一个或哪几个迹象是决定性的，企业应当根据合同条款和交易实质进行分析，综合判断其是否将商品的控制权转移给客户以及何时转移的，从而确定收入确认的时点。

对于房地产开发企业销售商品房业务，在原收入准则下相关的收入都是在某一时点确认。在新收入准则下，需结合商品房买卖合同的条款、销售流程、与房地产销售相关的法律法规以及法律环境等，判断房地产开发企业是否有权就累计至今已完成的履约部分收取款项。

实务中，对于现房销售收入的确认没什么争议，普遍认为属于“在某一时点履行的履约义务”，房地产开发企业应在履约时点确认收入。而争议较大的还是期房销售的判断，是否能够按“在某一时段内履行的履约义务”确认收入。

由于房地产开发企业建造中的商品房并未完工，无法入住使用，客户即使履约也不能消耗在建商品房并带来经济利益，同时预售期房属于在建过程，客户无法决定商品房的结构设计，也就不能控制在建的商品房。因此，对于期房销售，“在某一时段内履行的履约义务”三个判断条件的前两个条件都不适用，那就需要看第三个条件了。判断是否满足第三个条件，需要分析是否满足“商品具有不可替代用途”和“企业在整个合同期间内有权就累计至今已完成的履约部分收取款项”。

分析预售的商品房是否符合“商品具有不可替代用途”，先看期房销售是否满足“合同限制”要求。由于房地产开发企业与购房者签订“商品房买卖合同（预售）”后，已经确定了商品房的具体单元门号及房号，并且合同需要备案，除特殊情况外，无法撤销备案。开发商不能变更合同内容，这其实就是一种合同限制条款，因此预售的商品房具有不可替代用途。再看“实际可行性限制”的要求，除特殊的安置房或单位定向团购房外，开发商预售的其他商品房都不是给客户定制的，如当前购房者不买还可以再卖给另外的购房者，不需要发生返工成本，不符合“实际可行性限制”。因此，对于“商品具有不可替代用途”中的“实际可行性限制”，需要结合合同条款以及交易对象具体分析。

对于期房销售，房地产开发企业一般是没有办法按照已经发生的成本和合理利润来收取款项，特别是项目销售不景气时，前期已经投入大部分成本无法通过零星的销售来弥补。大部分开发商都是先收首付款，按揭款需过一段时间等银行审批完后才能收到，同时由于国家房地产的宏观调控，地方政府对房地产企业的限贷限购政策，客户可能会出现无法贷款导致合同解除的情况。当客户违约时，开发商一般会收取相关的违约金，但这个金额不能补偿开发商累计至今已完成的履约部分成本和合理利润。除特殊的安置房或单位定向团购房约定按完工进度定期付款外，其他商品房预售基本上是不符合“企业在整个合同期间内有权就累计至今已完成的履约部分收取款项”条件。

实务中，大部分房地产开发企业采用“在某一时点履行的履约义务”

来确认收入，但也有存在采用“在某一时段内履行的履约义务”确认收入的情况。

【案例 15－1】碧桂园《2020 年度报告》节选：

本集团的履约过程中所产出的商品具有不可替代用途，且本集团在整个合同期间内有就累计至今已完成的履约部分的合格收款权时，本集团按在一段时间内确认出售物业的收入；除此之外，本集团在买家取得已完工物业控制权的时点确认收入。由于与买家的合同限制，本集团不得更改或替换物业单元，或改变物业单元的用途，因此本集团并不能将该物业单元用于其他用途。本集团是否有就累计至今已完成的履约部分的合格收款权并采用在一段时间内的方法确认收入，取决于销售合同条款约定和该合同适用的法律解释。这涉及重大会计判断。关于销售合同的合格收款权，本集团获得了法律顾问的意见。基于法律顾问的意见，管理层通过判断将销售合同进行有否合格收款权的合同分类。

此外，对于按在一段时间内确认出售物业的收入，本集团于年末根据已完成履约义务的进度确认收入。完成履约义务的进度乃基于本集团履行履约义务的支出或投入，经参考截至年末已产生的建造成本占每份销售合约中各物业单元的估计总成本的百分比计量。本集团根据物业类型和可售面积进行了成本分摊。管理层于年末需要就整体建造成本的完整性和完成履约义务的进度的准确性进行重大会计判断及估计。

截至 2020 年 12 月 31 日，房地产开发与客户之间的合同产生的收入 449 341 百万元，在某一段时间内确认 92 067 百万元。

15.3.3 房地产企业收入确认的条件及方法

15.3.3.1 时段

1. 确认条件

对于全款或分期付款的商品房买卖合同，如同时符合以下条件，则可在某一段时间内确认收入：

（1）签订了正式的商品房买卖合同，合同符合法律及监管要求，且开发商无权替换单位，转售或重复销售；

（2）商品房买卖合同在签订时即满足不可替代要求，并至交房时无实质性变更；

（3）客户解除合同支付的赔偿金能够补偿开发商已发生的建筑成本和合理利润；

（4）商品房买卖合同除合同约定的特殊情况外，客户不可以选择解除合同；

（5）即使客户提出解约，开发商有权要求对方付款及接收物业。

2. 确认方法

在一段时间内确认收入成本的，其收入成本计算公式如下：

$$完工进度 = \frac{累计已发生的成本 - 土地成本 - 利息成本}{预算总成本 - 总土地成本 - 利息成本} \times 100\%$$

收入 = 在某一段时间内确认收入的房屋对应的总价款 × 完工进度

成本 = 预算单位造价 × 在某一段时间内确认收入的房屋对应的建筑面积 × 完工进度

15.3.3.2 时点

1. 确认条件

不满足在某一时段内确认收入的条件，可在某一时点确认收入，这个时点通常满足下列条件：

（1）已与客户签订正式的商品房买卖合同；

（2）房屋已经完工并验收合格，达到合同约定的交付条件；

（3）合同价款已全部取得或虽部分取得，但其余应收款项确信能够收回；

（4）已按合同约定办理移交手续或向客户发出交房通知书，客户领取钥匙。

2. 确认方法

按某一时点确认收入的，开发成本应按面积比例结转主营业务成本，具体方法如下：

将项目预计总成本除以总可售面积计算得出单位成本，再用累计已确认收入的面积乘以单位成本，扣除累计已结转成本，即为应结转当期的主营业务成本。

15.4　合同成本及主要责任人和代理人

15.4.1　合同成本

15.4.1.1　合同履约成本

企业为履行合同发生的成本，不属于其他企业会计准则规范范围且同时满足下列条件的，应当作为合同履约成本确认为一项资产：

1. 该成本与一份当前或预期取得的合同直接相关，包括直接人工、直接材料、制造费用（或类似费用）、明确由客户承担的成本以及仅因该合同而发生的其他成本；

2. 该成本增加了企业未来用于履行履约义务的资源；

3. 该成本预期能够收回。

合同履约成本即产品的生产成本或劳务的投入成本，在成本发生时应通过“生产成本”“制造费用”“开发成本”“工程施工”等科目进行核算，完工时转入“库存商品”“开发产品”等资产，销售时再转入“主营业务成本”等。

15.4.1.2　合同取得成本

企业为取得合同发生的增量成本预期能够收回的，应当作为合同取得成本确认为一项资产；合同取得成本应当采用与该资产相关的商品收入确认相同的基础（即，在履约义务履行的时点或按照履约义务的履约进度）进行摊销，计入当期损益。但是，该资产摊销期限不超过一年的，可以在发生时计入当期损益。

增量成本，是指企业不取得合同就不会发生的成本，如销售佣金等。企业为取得合同发生的、除预期能够收回的增量成本之外的其他支出（如无论是否取得合同均会发生的差旅费等），应当在发生时计入当期损益，但是，明确由客户承担的除外。

会计实务中，房地产企业为取得合同发生的增量成本主要是销售佣金。新收入准则下，发生销售佣金支出时，借记“合同取得成本”科目，在“其他流动资产”中列报。佣金支出将与其对应的合同确认收入相同的基础（在某一时点或某一时段）进行摊销，计入当期损益。对于销售佣金，房地产企业应当先评价其未来的可收回性，当预计未来能够收回的，资本化为合同取得成本，同时做好对应的备查账，确保这些资产结转至销售费用时与其对应的商品房买卖合同确认收入的时间一致。

税务处理时，计入“合同取得成本”的销售佣金何时税前扣除，目前有两种观点：一种是发生当年按限额扣除，另一种是确认收入转销售费用时再按限额扣除。先扣除可以节约税收成本，减轻企业负担，但国家税务总局对此没有明确规定。根据《国家税务总局关于修订企业所得税年度纳税申报表的公告》（国家税务总局公告 2020 年第 24 号）中“企业所得税年度纳税申报表（A 类）” A100000 表填报说明规定，纳税人在计算企业所得税应纳税所得额及应纳税额时，会计处理与税收规定不一致的，应当按照税收规定计算。税收规定不明确的，在没有明确规定之前，暂按国家统一会计制度计算。实务中遇到“销售佣金”计入“合同取得成本”的税前扣除问题时，建议还是先跟主管税务机关沟通。

15.4.2 主要责任人和代理人

企业向客户销售商品涉及其他方参与时，应当确定自身在该交易中的身份是主要责任人还是代理人。主要责任人还是代理人的判断原则如下：

1. 企业根据其承诺的性质（履约义务的性质），确定在某项交易中的身份。承诺自行向客户提供特定商品的，身份是主要责任人；承诺安排他人提供特定商品的，即为他人提供协助的，身份则为代理人。

2. 企业在特定商品转让给客户之前应当评估是否控制该商品。控制该商品的，表明企业的承诺是自行向客户提供该商品，或委托另一方（包括分包商）代其提供该商品，企业为主要责任人；反之，不控制该商品的，表明承诺是安排他人向客户提供该商品，是为他人提供协助，企业为代理人。

房地产行业中，涉及“主要责任人和代理人”特定交易的合同主要有代建合同。实务中的代建合同可能存在不同的条款和安排，代建合同的会计处理原则的判断重点在于应按总额法还是净额法对收入进行确认，即须判断受托人在代建合同中承担的是主要责任人还是代理人的身份，通常需要结合代建业务开展过程中，土地或房屋的权属是否发生转移、工程建设责任等方面进行综合评价。

15.5 房地产企业执行新收入准则案例选编

15.5.1 土地一级开发

【案例15－2】

A公司与当地土地储备中心签订协议，受托负责对土地储备中心拥有的若干地块进行土地一级开发，令其达到“七通一平”的建设用地出让条件。

甲地块：收益为土地开发总成本的10%，连同所发生的成本费用与土地储备中心按季度结算。

乙地块：收益分为保底收益和收益分成两部分。保底收益为该合同项下土地开发总成本的10%，连同所发生的成本费用与土地储备中心按季度结算；收益分成为土地储备中心出让该地块所获净收益的50%，在土地使用权出让后结算。

问题：

1. 对于甲、乙地块，A公司应如何确认收入？

2. 如果甲地块不是定期结算，而是在土地使用权出让时方予结算，且土地储备中心明确以该土地使用权出让款项作为向A公司支付的资金来源（别无其他资金来源）时，以上结论是否发生变化？

【案例解析】

本案例在应用五步法时，关键在于确定交易价格以及在主体履行履约义务时（或履约过程中）确认收入的判断，以下就该关键点进行分析：

（1）确定交易价格

由于甲地块属于固定收益率的合同，并且按季结算，交易价格的确定较为容易。因此主要对乙地块的价格确定进行分析（根据协议，乙地块除“开发总成本10%”的保底收益以外的收益部分采用分成方式取得，分成收益为土地储备中心出让该地块所获净收益的50%，在土地使用权出让后结算，这一部分对价属于可变对价）。

根据新收入准则第十六条的规定，由于合同中存在可变对价，A公司可以综合考虑所在地区的土地出让价格、出让条件、土地交易活跃程度等各种相关因素确定乙地块可变对价的最佳估计数，估计的金额应当以“相关不确定性消除时累计已确认收入极可能不会发生重大转回的金额”为上限。每一资产负债表日，A公司应当重新估计应计人交易价格的可变对价金额。

（2）在主体履行履约义务时（或履约过程中）确认收入

案例中，甲地块和乙地块的协议中都只包含单一履约义务，且该履约义务符合“客户能够控制企业履约过程中在建的商品”，因此，土地一级开发属于在某一时段内履行履约义务。

根据新收入准则第十二条的规定，对于在某一时段内履行的履约义务，企业应当在该段时间内按照履约进度确认收入，但是履约进度不能合理确定的除外。

在本案例中，如果甲地块的款项不是定期结算，而是在土地使用权出让时方予结算，且土地储备中心明确以该土地使用权出让款项作为向A公司支付的资金来源（别无其他资金来源），此种情况下，如果公司综合考虑该土地上是否存在实质性障碍、是否列入年度土地使用权出让计划、定价是否合理、该区域土地交易是否活跃等一系列因素后，认为服务对价很可能收回，土地一级开发合同满足收入准则第五条的条件，应对甲地块土地一级开发收入的确认参考前面对乙地块分成收益部分的分析进行判断。

另外，在此类业务中还需要关注的问题是，如果A公司在土地使用权出让环节通过招拍挂方式取得了乙地块土地使用权，那么还应进一步分析一级开发和土地使用权出让是否属于独立的交易。实务中可以观察到，虽然乙地块使用权是A公司通过招拍挂的方式取得的，但由于A公司可以分享高达出让该地块所获净收益的50%的收益分成，因此往往有动力以较高的报价参加招拍挂。收益分成越高，A公司竞价成功的可能性也就越大。如果A公司进行乙地块一级开发的目的就是为了顺利地获取土地使用权用于自身的二级开发，那么这两项行为是否构成一揽子交易从而影响收入的确认和计量，需要认真考虑，不能一概而论。具体而言，需要结合A公司和当地土地储备中心之间的合同约定、业务谈判记录、经营计划、一级开发土地和招拍挂土地的地理位置及面积是否一一对应、一级土地开发的定价结构（利润分成和固定收益的比重）、一级开发利润是否合理、参与招拍挂的竞拍人的实际准入情况等方面进行综合判断。

——案例摘自证监会会计部《上市公司执行企业会计准则案例解析(2020)》

15.5.2 回迁房

【案例15－3】

A公司是一家房地产开发企业，通过招拍挂方式取得当地政府出让的土地使用权、土地占用面积为5万平方米，规划建筑面积为10万平方米。土地出让合同约定土地出让价款为4亿元，且该出让宗地须配建2万平方米的住宅用于安置被搬迁的居民，并约定以低于同类可售商品房公允价值的固定价格售予回迁业主或其他指定方。

A公司在预售时与回迁业主或其他指定方按照土地出让合同中约定的销售价格签订商品房买卖合同，并按合同所载销售价格收取销售房款并开具发票。根据合同约定，回迁房销售均价为1 000元/平方米；购买土地使用权时的同类可售商品房市场均价为10 000元/平方米；回迁业主签订回迁房销售合同并交付价款时，同类可售商品房市场均价为12 000元/平方米。

问题：A公司如何对回迁房销售进行会计处理？

【案例解析】

回迁房通常是按照城市危旧房改造政策，将危改区内的私房或承租的公房拆除，然后按照回迁政策标准，被拆迁人回迁，取得改造后新建的房屋。对取得的回迁房的收入，应结合相关拆迁补偿协议、企业内部管理等的具体情况，判断交易实质，以确定收入确认的方式。

1. 如果回迁房的经济实质与商品房销售类似，回迁人可选择的房屋类型、配建标准、择房条件等与商品房无差异，如未指定回迁户只能购买特定的楼或楼层、特定的户型或面积，回迁楼的建造标准也与其他商品房类似，则其经济实质是回迁户以原自住的土地和房屋换取房地产开发商准备建造的房屋，并以1 000元/平方米支付补价。

根据交易的实质，1 000元/平方米的补价占整个资产交换金额的比例较小，如低于25%，且由于该非货币性资产交换换入资产与换出资产在风险、时间、金额、未来现金流等方面不同，应作为具有商业实质的非货币性资产交换处理。房地产开发企业是以其建造的房屋换取回迁户原自住的土地和房屋，按照财会〔2017〕22号文“企业以存货换取客户的固定资产、无形资产等的，按照本准则的规定进行会计处理”的规定，即这一交易适用新收入准则，应以其公允价值确认收入，同时结转相应的成本。

根据收入准则第十八条的规定：“客户支付非现金对价的，企业应当按照非现金对价的公允价值确定交易价格。非现金对价的公允价值不能合理估计的，企业应当参照其承诺向客户转让商品的单独售价间接确定交易价格。”在本案例中，公司首先应根据取得的土地的公允价值来确定作为支付对价的回迁房的公允价值，如果取得土地的公允价值不能合理估计，可以采用房屋的单独售价确定交易价格。

在本案例中，假设取得土地的公允价值不能合理估计，因此采用房屋的单独售价确定交易价格。A公司购买的土地使用权成本4亿元（合楼面单价4 000元/平方米），配建的回迁房于取得土地使用权时的公允价值扣除实际收到的回迁业主支付的固定价款合计1.8（10 000×20 000－1 000×20 000）亿元，土地使用权的购置成本合计为5.8亿元，合楼面单价为5 800元/平方米（5.8亿元/10万平方米）。假设使回迁房及其他商品房达到预计可交付状态的其他建造成本为2 000元/平方米，回迁房及其他商品房包括土地成本在内的建造成本共计7 800元/平方米。回迁房部分确认收入2亿元（1万元/平方米×2万平方米），相应结转营业成本1.56亿元（7 800元/平方米×2万平方米）。

2. 在回迁房的经济实质与商品房销售存在显著差距的情况下，可视具体情况的不同进行会计处理：

（1）如果房地产企业配建回迁房的目的并非销售回迁房并获取利润，而是为取得土地使用权承担的义务；回迁房的销售对象、价格、交付时间等相关活动于取得土地使用权时均已被约定，企业并未主导或参与回迁房的销售活动，该情况下签订回迁房买卖合同的回迁业主并非是房地产企业的“客户”，配建的回迁房是为了取得土地使用权所必须承担的义务，回迁房不确认收入，企业配建回迁房的成本扣除收到的补价，计入土地成本。

在本案例中，配建的回迁房交付时不确认收入，回迁房单位成本6 000元/平方米（4 000 + 2 000）扣除收到的价款1 000元/平方米，即5 000元/平方米，合计1亿元（5 000×20 000）作为取得其他商品房土地使用权成本的一部分，于其他商品房交付时结转至营业成本。

（2）如果建设回迁房的活动实质上是由政府委托房地产企业去进行，价格和面积都是执行此前政府与回迁户达成的补偿标准，房地产企业并没有实际的定价权；建造回迁房的土地是单独划定的，政府已指定用途，指定建造标准，房地产企业对于建设完成的回迁房没有所有权和处置权，回迁房的建设并非企业自主开发销售房地产，而是受政府委托建造。此时，对于回迁房和商品房，企业实际提供了不同商品和服务。该交易的实质是公司以提供回迁房部分的建筑服务和现金对价换取政府商品房部分的土地使用权。

根据交易的实质，对于回迁房所对应的土地使用权，企业从未享有其风险和报酬，未取得其控制权，在回迁房的安排中，企业仅仅是提供了建造相关的服务，应确认相关的建造收入，回迁房不承担土地成本。公司以提供回迁房部分的建筑服务和现金对价向政府换取商品房部分的土地使用权，属于客户对建筑服务支付了非现金对价，根据准则第十八条的规定，公司应首先根据取得的土地的公允价值来确定作为支付对价的回迁房的公允价值，如果取得的土地的公允价值不能合理估计的，可以提供建筑服务的单独售价确定交易价格。在本案例中，假设取得土地的公允价值不能合理估计，因此采用建筑服务的单独售价确定交易价格。

假定企业的回迁房建造成本为2 000元/平方米，成本加成率10%（该比例为企业提供建筑服务的合理毛利率），则每平方米的建造收入为2 200元。A公司应确认建造收入4 400（2 200×20 000）万元，建造成本4 000（2 000×20 000）万元。收到的回迁房资金2 000万元，剩余2 400（4 400－2 000）万元作为建设其他商品房的土地成本。

——案例摘自证监会会计部《上市公司执行企业会计准则案例解析（2020）》

15.5.3 代建工程

【案例15－4】

乙公司为房地产开发企业，其于2016年与某银行（以下简称“委托方”）签署一栋办公楼（以下简称“代建物业”）的代建服务合同，根据合同规定，乙公司按建设总成本的5%收取代建服务费，委托方应于合同签署后预付1 000万，剩余服务费于项目完工后由委托方根据实际结算成本总额向乙公司支付。代建物业由委托方自行立项，在开发过程中不发生土地使用权属或房屋所有权的转移，项目建设过程中的施工合同由委托方与施工单位直接签署，受托方承担协调管理职责。代建物业于2019年完工，共发生建设成本共计5亿元人民币，2016年、2017年及2018年的履约进度分别为40%、32%和28%。（为简化计算，本案例中不考虑增值税、附加税及印花税，假设合同不包含重大融资成分）

问题：乙公司如何确认收入？

【案例解析】

本案例中，乙公司应重点判断承担的代建服务合同应按照总额法还是净额法确认相关服务收入及成本。根据新收入准则的规定，企业承诺自行向客户提供特定商品的，其身份是主要责任人；企业承诺安排他人提供特定商品的，即为他人提供协助的，其身份是代理人。

本案例中，由于代建物业项目的合同签署、项目立项等均由委托方自行进行，且开发过程中土地使用权和房屋所有权并未发生转移，一直由委托方所有，因此乙公司管理层认为其并未承担在代建物业开发建设过程中的主要责任，其承担的是代理人的职责，应按净额法确认所取得的代理费收入。同时该合同符合一段时间内确认收入的条件，因此应将代理费收入按履约进度在各会计期间确认。即乙公司于2016年、2017年及2018年分别确认的收入金额为1 000万元、800万元及700万元。

——案例摘自北京注协《新收入准则影响案例分析：收入确认与审计应对》

15.5.4　商品房销售

【案例15－5】

甲公司在中国境内从事A房地产住宅项目的开发与销售，甲公司于2016年1月通过招拍挂取得A项目土地使用权，并于2016年9月开盘，预计2018年6月竣工并交付给客户。A项目的所有商品房销售合同使用公司的统一合同模板，付款方式为首付加按揭，项目总收入预计为5亿元，预算总成本为3.5亿元，销售佣金为500万元。（为简化计算，本案例中不考虑增值税、附加税及印花税，假设合同不包含重大融资成分，所有房屋均于2018年度完成交付）

甲公司在某境外国家从事B房地产住宅项目的开发与销售，该项目于2016年1月开始销售，预计2018年12月竣工并交付给客户。项目总收入预计为4亿元，预算总成本为3亿元，销售佣金为400万元。B项目于2016年、2017年及2018年末的履约进度分别为30%、80%和100%。根据甲公司与当地购房者签署的购房协议，根据购销协议的约定，买方有义务根据进度结算表向企业支付款项，且买方没有单方面权利终止购销协议。协议签订后且开发商已经开始履行相关义务，因买方违约而导致买方没有单方面解除合同约定的权利，如经开发商同意可撤销的话，买方需要足额补偿开发商因履行义务而发生的成本和合理利润。这种情况下，企业也可以选择继续履行合约并根据协议规定要求买方为此合约的履行全额付款，并且这一合同约定在司法实践中得以支持和执行。因此，甲公司认为B项目满足合格收款权。（为简化分析，假设本案例满足商品的不可替代用途条件，假设合同不包含重大融资成分，且不考虑交易环节的各项税费，所有房屋均于2018年度完成交付）

【案例解析】

本案例中，在新收入准则下，甲公司在与客户签署A项目商品房预售合同时只收到首付款，按揭款须待客户与银行签署按揭贷款协议并通过银行内部审批一段时间之后才会汇入甲公司账户，根据房地产行业的特点及环境，不少地方政府出台过限购和限贷政策，甲公司认为这些预售合同在成立后，由于受到房屋销售政策和贷款政策的影响，可能出现因限贷政策等变化导致合同解除的情形，而在出现合同解除的情况下，甲公司可以收到的补偿一般难以弥补已发生的成本加合理利润，因此甲公司管理层认为其商品房预售合同不满足在整个合同存续期间内均有合格收款权的条件，甲公司应在项目竣工后的某个时点确认商品房销售合同收入，与原准则下的收入确认时点通常是一致的。

A项目签署商品房销售合同的销售佣金500万元满足新收入准则下合同取得成本的定义，在2016年发生时应资本化到合同取得成本，待2018年项目竣工结转收入时再相应结转到销售费用，而原收入准则甲公司在

2016 年度即将其计入销售费用。因此，新收入准则对 A 项目的影响为 2016 年度的销售费用减少 500 万元，2018 年度的销售费用增加 500 万元。

A 项目涉及的会计分录为：

（1）收到预收款。

借：银行存款

　　贷：合同负债

（2）建造及销售佣金实际发生时。

借：开发成本（房屋建造成本）

　　合同取得成本（销售佣金）

　　贷：银行存款等

（3）房屋办理竣工验收时。

借：开发产品

　　贷：开发成本

（4）房屋交付或视同交付时确认收入与成本。

借：合同负债

　　贷：主营业务收入

借：主营业务成本

　　贷：开发产品

（5）房屋交付时结转销售佣金。

借：销售费用

　　贷：合同取得成本

本案例中，由于甲公司就 B 项目所签署的购房合同同时满足“不可替代用途”及“合格收款权”，因此甲公司在与购房者签订 B 项目预售合同后按照 B 项目不同楼栋的完工进度在一段时间内确认收入。

B 项目签署商品房销售合同的销售佣金 400 万元满足新收入准则下合同取得成本的定义，在 2016 年发生时应资本化到合同取得成本，并随着收入确认的进度相应结转到销售费用。

2016 年度：

收入（在一段时间内）=40 000×30% =12 000（万元）

成本（履约进度）=30 000×30% =9 000（万元）

销售费用 =400×30% =120（万元）

合同取得成本 =400×(1-30%)=280(万元)

2017年度：

收入(在一段时间内)=40 000×50% =20 000(万元)

成本(履约进度)=30 000×50% =15 000(万元)

销售费用 =400×50% =200(万元)

合同取得成本 =400×(1-80%)=80(万元)

2018年度：

收入(在一段时间内)=40 000×20% =8 000(万元)

成本(履约进度)=30 000×20% =6 000(万元)

销售费用 =400×20% =80(万元)

——案例摘自北京注协《新收入准则影响案例分析：收入确认与审计应对》

15.5.5 销售精装房

【案例15-6】

A公司从事房地产开发业务，根据规划不同，其开发销售的商品房既有毛坯房，也有精装修房，也可以单独为购房人提供精装修服务。2019年10月，A公司就其近期开发的某住宅小区商品房进行预售。A公司在该项目的备案文件和楼书中，均承诺所销售的商品房为精装修房屋。根据A公司与购房人签订的预售合同，A公司销售的商品房为精装修房屋，房屋的装修设计和装修标准由A公司统一制定，购房人无权选择是否接受装修以及何时开始装修，也不能变更装修的设计方案和装修标准，装修期间不得进入施工现场观看施工，也不得要求施工人员更改施工内容。合同价款为不含装修的毛坯房价格加上精装修价格。装修工程全部完工后，A公司向购房人发出入住通知书，购房人对精装修房屋进行验收并办理收房手续。

问题：A公司与购房人签订的精装修商品房销售合同中包含几项单项履约义务？

【案例解析】

在本案例中，A公司与购房人签订的合同中可能被认为包含两项承诺：即销售毛坯房以及提供精装修服务。由于A公司单独销售毛坯房，也单独提供精装修服务，表明毛坏房和精装修服务本身能够明确区分。然而，A

公司在合同中承诺向购房人交付的是精装修房屋，A公司需要提供重大整合服务，将毛坯房和装修服务整合成一个合同约定的组合产出，即精装修房屋，因此两者在合同层面不能明确区分。此外，在上述交易安排中，房屋的装修设计和装修标准由A公司统一制定，购房人无权选择是否接受装修以及何时开始装修，也不能变更装修的设计方案和装修标准，装修期间不得进人施工现场观看施工，也不得要求施工人员更改施工内容，A公司并非为购房人提供实质性的装修服务，因此，从业务实质看，A公司并非为客户提供一项装修服务。

综上所述，A公司与购房人签订的精装修商品房销售合同中仅包含一项单项履约义务，即销售精装修房屋。

——案例摘自证监会会计部《上市公司执行企业会计准则案例解析(2020)》

作者简介

陈志坚（小陈税务）

小陈税务咨询（北京）有限责任公司和中涛远（北京）税务师事务所有限公司董事长。注册税务师，东华理工大学研究生院会计硕士研究生指导教师，多家学校及机构外聘专家。编著或主编《建筑业税收管理手册》《个人所得税综合所得汇算清缴实务》《防控新冠肺炎涉税处理实务》《营业税改征增值税热点答疑——交通运输业》《营业税改征增值税热点答疑——部分现代服务业》《聪明人不缴糊涂税：222个纳税误区精解与操作指导》《聪明人不缴糊涂税：222个企业所得税纳税申报关键点精解》《营业税改征增值税实务操作手册》《聪明人不缴糊涂税：333个纳税误区精解与操作指导》《营改增实务点解析》。参与编著《2013年江西省会计人员继续教育读本》和《宁波市会计人员继续教育教材》（2014年），并在《涉外税务》《中国税务报》等核心期刊/报纸发表多篇文章。

乔强

注册会计师，高级管理会计师、国际会计师。曾在会计师事务所工作7年，参与并负责了IPO审计、尽职调查、年度报表审计、任期审计、清产核资等各种专项审计。2011年加入北京城建集团财务部，2015年末担任集团财务部副部长，协助系统领导完成了财务系统内控体系的梳理，搭建了集团I城建业财税一体化平台，打造城建集团的财务共享中心。2020年被集团任命为全资子公司——北京城建房地产开发有限公司总会计师一职。期间发表了《建筑施工企业营改增面临问题及应对策略》《企业全面预算管理实施中的难点、重点分析及解决之道》等专业文章。

乔妍

高级会计师，逾20年房企财务管理及税务管理工作经验，2001年参与上市房企北京城建（600266）资产置换工作全过程。2012年担任北京城建投资发展有限公司财务部副部长，负责内部资金管理及对外融资工作。目前担任北京城建兴瑞置业开发有限公司、北京城建兴业置地有限公司总会计师。

李彦锋

小陈税务湖南城市合伙人，税务师、会计师。从事涉税服务工作十余年，先后就职于尤尼泰（湖南）税务师事务所、岳阳巴陵中天税务师事务所，现兼任西安云税数字税务师事务所合伙人。擅长高新技术企业及房地产企业相关涉税业务，尤其在土地增值税清算方面具有丰富的实战经验，清算过多个地产项目，多次协助税务机关开展土地增值税清算审核工作。

李国峰

小陈税务咨询（北京）有限责任公司和中涛远（北京）税务师事务所有限公司执行总经理。税务师、会计师，从事审计、税务咨询工作近10年。曾为北京一轻控股有限责任公司、上海汽车集团北京有限公司、北京中海地产有限公司、北京城建兴瑞置业开发有限公司、北京城建房地产开发有限公司、南京世纪鸿城地产有限公司、北京世纪鸿城置业有限公司、中建信和地产有限公司、武汉天然气、陕文投公司、中国铁塔股份有限公司四川省分公司、陕西延长中煤榆林能源化工有限公司、北京旅游委员会下属旅游公司等企业提供税务服务。

孙艳明

中建信和地产有限公司总会计师，中国地质大学会计学毕业，CNMA，曾任中建五局山东公司财务经理，拥有施工、地产行业全板块财务管理经验，在中建集团刊物上发表多篇论文，在税务筹划、投融资管理和财务价值创造等方面具备丰富的理论和实战经验。

杨静波

合景悠活集团控股有限公司执行董事兼首席财务官，曾任合景泰富集团控股有限公司财务税务总经理和广东省房地产行业协会财务管理专业委员会副主任，目前为中国房产开发行业税法遵从提升委员会成员。逾20年大型（上市）企业集团财务管理及税务管理工作经验，对房地产及上下游企业的整体税务优化有深入的研究和见解。擅长集团税务管理、税务筹划、涉税争议以及财务制度建设和财务管理。《营改增实务点解析》（中国财政经济出版社）和《个人所得税综合所得汇算清缴实务》（中国财政经济出版社）的主要编写者。

汪杰

注册税务师，曾任职税务局稽查局，小陈税务咨询（北京）有限责任公司和中涛远（北京）税务师事务所有限公司合伙人，十六年财税实战经验，税务系统兼职讲师，具有丰富的税务从业经历和多年实务操作经验。长期关注中国财税体制改革问题，就营业税改增值税作过很多专业权威的深度解析，深受全国权威财税专家的认可。曾多次参加税务稽查工作。擅长直播网红、电商企业、MCN机构企业税务合规、企业重组领域。作为中国税务报的撰稿人，在中国税务报发表两万多字的业务文章。

张志凯

山东省高端会计人才、青岛市会计领军人才。现任青岛城投集团香港板块财务负责人，曾在某沪港两地上市公司总部从事税务管理、预算管理、营销管理等工作十余年。对房地产企业、制造企业税收法律法规与会计准则的衔接、实践融合有一定认识。研究方向：企业会计准则与税收差异的协调、资本交易的税务处理、香港与内地税收差异等。

陈玥霖

中国注册会计师，毕业于北京航空航天大学，曾就职于国家税务总局北京市税务局、德勤中国，并先后在多家大型企业集团担任税务总监。擅长用数字化思维，从税局、企业、专业机构的不同视角搭建税务信息化和集团税务管理体系，在整体税务管控和税收筹划方面具有丰富的实践经验。

蔡莹

北京华晟佳和税务师事务所有限公司合伙人，服务多家大中型房地产集团综合税收业务。曾就职北京市税务局，从事征管纳服、营业税、财行税、环保税等相关政策的执行及征管工作，组织全市营改增试点改革及环保税费改税工作，税收理论扎实；曾任富力地产税务总监，熟悉房地产企业税务全流程，擅长土地增值税清算、旧城改造税收筹划、企业收并购等业务，善于把握税收政策、把控税务风险、处理复杂的税务事项。